愛在哪裏

作者 岩波

散文随笔集：爱在哪里

作者：　岩波

Where Is The Love © 2023 by Yanbo (Zhongyuan Li)

Published by Red Star Publishing House

Toronto, Ontario, Canada

本书由加拿大红星出版社出版

2023 年 8 月第 1 版

开本：229mm x 152mm

字数：33 万字

国际标准书号 ISBN：　978-1-7776617-0-0

爱在哪里？

在你的发现和体悟里。

目录

1，中国著名评论家夏康达教授题词

“忆往昔，回望故国，阅人无数，笔底尽现人间春色；看今朝，行程万里，目览天下，仍笔耕不辍，寻觅世间爱意。”

2，卷首语

《爱在哪里》散文随笔集是作者岩波（李重远）近年来对过往生活的一次回望。148 篇短文，32 万字，曾散见于国内外各报刊和网络。既有对亲朋好友的追忆，也有对难忘往事的咀嚼。其中，记述了艰苦卓绝奋斗一生、被联合国授予“世界杰出林农奖”的中国首位治沙英雄石光银；涉过激流险滩的文学硬汉、被国家命名“改革先锋”的著名作家蒋子龙；获得国家荣誉勋章的水利专家、邻居鲁荣安；母亲般的中学班主任、两弹一星专家的夫人王洪薇；开国领袖的座上客、时代印记原版《雷锋》电影的主人公扮演者董金棠；培养了中国第一届“青歌赛”冠军的著名音乐家牛万里；以及令人尊重的前辈少将李贵彬；迷失自我的战友中将牛志忠；英年早逝的战友、国新办新闻局副局长陈晓林；冀中农村家喻户晓的风云人物全国劳模杨凤鸣、王启发；名噪一时的干训同窗、全国文学最高奖茅奖获得者余小惠；母校学弟、屡获国际大奖的“世界琴头王”赵世全；受到国家表彰的“全国技术标兵”、姐夫缪惠民；受到国家最高领导亲切接见的全国党史界 12 位顶尖人物之一的发小、老同学于建；因传播汉字文化被欧美多国授予“荣誉市民”勋章的国宾礼书法家、好友马魏华；参加过多次全国书法展的著名书法家、天津书协主席唐云来；被业内誉为当代中国漆书第一人的著名书法家、好友张长勇；将曾经参加过全国美展的精品画作无私捐赠治沙英雄的著名画家、好友王佩翔；成长经历异常艰苦、书画皆精的著名书画家陈福春；还有台湾前驻美文化官员简许邦、台湾驻加拿大（大多伦多地区）促统会主席戴国奋、台湾名门之后田之欣；多年来一直指导作者学习与写作的著名评论家夏康达教授……等等作者的师长与好友。故国神游，知交半零落；大浪淘沙，真金愈显珍贵。此外，作者还生发了驻足美国纽约华尔街时的诸多思考，身在加拿大多伦多的诸多感受；包括对一些作品出炉过程的叙写。相信读者会开卷有益，掩卷有思。

3，荒沙碱滩的征服者（2021，10，8，《光明日报》整版刊载）

沙害是自然界的恶魔。几十年来，中国通过颁布施行防沙治沙法，持续实施三北防护林体系建设，推动荒漠化土地面积大幅缩减，沙区生态状况和生产生活条件明显改善。自 2004 年起， 全国荒漠化和沙化面积连续 3 个监测期实现“双缩减”，我国总体上实现了从“沙进人退”到“绿进沙退”的历史性转变。防沙治沙改善了局部区域小气候，丰富了生物多样性，多地再现了“风吹草低见牛羊”的美好景象。尽管成绩喜人，但人与“沙魔”的殊死搏斗却从未停止，一些地区仍面临“沙进人退”的局面。“坚决守住 18 亿亩耕地红线”，是一条关乎国人生计安危的临界线。要保住可耕地，就必须遏止土地沙化。

4 万余平方公里的毛乌素沙漠，位于内蒙古、陕西、宁夏三省区交界。经过治沙人半个多世纪的努力，这里已呈现越来越多的绿色，沙魔的脚步被死死钉住。2021 年 6 月 29 日上午，人民大会堂金色大厅，石光银缓步走上领奖台，在雄壮的《忠诚赞歌》乐曲声中戴上代表党内最高荣誉的 “七一勋章”。这一次，这个治沙人的名字与这片裹着浓浓绿意的沙漠一起，重新走进大家的视野。

“沙魔，我一定要制服你！”

70 多年前，石光银的父母被风沙所逼，九次搬家，最后来到这里。那时这里没有路——即使有路，一阵风沙过后就没了路，没有几户人家，只有孤零零的一棵树。

石光银出生了。因为贫穷，他从小帮大人放牧牲畜，是在骆驼和马背上长大的。8 岁那年， 他和小伙伴虎娃放牧，天空突然变黑，狂烈的沙尘暴来了，两个孩子被卷走。当石光银醒来时，发现自己躺在一座蒙古包里，一位叫巴特尔的大叔告诉他，这里是 30 里外的内蒙古。几天后，父亲找到了他，而他的伙伴虎娃再也没有了下落。遮天蔽日的风沙一来，瞬间就把地里的庄稼淹没。人们要用手刨，但刨开没几天风沙又来了。人们苦熬苦作，粮食仍不够吃，吃草籽是家常便饭。石光银想起这一切就愤恨地呼叫：“沙魔，我一定要制服你！”如果讲 “初心”，这就是石光银的初心。他多次做梦，沙漠在他手里变成了绿洲，绿意盎然，草木葱茏。从18 岁当生产队长开始，他为实现誓言艰难奋斗了 50 余年，摸爬滚打，倾尽心力，吃尽苦头，终于以顽强的毅力实现了“人进沙退”的铮铮誓言。如果讲“使命”，这就是石光银的使命。他成功地带领村民们脱了贫，为国家治理出二十五万余亩蔚为壮观的绿洲。

成规模治沙，始自 1984 年。那年，石光银承包了 3000 亩沙漠。买树苗需要 10 万元，可他发动一起治沙的 7 户人家，刮净箱底才凑上 750 元。石光银忍痛将家里的 84 只羊和一头骡子拉了出来。婆姨和娃娃抱住他的大腿苦求：“那是咱家活命的依靠啊！” 眼泪在石光银的眼眶里打转，但他一咬牙，拂开婆姨和娃娃，不回头地走了。

“新生儿落生，怎会没有哭声？”话是这么说，可为了一个看不见的理想，值吗？石光银知道，他的身份不光是承包人，还是党员，是大队书记，是大家心目中的主心骨，他的一举一动都关联着大家；而勇敢站出来领头治沙，也绝不是仅仅为了挣几个承包的小钱，而是为实现“人进沙退”的宏愿，在这个节骨眼他不能有一丁点的退缩。他含泪将骡子和羊悉数卖掉。正因为他的带头作用， 跟随他承包的人也纷纷将家里的骡、马卖掉，又向亲朋拆借，终于凑上了 10 万元。

周围有许多亲戚朋友反对石光银。有人说，过去林场都种不活树，你就能种活了？还有人说，你简直就是个脑子有病的“石灰锤”！石光银为此也沉思良久，干还是不干？干，吉凶未卜，但有希望；不干，则毫无希望。两相比较，干！

这一年，老天作美，风调雨顺，3000 亩树苗基本都活了。大家欢呼雀跃。初尝胜果的石光银，朗声一笑，又向林场提出：一期承包成功只是万里长征走完了第一步，再承包 5.8 万亩荒沙！石光银选的是过去寸草不生，连国有林场都啃不动的硬骨头“狼窝沙”。不光林场领导吃惊地瞪圆了眼睛，方圆左近的人们又一次骚动了：这个“石灰锤”是真疯了，一次成功只是偶然的，并不能证明你下一次还能成功，人要有自知之明！狼窝沙可不是你先前承包的那片沙地，骄兵必败啊……

若干年后，人们走上栽满树木的一道道沙梁，看到脚下的沙土表面已经得到根本改变，原来明晃晃的黄沙表面生出一层黑灰色的地衣，这是植被彻底改变的标志。但这只是结果，实现它的过程，却让这些治沙人愁白了头， 精疲力竭，脱了一层又一层的皮！

“没想到，栽个树 还有这么多讲究！”

那次石光银承包，在白泥井镇庙会上公开张榜招聘，加上亲朋好友奔走相告，有邻近五个乡八个村的 127 户 482 人参加。石光银据此成立了“新望林牧场”，首先和甲方林场签订合同，再和每个承包人签订合同，层层承包，层层落实，分成按四六开，群众得六，林场得二，石光银得二。那时有个政策叫“谁种谁有”，允许适当砍伐变现，所以，石光银登高一呼便应者云集。

然而，老天狠狠教训了他们一次。这片大漠东西长 20 公里，有狼窝沙、黑套沙、薛套沙、榆树套沙等几千个大沙梁，其中占地 6000 亩的狼窝沙是块最难啃的硬骨头。它地处风口，每年除了怒吼的狂风使一道道沙梁不断向前推移以外，树无一株，草无一棵，没有任何生命迹象。多年来，长茂滩林场为治理这片荒沙伤透了脑筋，每次都耗尽人力物力，无功而返。饥饿、灾难、恐怖、死亡……成为狼窝沙的代名词。一道道大沙梁如同一头头怪兽，整日张着血盆大口，以惊人的速度无声地吞噬着农田、庄稼、水渠和房屋。夏天，地表温度六十多摄氏度，炽热的沙子能把人的皮肤烫烂。冬天，地表温度零下二三十摄氏度，冷风吹透人的肌骨。

这次治沙，石光银因为准备不够充分而失败了。风不调雨不 顺，树的成活率不足 10%。后来，在县里召开的专门会议上，林业工程师指出：在这么大的流动沙丘上栽树，不能一上来就栽乔木树种，要先栽灌木，等灌木成活、把流沙固定住以后，才能栽乔木。于是，石光银转年再战，在沙窝里全部栽上了沙柳。但是，由于风沙大，树苗被连根拔起。又失败了，侥幸存活的不足 20%。

承包户中有人动摇了，有人灰心了。那些树苗全是借钱买来的啊，这不是往大风里扔钱吗？而且，这两年是人过的日子吗？沙地走不了驴车，树苗是人用肩膀从十多里外一捆一捆地背进来的，吃住全在沙窝里，上有太阳晒，下有热沙蒸，连个遮阴的地方都没有。多少天不能回家，饿了吃干馍，渴了挖沙坑淘水喝。风沙还不停地往眼里灌，往嘴里灌。两年下来，哪个人肚子里也不少于两斤沙。每个人的脸都黑得像包公，嘴唇起燎泡，口舌生溃疡。受这样的苦，若是能成功也罢，偏偏等待大家的是失败！

二战狼窝沙失败后，众人心灰意冷，情绪低到极点，都打点行装准备回家。这时，石光银在他老宅土屋的炕桌上摆上12只蓝沿粗瓷大碗，倒满老白干，再把12个骨干叫到身边，说："你们是跟着我治沙的骨干，如果还想跟着我干，就端一碗酒喝了；不想干的甭喝酒，只管走人就是！"

一块儿摸爬滚打那么多年的兄弟，就这么分手告别吗？老伙计井占荣，只觉得喉头哽 咽，两眼潮湿。他实在不想再干了。但他舍不得老石。这个人为人好啊！在沉默的短短几 分钟里，石光银几年来走过的路一一在他眼前闪过。石光银不光种树，还为村里办过牛场、酒厂、柳编厂、缝纫厂，千方百计为大家增加收入，还收养了有小偷毛病的孤儿，改造了打算跟他玩命的牧羊人……井占荣的眼泪掉了下来。他率先端起大碗，一口气喝干。石光银趁热打铁说："干脆点，碗摔八瓣！""啪！"真的碗摔八瓣。接下来，韩恒明、高茂成等骨干们，都端起大碗一饮而尽，将碗摔碎。石光银热泪滚滚，也端碗、饮酒、摔碗。他们比着把碗摔得更碎，以此表示自己决心更大！

石光银亮出了自己的拿手戏，自编自唱起了信天游："三十里明沙哎，十年上旱；老石今年包荒沙哎，感动那上天；今年那个老天爷哎，你要开开眼，多给我一遍雨，为众人！"井占荣唱道："骑马不要骑带驹驹的马，马驹驹叫唤，人呀人想家！" 年轻的治沙人王东虎唱道："天涯啊，那个柳树哎，六呀六郎栽；我们治沙下不了狠心哎，咋呀能到这里来！"

人们的心收拢了。但是光有决心和干劲是不够的。因为没有文化，多年来吃了不少亏， 石光银在大家的建议下，背起行李，去榆林、横山学习栽树和打井技术。高大魁梧的身躯，迈出的脚步是沉重的，身后的每一个脚窝都显现出深深的力度。学习归来后，他终于明白了什么叫"障蔽治沙法"。他头顶烈日在沙梁上走，巡看以往失败的战场，那些七零八落的干死的树苗隐约可见，他的心在疼，他的斗志也更加昂扬。回到村里，他对大家说："我参观了人家的障蔽治沙法，受益匪浅。其实就是清明时节在这沙梁的迎风坡上全面搭设障蔽，拦挡住流沙，丘间地栽植杨、柳树，六月份全面撒播沙蒿障蔽。这样，造林成活率就高了。"

“没想到，栽个树还有这么多讲究！”大家如梦方醒。石光银手把手教大家，大家也亦步亦趋不敢马虎懈怠。他们只一季就搭设障蔽 24 万丈，平均每亩 40 丈。有柴草“死障蔽”，也有沙柳、沙蒿“活障蔽”，障蔽间距两米，行间穴栽沙柳。经四五月份风沙，障蔽拦挡流沙形成高 40 至 70 厘米的台田，且沙蒿成活率全都达到 80%以上。

三战狼窝沙终于成功了。人们像猛地脱掉了虱子棉袄，无比轻松快乐，摆酒庆贺，扯起脖子唱开了信天游。嫩绿的树苗像士兵 一样，井然有序地占领了昔日的不毛之地，狼窝沙变成了生机盎然的绿森林。最难啃的骨头啃掉了，其他黑套沙、薛套沙、榆树套 沙等几千个大沙梁，看似庞然大物，已经没法跟石光银较量，一一 败在他的治沙队伍手下。

狼窝沙造林的成功，使石光银在当地声名大振。他正式成立了治沙公司，将原来的新望林牧场改为下属机构。截至 1990 年，他承包的 5.8 万亩荒沙全部得到治理，群众还从中学到不少技术，譬如沙地杨柳植苗和截杆造林、杨树人工深栽造林、旱柳深栽造林等等，总结出了乔、灌、草综合治理的治沙经验。

有了林子，风沙挡住了，很多田地可以耕种了。石光银运用他从外地学来的“多管井”打井技术，为村民们打了很多水井，村民们在护林的同时，种起了庄稼。石光银看到村里的娃娃们要走二 十多里路去上学，于 1989 年筹集 12000 多元，自己还额外捐资 8000 多元，划出 500 亩林地作为教学基地，在沙窝里建起一所“黄沙小学”，聘请两名教师，让 27 名娃娃实现了就近上学。多年过后，这些娃娃中已有四人考上本科大学。石光银还和六名股东一起，为乡中学捐资捐物，支援教育。他深知，未来的社会，没有文化不行。

“沙还是要治，树还是要种；儿子没了，我还有孙子，我要让孙子继续治沙，永远保住咱们这片绿洲！”

石光银成了名人。但他并没有就此歇脚，又承包了该乡和内蒙古交界的 4.5 万亩盐碱地。1996 年 12 月，石光银应邀到印度参加联合国粮农组织召开的治沙代表会议，在海关登记的时候，他尴尬地告诉工作人员，他不会写字。于是，工作人员握住他的手写下了他的名字。在这个国际会议上，这个质朴、直率的陕北汉子，妙语连珠，语惊四座，赢得了热烈的掌声。

不久后，一系列国家林业政策相继出台，对采伐审批程序限定更为严格，石光银栽下的大片林子，更被纳入国家“三北”防护林工程。如此一来，种树难以立刻“变现”，很多入股的村民纷纷要求退股。何去何从？石光银面临着又一次抉择。

为了把沙治下去，把树种下去，必须以副养主。石光银向国家林业局发出求助信息 ，得到 1000 万元低息贷款，解了燃眉之急。有了这笔钱，除了给部分农民退股，他兴办了一系列企业，奶牛场、纯净水厂、马铃薯育苗基地、樟子松育苗基地、砖厂等，以盈利维持护林、更新树种和公司人员的开销。

石光银进入了“自费治沙”阶段——这是怎样的风格和境界啊！但让一群习惯于在荒沙中种树的汉子，一下子进入竞争激烈的“市场经济”，石光银和他的队伍总有些不适应，甚至没少遇到过“坑蒙拐骗”。有人打着与他合作的幌子，在他的林地栽树，却一夜间偷伐几百亩树木，转身还把他告上法庭；儿媳妇推销矿泉水，到各公司、企业挨家挨户送样品， 有人预定拿货以后找个理由便不付款；奶牛场受到奶粉负面事件牵连难以为继……

石光银在困难和磨砺中逐渐成长。每到关键时刻，国家和社会总向他伸出援手。他拥有了很多荣誉和光环：全国劳模、治沙英雄、“世界杰出林农奖”称号、党的十八大代表、第十三届全国人大代表，两次出席联合国粮农组织召开的治沙代表会议……

荣誉和光环能给人鼓劲，具体工作还要自己干，苦还要自己吃。他已经习惯于这种吃苦的生活。多年辛劳，体力透支，石光银不仅身上有伤，还因为扛树苗过多导致颈椎错位，脖颈打了四根钢钉。常年饥一顿饱一顿、冷一口热一口的不规律生活，也让他染有“三高”和肠胃病。他渴望儿子接班后，自己和老伴消消停停地安享晚年。儿子石战军也很优秀，在多年跟随石光银治沙种树的磨炼中已经成长起 来。他是陕西省十大杰出青年农民之一，曾经出席团中央十五届代表大会。但不幸的是，石战军在 2008 年参加植树节活动的路上发生车祸，英年早逝。石光银闻讯仰天长叹，老泪纵横。痛失爱子的石光银，在掩埋了儿子 三天后即召开公司会议，说：“沙还是要治，树还是要种；儿子没了，我还有孙子，我要让孙子继续治沙，永远保住咱们这片绿洲！”

怜子如何不丈夫。转过头来，石光银却坐在儿子的坟前，用手拍着儿子的坟头，低声倾诉："儿子，你不该走啊，我想干，但毕竟年龄大了，身体还有病。你怎么就忍心撒手而去呢？你是不是对治沙种树厌烦了？"儿子没有回 答，永远也不可能回答。那个比他还要高大魁梧、一表人才、活蹦乱跳的儿子已经永远离开了他，离开了治沙事业。儿媳妇李蕊青出身于干部家庭，当初嫁给石战军时，一家人反对，结婚后，父亲两年都不理她。但品行优秀的石战军最终感动了李家，成为李家最受欢迎的女婿。石战军的去世，对李家打击极大，岳母闻讯后当即摔倒，此后一直病病歪歪，天天念叨女婿，两年后去世；老岳父 也一病不起，天天长吁短叹。石光银的老伴更是经常抹眼泪，记者采访她的时候，老人几乎哽咽得说不出话。

但是，这一切，没有击倒和干扰石光银。他把悲伤深深埋在心里，牢牢把握住继续治沙这个大方向，做了一系列稳定家庭、稳定亲属、稳定队伍、稳定军心的工 作。儿子原来主抓多种经营，他的离去使公司所属的各企业一度停摆，而想在林农们中间选一个 石战军这样的骨干十分困难。最终，护士出身的儿媳担纲了石战军的角色。一年之后，石光银的公司完全恢复了原有的工作秩序。

石光银的"资产"已经是天文数字——这是他用一辈子拼下来的"绿水青山"。这些无法兑现的"资产"，让他感到满足，感到充实。这一大片绿油油的森林，似乎就是他的"理想国"。他所在的定边县境内，沙地已经被他治光了。再往南走是县城，再往北走就是内蒙古了。他开玩笑说，如果不是因为我年龄太大，我会带着队伍向北进发！石光银得知该县南部山区有不少贫困户，便向县里申请招一些贫 困 户移民到他所在的十里沙村。他为他们出资盖房、平地、买羊；土质沙化严重不好种庄稼，自掏腰包从远处拉来好土给各家换上。后来，这些人家都脱贫致富了。石光银做这一切，只是出于一个基层党员的责任感： 有一分光，便发十分热。

多年来，石光银的公司由于资产不能兑现，大家所得并不多。但他还是让儿媳妇业余学习管理和经营，让孙子在大学读林农专业，把公司年轻人送到各种培训班学习专业知识和技能。他做着让治沙事业长久不衰的打算。石光银深知治沙事业的艰苦。别人跟随他治沙，遇到困难随时可以拍拍屁股走人，他却不行。他是当地这项事业的发起者和支撑者，将永远"当仁不让"下去，所以他必须培养儿媳和孙子专注于这项事业，不允许他们改弦更张。说起来颇“不讲理”，但也只有这样，将来才不至于出现“治沙事业跟随他离去”的问题。

治沙造林的初心，遏止沙魔的使命，让他永远在路上，生命不息，操劳不止。他那黧黑的面庞，粗粝的大手，松柏一般的坚硬躯干，包括颈椎处的钢板与钢钉，都是他的生命密码，都记录和彰显着他这辈子的艰难和辉煌。（2021 年 10 月 8 日《光明日报》）

中国故事·"七一勋章"获得者

荒沙碱滩的征服者

（报告文学）

"沙魔，我一定要制服你！"

"没想到，栽个树还有这么多讲究！"

"沙还是要治，树还是要种；儿子没了，我还有孙子，我要让孙子继续治沙，永远保住咱们这片绿洲！"

大自然的法则

（外一篇）

月见湖的主人

4，跨界与融合：与原新华社副社长刘思扬一席谈

新华社，是中国最权威新闻媒体。他们的领导者是一群怎样的人呢？2014年，为了叙写长篇纪实文学《风雨毛乌素》，治沙英雄石光银引领我和摄影家高蕴辉走访了北京新华社总部，拜谒了社长李从军，副社长刘思扬（时任总编室主任）。事前，我已经得知社长李从军的一些故事，十分感佩。典型的一件事：李从军带队深入毛乌素走访治沙人员，石光银的县领导得知这么高级别的媒体领导来这艰苦地域，提出“若李社长在石光银处用餐，则需县里派卫生部门来石光银食堂事先做好各种化验。”石光银正在挠头的时候，李从军提出不在石光银食堂（简陋的两间小屋）用餐，而到石光银原创业的沙地老屋吃饭，吃也是农民的家常饭，不允许一丁点破费。于是，这个小团队没有在经过了严格化验的石光银“食堂”吃饭，而是和石光银一起在沙地老屋盘腿坐在土炕上，围着炕桌吃起了热腾腾的烀山芋、烀土豆、烀南瓜，李从军吃得津津有味连说好饭食。

在新华社总部，李社长热情接待了我们一行人。石光银则拿出了见面礼：在沙地里种植成熟的几个大西瓜。新华社总编室主任刘思扬非常高兴地接过礼物，分发给几个办公室的同仁。这个礼物不能不送，也不能不要，因为是治沙成果，石光银想以此作为“汇报”，李从军则想以此做为“验证”。千里迢迢，从毛乌素沙漠开车把西瓜送到北京，这不是一般的礼物，是一位中国最杰出的治沙英雄与最高新闻媒体领导的“对话”和“互动”，内涵不必多言。刘思扬则热情邀请我们到街上一家小馆用餐，总编室的几位年轻同仁陪同。席间刘思扬面对我们和同仁滔滔不绝讲起“跨界”与“融合”，展示了一位多次获过国家新闻最高奖的杰出媒体人的超强记忆力和敏捷开阔的大脑思维。先跨界后融合，通过融合实现真正跨界。跨界为了什么？当然是社会发展的需要，应该说是走在社会发展的前面，超前的带有战略意义思维与实践。譬如，探索传统媒体和新兴媒体在内容、渠道、平台、经营、管理等方面的深度融合，交流分享新形势下媒体深度融合发展之路；探索媒体与服务对象的融合等。这一切需要通过

“跨界”来实现。从 2014 年至今 8 年，这项工作由浅入深正走在逐步完成的路上。祝福他们！

5，敏感问题：采访原国家林业部副部长李育才

在采写治沙英雄石光银过程中，石光银提供了大量帮助。为了解上层领导对治沙工作的长期规划与短期政策，作者在石光银引领下走访了原国家林业部副部长（现国家林业局副局长）李育才，就石光银治沙中的各种问题进行了深入交谈和质询。多年来，国家林业部对治沙工作做出一系列重要决策和可行方针，尤其对一线治沙人员提供了大力支持。治沙种树的政策早先是成活后可以间伐，收入归植树者。这个政策对治沙种树曾经发挥了积极鼓励作用。但随着治沙形势的发展，石光银种的大片林地被划入“三北绿化林带”，国家以法律形式予以保护。一经划入，则一棵树都不允许再伐，再伐就是犯罪。这当然是从全国整体发展战略考虑，无可厚非。但涉及到民营性质的石光银团队，就等于“自费种树却一分钱报酬也拿不到”。入股种树者纷纷退股，治沙事业眼看半途而废，石光银在经济上也陷入极端困难。

此时，国家林业部得知以后，副部长李育才亲自带人来毛乌素调研，全面了解了石光银的困难后，立即拨给石光银一千万贴息贷款，解了石光银的燃眉之急。石光银依靠这笔钱，还账、办企业，依靠企业利润养护成活林和治沙队伍。在采访中作者提出：“据了解，国营林场植树成活后有补贴，石光银这种民营公司在同样植树成活后却没有补贴，为什么？”李部长回答：“主要是历史沿袭问题，领导们思想还不解放。”“几时能解决呢？”“一定会解决的，但需假以时日。”长篇纪实文学《风雨毛乌素》这本书是作者为石光银奔走呼号的一本书，最想说的就是这个问题。从 2014 年采访、体验生活，2015 年该书出版，至今 7 年过去，问题是不是圆满解决了？感兴趣的读者可以自己查询。

国家林业局
中华人民共和国
濒危物种进出口管理

国家林业

6，“建设里”这个名字真好

河北区中纺前街建设里，是一座四四方方的职工宿舍，整整齐齐的一排排红砖青瓦的平房，原先住着四家企业（工业用布厂、织物厂、第二印染厂、国营印染厂）的一百来户干部职工，住在第 100 号的梁佑民外号就叫“梁百号”。谈不上大杂院，因为它不够杂，不是社会上三教九流的杂居之处，而是清一色的国企干部职工宿舍，属于带有“国企”色彩的工人新村，类似王串场工人新村，中山门工人新村等。这座大院产生于上世纪 50 年代初，于二十多年前拆除盖了楼房，原住户也搬到了四面八方。

说它带有“国企”色彩，是因为原住户都是原先国有企业的干部职工。“国企”二字涵义深厚，非三言两语所能概括，为建设里蒙上了特定年代特定群体的独有色彩。这色彩，五彩缤纷，令人回味。忍不住时，就回老院旧址转转。可不是么，这些年常有老院的人回原址转悠，对着一座座陌生的楼房长久伫立，沉思，遐想。

这座大院的院中，宽阔的四方空地原有四棵巍巍然茂密葱茏的大柳树，一棵大树上被爱好锻炼的人安了吊环，每天围着一群人轮流上阵展示力量与技巧。直到最后大树被伐。大院的门口是两扇红漆木门，一段时间里每年刷漆，鲜红艳丽，夜晚关门以后，大院里十分静谧而安全，后来不仅不刷漆了，还被拆掉。大院里早先只有一座自来水水管，一百户人家全到这里打水，冬季水管下面的水池边缘会结厚厚的冰，影响大家打水，还常有人滑倒，街道代表便组织年轻人砸冰；全院有两座下水池，可倒脏水，但不允许倒大小便，曾经为此街道代表与个别不自觉的人发生口角。大院的边缘有一座厕所，男小女大（比男厕大出两倍），可能在建设的时候考虑了生理特点。男厕这边每早排队十分常见。大院墙上有公告栏，大事小情会由街道代表发布，而抄写公告的，往往是街道代表贾娘的儿子贾炳勤。他的毛笔字龙飞凤舞，难免其中有看不真切的字迹，所以人们围观的时候总会有人问：“那个字念什么？”街道代表一分钱不拿，但工作兢兢业业，没有时间界限，几时需要几时干，那时人们似乎没有利益观念，谁自私自利就会遭到嘲讽、批评乃至批判。年轻乐观的派出所警察李健民，三天两头来大院和街道代表研究工作，他随身带着剃头推子，谁家孩子要剃头，他都笑呵呵开干，从无二话，连口水都不喝。谁家外地来了亲朋需上临时户口、兑换全国粮票，只要找到他，有求必应。大人孩子都喜欢他。他的形象好，街道代表威信也高。大院里彼时彼刻的风气，我相信，老街旧邻永远不会忘。

我家这排有十一家，最有特点，应该算建设里的代表院落。这十一家，光党员（户主）就十家，解放前参加工作，后来享受离休待遇的厂长有四位（其中局级、处级各两位），没有享受离休待遇的车间主任有五位。这里没有表白和炫耀的意思，他们的离休是过去在战争年代打仗流血换来的，没什么“水分”（我父亲也是解放前参加工作，因是四九年十月二日入党，没有享受离休，后来有人建议父亲去找找有关证明人办一下，父亲不认为这种事有多重要就没办，还在 1965 年就带着我哥去新疆支援三线建设了）。这样的院落在非常时期最见“色彩”。运动开始时，学生们都停课了，有一天下午，邻居之一、战争年代走过来的厂长刘国锁挨家告诫：“现在情况不正常，大家不要惊慌，一切都会过去。”当夜，来了一群扛大片刀的人，敲开他家的门，把他押走了。据说押在东马路一家商场的半地下的地窨子里，还挨了打，腿都站不起来了。但没关两天，就被另一派撬门救走。在某农村将养。直到两年后国家给他平反恢复职务。七六年唐山地震，因我家门前有块空地，有两棵桃树，大家都聚到我家桃树下，人人惊恐万状。还是刘国锁来到大家面前，说：“大家不要怕，党和政府会把一切都安排好，咱院的人就在这两棵树下临时栖居，没问题。”还告诉大家怎么搭简易防震窝棚。老老少少在突发事件面前都感觉心里稳定，因为有主心骨刘国锁在。

运动中因为学校“停课闹革命”不开课了，学生们都呆在家里，干什么的都有。邻居车间主任何景贤便招了一群孩子下象棋。这些孩子有上小学的，有上中学的，还有老三届的。下棋地点就是他家。何婶也不腻应这些叽喳叽喳的孩子。开始时何伯伯占上风，时隔不久孩子们就与他势均力敌了，间或会把他杀得落花流水。而每一局棋，何伯伯都是屏住呼吸极其认真的。他夏天爱光脚，因是汗脚，所以很臭。但孩子们只顾下棋，并不在意。受何伯伯影响，建设里在那几年下棋成风。大院里每天总有不下五六摊儿棋局。当孩子们的棋艺达到了一定高度，何伯伯让学生中的老三届高手高庆海请来围墙外工农村那边的高手，全市职工象棋大赛前三名的陈工程师，来与高庆海表演对弈。地点就在何伯伯家。床上摆了小炕桌，陈与高先郑重握手，然后开局。全屋围观的人层层叠叠，密不透风，人人屏住呼吸观看。陈要每隔五分钟喝一口酒，不锈钢的扁平酒壶就揣在怀里。他拧盖子呡酒的瞬间，手会有些抖。过后高庆海说，陈工已经精神高度紧张。那天两个人三比二。陈工略胜一筹。也说明，院子内高庆海已经十分了得。孩子们有很多人都能背几招棋谱，类似“过宫炮”、“屏风马”、“弃马十三招”等基本招法几乎人人都会。怎么开局，怎么使马、使炮、使車、使卒，都极有讲究。何伯伯家也变成孩子们的“聚会中心”，何伯伯何婶在家，大家会去，他们不在家，大家依旧会去，坐在屋里海聊。甚至边聊边打开收音机收听节目。何伯伯何婶从不反感。这种情况在建设里没有第二家，在全市恐怕也不多见。那时老街旧邻外出都不锁门，如果走得远需要锁门，也是把钥匙交给邻居。炎夏时节，人人热得难受，何伯伯就在周日带着一群孩子到二道桥子的河里练游泳，人人晒得像黑地梨，我就是在那时学会的游泳。

改革开放初期，一些人对国企该不该发奖金，进行物质“刺激”，搞不清楚，院子里的厂长、主任们就在何伯伯家展开了争论，从他们面红耳赤的样子，看得出他们对国家、企业的责任心。战争年代走过来的老厂长康庆林、李志平最为认真，他们常说，国家者，我们的国家，我们不建设指望谁建设？我们不关心，指望谁关心？而星期日在家庭里进行这样的争论和研讨，何婶还给大家沏了茶供着，我还是那句话，建设里没有第二家，全市也不会很多。院子里爱好下棋的孩子中终于涌现了新的高手：离休厂长康庆林的儿子康树华获得全市职工业余象棋大赛第二名。其他院子里的孩子已经望尘莫及。后来孩子们基本不再与何伯伯对弈，因为差距拉得太大。何伯伯便继续和老搭档——小于庄上坡理发店的理发师大老李对弈。这俩人已是几十年老对手，下着棋嘴里不拾闲，你来我往逗咳嗽，柴米油盐补破锅，工资休假茅房臭，我家老婆实在拙——你瞧，给我补补棉手套，把指头缝死了！

我姐姐算老三届的，她们的乐趣在于传看各种书籍，于是我便沾光，在停课的两年里读了大量国内外名著。因为要的急，有的书我还没看完，姐姐便说不行了不行了该还了。就拿走了。因为她们是疏通了看管学校图书室的红卫兵，偷着拿出这些“禁书”，几时送回，连一分钟都不敢耽搁。老三届里的利州、庆海、栓宝等人晚上经常在大院灯光下围在一起畅聊，聊到深夜一两点月朗星稀露水沾衣是常事。我记忆犹新的是他们在聊恩格斯《自然辩证法》时说地球和太阳系最终都要爆炸，走向死亡，吓得杞人忧天的我一宿没睡好。这些人里有个庆海的同学是其他街道的，叫胡撒（不知大名叫什么，也许就叫胡撒），讲起自然科学、社会科学头头是道，他拿来的书也都很艰深。后来下乡，恢复高考后从农村直接考上了大学硕士研究生。胡撒一度在家里称病，养起信鸽，高庆海也跟着养，我也养，并在屋顶立起小旗。看着满天盘旋的鸽子，响着“文儿文儿”的鸽哨，最后胜利归巢，总是感慨万千，也由此了解了鸽子的诸多脾性，最近我出版的长篇小说《鸽王》，能够描写信鸽与鸽主的林林总总，应该说得益于养过鸽子。后来利州也下乡了，我们都是文学发烧友，他每次回来探亲，我们都一起切磋习作。在蹉跎岁月中他读完初中高中课本，恢复高考后便一下子就考中齐齐哈尔一所院校，他嫌档次不够，没去报到，闭关一年，借了房子，门窗糊严了报纸，苦读苦背，转年一举夺得全市文科高考成绩第四名，被中国人民大学很火的专业——国际贸易专业录取。后来分配到市政府经济协作办公室工作。栓宝则考中北京大学西语系，毕业后分配到国家外交部工作。建设里会记住他们。我当兵走那年，我姐和院子里的小伙伴们是在天不亮的时候，帮我背着被包，冒着小雪，迎着呼啸的西北风走向集结地点：民主剧院对过的一个大院子，那里已经有一辆大轿子在等候。我姐和领兵人郭排长（郭安）做了交接，这些人和事我都会牢牢记住。

后来，大院里第二代成材的人更多了，做了局处科级党政工团负责人的，知名企业家、大学教授、报社社长、编辑记者作家、戏曲歌唱演员等都有。我的姐夫是军医后代，算半个建设里人，他是高级技师，市级劳模，荣获过“全国技术标兵”称号。我之所以要夸他一句，是因为七六年唐山地震波及天津，我四弟年龄尚小且有心脏病，吓得六神无主，而我在部队（正参加唐山抗震救灾），哥哥和父亲远在边疆，姐夫成为我家主心骨，每天夜里在地震棚搂着四弟睡觉，否则四弟就睡不着。这样的姐夫我不能不记他一笔。他能评上全国先进，全是顺理成章。还要夸赞的是四弟同学邻居冯小林，上小学的时候经常背着四弟走到学校，虽说不是很远，毕竟都是孩子，也是呼哧带喘的，让人难忘。邻居车间主任梁伯伯夫妻早年不能生育，领养了一个儿子春来，多年来疼爱呵护，培养成人（当了厂里销售科长）后又培养孙子，老两口省吃俭用，梁婶已经累得驼背，依旧弯着腰到摊儿上卖小零碎增加收入，直到孙子大学毕业，成为建筑设计师，又结婚买房。倾尽心力啊。梁伯伯年老病重后，儿子春来悉心照顾，老人便秘，都是春来下手帮着排便，直到送终。现在春来和儿子儿媳一起举案齐眉照顾梁婶。这一家人谁对谁都没有“隔心”与“背叛”，让老街旧邻既欣慰又心疼。十个指头不会一般齐，大院里也有极个别判刑、劳教的，但他们不代表大院主流，老街旧邻聚在一起的时候很少提到他们。

话题回到何伯伯，他和老伴去世后，他儿子何国强家成为了下一个“何氏聚会中心”，他家住在北宁湾，他和父亲一样，喜热闹，尤其对老街旧邻感情深厚。过去，每到春节，何伯伯家都炒好花生、瓜子，盛满一大盆，供老街旧邻和孩子们品尝过瘾，都吃了也无所谓，当然，没人真的吃起来没完。那时候买花生、瓜子需要使用“副食本”，是定量供应，放开了吃真的不够。而何伯伯老家是河间县农村，能够提前拿一些过来，我们也就跟着沾了光。何伯伯家包饺子时，我们往往都去帮着擀皮或跟着包，煮熟了会“先尝为快”。现在新一代“何伯伯”依然念旧，每年春节我都和老伴前去叨扰，他们两口子也经常在清明节回河间老家扫墓，带一些“真的”驴肉回来，给我打电话去品尝。老街旧邻相聚的时候，“建设里”这三个字被说得最多。我也确实感觉这三个字真好。老一辈是朴素、朴实的国家建设者，新一代依旧。祝愿我们的后代，常常念叨曾经有过的那个“建设里”，品味它的丰富涵义！（原载天津刊物《海河之北》）

（附：哥哥岩增写的建设里）

我对建设里的记忆

建设里是个有一百一十多户的大院，是附近几个国企的职工宿舍，建成于一九五三年，每户都是 13 平米的平房，房子也很简单，顶子是苇巴子上抹灰铺瓦，每年都有不少下雨屋漏的，天一转好，单位就派人来修。后来在门前整体加出一块雨棚，可以放杂物，生炉子做饭，后来许多人家按上窗户和门与原来房子成了一个里外间的整体，外间支上床，就可以睡人了。我上中学时就一直睡在这个小外间。

建设里几十年故事非常多，写信地址要写明河北区中纺前街大闸口建设里，建设里正门(北面)有几条胡同通到中纺前街，这几条胡同叫大闸口1，2，3，4段，也都是各家自已建的高低不同的平房，比建设里的历史还要长，建国前就有了，只不过人家没那么多，也是不断增加的。到五十年代后期因再没地方可建房了，才停止扩张，但又开始新一轮翻新，有条件的把土坯房改建成了砖房。有几条胡同里都有小商舖子，酱油醋等日常生活杂品都有，那时我经常去小舖里打酒，打醋换酱油。

地名为什么叫大闸口，现在基本知道的人太少了，我小时候曾到金钟河上的大水闸上玩过，金钟河没水了后来修成金钟河大街，水闸是从金钟河向养鱼池一带水渠调水用的，解放后都逐步废弃了，地名大闸口就是从这而来。今天的养鱼池路的来历，也是当初那一片有许多养金鱼的养鱼池，直到六十年代初才逐渐消失了，我记得到卫材里粮店买粮要路过养鱼池，每次都要很新奇的看一会儿各种金鱼。

建设里每排房子有十一间，基本每间一户，个别人口多的也有分两三间的。我们家是处在最里边，院子空地最大的一排，节粮度荒那几年我们那一排人家在门前的空地上种上了各种蔬菜，在院子里最出名的应是我当年种的两棵桃树，树长大后，每年春天桃花盛开，满院飘香，夏天院子里的人们大人孩子都在树下乘凉，聊天下棋，直到天黑，无论中午还是晚上，人们吃饭都端着碗聚到树下，交流着各自的见闻。成了信息交流的场所。（李岩增：原《西部建设报》报社社长）

我与何伯伯的二三事

在建设里我们的邻居（隔着齐婶家）何伯伯是比较晚一些搬到我们院的，原来何伯伯和齐伯伯家的房子是另外一家好像姓张的记不太清了，他们在六十年代初搬家走了，何伯伯和齐伯伯先后搬到了我们院成了邻居。业余时间齐伯伯喜欢织鱼网到郊区河里或水塘里打鱼，而何伯伯喜欢下象棋，我小时候爸爸教我会下棋了，但棋艺不高，正是何伯伯来了后大大提高了我的象棋水平。

那些年何伯伯经常约走街串巷理发的大老李下棋，我是忠实的看客，还有小伙伴庆海，他也酷爱象棋，我们俩人都提高很快，尤其是庆海，下得比我好，逐渐我和何伯伯不相上下了，后来更是我赢的多输的少了，而庆海比何伯伯是棋高一筹了。平常大老李来不了时，何伯伯就约我和庆海去他家下棋，有意思的是，何伯伯是汗脚，气味很大，我和庆海一到他家，就嚷嚷着让他洗脚，不然不下，何伯伯下棋劲头太大，有时为想赢回一局，连吃饭都不顾了，有时没办法先封盘去吃饭，吃完接着下。

因为我是他家常客，有一次和我们讨论起他车间技改的事，原来他要求入党，想为车间做些好事，看到工人们修机器大轴搬上搬下非常困难费力，想找个办法，我出了个主意，我看到火车站货场搬运货物的可升降的铲车可利用其原理，还与他一起画了大概的草图，果然功夫不负有心人，真让他做成了升降车，减轻了维修工人的劳动强度，受到厂里好评，不久便入党了。我们还高兴地祝贺他呢。

我喜欢画画，曾仿照年画画了五子登科，连年有余等，每年新年给同学的贺卡，贺年片都是我自已画了送同学，虽然水平不高，但总是自已心意。何伯伯便请我给他们家画一张他喜欢的牡丹花，我也很高兴，亲自去帮着买画纸等，认真地画了一张与普通年画一样大的彩色牡丹花图，他一家都非常高兴，贴在最显眼的墙面上，他单位同事来串门，他总要把牡丹图介绍一番，看得出他非常喜欢。

这些事一晃五十多年过去了，至今想来也是与一个长辈曾经的趣事，记忆着曾经在建设里发生的一切。（李岩增：原《西部建设报》报社社长）

儿时我在建设里的趣事

建设里早已沒有了，现在成了高楼林立的小区，住的变好了，但过去大杂院亲如一家的人气却找不到了。不是人老了都怀旧，而是过去那些邻里感情和发生在身边的故事永远值得回味和思念，那都是无法效仿和复制的，因为那个年代人们是那么纯情和真诚，我非常怀念那段历史和当初的小伙伴们。

在我小学三四年级以后开始与我的家建设里的小伙伴们交朋友了，也形成了一个小圈子，都是说得来，比较要好的小伙伴们。比我大的是小名叫臭子的，我上中学时他已参加工作了，与他一起玩的时间就少了。还在上学时到了夏天我们一起去粘蜻蜓，一人找一个长竹杆，在头上涂上胶水，到老城防外的野地里去粘蜻蜓，每次都粘好多，每人分几个拿回家与弟弟妹妹玩，其余的都放在臭子家落在他家的纱窗上，看着乱飞的情景，大家很开心，到了傍晚都放出来了，让它们去吃蚊子，屋子里要有活蜻蜓飞，还真没蚊子。在大人上班不在家时，我们在臭子家玩地道战，床下，柜子里凡是能藏人的地方都要钻进去，玩一身臭汗，回家免不了挨大人的骂，衣服上都弄脏了，能不挨打挨骂吗?臭子比我们大，他总能想出我们想不到的玩法，他后来学吹笛子，吹得非常好，还教会好几个爱好的小伙伴，可惜我没学会。

与我年龄差不多的或稍小的小伙伴有老臭，庆海，白蛋，胖子，小牛等人经常在一起玩，大些了在一起玩摔跤，玩吊环，吊环是在小牛爷爷家门口的一棵大柳树上栓绳子做的，每天晚饭后最热闹，孩子们大小都想试一试，真能玩两下的真不多。我和庆海等人每到星期天都要到周边的花园如宁园，王串场花园等去看老人下棋，主要目的是学习几招人家的棋艺，特别是庆海脑子记得好，回家后就演练，一旦熟练了立即找何伯伯去实战，往往打得何伯伯无招架之功，反过来何伯伯又请教庆海学这一新招，这又逼着庆海不断研究新的招数以不断战胜何伯伯。

想起这些儿时的趣事，在今天的现代化大都市里，可能是很难找到和发生的了，因为已经没有了那样的人文环境和条件了。（李岩增：原《西部建设报》报社社长）

儿时的拜年串亲戚

今年的春节很快就要过去了，现在过春节冷清了许多，没有了儿时向往的劲头和情绪，我记得在五，六十年代一到春节串亲拜年，也是我特别喜欢的一件事。

上小学时到亲戚家都是父母带着去，上中学以后，特别是工作后都是带着弟弟或妹妹去，不要父母带着了。春节期间每年必去的就是三个舅舅家和大姨妈家。特别是大舅和大姨妈家是去的最多的。尤其是大姨妈家，最吸引我的是她家有许多连环画，一说去大姨妈家那是非常高兴，到那不但能看到许多小人书，回家时还能带回一两本，几年下来，带回家的小人书有几十本了！到大舅家去就是玩的痛快些，放鞭炮，打陀螺，等等。大舅和大舅妈为人和善，在五六十年代家庭条件在亲戚家是比较好些的，拜年给的压岁钱也多些，这是最让人兴奋的。这么多年过去了，大舅和舅妈都不在了，我很想念他们，他们只有一个孩子，比我大一岁，我们都叫他大表哥，和我们关系都很好，见面亲热的很，唱样板戏年代他在单位还演过红灯记的李玉和，我也看过他的手提红灯的剧照，也是很有能力和成就的人。

在三个舅舅中，二舅去世早，我记得我能自已去二舅家拜年时，二舅已不在了，二舅妈也是很让人喜欢的人，每次去都非常热情招待我们，她家养了一只波斯猫，很好看。去她家一定会给我爸带回香烟，因为二舅妈原在天津卷烟厂工作，退休后女儿顶替也到烟厂工作了。带回的都是好烟，虽然都是白盒包装，但里边装的都是好牌子的。

三舅在天拖工作，经常开车去北京，每次去北京都要到二锅头酒厂带回一桶好酒，我去到三舅家拜年给我爸带回的一定是一瓶散装好酒了。有一年给我一瓶 70 多度的原浆酒，那时我还不会喝酒，但闻着真香。这也是让我爸非常高兴的事。

那个年代春节这几天真闲不住，也很累，但却很高兴，很幸福，过春节真是让人向往和留恋的，那些年亲戚们来往是很多的，随着岁月的逝去，老人们也一个个不在了，那种吸引力也逐渐失去了，今天回想起来在那逝去的岁月里的亲情和故事却是让人难以忘却的。（李岩增：原《西部建设报》报社社长）

7，这样的哥哥不多见（载于微信公众号）

（下左为作者，下右为哥哥岩增，上左为四弟岩庆，国企公司主管；上右为三弟岩铭，民企厂长。）

困难时期，我长时间和哥哥一个被窝睡觉，手足情，兄弟亲，可见一斑。哥哥生于解放前夕的 1948 年，解放后即随父母搬到“工人新村”建设里居住，直到 1965 年随父亲赴新疆“支援三线建设”。后来年满退休后随儿子居住北京。

早年哥哥多才多艺，写字、画画都是好手。他上小学、中学期间每逢春节，同学们之间互送贺年片，他送出去的都是自己手绘的。每到这时，他在家里的折叠桌上细心构思、描绘，我就在旁边观看。那时彩色动画片《孙悟空大闹天空》十分流行，他就画了一系列动画片中的彩色孙悟空，活灵活现，十分精美，都送了出去。同学中有书法好的，他就把人家的书法拿回来临摹，我也跟着摹写。我清楚地记得，他的一个同学的钢笔隶书，写在方格本上的，非常出色，我们都视为字帖，倾心学习。

我们都赶上了 1960 年的“饥荒”，家里粮食不够吃，他比我姐大两岁，两个人年龄挨得近，免不了因为吃饭发生争执，一次因为一碗米饭是多是少相持不下，两个人就用秤约（yao），结果一碗饭扣在了地上，被我母亲狠狠教训一顿。也算时代的记忆吧。年景不好，学习号召同学们勤工俭学，他就和同学们到郊区趸了鲜嫩的高粱秸当甘蔗卖，因为高粱秸很甜。但他们不会吆喝，熬到天黑也没卖出多少，最后都分给左邻右舍吃了。据说没赔钱，可也没赚钱。只是受了一天的累落了一口吃。

1965 年，父亲做为基层党员干部要响应组织的号召，去新疆“支援三线建设”，打算带哥哥走。但母亲不同意。因为他下面还有弟弟妹妹一大帮，母亲希望他留津帮衬。但这时已经赴新疆打前站的父亲给哥哥写信来介绍新疆的情况，特别讲了沿途的嘉峪关、火焰山、胡杨林、戈壁滩等景色，和建设新疆的美好前景，让哥哥心猿意马不能自已，对母亲说，不让我走就绝食。母亲只得放行。那一年，他刚刚十七岁，为理想而远行了。我们几个小弟小妹，则跟着母亲在天津驻守了，生活过得紧紧巴巴，有时甚至需要向相好的邻里借钱才能度过一个月。

不久，新疆也搞运动了，哥哥为躲避武斗跑了回来，每天在家里画画，画得最多的是水粉画牡丹，难度最大的是水粉画。站在天安门城楼的穿军装的正脸像，那两年，左邻右舍的家里墙上基本都挂过哥哥画的画。

也因此他在左邻右舍之间口碑很好。那时他也注意锻炼身体，能在院子里打空翻。大院里一些年龄相仿的大哥大姐也成为我家的常客，他们之间经常交流当时的各种“禁书”，我也沾光跟着读过不少。这些姐姐中，我感觉有十分优秀可以与他匹配成为夫妻的，但他没有选择她们，而是在新疆选了我后来的嫂子。据说当时的情景是深更半夜“对立面”追打他，他一顿乱跑逃进一个家属院，也不知这里住的是谁。他的脚步声被屋里警觉的人听到，开门出来见是他，便把他拉进屋里。因为他此刻是单位宣传干部，经常在广播喇叭里读文件，人们都知道他。他们熄了灯在屋里低声交谈，不敢开灯。外面扛着洋镐把、铁锨把准备打人的人们乱哄哄闹了一阵，过去了。屋里“救”哥哥之人，就是年龄和哥哥相同、跟随她的哥哥来新疆“支援三线建设”的后来的嫂子。得知了他们交谊的经过以后，家里和大院里的左邻右舍不再为他的婚事猜疑了。起先大家都在为他物色对象来着。

几年后他们结婚生子，第一个孩子是女孩，此刻我正在部队当兵，生活紧张枯燥，哥哥寄来了女儿的照片，我非常喜欢，夹在笔记本里，经常翻看，这是我们李家的第一个后人，自然是倍感温馨的。这个女儿后来上了新疆乌鲁木齐某大学，毕业后留校任职了。他的第二个孩子是男孩，非常聪明，曾经在新疆多次获得物理和数学的奥赛金奖。后来考入天津大学，毕业后留校，考取风行全球的含金量很高的 CCIE 证书以后，他又跳槽到中国移动做了中层，手里的项目经常是十亿以上的。现在是全国某著名民营企业阿里巴巴的副总裁。

哥哥从一个木工起步，因为多才多艺做了宣传干部，后来补上了业余大学，还把毕业论文寄给了我。我此时也是宣传干部，看了他的论文，感觉很有水平和见地。后来他就做了单位的宣传部长，进入党委领导班子。进入 90 年代，他任职《西部建设报》的社长，来天津找我帮忙买车，要买一辆适合新疆那种自然环境的“坐骑”。那时单位购车是需要指标的，得到指标很不容易，购买合适的车辆同样很不容易。我便找到战友，帮他买了一辆灰白色的“伏尔加”。那时这也算够档次和身份的“好车”了，而且这种车皮实，经得住戈壁滩的颠簸。此后不久，我有朋友从事水果生意，要去新疆采购库尔勒香梨，我便给哥哥打电话，请求助一臂之力。朋友赴新疆找到哥哥后，他便亲自帮朋友联系了产地和卖家，帮他们顺利完成了采购。

父亲和哥哥的单位从新疆的哈密搞基建，一路前行，到乌鲁木齐，到阿克苏，到库车，到库尔勒，几乎到了边境。真正贡献了一切。他们夫妻俩都是党员干部，在努力工作的同时，为培养孩子殚精竭虑，使劲浑身解数。家里家徒四壁，没有任何财产，只有一堆纸箱子，在里面装衣物、家什，直到退休，家里连电视机都没有。他们完全属于“献了青春献终身，献了终身献子孙”的一代人。我那个侄女已经扎根新疆，不可能回来了。他们夫妻俩也只是在退休后回到内地。哥哥的性格和为人处世，完全体现一个“诚”字，所以能够完全依靠自己的能力和拼搏，在没有什么背景的情况下干到副局级。但诚的背后往往显得迟钝。前两年，有人冒充我的名字向他借钱，他竟然没跟我核实就到邮局汇钱，对方要三万六，当时因为邮局办不了，只汇出一万二。回头他给我发短信核实，我说，你上了骗子的当了，我根本没向任何人借钱，你为什么不核实以后再汇？他就是这样的大实在人。社会上的骗子也往往在他们这种人身上得手。这件事虽然他也及时报案了，但我们都知道，追回来的可能性是零。

我曾经建议哥哥写写回忆录，他不置可否，而嫂子坚决反对。我说我很想沿着父亲和你们的路线走一趟，嫂子断然否定说：“没必要！”可能他们付出的太多了，不愿意回忆了吧。前几年哥哥有了孙子，起名“政轩”，想必体现了他的理想；我也不觉想到，待我有了孙子，应该起名“政通”。因为多年来中国人斗得太多太过了，还是“和为贵”啊！

8，这样的姐姐也少有 （微信公众号）

不知不觉间，我们全老了。姐姐一头白发，我也满脸沟壑。关键是姐姐一生的不容易，想起来就让人唏嘘，让人感叹，更让人敬佩！

青春记忆

姐姐比我大五岁。小的时候，家境困难，我们不光睡在一张床上，我还“拾”（继承）过姐姐穿过的衣服和球鞋。1965年，父亲和哥哥响应党的号召远赴新疆“支援三线建设”，家里就由母亲和姐姐挑大梁了。姐姐的小学、中学都是品学兼优的好学生，一直担任学生干部，在市重点校的十四中曾经担任低年级的辅导员。1968年，姐姐中学毕业就留城参加了工作。那时社会秩序混乱，姐姐下中班（晚上10点钟以后）走在路上会有小流氓追踪。吓得姐姐迅速跑回家里。此后，每到姐姐下中班，母亲就让我去迎一下。有时我带着邻居小伙伴，有时带着弟弟。一次母亲带着弟弟回老家，家里剩下姐姐和我，深更半夜房门被挤得“嘎嘎”响。姐姐拿起了菜刀，我拿起了擀面杖，准备一场“恶战”。但对方挤了半天门挤不开，悄悄撤了。后来有邻居说，像是大院里白家的二小子，二十来岁，以前只知道那是个打架大王，脸上一道斜疤就是佐证，想不到他还干这种下作勾当。此后，我们夜里睡觉天天插了插销，还要把桌子板凳都顶在门上。

时隔不久，年底我和姐姐回老家。河北农村青县王召庄公社杨庄子村（现在是曹寺乡杨庄子村），在县城火车站下了车要步行 18 里地。那次是一个中午，正赶上下大雪，天阴得灰蒙蒙的，四野白茫茫一片，天地相连，根本看不见路。我们身上还背了很多沉重的点心盒子——老家人认这个，而且，没出五服的叔伯亲戚很多，都得照应。幸亏姐姐记忆力好，有韧性，硬是在茫茫白雪中带着我摸索着，始终朝着一个方向走，用了三、四个小时，终于赶到了杨庄子村。进家以后，我们两人全都汗流浃背，两腿发软，筋疲力尽。但爷爷见了姐姐却说：“我不想你，我想你哥呀！”气得姐姐眼泪汪汪。农村人重男轻女，爷爷十分典型。此时奶奶已经病逝，早先奶奶就说过：“如果他先去，你们有福；如果我先去，你们遭罪。”奶奶对爷爷的脾性早就吃透了。至少是不理解人，不疼孩子。那年姐姐不到 20 岁，我也就十四五。

夜里睡觉爷爷睡西屋，姐姐和我睡东屋。睡前只在堂屋点了一会儿呛人的煤球炉子，很快就熄了，舍不得多点。屋里仅有一点点热气，后半夜完全冷却。年根底下，寒冬腊月，睡凉炕是什么感觉，可想而知。夜里我们俩背对背紧紧挤在一起。再过两天，过道里的大旦儿（寿增）结婚，姐姐和我去送礼——天津点心：一盒蛋糕一盒大八件。大旦儿借此对我说：“听你爷爷说你会画画，给我画个门框吧。”我一看他的新房门框刷了白浆，就说：“画个喜鹊登梅，咋样？”“行。”过道里的小永儿（永增）支援了水彩和毛笔，我围绕两竖一横的整个门框，三下五除二，就画完了。小永儿则帮忙贴了红红的对子。其中下联是“刺破江心滴滴血”，上联更荤，没法说。大家一顿起哄。中午大旦儿请客，请姐姐和我吃饭。他父母跟着一块吃，好几个人只在桌子中央摆着一碗菜，碗还不大，姐姐和我只好不下筷子，只是干吃饭。草草吃了我们俩就早早退出了。过道里家家都得到了点心，便夸赞爷爷生了好孙女和好孙子，爷爷只是撇撇嘴

“哼”了一声。说不清是啥意思。姐姐也喜欢我画的画，每到年底，都委托我为她的同事画一些年画，有时我会为此忙上一个月。

姐姐的单位从中山路三马路搬到了北郊的马庄，新盖的车间像个高高的大玻璃柜子，上下全是通透的玻璃，晚上灯火通明，十分壮观。一次上夜班姐姐带我和老同学罗永章前去看看新。我和罗都是学校民兵独立团的人，罗还是号手，那天他就带了小号，进了大车间以后，他问姐姐：“能吹吗？”姐姐说：“你吹吧，给夜班的人也提提神。”于是，嘹亮的小号声猛地响了起来，集合号，冲锋号，隐蔽号，等等，罗永章吹了个够，引起职工们热烈掌声和大声夸赞。姐姐曾经有过读工农兵学员的机会，考试合格，职工评议和领导审批也通过了，但家里母亲不同意，说家里负担重，指着你了。那时因四弟患有先天性心脏病，姐姐三天两头要背着四弟去看病，母亲那个阶段身体也不好，也是没办法，只能让姐姐忍痛割爱做出牺牲。姐姐暗自垂泪，忍痛放弃。而顶着姐姐名额去读大学的同事，后来做了厂长，姐姐做了车间工会主席。当然，评价一个人，职务算不上最佳指标，因为现实生活中靠各种因素任职的都有。后来我当兵去了部队，接兵的是 38 军 112 师炮团的郭安排长，姐姐见了他认真托付了一番，说了很多“多多关照”之类的话。姐姐比我更清楚地意识到，郭排长就是吉祥的象征。此后姐姐就经常给我写信询问部队的情况，介绍家里的情况，显然，她的负担更重了。再后来，姐姐有了对象，要结婚，我虽然津贴费不高，还是把积存两年的积蓄给姐姐寄了过来。她感动得热泪盈眶，马上给我回了信。

再后来姐姐和姐夫在看望父母亲回家的路上遇到车祸，姐夫轻伤，姐姐重伤，在254医院抢救了一宿，勉强挽回了生命。然后又转院到天津医院（骨科原“反帝医院”），经受了一系列成功、不成功的手术的折磨，吃尽了苦头。最终姐姐落残了，一条腿跛了。因为车祸，带来身体的一系列变化，首先是内分泌紊乱，原本很健康的身体，几年后冷不丁出现胆结石，剧痛，不得不到254医院做手术。继续经受一次折磨。几年后，在中山路再次被汽车撞倒。那是个二把刀的女司机，姐姐本来腿脚就不利索，在绿灯情况下过马路，那个二把刀竟然开车走神——她是给她妈买药去，结果把姐姐撞出去两米远。造成姐姐两肋多处骨折和中度脑震荡，不得不又一次“拜访”254。依仗往年身体底子好，竟然又慢慢恢复了。顽强的意志和生命力啊！做为普通百姓，遇到天灾人祸，怎么应对？姐姐以自己朴实的经历告诉后人，以平和的心态兵来将挡水来土掩，关键是意志要坚强，不论多难也不灰心，勇敢面对生活。她不得不提前退出工作岗位，成为“全职太太”，天天在家拖着跛腿做家务。但她甘于“平庸”，全力辅佐在单位是顶梁柱的姐夫。姐夫的岗位是电工班班长，高级技师，多年来刻苦钻研技术，企业面临技术改造引进瑞典先进设备，姐夫全力以赴投入进去，胸有成竹跟随专家赴瑞典谈判去了。一去就是两个月，家里的一切全由跛腿姐姐承担起来。而姐夫也不负众望，通过拉锯式的艰苦谈判，终于使得对方就范，为企业节省近600万元人民币。

回来后姐夫又全身心投入配套设备的设计、安装上，天天早去晚归，直到最后设备正常运转。姐夫是单位里随叫随到的角色，有时是下班后的深更半夜，正睡着觉，厂长来电话说是哪里出了问题，他穿上衣服，骑了电动车就出发了。每到此时，姐姐总是报以最大的鼓励和支持。因为她曾是车间工会主席，知道姐夫的重要。后来姐夫获得全国技术标兵和天津市两届劳动模范的荣誉称号，姐姐也丝毫没有因此而产生“船到码头车到站”的念头拉姐夫后腿，依然是时时处于随叫随到的“临战”状态。现在姐姐的儿子儿媳都是企业骨干，也很孝顺，大孙子也一米七高了，老少三代和和美美。我父母亲都过世以后，每到春节除夕，我们弟兄几个都到姐姐家看着电视春晚节目吃年夜饭，大家热热闹闹，拿姐姐当家长，她当之无愧啊。不仅如此，她还是我的第一读者，我每出版一本书，都送给她看，听她的意见。她看了长篇纪实文学《风雨毛乌素》后，被治沙英雄石光银的事迹感动得落了泪，说：“我若不是这个年龄，我会辞了职跟随石光银种树去！”说明，她的进取心始终没有泯灭。她给予我们的榜样和启示，够我们受用后半生！

9，这样的姐夫更难得（微信公众号）

2007年2月，全国各大媒体集中报道了上一年度全国学习型班组、知识型职工、先进集体和先进个人的表彰决定。我的姐夫缪惠民做为“全国知识型职工先进个人”忝列其中。（见网址
http://www.51xue.org.cn/chuangzheng/ArticleShow.asp?ArticleID=5535）全家都为他高兴为他骄傲自不必说，更明白这是他通过多年兢兢业业的努力，在漫长人生道路上不断超越坎坷超越自我，凝结智慧、毅力、心血而开出的一朵无比绚丽的奉献之花！

姐夫缪惠民出身于军医之家，他的父亲，他的大姐、大姐夫都是军医，二姐也是医生，二姐夫是机关处长，哥哥是企业领导，业余画家。姐夫缪惠民儿时体弱多病，住院是家常便饭，父亲的军医院被他踢破了门槛子。耳濡目染，他对军医院里的一切都了如指掌，尤其当年军医院医生们雷厉风行，纪律严整，全心全意为病人服务的精神和作风给了他深深的心灵烙印，陶冶了他，也铸就了他。他中学毕业的时候没有高中，更没有考大学的机会，做为老军医的父亲一辈子忠诚厚道，严于律己，从来不曾为孩子们谋取半点方便。他被分配到企业做电工，就踏踏实实任劳任怨地干了下去。

企业里流传着这样的俏皮话：“紧车工，慢钳工，不紧不慢当铣工，吊儿郎当干电工，不要脸的是焊工（天天遮着脸干活）。”但姐夫缪惠民却不是“吊儿郎当”的人，他进了电工组以后不断进修文化，刻苦钻研技术，还在大学拿到了机电类大专文凭。因工作出色而担纲责任重大的电工组长，继而成为全厂涉及机电方面的技术“大拿”，高级技师，带领一群技术骨干攻克一道道难题，闯过一道道难关，为全厂技术引进、改造、升级节省数百万、上千万资金，24小时全天候为企业运转保驾护航，成为全厂当之无愧的技术核心和领导的主心骨。

他和我姐结识，是在文革后期，两个人年龄相当，经厂里师父搭桥便牵了手。不久唐山大地震波及天津，虽然天津人员伤亡很少但房屋损毁很多。当时我家的情况是父亲和哥哥都远在新疆“支援三线建设”，我在部

队，都顾不上家里的事，是姐姐和姐夫帮助母亲撑起了一片天。适时余震不断，人人害怕房倒屋塌，姐夫找来木料在我家院子里搭了地震棚，把屋里的木床支高，让大家到床底下睡。四弟年幼胆小，夜晚睡不着觉，姐夫晚上就来陪睡，搂着四弟，像自己的孩子一样。那个阶段，院子里的左邻右舍都夸赞和羡慕我家有个好女婿。

随着改革开放的不断深入，企业技术引进摆上日程，厂长带着他和翻译到瑞典谈判，他对需要引进的设备的所有技术环节都事先做了研究，在谈判桌上提出了自己的一系列意见，句句说到点上，让瑞典方面的谈判人员十分宾服，对厂长竖起大拇指夸赞：你们这位技术人员真厉害！因为中方十分内行，在价格问题上就不能不尊重中方的意见，最后达成妥协，以双方都能接受的相对最合理的价格引进了成套设备，为中方节省几百万人民币。设备引进以后，需要配套设备，这就需要利用厂里原有的能用的，并制作新的短缺的部分。于是，姐夫和全厂技术骨干又埋下头去，在研究中制作。同时，和天津大学机电系王教授建立合作关系，边请教边实践。王教授非常喜欢姐夫的做事风格，两个人还变成了至交好友。

工作上正在叫劲，孝敬老人也不能忘。周末晚上他和我姐到我家看望父母，回来的路上遇到车祸：一个醉驾的年轻人开着一辆双排座以飞快的速度连撞两个人后，撞到了我姐身上，继而把姐夫也扫了个跟头。双排座撞倒了路边的铁栅栏，一直顶到一棵大树上才算站住。人们围住醉驾者怒骂。而警察赶到时，醉驾者还在云里雾里迷迷瞪瞪。醉驾者是个二十来岁的年轻人，家住市郊结合部，家境困难，有过前科刚刚劳教出来，家里凑钱给他买了一辆双排座，让他跑运输赚生活费。可是，钱还没赚来就惹了祸。姐姐伤势严重，在军医院抢救了整整一宿，我们一家和兄弟妯娌全都跟随投入了看护。

不久姐姐又转院，我爱人和妯娌又跟随看护。而姐夫一只胳膊骨折也打了夹板，白纱布在脖子上吊着，跑医院，跑单位，跑交通队，跑法院……见过他这个形象的人都会记得，一贯笑容满面的缪惠民完全变了样，眉头紧锁，满头大汗，东跑西颠，打着夹板的胳膊在脖子上吊着……夜里十二点，姐夫正在医院值班，蜷着腿躺在长椅上刚要打个盹儿，手机响了，单位来电话，设备出故障了。他揉揉眼睛，整理一下衣服，走。骑上电动车奔了厂子。

那个阶段，因自制配套设备，又为企业节省几百万元。而姐夫在其中充当了须臾不可离开的技术核心。因为车祸肇事者拿不出钱赔偿，仅把那辆撞毁的双排座抵押给了厂里。而厂里为我姐承担了本应由肇事者承担的一切费用。厂子如此给力，作劲，与姐夫在厂里是大家离不开的技术核心有着直接关系，当然，我姐平时工作也很好，她是车间工会主席，工作认真负责，甘于为大家服务，是大家信赖的好同事。厂领导隔三差五来家里看望，同事们也都买了营养品前来慰问。姐夫因为贡献大也连续两次被评为天津市劳动模范。继而被评为全国知识性职工先进个人。直到他退休后，也经常在夜里接到厂里的急电：设备有故障，请速来！于是，他二话不说，穿起衣服，骑上电动车就奔向厂里。这样的劳作没有报酬。他也不习惯和领导谈报酬。他只感觉这是应该做的。因为他爱这个企业。他已经和这个企业融为一体。没有他，企业会损失很大，没有企业，谁来给他承担意外的困难？后来随着市场竞争越来越激烈，企业不能不转制、倒闭、出让……他听说以后，简直要哭了。好几次骑着电动车在厂门口转悠，那是他几乎献出了一生的单位啊。

他在企业的时候，有关方面曾经动员他到外面去干，说你这么好的技术，要比在单位多赚几倍甚至十几倍的钱。但他毫不为之所动。他认为他的根就在自己的企业。退休后，有关方面又邀请他出山，他又婉拒了。他说我要完全摆脱这个行当，否则，一进去就会落泪。他在这个行当浸润得太深了。姐姐的腿伤落了残，走路有些跛。现在姐夫除了到海河边钓钓鱼，就是牵着我的跛腿的姐姐到处走，老了嘛，走路也是锻炼。海河边，宁园，中山公园，中山路等等驰名中外的老地方他们都经常去，前两年他们竟然斗胆去了趟西藏，逛了布达拉宫，真让我们佩服！姐夫热爱生活，做饭也有一套，能做出整桌的不重样的年夜饭，父母亲去世后，我们兄弟姐妹除夕夜都要到姐姐家过，姐夫总要亮出他的厨艺。而我最爱吃的，是姐夫做的番茄挂面汤，香喷喷温暖柔软，一如他的为人处世，可口味儿足！

10，什么是作家：记大家蒋子龙（原载《中老年时报》）

我爱好写作已有多年，直到活了一个甲子，也写了几百万字，方才清楚地明白：文学爱好者与真正意义的作家不是一回事。并不是写几篇小

文，出几本书就是“作家”了；更不是加入作协、成为会员就是作家了。什么是作家？百度上说是“能以文化创作为业的写作的人，也特指文学创作上有盛名成就的人”。乍看言之有理，细看“误人子弟”。因为门槛过低了。市场经济，商品社会，达到它那个水平并不困难。这是导致“作家”的名号不值钱，被人拿“全民作家”进行揶揄的原因。

2018 年 5 月，我作为天津写作者的一员，有幸与著名作家、原中国作协副主席、天津作协主席蒋子龙老师同行，赴山西侯马参加笔会活动，其间子龙老师的音容笑貌与大家风范给我留下深刻印象，咀嚼了半年以后，终于忍不住敲出以下字句，聊表自己这个文学爱好者的参悟与体会：子龙老师这样的写作者，才堪称为“家”。与我的结论相对应的，是近日国家公示了 100 位改革开放 40 年来做出杰出贡献的先进人物名单，其中只有两名作家：子龙老师与路遥。是时让我神清气爽，拍案称快。国家（主管这方面工作的人与主要领导）还是有眼力有定力的，没有被眼花缭乱、花里胡哨的当今文学百态所迷惑。

古今中外的千百年，从事文学写作的人成千上万，作品也浩如烟海，能够传世已不容易，被奉为圭臬的能有几人？而依靠文学作品，在思想意识形态领域乃至日常生活中长久地拨动人们心弦，能有几人？推而论之，依靠文学作品推动社会进步的能有几人？中国的改革开放初期，涌现了一大批产生了“轰动效应”的文学作品和写作者，子龙老师是其中最显赫的“遥遥领先”、最具震撼力的代表人物。评家称“振聋发聩”与“黄钟大吕”。其实评家说的，只是作品的阅读效果。在实际生活中，“乔厂长们”的工作思路深刻地影响了是时的企业改革。以乔光朴、霍大道、车篷宽、刘思佳等为代表的子龙老师笔下的系列改革风云人物，作为文学形象

是光彩照人巍然屹立的，而对实际工作的推动，对社会风气的塑造，对世人心理乃至对国家意识形态的影响，远不是几篇文章几本书所能说清，更不是在下三两句话所能概括的。对比有着生花妙笔却热衷叙写小感觉，小情怀，小愿景的作品，是不是高下立现？更别说那些鸡零狗碎、自说自话乃至旁门左道、抹黑民族对社会进步起负作用的作品了。我这么说可能有“实用主义”之嫌，但中国优秀传统文化讲得不就是“经世致用”？文学界的流派曾经很多，“伤痕文学”、“寻根文学”、“先锋文学”等等，在当时文坛产生了影响，但很快便烟消云散。而当年著名作家秦兆阳的《现实主义，广阔的道路》的倡导与主张，虽不够时髦，人们却不会忘记。

在山西侯马，子龙老师需要上主席台做即席发言，因时间紧张来不及准备，他便写了个小纸条，面对台下广场上的众多与会者有板有眼地发表了自己的感想与祝愿；在晚间的座谈会上，他作为重点人物，也是条分缕析地讲出精到见解。让所有与会者无不宾服。这从热烈的掌声中可以体味出来。子龙老师每到一处，只要稍有空闲，就会有人围上来请求合影，子龙老师则随和地配合，来者不拒，没有一点大家的趾高气扬和居高临下。在这种时候，其他的作家们，不管知名不知名的，往往都不怕被“冷落”，反而也抢着和子龙老师合影，包括组织会议、活动的领导者。“乔厂长们”距今已有近四十年了，大家还没有忘记，如同当今国家对他也没有忘记一样，他的光与热在时时地照耀、感染着人们，温暖着人们。子龙老师按照活动安排，要和我们这些人一起到各处参观、视察、浏览，只要对方提出请子龙老师题字，留下墨宝，他都欣然命笔，不扭捏，不假客套，不拿架子，包括题写“中国手艺小镇”这样的作为经久使用的重要牌匾。而那酣畅遒劲的字体，更让人啧啧称叹，爱不释手。他不是书法家，写出的是真正文人的风采。

大家来到黄河壶口瀑布的时候，子龙老师携带老伴，与所有的来访者一样，细致观察体味黄河瀑布的波澜壮阔、排山倒海与气势如虹，感受那扑面而来的水星水雾，并以水星水雾为背景合影留念。此时此刻，水星水雾模糊了照相机和手机的镜头，也模糊了照相者的眼睛。因为，黄河瀑布的庞大气势撼动着大家的心弦，子龙老师与大家同行，同在一个画框中，最让人激动。在前往黄河瀑布的路途中，组织者倡议大家唱歌，坐在最前面的子龙老师率先站起身来，有滋有味地唱起河北平原极富情趣的乡间小调，惹起一片笑声和掌声。但因唱得太好，后边的人不好意思再唱了。而在子龙老师唱歌的时候，老伴的一只手始终扶着（抱着）他的大腿，生怕他因为车身晃动而摔倒。老两口的情深意笃溢于言表。于是，我便联想到四十年前，子龙老师日子最难过的时候，夫妻俩无怨无悔，始终牵手相伴，走过人生最刻骨铭心的日子。那是子龙老师撕心裂肺的阵痛，也是国家在挣脱桎梏时的阵痛，所幸的是当时国家与子龙老师的心脏跳动在同一节拍上。

人们一定还记得这首歌，铿锵有力，一往无前，如同波澜壮阔的黄河壶口瀑布：“咱们工人有力量，嘿！咱们工人有力量！每天每日工作忙，嘿！每天每日工作忙，盖成了高楼大厦，修起了铁路煤矿，改造得世界变呀么变了样！……”子龙老师也一定不会避讳“工人”两字，他就是从光荣的“工人阶级”一分子起步么，他走起路来的时候，大步流星，虎虎生风，七十出头的人还仍然如同四十年前当车间主任指挥上千职工，在“乔厂长”安排下组织大会战的情景。他讲话干脆利索，绝不拖泥带水，往往三两句话便直逼问题的穴眼。他的身上有着太多“乔厂长”的色彩。他风格质朴，从衣着到做事。不奢华，不浮躁，不哗众取宠，最关键的是绝无“虚头巴脑”。总之没有眼下一些名人很容易携带的“影像”。但他博览

什么是作家

群书，精于思索，一般写作者“下棋看三步”，他会看五步、七步乃至更远。心胸也如同大海一样辽阔，深远，湛蓝，能够包容百川，能够自洁自净，能够风光无限。我由此又想到企业内的职称系列：助工（初级），工程师（中级），高级工程师，写作者何不理智自谦一点，称自己时也按这个系列？如果哪个写作者再侈谈自己是“家”，那么，请翻检四十年前子龙老师的一系列煌煌大作，先对照一下再说。（原文发表于《中老年时报》）

11，电波连万家，关山渡若飞（载于天津《支部生活》）

2020 年 11 月 11 日下午六点，天津人民艺术剧院编剧、知名作家王文淑老师告知：著名播音艺术家关山老师因病去世，享年 86 岁！让我于惊异之中十分沉痛。早先我虽未向关山老师私下交流请教，但亲耳聆听过他味如甘醇的讲座，感受过他春风拂面般的风采。他就像多年的老朋友，长久地伫立在我和我们这一代人的身边，他激越澎湃，绘声绘色的播音时时在耳边响起，我和我们这一代人几乎是听着他的声音长大的！他在以往岁月里通过电波银线把《保卫延安》、《红旗谱》、《林海雪原》、《暴风骤雨》、《海啸》等长篇小说的精彩演绎，准确无误地放送到我们这些求知欲正强，而又爱好文学的青少年耳朵里，那富于磁性和情感的抑扬顿挫的声音，永远留在我们的记忆里，伴随我们成长，并帮助我完成了从文学爱好者到职业作家的转变。

记得最早收听天津电台广播小说的时候，是在 1965 年左右（文革还没开始），关山老师播送《欧阳海之歌》，那时我家还没有“电匣子”，但邻居家有，于是，我们院子里的好几个小孩子都到邻居家去收听。每到收听时间，大家都挤挤插插地在邻居家紧紧靠墙站着，生怕影响人家进出而被撵出去；收听的时候，则仄着耳朵全神贯注，生怕漏掉一句话、一个名词。故事情节中关于班长“曾武金”与欧阳海的交集，以及欧阳海用 18 磅大锤在施工中一口气打了 100 多下，等等，多少年过去都难以忘怀。

文革中，很多书籍都不允许看了，有的销毁，有的封存，而一些适合当时形势的书籍还偶有出版，并播出。大约是 1970 年左右，关山老师播讲

《桐柏英雄》，讲到战士奋勇杀敌，不怕牺牲，让我们这些十四五岁的青少年热血沸腾，情绪激昂，暗下决心，一定要去当兵，做毛主席的好战士，做人民的子弟兵，以一腔热血报效国家。这部小说播讲完不久，我们在中学里突然听到一个好消息：关山老师要到北宁公园的二楼小礼堂为大家作报告，专题讲解他是怎样讲好《桐柏英雄》的。我那时已经是学校的学生干部，率先拿到了听讲座的门票，便按时到会了。关山老师在台上开篇就说："你们听我的声言是气壮如牛，而本人的实际情况是骨瘦如柴，哈哈哈。"台下大家都跟着笑起来。关山老师讲到书中有几个地方拿捏不准，播讲以前都请教过有关业内人士。比如一个战士在与敌人肉搏战的时候喊道："给老子拿脑壳来！"因为这个战士是四川人，讲的时候就应该讲"给老子拉老壳来！"这是地方话，不这么讲就不像四川人了。还有书中有一句"为什么男人死了女人可以再娶，而女人死了丈夫不能再嫁？"，需要在"男人死了女人"后面顿一下，再讲"可以再娶"，否则，连起来讲就容易让听众不明白。关山老师讲到这里的时候，台下响起热烈掌声，而这掌声，是对如此敬业的关山老师的最好褒奖！

关山老师举了一个播音中的例子，非常典型，比如"我喝一杯水"，把我读成重音，就强调了是我喝而不是别人；把喝读成重音，就强调了是喝不是倒；把一读成重音，就强调了是一杯不是很多杯；把杯读成重音，就强调了是杯而不是碗；把水读成重音，就强调了是水不是粥或稀饭。这样的讲解，对于我们这些青少年来讲，简直就是生动的语文课。

几年后，我真的像欧阳海那样参军入伍，成为一名解放军战士。我们也真的像欧阳海那样遇到了艰巨"工程"，即 1976 年 7 月 28 日唐山大地

震以后的转天，我们部队在第一时间进入灾区抢险救灾，在废墟中扒活人，抬伤员，运尸体，搭建地震棚以及后来的帮助企业恢复生产等等工作。

很多废弃的厂房、建筑的楼板需要拆除，我们就真的扛起了大锤，而我们的大锤是24磅的，比欧阳海的要重很多，而且，抡起来的话，一口气也往往是百八十下，丝毫不比欧阳海差。在这个时候，我就在心里默念起关山老师播讲的欧阳海的那些精彩情节，感觉自己作为人民子弟兵，在人民蒙受灾难的时候，能够尽自己一份力量参与救灾，是我们向欧阳海学习的最好时机。因为我们每个战士都表现得十分英勇而高效，所以，最后集体荣立二等功，而我籍此光荣地加入了党组织。

随着十年文革的过去，天津人民广播电台的广播小说节目内容也发生了很多新的变化。一次我们在山里集训，中午吃饭的时候，炊事班有人打开了“电匣子”（这时已经很流行半导体收音机了），里面正在播讲著名作家蒋子龙的《乔厂长上任记》，而且仍然是关山老师播讲，一下子又把我吸引住了。关山老师随着故事情节的发展，时而铿锵有力，时而低回婉转，时而如雷霆万钧，时而如高山流水。仪态万方，千变万化。仿佛作品中千姿百态的人物就栩栩如生地站在我们面前。我们完全被关山老师的演绎震撼和陶醉了。而且，马上联想到我们自己应该如何为国家的“四化建设”出一份力，发一份光。关山老师一生获得国家奖项无数，是全国播音界最早五名最高职称的专业人员之一。与上海陈淳享有“南陈北关”之美誉。那时关山的美名，比如今任何一个影视明星知名度都高，受欢迎，受赞誉的程度都高，那是一种难以企及的高度。

在没有多少书可读的日子里，关山老师陪伴着我们，把最好的故事最好的声言馈赠给我们，让我们在满足精神饥渴的同时，增强文学修养，走好人生之路。我作为文学爱好者甚至在聆听中对遣词造句、篇章结构都有了深切体会。几十年过来，我作为职业作家，已经出版了一系列作品，天津人民广播电台也播出了我的五部长篇小说：《成色》、《离婚男人》、《地下交通站》、《今夜辰星璀璨》、《古玩圈》，虽然眼下听众不如以前那么多，但反响也仍然十分热烈，广播小说的播音员很快成为大家关注的明星。他们的演播为我的作品增色不少，也收到了一如既往的好评。后来，我写过感念关山老师的小文，委托我的老师著名评论家夏康达教授转给关山老师，因为夏康达教授和关山老师的夫人是同事，关山老师读到我的小文以后，十分感谢，还回话说：“想不到岩波这么多年还能记得那些往事，连我自己都不记得了，祝你写出更好的作品！”说这话也就两三年的时间，现在关山老师已经远离我们而去。不曾谋面的师长，我们永远怀念您！

12，家喻户晓的音乐家牛万里（微信公众号）

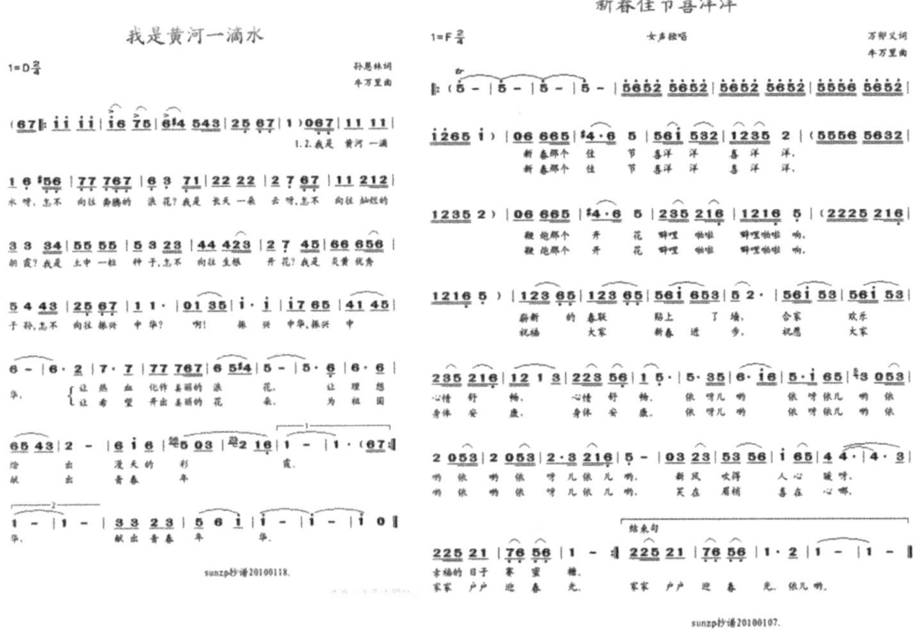

今年是津门著名音乐家牛万里老师逝世 15 周年。2006 年他病逝的时候是 74 岁。当时我曾经想不通，多才多艺，周身充满活力的他，怎么会说走就走了。我知道他此前发生过脑梗，走路和说话略略有些吃力，但他非常配合医生的治疗，恢复得也不错。可见世事无常。我并不是牛万里老师事迹的权威发言人，更没受过任何人委托，只是出于对这位老艺术家兼一个时期的忘年交好朋友的怀念，写下这篇小文。

牛万里自幼爱好音乐，天赋极高，是一位自学成才的艺术家。1950年，是国家刚刚解放的第二年，完成了土改，开始了抗美援朝，实行了非常时期的统收统支的财政经济体制。可以说，百废待兴，阳光灿烂，举国上下意气风发心齐气顺，而此时年方 18 岁的牛万里，恰如他的名字，牛气冲天，春风万里，成功考入名闻遐迩的天津歌舞剧院，开始了他长达半个多世纪的艺术生涯。他做过合唱队演员、乐队鼓手、圆号手、长号手，拉过手风琴、小提琴，担任过管弦乐队队长、指挥、民乐队队长、艺委会副主任等职务。众多岗位的历练，为他最终成为一位有成就的作曲家打下了坚实基础。长时间以来，他专注于音乐艺术的民族化、大众化的探索和实践，创作出大量优秀曲目，为繁荣国家音乐事业做出了一生的努力和贡献。他创作的声乐作品《歌声响遍渤海湾》、《在溜冰场上》、《我是黄河一滴水》、《海河两岸起新楼》、《津门、津河、立交桥》、《新春时节喜洋洋》等，无论独唱还是合唱，都朗朗上口，便于传唱；器乐作品《蝶恋花》、《美丽的南洋风光》、《怀念中国》、《十面埋伏》等，或旖旎委婉，或气势如虹；交响诗《武松打虎》、《珠穆朗玛红旗飘》、《抗洪战歌序曲》等，风格独特，长于描述和抒情，无不意蕴悠长。而由他改编配器的民乐合奏《大寨红花遍地开》（后改名《红花遍地开》），则响遍神州大地，至今为各省市诸多民乐团的保留曲目。他还曾将柬埔寨前国家元首西哈努克亲王作词作曲的《怀念中国》，改编为民乐合奏，并为来访的西哈努克亲王本人演出，受到好评，传为佳话。

我并不在艺术部门工作，最初认识牛万里是因为吃饭。上世纪 90 年代中期，牛万里大概已经退休，按年龄推算他已经超过 60 岁。这时，他在天津赤峰道靠近解放路这边主持一家小饭馆“牛虎豹餐厅”，而这家餐厅距离我家不远，我那时是单位经济实体广告公司的经理，工作非常忙，晚上经常来不及做饭，我们一家三口就来这个餐厅吃饭。后来因为彼此熟悉了，还带客人来过。我最喜欢吃这个餐厅的一道菜（或叫饭）：炒牛河。做得像模像样，口味不错。那时我认识他，而他不认识我。他在津门大名鼎鼎，谁人不知牛万里？不过，我并不喜欢攀附名人，只是每次一盘炒牛河，一瓶雪花啤酒，看着他忙里忙外，并不与他搭话。时间长了，就让他纳罕：“你怎么每次来都点这一口？”我说：“您的炒牛河做得不错，吃了还想吃。”他便开起玩笑：“我的炒牛柳、黑蒜子牛肉也不错。”我便顺势搭腔：“因为您姓牛，人也牛，所以，饭菜跟着牛。”“甭打岔，我今天赠送你炒牛柳和黑蒜子牛肉。”我只以为他不过开个玩笑，谁知一会就真让后厨端来了这两个菜。于是，从此以后我们一家三口就成了这里的常客。彼此之间无话不谈，玩笑不断。

一次他对我说：“我看你夫人比你小不少，是二妻还是三妻？”我说：“我们是原配，哪来的二妻三妻？”他说：“不对，年龄上差太多。”我爱人听了哈哈大笑，说：“我们俩只差一岁，他长得老相，出门坐火车小朋友都喊他‘爷爷‘。”牛万里点点头，说：“骡子、马大了值钱，人大了不值钱。”似乎是他这个年龄的一种切身体会。这时，他正在办声乐辅导班，餐厅打烊后会有一些歌手来餐厅听他授课，跟着他练习。嫂夫人对此盯得很紧，一次跟我说：“我不希望他收徒弟，有的女生让人防不胜防。”我就笑，说：“有您跟着还怕什么。”嫂夫人是个十分标志的中年女人，可以想见，年轻时十分漂亮。后来，我吃完饭不走，与牛万里闲聊，说起各自的艺术观点。我提了个问题：前几年的亚运会，著名作曲家施光南做的亚运会会歌《高举起亚运会的火炬》，不如徐沛东的《亚洲雄风》更加传唱久远，这件事应该怎么理解？为什么不把《亚洲雄风》做会歌？牛万里给我一拳头：“小老弟，你的问题让人没法回答。我能说的，就是施光南和徐沛东都是让人尊敬的大家。做为艺术作品，老百姓喜欢的就是好的。金杯银杯不如老百姓的口碑。”他又问我，是否爱好文艺，我说是，我最近写了很多小说素材，准备攒成长篇小说。他说，要记住，搞文艺创作，心里要想着对象：你是写给谁的。如果仅仅抒发自己的小情感小情怀，那你及早打住，别浪费时间，那种东西比

你擅长的人多得是，你还不如干经营赚点钱有用。

有一次晚上，牛万里在餐厅里给歌手做示范，唱了赵传的代表作《我是一只小小鸟》和火风的代表作《大花轿》。《小小鸟》的歌词里有“我是一只小小小小鸟，想要飞呀飞却飞也飞不高，我寻寻觅觅寻寻觅觅一个温暖的怀抱，这样的要求算不算太高……”“飞不高”三个字被他唱得荡气回肠，让人心疼。歌手们都给他鼓掌，我却禁不住点他：“您已经飞得够高了！”他说：“艺无止境啊。”唱《大花轿》时，他的宽阔敞亮的嗓音完全放开，声震屋宇，耳朵里只觉得嗡嗡作响，见识了一位声乐大家（其实他最大的成就是作曲）的气势和基本功。里面的歌词“我嘴里头笑的是呦嗬呦嗬呦，我心里头美的是啷个里个啷，妹妹她不说话只看着我来笑啊，我知道她等我来抱一抱……”此时，我就看到嫂夫人在他身后笑着戳他。他们牛家父子三人（牛万里、牛虎、牛豹）号称天津歌舞剧院“牛氏三杰”，加上大儿媳许丽丽（全国第一届青歌赛业余组通俗唱法第一名），是那一时期天津人茶余饭后经常提起的话题。后来许丽丽和牛虎离婚。我们免不了会说起牛虎和许丽丽的婚变，继而说起两个年轻人的后来，对此牛万里已经看得很开，说合与分都是缘分，也都是天意。这些事过分解读没有意义。我因工作关系后来接触过牛虎，他比我小几岁，我们很说得来，我感觉他是个厚道人。我对他后来不再唱歌感到遗憾。他说有我弟弟牛豹就行了，我已经过气了。我看过牛豹的演出，但没机会交往。对许丽丽也并无成见，后来在一位朋友举办的义演中，见到许丽丽应邀前来献唱，人已经胖了很多，如她自己所讲，已经不适合出镜，现在一直在做幕后的工作。

后来牛万里不打算干餐厅了，建议我接过来。我那时在机关里有办公室，弄一个门脸会加大费用，所以，一直没有回答他。他便不断到单位来找我。做为一位颇有成就和声誉的艺术家，如此矮下身段，和我这个小老弟攀谈，让我很感过意不去，便下决心把门脸接过来。这个门脸房是“四休干”（天津警备区第四干休所）的，四休干负责此事的刘干事得知以后，立即找到牛万里，说，你们退出没关系，转给谁都无所谓，但走以前必须把后厨清理干净，因为下家不一定干餐饮。为此，牛万里找到我说，小老弟，这事就劳烦你们吧，我现在没这精力了。我便和公司同仁自己动手，清理遍是油污的后厨，清出好几车垃圾。然后，我们里外装修，选了良辰吉日正式“开业大吉”。后来牛万里路过这里，特意进屋坐坐，说，小老弟，你们还真是那意思。几年后的 2001 年，天津有关方面举办了牛万里从艺五十周年音乐会，于淑珍、关牧村、李琦、许正源、李瑛、许丽丽、牛豹等歌唱家和歌手登台演唱牛万里创作或改编的声乐作品，袁伟担任音乐会的指挥。牛万里给我打电话邀请我们前往观看，我们因为忙而没去，但我们给予他最美好的祝愿。媒体报道这次演出非常成功，观众反响非常热烈，是牛万里一生艺术实践的美好总结。（原载网络）

13，母亲般的班主任王洪薇（原载《天涯》论坛）

不论是小学还是中学，班主任对于学生的成长都是最重要的。因为学生在这个年龄正是成长的最关键时期，也是记忆力最好、学习最出成绩的时期，事过之后很多事也都可以回忆起来。

我从中纺前街小学升入天津市第八十四中学以后，马上面临选班长问题。班主任王洪薇力主让我担纲。但年级组的有关领导不同意，认为我是个内向型性格的人，对开展工作不利。这种观点其实是有道理的。如果我是领导，也会这么想。内向型性格最适合关起门来搞研究，做幕后工作，而不太适合前台。王洪薇老师可能也考虑到了这一点，于是，选了另一位班长，完全外向型性格的张凤华。张凤华快人快语，爱说爱笑，在同学中有一定的人缘。她从身高上还要比我猛一点，加上敢想敢说，我在内心把她视为“姐姐”。对她多多少少有一点依赖。其他几位班委，吕和平，思维活跃，主持正义，敢于说话；李秀茹学习好，带头作用好；万志博则相对稳重和保守，考虑问题往往想得多一点。

开学不久，王洪薇老师就到我家做了家访，与我母亲做了深谈。我因为父亲和哥哥远在新疆工作，母亲在天津带着我、姐姐和弟弟生活，没有外出工作，在大院里担任着“街道代表”的职责，虽然一分钱报酬都不拿，工作却兢兢业业。父亲曾经力邀母亲带着孩子们去新疆，但母亲坚决不去，一心一意带着我们在天津生活。母亲在大院里管着很多事，有些还是得罪人的事，譬如大院里的下水池，禁止倒粪便，但偏偏有人倒，母亲发现后就找上门去，和对方论理。类似这种事，往往会挨骂。但母亲该做工作还是要做。也因此母亲在大院里威信很高，因为多数人喜欢主持公道的人。王老师就特别喜欢我母亲这样的人，两个人见了面相谈甚欢。回过头来，王老师就对我直言不讳夸奖了母亲，还说，你们姐弟几个要多听你母亲的话，不能让她着急。

我在中学期间担任班长，同时兼任了学校红卫兵团部的宣传委员（那一时期的红卫兵都是学生尖子，而不是文革初期造反、打砸抢分子）。红卫兵团部共三个人，丁建国主持，我是宣传委员，还有一位组织委员（是谁记不清了）。丁建国是老师，比我们大一岁，是上一届的留校学生。他同时兼任学生民兵独立团的工作。我每天放学以后，会到丁建国跟前去，听他部署工作。干得最多的工作是编辑和刻印、油印学校红卫兵小报。我把任务带回家，几乎每天晚上都在忙乎编辑、设计版面、“刻蜡板”的事。

民兵独立团因为经常要配合派出所围堵和抓捕那些在社会上犯案的学生，所以有时需要睡在学校里，三楼会议室旁边有一间空屋，里面有一张大通铺，因为常有民兵独立团的人在此睡觉，所以，几床被子都非常脏，被头全是脏兮兮的油泥。门口的角落有着浓烈的骚味儿和尿渍——因为有人在此撒尿——可见那时“无政府主义”十分严重。我和另一位“民兵”同学罗永章在此睡过好几次。班主任王洪薇老师得知以后，力劝我不要睡在这里，而且力劝我远离民兵独立团的工作，为此，她与丁建国发生过激烈的争吵。那时我虽然是班干部，但也多多少少有些逆反心理，感觉王老师似乎是管得太宽了。时隔不久，民兵独立团承担了追捕一个严重犯案的学生的任务，在上课时间我们也全跑出去了，连正常的课程也耽误了。回来后王老师就急了，对我进行了狠狠的批评：“你们升入中学来到八十四中是干什么来了？你们中学生的本职任务是什么？”批得我无地自容。然后她又去找丁建国争吵，丁建国见了我便直说抱歉的话。

按照当时的形势需要，年级组安排各班分成若干小组到郊区几个点搞社会调查。我所在的小组在王老师参谋下，选择了朱唐庄的一个村，这个村曾经发生一起“阶级斗争”事件，一个贫农的女儿被“阶级敌人”谋杀，后来抓到了犯案者。我们的任务就是去了解事件过程，写出调查报告。但我们这个组凑不齐自行车，去不了。大概是四个人只有一辆自行车。我家没有，其他人也找不来。我向王老师打了退堂鼓。王老师一听就急了，狠狠批评了我，说：“你们现在年龄很小，要锻炼和培养‘一竿子插到底’的办事精神，怎么能遇到一点困难就打退堂鼓？干什么都会有困难，遇到困难要想办法克服，否则，这辈子能做成什么事？”总之，对我批得很厉害。再一次让我无地自容。我只能发动组里的同学一起想办法。最后，组里的周永森找亲戚借来了自行车，事情终于得到解决：两个人骑车，后面再驮两个，四个人一起奔了朱唐庄，一路上大家轮流倒换着骑车，赶到朱唐庄以后，人人汗流浃背，但还是非常舒心，待听完公社的负责人的介绍，又参观了展出的图片，我们就高高兴兴打道回府了，回来后我就写出了调查报告，在全年级的大会上做了宣读，受到老师和同学们一致肯定。事后王老师问我，怎么看这件事？我说，主要收获不是写了一篇调查报告，而是学到了办事思路，和做事原则：既然干就干到底，不能一遇困难就半途而废。这个事例支撑了我的一生，让我真的受益匪浅。

我在中学时期经常写一些小的稿件，寄给天津《文艺革命》报和《中学红卫兵》报，每次发表作品，王老师都衷心向我道贺，并叮嘱我不要骄傲。初二时在《文艺革命》报发表的小小说《小修理工》，就是王老师拿着编辑部的来信，对我说：“赶紧看看，是不是好消息？”一次王老师要到东北老家探家，要请好几天的假，委托我好好照看全班。而此时恰巧区里组织学生干部代表赴延安参观学习。那时到处在办宣传栏，上面都有几大“革命圣地”，延安是其中之一，怎么会不知道赴延安参观学习的重要意义？但丁建国找我说了这件事，说年级组也同意，关键看我怎么选择。因为他们也知道王老师要探家，车票都买了（那时想买到规定时间的车票也不容易，似乎是件大事）。怎么办？我果断选择了放弃，按照王老师的嘱托，安心坚守。学校里其他人，譬如杨长友等人去了延安。事后王老师对我非常感激，说了很多掏心掏肺的话。我和王老师也在无形中建立了一种默契和亲密关系。那是一种难以言表的撕扯不开的关系。

还有一次学校组织拉练，我们这些学生们和当兵的一样，把棉被打成背包，背在背上，左肩右斜挎着挎包，手里拎着绳编的网篮（里面是脸盆、毛巾一类东西），一走就走出去老远，最远走到了塘沽、北塘。时值冬季，人人穿得很厚，棉衣都濡湿了，凉森森地贴着前后心。我们临时住宿在北塘一所中学的教室里，用桌椅搭成床，班里的徐宝珠因为某事让我起火，便与他打起来了，动了手。这件事还是王老师给解的围。事后王老师对我说：“即使你有理也不能这么做，你是什么身份？你是班干部，所以，你必须高姿态。去，找徐宝珠道歉去。”我拖着不去。王老师也不再催我了，似乎有些无奈。但我过了几天还是找徐宝珠道了歉。很多年以后，大概是 1995 年左右，我在建昌道偶尔遇到了徐宝珠，他正在干一个装饰公司，见了面就拉着我进了一家小餐馆，点了酒、菜，海聊起来。他可能早就忘了我们打过一架的事。但倘若我不向他道歉，也许就没有眼下的亲热。

拉练中，王老师精心组织了炊事班，找了班里的解玉敏、马丽芬等几个学习好、做事靠谱的同学专门做饭。对我们的伙食非常在意。因为我们每到一处都要帮助生产队干活，譬如在冬季帮村民砸炕坯，用大抬筐抬到庄稼地里做磷肥用。大抬筐本身就很重，再装上满满一筐炕坯，想想看得有多重？于是，两天过来，人人肩膀红肿，秃噜皮，起血泡。夜里睡觉屋里还很凉，往往没有炉火，一次我和班里杜明建等几个人睡一大炕，为了取暖，我和杜明建睡了一个被窝，互相背贴背紧紧靠着。因为白天干活太累，很快就打起鼾声。结果闹得杜明建半宿睡不着。转过头来就把我怪罪一通。

有一件事让我终身难忘，我们班到郊区“新三村”学农劳动，住在农民家里。劳动非常累，王老师也经常和我们一起下地干活，一次割麦子，我用镰刀把左手食指割了一道口子，都露出了骨头，鲜血直流，当时我已经不感觉疼，而只感觉头晕，这时王老师发现了，急忙拉过我背在背上，向村里的医务室跑去。王老师身体微胖，腿脚也不是很麻利，这件事对于她肯定是勉为其难的，但她跌跌撞撞地竟然一口气把我背到了医务室。赤脚医生给我用盐水清洗了伤口，撒上消炎粉，再把橡皮膏剪成 X 状，把伤口合上把住，最后缠上了纱布。在这个过程中，王老师一直把着我的这只手，像母亲，也像姐姐。而一句话也没责怪我，只是说："以后多注意吧，不能做一个'肩不能担担手不能提篮'、'四体不勤五谷不分'的人，是吧。"村子里对我们这些学生非常照顾，用最好的新米蒸了米饭给我们吃，那米饭好吃到什么程度？好吃到可以不用就菜。干吃都很好吃。而且，当时没有蔬菜，只是清酱腌的咸菜条。但吃上三天，我们都上火了，嘴唇起了泡。可见其米之好。所以，我手上的伤口也很快就愈合了。

最尴尬的事，是一次学农劳动住在村里，恰巧村里住着解放军的一个炮兵排，有三门加农炮。解放军的排长白天帮我们训练队列，讲解"纪律作风"。王老师就对我说："解放军在帮咱们，咱们也要为解放军做点事——今天夜里有雨，你们睡觉要轻一点，雨一来你们就跑出去帮解放军把炮衣穿上，免得把炮身淋湿了。"我答应得好好的。可是因为白天太累，夜里睡觉就很沉，一猛子睡到天亮，冷不丁想起王老师的嘱托，急忙往炮场跑。发现夜里确实下了雨，炮场很湿，而炮衣穿得好好的。过后王老师说，是她自己夜里起来跟着解放军做的这件事。虽然她没责怪我，却让我内疚了很长时间。

王老师一直想见见我父亲，说是支援边疆建设很不容易，值得尊重。但一直没有机会。后来王老师有了男朋友，我们只知道是姓张，王老师不告诉我们他做什么工作，怎么问都不说。很多年以后才知道，张老师是搞核物理研究的，和"两弹元勋"邓稼先在一个组工作。我们离开八十四中那年，王老师要结婚随张老师调走，离开天津。我们和她恋恋不舍，说了很多掏心掏肺的话。年底父亲来天津探家，在北站上车回去（要到北京倒车），恰巧在车站月台上看到了王老师和家人，我急忙拉住父亲来见了王老师，在这种时间很紧迫的情况下，他们简单说了几句话。王老师想见我父亲一面的愿望，就是这么实现的。我父亲并不是什么重要人物，而被王老师如此记挂，这件事本身就让人感动。当时我看到了王老师是眼泪汪汪的，引得我也眼泪汪汪。我那时很容易冲动，很容易被感染。父亲后来写来信，让我代问王老师好。十几年后，班里的高俊友告诉我，说王老师来探亲，住在老院昆纬路某某号，我急忙跟随高俊友去见了王老师，还见到了王老师的老父亲，高高的个子，很魁梧的老人，一口东北话。我们相谈甚欢。

一晃又有很多年过去了。单位分了房子，我搬了新家，这时收到王老师的电话，说她来天津探亲，我急忙力邀她来我家看看，因为我好不容易住上新房，很希望让自己的班主任看看。我还叫来了老同学于建，大家一起吃了便饭，合了影，谈得很愉快。又过了好几年，王老师又给我来电话，说她在津，希望见面。我便再次叫上于建，奔了王老师下榻的弟弟家，此次我们还见到了王老师的爱人张老师。王老师说，她在四川仍然在中学教书，我们这个班的事，是她在四川课堂上讲得最多的。她说，她这辈子教过很多班，再也没遇到我们班这么好的学生和家长。一番话说得我直想哭。我把新书《暗战》和《女市委书记的男秘书》交给王老师，说我现在文学创作已经上路，箭在弦上，每天都写，已经出版了十来部作品。王老师很高兴。对我抱着很大希望。对于建也如此，衷心希望大家都事业有成。事后于建果然不负王老师之热望，在天津乃至全国党史界做出重要贡献，受到党和国家主要领导人的亲切接见。此后，又有一次在天津见面。当她得知班里已有三位同学胡宝林、田长起和刘云楼去世，便长久沉默，唏嘘不已，继而絮絮叨叨地说起了这些同学的往事，一桩桩一件件她都记得清清楚楚。

掐指算来，现在王老师已经八十左右。每年大年三十或初一我都给王老师打电话拜年，出了新书就给王老师寄一本。后来，王老师就不再接电话了，都是张老师代替，张老师说，王老师现在听力不好，接电话会耽误事。让我非常怅惘。王老师有两个儿子，一个在深圳，一个在身边，现在住在四川绵阳科学城，是一个科学家集中的地方。我对王老师有很多话要说，现在只把千言万语汇成一句话，就是祝愿王老师晚年无忧，幸福安康！（我曾向王老师提出，采访她夫君张老师，撰写他们研究两弹一星的故事，但王老师婉拒了，说这种采访都是国家内定的，不接待一般作者。）（原载《天涯》论坛）

14，北京的老姨（原载加拿大《天时周刊》）

北京的老姨可不是“一般人”！准确地说，她是我爱人的老姨，但与我们相处亲密。她年长我八岁，年长我爱人九岁。一米七五左右的身高，窈窕精干，皮肤白皙，眉目清秀，朴实的着装透着成熟职业女性的风度。做为平民百姓，算得上是人中翘楚了。

老姨的父亲，早年是享誉一方知名中医，兼着一家够规模的酒厂厂长，这样的身份，“运动”到来的时候，想不受触及是不可能的。老姨的母亲，是满清八旗后裔的大家闺秀，有家底也有容貌。这老两口属于真正的郎才女貌。但老姨这样的出身，运动中上山下乡就是必然的了。她原在北京女子高中上学，班里名门之后很多，康有为的孙女、杨虎城的女儿等都是同班同学。还没毕业，老姨就随着“大部队”到了东北兵团做了开荒种地的知青。和所有下乡的知青一样，尝到了农民的艰辛，受到了生活的磨砺。瘦弱的身板终于累倒，于是办了病退回京。身体恢复后经考试进入北京最繁华的王府井大街的著名中国照相馆，不久即成为骨干，又因外形适合，成为在天安门前为游客照相的专职摄影师。她善于沟通的语言能力，擅长审美的眼光，加之一双巧手，为天南地北的无数游客拍下永久的纪念。后来，经考试她成为国家一级摄影师，是王府井中国照相馆的一张“王牌”。

老姨夫在市邮局工作，忠诚厚道不爱言语，典型的性格内向之人。因为“嘴严”领导有了烦心事喜欢和他叨咕。每每轮到他值夜班，局领导都不让他在值班室，而安排他在局长办公室沙发坐着，专门守电话。这种“待遇”别人享受不了。可见领导对他的信任。但他无意官场，轮到提拔他就退让，只是安心做个普通工作人员。这也是运动的“后遗症”吧——他的父母都是北京理工大学的教授，运动中全都受到触及，那种伤痛多年后仍然让人心有余悸。老姨夫有个弟弟，因为运动中正幼小，没有家长教育，“自由生长”，放任无羁，改革开放后从事了为人“追账”营生，身上总是青伤接红伤，当然，有时也把对方打得够呛，为此而吃官司。老姨夫内秀，虽然不言不语，但对所有的事情都心中有数。他喜欢集邮，算得上是专家和大家了，家里集邮册内的邮品、邮质，谁见了都会冠以“蔚为大观”和“真金白银”的美名。

随着国家经济快速发展，游客人人都有照相机了，王府井的中国照相馆也正好面临拆迁，老姨便办了提前退休，为民营企业做起会计。她就是这样的人，几时学的会计知识，没有人知道，但一上岗就成为骨干。她那个“一级摄影师”也是，没见她跟谁学，也没见她怎么练，照相馆里很多人都考不过，而她却轻松过关。做会计也是，她一下子为好几家企业兼职会计，有的还是“总会计”、“财务总监”。2003 年，我在单位办了“内退”，开始专职写作，老姨便说：“你一直在机关工作，缺乏基层生活，我给你找个地方体验生活吧。”便把我安排到她所在的一家民营公司，做库管员。这项工作类似“出纳”，要有一定的财会知识，和相对复杂的核算、计算知识。我便住到老姨家里，她每天给我讲课，讲了一个星期，讲完就做练习。幸亏我在本子上做了详细记录，否则，库管员这个差事我还真应付不来。而通过老姨给我这一个星期授课，让我明白了她做事能够成功的原因——她太聪明了，思路极清晰，语言表达既准确又富逻辑性。

一次老姨在小区遛弯发现一只蓬头垢面浑身污脏奄奄一息的流浪犬（京巴），十分心疼，就凑过去叫它，喊了很多名字，东东、西西、南南、北北之类，它都不抬头，最后喊了“乖乖”，它立即回应了，抬起头来热切地看着老姨。老姨感觉有缘，遂将它抱回家，给它洗澡、喂食，慢慢调理，不久，乖乖就恢复了健康，有精神了。老姨一养就是十四年，直到为它送终。我们到老姨家去的时候，感觉她对乖乖过于宠爱，竟然允许乖乖上床和她们老两口一起睡觉，吃的自然也是最可口的，不爱吃的就不给它吃。这“位”流浪者不知是哪辈子修来的福分。那时老姨住在楼上第十八层，每天傍晚都用布兜把乖乖背下楼去遛弯，锻炼乖乖的腿脚。老姨与邻里的关系也非常融洽，在小区里总有打不完的招呼。甚至和老姨夫单位的人也都关系热络。老姨的为人处世，决定了她不会平平庸庸。

老姨为我安排体验生活的这家公司，此时正跟央企“中建 X 局”合作，我得以接触了上上下下方方面面的人员，受益匪浅。上到央企老总，中到工程师、施工队、合作单位，下到农民工一众兄弟。经历了一片高档别墅从无到有的全过程。见多才能识广，这话是没错的。这些都成为我日后写作的基础素材。我和公司同仁也建立了良好的朋友关系，公司老总对我很重视，把他不用的手机交给我使用，只要有机会就和我交流，倾听我的体会和见解。我干了一年便离开北京转到云南体验生活，而我已经离开整整一年了，公司主管还给我打电话，希望我回去。但此时我已经进入构思和写作状态了。这两处体验生活的福地，为我提供了丰富的素材，长篇小说拙作《职场眩爱》和《离婚男人》得以顺利出版。后来我爱人在坐地铁的时候，看到一个女孩手拿《职场眩爱》在聚精会神阅读，十分感慨，回到家对我说：“以前我从来不相信你的书会有人看。”而那本《离婚男人》被天津电台全文播出后，音频传到全国和海外，也受到各方面朋友的好评。不能不说，老姨的最初安排功不可没。后来有人说《离婚男人》影射了谁，纯属胡扯，那本书写的是云南一群年轻人的婚恋与创业的故事。

老姨只有一个女儿小瑞，也是身材窈窕，白净靓丽，娉娉婷婷，性情活泼。她最初的对象是个老红军的后代，在饭店做大堂经理，家里祖上的奖章、奖状挂了一墙，经济上却十分拮据。老姨说只要人好就行。小瑞已经打算结婚了，小伙子却被另一个靓丽女服务员追上，导致分手。小瑞气得要死要活，老姨夫为此着急落了病——X 型白血症，生命垂危。老姨使出浑身解数为老姨夫治病。可以说，依靠她的聪明才智，所有能想到的办法全想了。最后在北京通州相邻的河北燕郊找到专治此病的老中医，进行了漫长的治疗和打熬，中间不断总结和调整方案，终于让老姨夫转危为安。后来小瑞又重新交了男朋友并结婚，小伙子的父母都是“老北京”，有着自家的四合院，也在经商。小伙子早年在日本留学，硕士毕业，是日本著名的三井公司终身员工，待遇优厚。日本的公司不讲“关系”和“裙带”，眼里不揉沙子，不是表现优秀不可能受到厚待。他在日本上学期间，曾经租房住在郊区农民家里，得空就帮房主干活，不怕吃苦受累，所有的庄稼活全干得像模像样，深得身后无子的房主老两口喜爱，遂将他纳为“义子”，声言所有的遗产全留给他。小瑞结婚的时候，我见到了这慈祥的老两口。

十几年前，老姨卖掉了北京五环的房子，买了二环的新房，面积也扩大了好几倍。十几年后，房价飞涨，老姨于无意中又“赚”了。而我在北京体验生活的时候，也有人向我推荐房子，价格也不算高，但我没有接受建议，否则，我也该“发财”了，这是眼光，也是命。前几年老姨又在南戴河买了一处房子，夏天就带老姨夫去避暑，还带老姨夫下海游泳，每次最少一千米，让老姨夫的身体越来越好。老姨参加过北京社区模特队，有过“走秀”表演的经历，还上过央视做嘉宾。北京城是个官员、大款和各路名家聚集的地方，相比之下，老姨就显得太平常太微不足道了。但北京城的绝大多数居民，却都是普通、庸常的平头百姓，在这些人里面，谁能说老姨不是越活越有滋味的“人中翘楚”呢！

15，真实的雷锋和真实的董金棠

我有一位叫徐万祥的朋友，曾经照顾瘫痪妻子22年，直到为妻子送终，后来热心公益事业，被街道居委会和新闻媒体推举为天津市“365身边好人”。在雷锋逝世53周年纪念日即将到来之际，他决定和有关方面一起举办纪念雷锋和优秀电影《雷锋》展映会活动，于是想到请扮演雷锋的董金棠老师出面助阵。谁知，遭到了董老师的婉言拒绝。具体理由不便深说。但徐万祥坚持要请董老师出面，于是，通过其他朋友帮忙，硬把董老师请到了河东区六纬路的上岛咖啡店座谈。因为我曾与董老师有过交集，被叫来做“说客”，见了面便首先和董老师进行了寒暄。

20多年前董老师因为执导了根据作家肖复兴小说改编的电视剧《中学生梦幻曲》而引起各方面热烈反响，我也因为看了这部电视剧而很受感动，想起了自己的中学时代，于是按捺不住给在天津电视台任职的董老师写了一封信，对他执导出这么出色的电视剧表示感谢和祝贺。谁知董老师竟然回信了，信里十分谦虚地回答了我提的有关问题。此时有人问我这封信还在吗？我遗憾地说因为几次搬家，把很多书信都失落了，包括这封信。董老师此时看着我惊诧不已。说想不到我们早已有过交集，他说这件事他早就忘了。于是，我们由此拉开了话题。

董金棠是在天津第四十三中学上高一的时候，被部队总政治部领导选去读军艺的，来天津选人的人包括后来大名鼎鼎的女高音歌唱家马玉涛。那时候董金棠年岁小，不谙世事，还不愿意去，是学校领导和老师给他反复做工作，并指导他如何应考，于是，他被顺利选走了。上军艺的时候，因为年龄小，他非常想家，可是，年底的时候因为国家正在经济困难，不允许部队人员探家给国家增加负担。董金棠非常想不通。他已经花了16元给母亲买了两盒点心，一盒蛋糕，一盒八件，上世纪60年代初16元可是大钱了。他是个大孝子，多年来与母亲感情很深。不让回去，买的点心怎么办？于是班里开会的时候，大家纷纷表态年底都不回家，唯有他站起来说：“我想不通！”过后班干部说：“小董啊，你可给我们丢了脸了。”于是，很多同学来到他的宿舍给他做工作。董金棠眼泪汪汪。他带大家爬上了楼顶，把给母亲买的两盒点心分给大家吃了。他“想通了”。但他自己却因为吃点心太多加之心情不爽急剧腹痛，被战友送进医院。

他在军艺上大三的时候，八一电影制片厂要拍电影《雷锋》，工作人员到处选演员，据说已经物色了300多人，连一表人才的著名军旅演员郑邦玉（电视剧《四世同堂》里大少爷的扮演者，也是天津人）也在其中，但一时没有最合适的。导演董兆琪非常着急。来军艺选演员的时候，很多同学往前挤，希望被董导相中，董金棠却自知自己各方面都不够条件，远远地躲着。那天他正在擦楼道的墙壁（墙壁是用油漆刷的墙裙，学生做好事用抹布擦干净），恰巧董兆琪导演从厕所出来看到了他。董金棠并不认识董兆琪，因此只顾埋头干手里的活，董导却突然站住脚问他：“小战士，你叫什么？”董金棠一下子脸就红了，说：“首长好，我叫董金棠，表演系大三学生。”因为董导戴着大校军衔，董金棠急忙立正，向董导敬了一个礼。董导盯住董金棠的眼神看了又看，让董金棠不明就里，十分紧张。

这一面之缘，让董导立即下了决心：“你应该入围试镜头。”结果是那么多人试镜头都不甚理想，唯独董金棠试镜头的效果最好，于是，董兆琪立即拍板定案了。此时我注意观察了他一下，发现他的眼神果然与众不同，单纯、清澈、热情、深邃乃至还有些许锐利，而说话中嘴唇的每一次翕动，都透着丰富的表情，极富表现力。我想这是与生俱来的禀赋，不是课堂上教出来的。他还告诉我，拍摄中，因为是夏天，周围的人们都穿得很少，女孩都穿着裙子，而他却按照导演的要求在单裤里面套了棉裤。这是因为他身材过于瘦削。大汗淋漓是必然的。后来他患了肺炎，高烧39度多，但仍然坚持把所有的镜头都拍完了。电影《雷锋》拍出后，在社会上获得极大反响，董金棠一下子成了名人。但他说：“我们在看样片的时候，我对自己的表演并不满意，我曾要求董导重拍一些镜头。但董导说，已经不错了。而且，那时候国家经济困难，每一寸电影胶片都来之不易。”不满意之处在哪呢？在于舞台表演的痕迹很重，就是后来人们都知道的那种“拿架子”，“讲造型”，“亮相”等舞台剧的特点。为此，他和在《地道战》里扮演高传宝的朱龙广曾经深刻地互相检讨自己。

为拍好这部电影，董金棠曾经在雷锋班生活了五个多月。对雷锋其人的方方面面和细枝末节都了如指掌。他说，雷锋的所有事迹都是真实的。并不像后来人们诟病他“作假”那样。雷锋曾经在大雨中将一位抱孩子的大娘送回家，然后在日记里写到，自己做了这件助人为乐的事以后感觉心情很愉快。董金棠采访了这位大娘，大娘绘声绘色地讲了事情全过程。类似的事情很多。董金棠看过雷锋的全部四本日记，那种斜体字，非常漂亮，雷锋曾经爱好文学，写过短篇小说和诗歌，文笔很流畅。董金棠说，雷锋之死是因为那天刚刚下完雨，地很泥泞（那时候部队训练的地方并没有水泥地），雷锋怕战友踩一脚泥，才让战友坐上汽车（苏联嘎斯），而他自己站在泥地里指挥战友倒车。而雷锋身边不远处就是战士们晾衣服的拴铁丝的立柱。因为战友是新兵，技术不熟练，汽车倒车时挂住了铁丝，绷断了，立柱猛地弹在雷锋头上，当时就把雷锋击昏了。战士们吓坏了，急忙把雷锋抬上车，往医院赶。那时候雷锋已经是全国知名的军区典型，出了这种事，人人心里都紧张。偏偏路上汽车熄火了，发动老半天也不行，于是又抢修汽车。时间就这样被耽搁了。后来把雷锋送到医院以后，雷锋已经完全不行了。讲到这里，董金棠热泪盈眶。

关于后来很多人诟病雷锋的照片“有假”的问题，董金棠说，雷锋去世的前一年，已经是远近闻名的先进典型，部队有个专门写通讯报道的干事叫陈广生，一直在跟踪报道雷锋，是他“补拍”了很多雷锋做好事的照片。既然是补拍，肯定会有痕迹。现在遭到人们诟病也是可以理解的。但若以此推论雷锋做好事是假的，则属于吹毛求疵。人们应该更多地问自己：不论雷锋身上有什么缺点，为什么他经常在做助人为乐的事，而我们没有？只这一点，足以让我们自愧不如。再说了，我们要求雷锋十全十美，世界上有十全十美的人吗？再说了，雷锋不过一个 20 出头的小战士，还没有完全成熟，我们有什么理由求全责备呢？至于雷锋一度被某些人利用，宣扬什么雷锋也爱“时髦”，什么皮夹克呀，手表呀之类，似乎雷锋只是个爱赶时髦的极普通年轻人。而将雷锋时时刻刻想着助人为乐、为人民服务的精神遮盖了。某部门还曾成立“雷锋精神研究委员会”，邀请董金棠参加，他也婉拒了。他认为，雷锋精神并不是多么高深莫测，根本用不着搞这么神秘，要学雷锋，就坚持助人为乐、做好事、做好人就行了。他认为，这两种倾向对广泛开展学雷锋活动都不会产生正面促进作用。

文革中，董金棠曾被江青召见，江青希望董金棠站出来为文革“冲锋陷阵”，但董金棠却发表了一番自己的见解，比如，他身在的八一电影制片厂，很多著名老导演老艺术家被打倒，他就不理解：这些人既然是坏人，为什么拍出了那么多脍炙人口的好电影？为此，他不仅没被江青重用，还差点挨整。在拍完《雷锋》的这些年里，他为部队、学校和机关事业单位做过很多次报告，讲解和介绍雷锋的先进事迹。多年来，他自己也按照雷锋精神严格要求自己，不务虚名，不求功利。做事坚持原则，一身正气。为此，得罪不少人，吃了不少苦头。但他矢志不渝。上世纪 90 年代他执导了电视剧《杨三姐告状》，名动一时，于是，不久便接到为联合国科教文组织拍摄一部中国医护教学片的任务。当时有关领导为他推荐了一位女主角，他在和这位女主角接触中，发现她装扮妖冶，眼神也不对，不是中国知识女性的那种温文尔雅和勤勤恳恳，而是时刻左顾右盼想“勾人”的浮躁状态。他尝试性地问对方：“你能不能表演出温文尔雅呢？”对方气哼哼道：“不能！”这怎么能代表中国的知识女性呢？他断然放弃了对这位女主角的启用，换了别人。为此，他开始挨整，受到很多不公正待遇。而那位领导不久也得癌症死亡，家庭也破败了。在周围的人们都在千方百计赚钱的时候，董金棠没有进入商圈，他不想巧借“雷锋”的名义赚钱。他至今不接广告，不为企业代言。多年来，他谨言慎行。他知道别人找他是为了什么。他认为，一旦发生什么闪失，他将对不起雷锋，也对不起《雷锋》这部电影。现在他也基本不再出面做报告，接受采访。他有自己的理由。一次央视一干人马来家里找他，敲了 40 分钟的门，他竟然不给开。硬是把对方“干”走了。

他说，八一电影制片厂的一些老同事，老朋友，包括王心刚、王晓棠等人与他关系都非常好，他们做事都非常低调，本份，知道自重。所以，自己也应该如此。那么，为什么不再愿意作报告了呢？他说，现在社会风气与过去不一样了，人人都在想方设法赚钱，追求个人利益最大化；我却出来讲雷锋事迹，鼓动大家去助人为乐，谁会信我的话？只会让人见笑。不仅如此，每当要出门的时候，老伴都会对他叮嘱再三：“在外面不要乱讲话，闭住嘴！”因为董金棠性格直爽，免不了会因为一些事和旁人犯嚼清。何必呢。我对董老师的做事、为人和性格特征十分赞佩。但我也和他讲了我的想法，我说，只要习总按照现在的方式继续抓下去，再有十年八年，一定会有根本转变，雷锋精神再过一百年也不过时，因为雷锋精神是我们社会和时代所需要的，现在需要，若干年后仍然需要，而且并不是高不可攀，只是我们做与不做的问题。特别是，领导干部是社会风气的风向标，如果领导干部带头学雷锋，社会风气还怕扭转不了吗？董老师对我的话表示同意。加上徐万祥自身的事迹，对董老师很有触动，他这次终于决定出山，说：“你们都是学雷锋的好人，你们这次邀请，我答应了。”（去年董金棠过世，今年徐万祥过世。）（《天涯》论坛）

16，这样的访谈令人震撼

金秋十月，清风送爽，阳光灿烂。我来到北京启发创新科贸有限公司，采访久闻其名的著名退伍军人企业家，全国劳动模范，全国拥军模范，王启发先生。甫一见面，我便是一愣，他与我想象的不完全一样。虽然我在网上看到过他的照片，而见到真实的本人的时候，还是让我感到了他的伟岸身材和粗犷面容所带来的宏大气魄，睿智深刻的语言所富有的理性魅力，热情洋溢与滔滔不绝的讲述所描绘的广阔社会与人生场景。

王启发，冀中平原一个何其响亮的名字！而他的讲述一开篇就带着思考与哲理。他说："假积极比真不积极要好。""开始做事即使做成也不是很懂，后来事情做多了，举一反三以后才是真懂。""20 年前在辛兴村跟着老书记闫建章学了一些工作方法，那时不会做贸易，老书记开路，做了示范。他是 90 年代以前的人大代表，我在 85 年左右是政协委员，后来做了人大代表，于是与老书记接上了茬。"1994 年保定地区地、市合并后，王启发做了第一届企业家协会主席。辛兴村一个村出了两个全国劳模，闫建章和王启发，这种情况在当时全国只有两家：辛兴村和大寨（陈永贵和郭凤莲）。王启发说："1984 年田纪云副总理来我县考察，提出'南有温州，北有我县'，这种表扬不能不说让人十分振奋。但现在温州进入中国经济的第一方阵，而我县远远落在后面的方阵。温州抓住了机遇，我县却没有。温州制造早期存在造假问题，后来解决了，前进了。我县却没有前进，包括人文环境，人们的思维习惯，改进不大。自古以来，长江文化与黄河文化就存在不同，一度南边草木葱茏，北边寸草不生；南边人含蓄，北边人豪放。南边容易生成集约经济，北边往往是粗放经济。那时候辛兴村经济很繁荣，来参观的车辆排成阵，可想而知有多少人，哪像现在这个样子。"

王启发在接受我的采访前，一直在思考，一直在做功课。他说东海舰队有一艘舰艇叫"保定舰"，以他的老家命名，有一年他去慰问，于是，人家问他："为什么你的东西好，而价格上卖不过其他人？"王启发愣然。对方又自问自答说："人不值，货不贵"。所谓"人不值"自然是指人没有名分。而要把人做出"值"来，是一生的事。后来王启发意识到：供不应求时也应该保证质量，你保证了吗？卖得好时，也不能忘本，你忘本了吗？群众心中有杆秤，他心里没你了，就说什么都不行了。做人做事是一种坚守，有时因为金钱诱惑，只图一时利益，不讲做人准则了，结果就什么都丢了。他在给大学毕业生讲课时说："你们知识已经够了，但能不能成才，关键在于德的问题上。"这是王启发的切身体会。

王启发曾经在清华大学工商管理学院学习过，在知识结构上加过钢淬过火。他对学生们说："世界上自有人类以来，从不缺少舞台，你能否登上舞台，靠本事，不行就只能当观众；没参与进去，就只能当旁观者。社会上也从不缺成功者。历朝历代都如此，原本是英雄辈出的。你吃苦不够，奋斗不够，就不行。'坚持学习，不怕吃苦，终身奋斗'，没有不行的。不用去学比尔盖茨、李嘉诚等人，学你们身边的王启发就行了。我县的整体状态能承载什么？雄安对我县加快发展是不是机会？都需要思考。思想不通，方法不通，结果必然不通。成大功者，不谋于众，至大德者，不同于俗。《人民日报》曾经有过一篇报道《那小村的路》，讲了'三千精神'，千方百计，千辛万苦，千难万险。战场上死是英雄，在一个地区经济上死便什么都不是。看一个地区怎样，是看你下一代怎样。要看你有没有好的企业家，看你的品种和苗子，否则难有收获。在我家乡，看到这样的情景：让父母亲住在挎间（耳房），自己住在正房，大房。不在一个锅里搅马勺，这是不孝。人生有两个重要的字是'有用'，你对爹娘、妻儿都不好，怎么有资格讲对社会'有用'？不孝敬爹娘，怎么衡量你对社会是'有用'的？现在'有意义'打不过'有意思'，这样的人，难说对社会有什么大贡献。相比南方，人家合作精神好，北方讲究单打独斗，效率自然差得多。"

辛兴村由党支部改党委后，王启发任第一任党委书记，他自己认为是最失败的，是败笔，因指导思想有误，企业也垮了。那时想搞"九村归一"，省里秘书于群说行，已找民政局谈注册问题，想打造北方的华西村，省委书记白克明和秘书于群若不调走，也可能事情就办成了。当时新老厂区已达到 60—70 亩地，规模十分可观。但实际上事与愿违了。

他回顾过去，感到在部队的几年，解决了人生观、价值观、世界观问题，当兵的几年如何度过，如何面对复员、转业？他当兵之初，家里很穷，他当时在村里任生产队副队长，要当兵村领导不同意，部队硬是带走了他。因为小时候受到革命英雄主义教育，心理是健康的，儿时把部队英雄作为偶像。要当兵走了，家里还不相信，说他想当兵想疯了。结果，王启发没从村里走，而从县里直接走了。在部队他依靠自身努力成为优秀战士。别人两个人抬一发炸弹，他一个人拎两发炸弹，相当于四个人。于是，他连年被评为优秀战士。但 1976 年因某些客观原因必须转业，当时连党还没入，他思想上接受不了，但面对现实又不得不接受。

王启发讲几百人的大型的课已经讲了一百多次，讲自己是在部队解决的“三观问题”，解决了大方向问题，他感恩部队。遗憾的就是转业了。没有实现把一生交给部队的理想。但自己的思想一直没有离开部队。在完成“重走长征路”以后，获得《解放军报》大奖，《解放军报》每年奖励六人，王启发得的是“长征杯”奖。为此他非常自豪。他最赞成习总书记“吃苦就是吃补”的话，这些年他就是这么走过来的。磨难是产生故事的过程，磨难还产生魅力；而没有故事的人生注定是乏味的，也是难有魅力的。一个人每天都在度过人生，都在“写关于自己的故事”，你的故事是否精彩，是否有影响力？“吃苦就是修行，修心；心是无限大的，可以海阔天空地遐想和联想，眼却有限，不可能看得无限大；心修大了，所有的事都变小了。若要心大，需要磨难。”王启发说他不是特别聪明的人，很多事是逼迫而来，学习而来。“九死一生，一定有故事；如果一死就死了，也就没故事了。”从 1976 年他离开部队至今，跨越了四十多年，想起来让他极其感慨：其间发生了多少事！他在给战士们讲课时讲到那久蕴胸中的三句话时，每每都爆发雷鸣般的掌声：我若当农民就当陈永贵，我若当工人就当王进喜，我若当干部就当焦裕禄！他从 1976 年发出这样的誓言，定下这样的人生目标，在 1995 年得以实现：做了全国劳模！其间经历了 19 年，想起来就像一场梦！

全国三百多个有荣誉称号的英雄连队，他已经走访慰问了 161 个。每到一处，都鼓励战士们，大讲特讲“青年时期选择了吃苦就等于选择了收获。”想起自己的成长史，就想到党的伟大，党之所以伟大，在于适应了个人的愿望，给人们提供了机会，你可以各尽所能地展示自己。1995 年，他带着全家回老部队，团政委已是军政委，召开全体大会，让他作报告。他便讲起自己实现做“全国劳模”愿望的过程。讲起有了坚定目标，还要有忍耐力的问题；还讲到一个人之所以浮躁，原因就是没有远大目标。他还举例说：你若想娶一个姑娘，就会愿意为她做所有的事。那么，人生大目标确定以后，是不是应该克服困难把该做的事一路做下去？

王启发特别讲到他在农村是怎样得知“十一届三中全会”的。这个国家里程碑式的会议，他是一辈子不会忘的。1976 年他从部队回到农村以后，一直在“寻路”，寻找发展机会，不安分，不愿意走父母在农村的老路：“我种地种成你们那样，不也吃不上饭吗？”那时，村路电杆上有小喇叭，每隔几棵电杆就有一个小喇叭。当时小喇叭里正讲“三中全会”，他就站在电杆底下听完了再走。后来找来了报纸，又找到其他复员兵，一起在牲口棚阅读。“咱得干呀！”“允许一部分人先富起来，机会来了！”此前他已经干过一些副业，“摸着黑干（偷着干），”攒了点钱。听了三中全会的精神以后，激动啊，这下总算找到依据了！

他曾经创造了一天赚一百万的“百万传奇”。虽属于市场经济激烈竞争中讲究韬略的一举，但这件事让他一生不踏实，想起来就心痛。也许眼下的生意人没有王启发的心态，别说一天赚一百万，就是赚一千万、一个亿，也绝不会反思和心痛，也没有他那种纠结。“百万传奇”告诉王启发，不要相信自己的眼睛和耳朵，要相信自己的内心判断。因为他的“合理竞争”导致很多人破产，成为当地空前绝后一次“战役”。而那次“奇迹”也只能发生在上世纪 80 年代初国家经济不发达时期。当时本地有上万台织毛衣的横机在工作着，县里出现一种情况：无人预测市场，都在盲目地蛮干。人们都在毛衣颜色上打主意，天凉时织深色的，浅色的织了也不好卖，不好卖就不赚钱，包括外省的毛衣生产，都是计划内的，不按市场变化做安排。人们都抢购时令线，一车线能赚五万啊，但理想颜色的线没这么多，大家都得等着，价格就抬上来了，人们等得心急，住在宾馆里，天天喝闷酒期待着。

解放军报

2016年7月30日

习近平在会见全国双拥模范代表时强调

坚持军地合力军民同心
全面提高双拥工作水平

李克强参加会见并在大会上讲话

王启发在京出席全国双拥模范代表表彰大会

王启发见此将没人要的红颜色毛线全部买下来，拉回来了。织成毛衣卖。安排各家都织红毛衣，然后动员大家背起包袱到全国去卖。当时家家在织黑毛衣，卖黑毛衣。没人买红线。于是，王启发抓住机会专门收购红毛衣，拉回来囤积在牲口棚内。一下子形成织红毛衣的高潮。家家横机响，户户织红衣，“男织女连（把织成的毛衣片连起来）”，足有“十万大军”！只三天，王启发让红线价格翻了一倍，17 元一公斤，卖到 30 多元一公斤，一吨净赚一到两万。市场炒起来以后，他把囤积的几十吨红线，羝羊的（名牌）、内蒙的，等等，直接拉到市场，手持铁皮窝的喇叭喊话：“每人只准买一包，要现钱！”没现钱不行。当时是一麻袋一麻袋地装钱，收钱的会计只数一遍，都来不及复验。一天就赚了一百多万。相当于一千个县长一年的工资啊。（这件事让王启发明白了什么叫“将军”，什么叫“企业家”，成功的将军能造成多少人血流成河、尸横遍野，成功的企业家能造成多少人倾家荡产，甚至家破人亡！）后来人们把资金集中起来，到工厂订“死合同”，订购红线，很多人是东拼西凑借的钱，一安排就是一两个月，工厂没颜料就进口。再看市场，全是红毛衣，成了“红海洋”。结果，过剩了，很多人织出来卖不出去，有的人还是王启发的好朋友。个别人借了高利贷押宝干这个，过不了年了。回顾这一切，怎能不让他心痛！

王启发不敢说“将计划经济的军”，反季卖红线只是自己一家，但他深深悟出一个道理：在市场经济情况下，不要仅仅相信自己的眼睛和耳朵。有的人抓钱抓不到，是工夫不够，原因是应做的事没做。譬如应该投入感情而没有投入。王启发当兵四年，拥军四十年；当兵一阵子，拥军一辈子。他要走遍全国英雄连队，向自己的战友和亲爱的连队发放慰问品和精神鼓励。这样的感情投入，使部队愿意买他生产的服装，说和他有感情。这种情景自然会打败一般化的广告。在漫长的生产经营过程中，他悟出了很多带有哲理性的警语：“人们战胜不了的是感情；”“人不值，货不贵；”“人无故事，产品没人要；”“用脚步丈量灵魂，用灵魂创造奇迹，用奇迹演绎故事，用故事影响后人！”在新（新疆）西（西藏）兰（兰州）甚至最远的红其拉甫边防站，让人们看到什么是“创造故事”、“创造记忆”；“重走长征路”、“走遍英雄连队”这些实际事是系统的，持续的，工程性的，是自己做的，但故事是后人创造、讲起来的，受到影响的，也是后人。说是创造，因为原农村没有这些。有的人不愿意下这种工夫，却在一边嫉妒。怎么办，不去管他。

2013 年王启发做完心脏搭桥手术，还去了国家最远的边防站红其拉甫，去了航母“辽宁舰”，走访慰问了 161 个英雄连队，每到一处都写了日记，拍了照，都有自己的致敬辞。他在海拔 5300 米高度的红其拉甫边防站面对话筒演讲的时候，不知道连线的是一千多个边防站，众多的边防战士们都在聆听。他越讲越激昂，战士们为了他的健康，提醒他“声音过大，语速过快”，让他放缓节奏，但他面对条件如此艰苦的边防战士，怎么也刹不住车。此时他的耳朵已经完全失聪，听不得自己的声音。继而严重的高原反应发生，心脏出现严重不适，昏厥过去。上级领导立即调来直升飞机，把他直接送到北京 301 医院救治，说“一定用最好的医疗把王启发救过来！”这样的指令与表态，说明的是各方面对自己的肯定。王启发在清点成绩的时候也对以往的失败进行了审视和反省，即能干什么和不能干什么，若把自己放在不适当的位置，就不行。他 1985 年在家乡建厂，到

2005 年，20 年时间，没有收获却“归零”了，账目上还出现了“负数”。自己思想上追求“九村归一”，想“水阔好行船”，说到底有“私”字，原本在北京干得不错了，想赚了钱回去展示自己，给自己的乡亲、爹娘、同学和对象看。2000 年搞了工业园区，打算招 10 万人……若能及早看到这一点，是何等的智慧！而失败了也不用记恨谁，因为那对自己的发展没有用。有精力不如去做自己该做的事。政治、军事、经济都是“久合必争，久争必合”。尤其眼下是非不好分。不去争，走自己的路，干自己的事。若干不出对党对人民有益的事，即使把谁杀死也没用。

王启发有一位非常佩服的偶像，这位老先生已经 95 岁，60 岁退休后开始创业，目前已有资产 50 多个亿了。他是北京市第一位地下党员，做过北京市长刘仁的秘书，一生中有过三次入党，三次越狱，因脱党曾经不被信任。但他坦坦荡荡走了过来。他曾经为“红旗村”辛兴村捐款 15 万而不留名（王启发也曾为辛兴村捐款 30 万没留名，人们猜测是他，议论他，他也缄口不语）。他还是崇尚中国人的传统美德：聪明、智慧、勤劳、勇敢。看眼前的林林总总，有的人脱颖而出，有的人却堕落。波澜壮阔的大时代，大浪淘沙！目前党中央正在提倡“军民融合”，对什么是军民融合王启发也有自己的理解，就是：把军队好的东西介绍给老百姓，把老百姓好的东西介绍给军队。如果说存在问题，就是：一些负面的东西没得到正确解决。这一代注定是要付出代价的一代。一个人要让人记住，不是他这个人如何，而是他做的事。那首诗不是这么说吗：“有的人活着，他已经死了；有的人死了，他还活着。”

王启发滔滔不绝和我谈了五个小时，仍然意犹未尽，如果不是来了新的客人，我们还会继续谈下去。面对我这样的职业写作者，他似乎有着太多的心理感悟想要表达和阐述。他现在拥有庞大的服装生产集团和资金实力，做事已经不以经济利益为标准，更多的是造福社会，尤其是了却他多年以来的“兵”的情结，要造福于部队战士。相信王启发的人生会越来越精彩，越来越有意义！（微信公众号）

17，从书记收藏我的小说想到的

万镜明书记原先是天津作协专职书记，现在是天津文联专职书记。前几天，她传给我一张图片，说："我家书橱里面收藏着你九本书。"我一看果然如此。这些书包括：《那年那些兵》、《风雨毛乌素》、《我把青春献给你》、《今夜辰星璀璨》、《暗战》、《翡翠扳指》、《地下交通站》、《1943，黄金大争战》、《副省长女秘书》。也就是说，我曾经送给万书记的小说，她看过后都收藏了，没有随便一丢或是转送出去，真是让我感动，于是，我给万书记留言：我的拙作您看后就转送别人吧

除了这些书，我还曾经把有声小说《女市委书记的男秘书》、《成色》、《离婚男人》、《今夜辰星璀璨》等音频发给万书记收听过。万书记每次都很重视，还会说说感想。这些有声小说，第一部是网络上的，后几部是天津电台全文播出的，自然，后几部的播出质量要高于前者。之所以我把这几部作品的音频推荐给万书记，是因为感觉不错，收听也方便。万书记也说，下班后干着家务就收听了，不耽误干活。我想，天津的作家圈大家、名家众多，万书记做为津门知名文艺理论研究的学者和教授，家里的书橱内一定有着更多他们的作品，我的作品能够叨陪末座，十分荣幸。

万书记早年毕业于天津南开大学中文系，曾就职于天津艺术研究所、天津音乐学院等单位，论文、专著颇多。其中，专著《天津戏剧创作 20 年》获天津市第八届社会科学优秀成果三等奖；论文《对于未来京剧文化的畅想》获首届华北地区文艺理论成果"优秀青年论文奖"；论文《京剧花旦艺术未来发展趋向辩》获第二届华北地区文艺理论成果二等奖；论文《戏剧与影视：当作语言的艺术》获天津市委宣传部社科优秀成果创新奖；论文《20 世纪天津的戏剧、影视和曲艺文学》 获天津社科院 2003 年度优秀成果奖；1995 年获得"天津市第三届文艺新星" 称号；1996 年入选天津市文化局"百家工程"重点培养对象；1998 年获得"首届天津市优秀青年人才奖"和"优秀青年人才"称号。继而，走上领导岗位。虽然此后的写作少了，但每一次讲话和发言，都是一篇带有研究色彩的高水平高质量而又结合实际的接地气的好作品，值得反复咀嚼。

万书记在天津作协任职期间，我们都很受益。因为，她是内行。她的工作带有明朗的引导意识。她对国家关于文艺工作的大政方针和作家的创作实践有着深刻理解。她曾组织过多次关于这方面的座谈和研讨，特别是对一些具体文艺作品的讨论，鞭辟入里，让人印象深刻。她积极推动作家下基层体验生活，我也因此受益：我曾经获得赴毛乌素沙区体验生活两个月的机会；获得赴天津西青精武镇挂职体验生活一年的机会和赴天津北辰后丁庄深入生活一年的机会等。我在此基础上写出的治沙题材的长篇纪实文学《风雨毛乌素》

和农村题材的长篇小说《今夜辰星璀璨》也获得和市作协文学院签约出版的机会。万书记积极推动作家“跨界”与社会和企业结合，不仅在作家为社会和企业服务上积累了宝贵经验，也为作家开阔眼界，更多地接触社会体味人生创造了优越条件。

此文只是一点小小感受，不是人物评传，更不是总结，所以，万书记的工作特点和业绩难以全面记述，而从万书记收藏作家的作品这一点看，足以说明她的礼贤下士和对写作者的充分尊重，以及对文学艺术的深刻理解与难分难舍的爱。使她不单单成为让作家尊敬的领导，还成为让作家感到亲切的“娘家人”。作家们团结在她的周围会感到踏实和充实。不能不说，我们的各行各业太缺乏这样的领导了。（《天涯》论坛）

18，德高医粹

上世纪 60 年代的一天，深邃的夜空繁星闪烁，皎洁月色映照着睦南道上这座典雅的清水砖墙、四坡瓦顶、大屋檐的三层别墅，一辆疾驰而来的小汽车停在门口，打破了静谧。时任天津市委第一书记的万晓塘走下车来，急切地按响了这座别墅的门铃。

……云南临沧一位地委副书记，刚刚 45 岁，正是年富力强的大好年华，却被查出喉癌晚期。家属带着他急如星火般赶到中国最大的城市上海治疗。上海的医学专家说："病情严峻，已经由喉头扩散到声带、气管并转移到颈部淋巴，需要放射性治疗，一个月以后进行手术，但治愈率只有 17%。"这无疑给抱着一线希望的病人和家属当头一棒。虽然，专家的话完全是有根据的实话实说，并没有欺骗或夸张。但他们还是不甘心。便又北上来到京城。北京的有关医院的院长亲自为病人检查，然后说："你的病情不论'放射性治疗'，还是'手术切除'，结果都不会让家属满意。"其实这话也已经说得很透彻了，即没有希望治愈。只是话说得委婉。

病人和家属几乎万念俱灰。在这样的年龄就此告别人生，怎么能够让人接受？不得已，他们找到了老上级万晓塘书记，请求帮助，带着侥幸心理祈求"生的希望"。万晓塘当晚便驱车来到睦南道 69 号，请天津肿瘤专家金显宅教授出山，叮嘱他尽最大努力救治这位中年干部。病人分明正游走在阴阳界上。金教授二话没说当晚便跟随万书记去了医院。在对病人做了全面细致的检查后说："治愈率 50%。"这无疑是个天大的喜讯。尽管病人和家属对金教授还不是特别了解，结果会怎样还不知道，但一致认可了金教授。于是，实施了手术：将病人的喉头、声带、颈部淋巴和食道切除，用颈部皮肤做一个食道，用其他皮肤补颈部皮肤；但在手术时金教授发现食道的大部分还可以保留，便随机应变只切了靠近气管的部分。手术精湛，富于人生关怀的创意。从上午 8 点到下午 1 点，整整用了 5 个小时，其间还做了病理检验，未发现癌细胞，于是及时缝合。而又因为血管缝合得好，病人失血并不多，从手术室推出来的时候，脸色也并不难看。

而此时，经过了精神高度紧张的金教授已经大汗淋漓，两眼酸胀，十分疲惫。这是发生在 1965 年的故事。

这位差点被判“死刑”的病人后来在金教授指导下学会了食道发音，恢复了工作，成为云南“抗癌斗士第一名”，他便把手术这一天做为了生日。此后，这位病人竟然平安地生活了三十多年，也与金教授成为“生死之交”。为什么上海、北京的顶尖专家都无能为力的病人，到了金教授手下就起死回生了？这时，病人和家属方才知道，为人谦逊低调的金教授原来是中国肿瘤外科奠基者之一，他医术精湛，成绩卓著，德高望重。他们还了解到，金教授是中国籍的朝鲜人，早年毕业于北平协和医院，获美国医学博士学位，又在美国肿瘤医学研究所进修工作过，新中国成立后，受国家委托建立了中国肿瘤医学，是中国在这个专业上的开山鼻祖。

类似云南病人这样的晚期癌症，起死回生的希望很小，但在金教授手里，又往往出现奇迹，转危为安。被金教授治愈或延长寿命的晚期癌症病人不计其数。著名经济学家、教育学家、人口学家马寅初先生因患直肠癌住进北京医院的时候已经 91 岁，又患有多种老年病，手术难度极大。金教授接受了这个艰巨的任务，赴京主持手术。经过精心准备，为 91 岁高龄的马寅初成功实施了直肠癌手术，术后的马老成为百岁寿星，直至逝世癌细胞也没有扩散，创造了世界医学史上的奇迹。在为全国人大副委员长乌兰夫年迈的母亲治疗直肠癌的时候，金教授亲自指诊并做全身检查，然后成功做了手术。陪同前来的昭乌达盟医生看了连连赞叹：“这才是专家！我们在手术前从来没有这样做过。”

后来金教授声誉如日中天的时候，天津河西区谦德庄一位癌症晚期的老工人在生命弥留之际，方才得知中国治疗癌症最权威的专家是金教授，便对家属说：“我如果能看金教授一眼，死也瞑目了。”消息传到金教授耳中以后，他没有犹豫，立即骑自行车前往，到这位老工人家里见了面，为病人做了临终安慰和关怀。

金教授身边的医生说：一般医生对病人诊病，并不能保证百分之百准确。加之手术也并不能保证百分之百精确。而金教授不一样。美国的同行专家观摩金教授的手术以后十分惊叹地说：“简直就是艺术品！”这当然是有原因的：一、金教授重视肿瘤病理，在接手病人之后并不是只以病理科的分析为依据，手术前也不只是在医院研究病人的情况，他下班回家，也会把片子带到家里，用家里的显微镜反复观看、研究，除了吃饭睡觉，金教授的精力全部用在研究病理上。有了这样充分的“术前准备”，上了手术台以后才能胸有成竹。二、作为肿瘤外科医生，金教授曾经经历过长久的历练。抗战胜利后为养家糊口做过长时间普外手术。这样的历练对日后专攻肿瘤手术，无疑是极大的帮助。而且，那时候为了做好手术，金教授时时刻刻不忘苦练基本功。就连早晨或晚上如厕，他也充分利用时间，坐在马桶上把毛巾从中剪开，再急速密密缝好，那飞针走线的娴熟和精密让目睹的家属既由衷赞佩，又刻骨铭心。宝剑锋自磨砺出，梅花香自苦寒来。金教授的“艺术品”就是这么创造出来的。

金教授原来住在天津五大道的一座别墅里，“文革”时被扫地出门，而且让他去扫厕所。有的病人得知金教授如此遭遇，就到金教授扫地的厕所来看病，而金教授就把厕所当诊室，为病人尽力服务。住房变成了十来平方米的小屋，盛夏的晚上金教授穿着裤衩背心，依然伏在圆桌前奋笔疾书，总结撰写医案。多年来，他像一头老黄牛，兢兢业业、任劳任怨，不知疲倦地耕耘在肿瘤医学的园地里，不仅治愈了大量癌症病人，还为国家培养了大批肿瘤医学后起之秀。在他百年之后，天津肿瘤医院为他做了半身铜像，在请老市长、时任政治局常委、全国政协主席李瑞环题词的时候，送去 20 个备选方案，李瑞环一个都没选，而是题了自己总结的四个字“德高医粹”，代表人民对金教授的一生做了最经典的概括和褒奖！（天津和平区名人文集）

19，一生的长跑

20 世纪的五六十年代，乃至改革开放后的若干年里，每天清晨，睦南道 60 号都会准时走出一位衣着简朴、身材挺拔、风度儒雅的男人，迎着清风沉稳地缓步慢跑。即使不认识或不了解他的人，从他炯炯有神的双眼与执着的表情、神态，也会猜想，这一定是位大脑一直在思考的不同凡响的专家学者。而他在走出家门上班的时候，却往往像赶路一样步履匆匆，偶尔他从某个人身边擦肩而过，因担心会碰到对方，还会十分谦恭地道歉："对不起！"

一个有着这样良好修养的人，内心深处也无比坚韧与笃定。他的一生，可以用"只要认准的路，拼命也要走到底"的精神来概括。年轻时，他曾在日记里写下这样一段话："鲁迅先生讲得好，希望本无所谓有，无所谓无的。这正如地上的路，其实地上本没有路，走的人多了，也便成了路。我要向环境和命运宣战，我要奋斗，成功的时候要奋斗，失败的时候更要奋斗。"有了这个信念，便开始了他的人生长跑。

他就是著名耳鼻喉专家林必锦。林必锦的祖上是书香世家，但到父亲这一辈，家道中落，只能以种菜为生。林必锦 9 岁那年，父亲病重无钱医治而逝，家里顶梁柱倒了，三个兄长也相继去世。生活极度困难，不得已，姐姐去做了童养媳，只剩下寡母带着一对兄弟。一次家乡遭遇劫匪，林家三口躲进了教堂，林必锦幸运地获得在教会小学读书的机会。因为刻苦认真，他成绩优异，被校长保送到县城的教会学校继续读书。条件是他必须每天放学后到校长家做工，来抵偿学费。他没有犹豫，顽强地坚持了下来，并在中学毕业的时候获得了全校唯一的"全优学生"评语。这位校长出于好意要送他去神学院学习，将来当一个传教士，也算谋得了职业，但他婉言谢了校长。因为做传教士不是他的理想。

母亲最懂得儿子的心。看到他天天心事重重，知道他失学后很痛苦，便偷偷变卖了家中的几亩地，凑上几十块钱让他去福州读高中。于是，他憋着一股劲打点简单的行装上路了。他白天上课，晚上做家教，兼做图书管理员。两年后，又以优异成绩考上了福建协和大学。为挣学费，他做了兼职邮递员，半天上课，半天送信，这样必然会耽误一些实验课。于是，一位惜才的外国教授要主动承担他的学费，但让他做自己的秘书。其实，这位教授也想要他投身宗教事业。他再一次婉拒了这样的好意，因为他有自己的理想。两年后他终于以优异成绩考入北京协和医学院。此时，他的理想更加坚定和明确：以医学救国，并身体力行地开始了在医学领域的顽强攀登。

医生的生活，就是每天和各种各样的患者打交道。患者的心情都是迫切的、紧张的，而医生则需要十足的坚韧与笃定，并把坚韧与笃定传导给患者，但这需要医生的自信，这种自信来自丰厚的知识、坚强的意志与以往的历练。一次，一个双耳失聪的病人神情慌张地找到林必锦，痛苦地哀求他为自己解除病患。林必锦经过对患者的细心诊断，认为患者属于“耳硬化症”，应该进行内耳开窗手术。问题是当时医院设备十分简陋，根本不具备手术条件。但一种对患者极端负责的精神让林必锦硬是收下了这个病人。他一边改造医疗器械，一边构思手术方案。基于过去经常“半工半读”的历练，他的动手能力很强。没有电钻，就亲自动手将一台破旧的牙科钻改造一下代替；没有合适的手术放大镜，就找来普通的放大镜片代替；没有测听器，就找个音叉来代替……他克服了治疗中遇到的一系列困难，终于成功地为患者做了内耳开窗手术。后来患者失聪的双耳终于听到了声音，激动万分，流着泪反复说着一句话：“谢谢林大夫！”

林必锦救人不分时间，不分场合，不分专业，只要是自己能做的，就绝不推辞。有一次下乡为农民开展医诊服务，隆冬时节，北风呼啸，天空飘起小雪。林必锦刚刚送走一个患者，突然一个小伙子急匆匆跑来，气喘吁吁地说他老婆生孩子出现危险，请林医生务必前去看看。林必锦是耳鼻喉专业的外科医生，哪有妇产科的经验？但他看着小伙子焦急的神色，果断答应前往。此时，他心中想的就是治病救人。作为医生，他把这一点看得至高无上。虽然没有经验，但涉及妇科的一般医学知识他还是有的。于是，他细心收拾好药箱，带好必要的器械，跟随小伙子走进了风雪之中。其实，林必锦有所不知，小伙子是闻听津城著名医学专家来乡下服务，特意远道而来；林必锦竟然跟着小伙子连搭车带步行一走就是 70 里。一路上小伙子一直抱歉，说：对不起林医生，让您辛苦了，太感谢了！林必锦回答：“现在说感谢的话，还为时过早，咱们先去救人吧！”待他们赶到目的地，林必锦满头热汗，前胸后背早已溻湿。但他顾不上休息，迅速戴上消毒手套，在农家的土炕上为胎盘滞留长达 10 多个小时、已经生命垂危的产妇做了手术，成功地挽回了一条生命。

多年来，林必锦创造了多项重大医学成果。1951 年创制金属橄榄头式食道引线扩张探子，解决了化学烧伤后食道瘢痕性狭窄的扩张手术问题。1981 年研究喉发声重建术获得成功。在副鼻窦、中耳肿瘤手术治疗方面，将传统性颈淋巴清扫术改进为功能性颈淋巴清扫术……这一切，在国内以至国际上也数前沿。

林必锦爱好爬山。泰山，黄山，庐山，五台山，峨眉山……举凡中国的名山，他几乎都攀登过。他总是以登山激励自己，也激励身边的人：

“登山能锻炼人的意志，提高战胜困难的勇气。”他虽然住在五大道的别墅里，日常生活却十分简朴，特别喜欢的就是每天凌晨都在睦南道慢跑，所以他身体很好，到了 80 多岁还能每天去上班，甚至参与手术。如今知道林必锦的人每每走到睦南道 60 号，总会在眼前浮现出这位著名医学专家的矫健身影。（天津和平区名人文集）

20，奇人马金森

奇人马金森是我结识年头并不多的老朋友。既然结识年头不多，何以称之为老朋友？他何德何能让人称之为奇？简而言之，一来因为他年长我五岁，二来他的耿介、真诚与出奇的所作所为，让我为之敬佩，愿与之结交，于是倏忽间成为“老”朋友。那么，马金森奇在哪里？容我慢慢道来。

几年前，老朋友、消协的一位领导老陆的儿子因为学业和事业不太顺利，请了他的另一位朋友马金森来“算算”，并让我来听听。老陆对我说：“马金森对社会科学很有研究，尤其对易经研究很深。”真的吗？老陆的话一下子勾起我的极大兴趣。那天，我特意换上干净衣服，早早来到老陆家静候。上午九点，马金森风尘仆仆地赶到。手里拎着菜篮子，里面装着买好的蔬菜，见了我们连连打躬作揖：“对不起，对不起，我晚到了，让你们久等。我得把菜买好才能来，一会儿还得回家做饭，所以，我既要迟到，还要早退。”老陆连忙插话：“你就甭客气了，我们知道你家里有个病老婆。”

我知道男人有三大不幸，早年丧父、中年丧妻、晚年丧子；还知道男人有三小不幸，破锅、漏屋、病老婆。马金森应该算“三小不幸”。但深交以后，方知马金森的不幸，比三大还大。“三小”对他实在不足挂齿了。

一番形式过后，马金森道出了老陆儿子的基本情况和大致走向，问老陆："是否符合你儿子的情况？"老陆答："十分吻合。"又问："对我算的未来是否认可？"老陆答："既然我并未介绍我儿子的情况，而你全然掌握，那么，我对你算的未来也十分宾服！"

我坐在一旁，不觉跟着叹服。继而，马金森指出了老陆儿子应该何去何从，如何走好下一步。然后，他又打躬作揖，急急告辞，临出门，说："哪天我做东，请陆兄和作家老弟畅快一叙。"便与大家握别。老陆给我沏了茶，说起了马金森。多了不说了，只说一件事，有一天马金森到人民公园应一个朋友之邀，发表演讲。时间是在十八大召开以前。当时来的听众有一百来人，人民公园本来不大，马金森选择的地方是公园一隅，他手拿直流电话筒侃侃而谈，从社会发展走势谈起，渐渐就说到了当下。随着他的演讲内容越来越深，听众在不断增加，很多年岁很大的离退休遛弯老者纷纷驻足，把个小小的人民公园占去将近三分之一。很多人站在后面，肯定是听不清的，但他们仍然不走，把这一阵势一下子就壮大了。壮大了，就出问题了。有人打了 110 报警，说："不好了，人民公园出事了，有人在公开反党反社会主义！"倏忽间两辆警车出现在人民公园门口，十几个刑警手执警棍跳下车直奔人丛。于是，就有人高喊："警察来了！"人群立即骚动起来，有人夺下了马金森手里的话筒，把一个录音机摆在他站立的石头上，推着马金森挤出人群逃走。警察赶到时，见人们围着的是一个录音机，里面还在絮絮叨叨地讲国家形势。领头的警察带一个警察站立静听，差遣其他警察继续"追剿"去了。

但这两个警察听了半天，感觉录音机里讲的都是对的。谁不愿意反腐？谁甘愿国家堕落下去？于是，领头的警察关闭了录音机，拿起来道："谁的录音机？赶紧拿走！以后不允许在公开场合干这个！谁愿意谈这个话题，回家去谈，关上门谈，没人拦着你！"一个老者拿走了录音机，人群"嗡"的一声议论开来，纷纷散去。其实，马金森并未走远，他就躲在人群里。此时，他泪流满面。

马金森曾经通过网上交流，收集和打印了很多经过核实的资料，然后散发给人民公园的遛弯朋友。这些朋友彼此并不相识，而且，只是互相交流资料，并不过问对方姓名。时间久了，就有人邀请马金森给大家讲一课。于是，出现了前面描述的真实一幕。时隔不久，马金森真的请我和老陆吃了一顿。他不沾烟酒，席间显得有些冷落，但他还带来另一位朋友，也是热衷于阐述国家发展走势与方略的老者，于是，饭桌变成了演讲台，让我这个饕餮之徒不好意思吃饭，只勉强夹了两口菜，因为马金森要急着回家照顾老婆，大家都没怎么吃就散场了，临走我把剩下的饭菜打了包，让马金森一并带走。

时隔不久，我又做东请了马金森和老陆。席间仍然是一番演讲，但这个时候因为十八大已经召开，话题大为转变，马金森对习总寄予无限希望和期待，对习总初期的表现大加赞赏。又时隔不久，马金森突然给我来电话："老弟，我查出身患肺癌了，已经到了晚期，扩散了。"这个消息让我如雷轰顶，大脑出现空白，说不成话。愣了好一会儿，我才说："老兄，抓紧治疗，回头我去看你。"我急忙约了一个在肿瘤医院工作的朋友王世奇一起去看望马金森。谁知甫一见面，王世奇立即惊呼："马金森，你是不是原来二十四中的那个马金森？"马金森道："没错，我就是二十四中出来的，老三届。" "嘿！那时候你是白专典型，和老师一起站在土台子上挨批斗，脖子上挂着大牌子！""哈哈，没错，你是——""我也是二十四中毕业的，我现在供职在肿瘤医院。"

话题立即切入了肺癌这个话题。最后研究的结果是中西医结合，两条腿走路。最后，又说到马金森的经历，他原本是二十四中的学生尖子，门门功课首屈一指，上着中学就与老师一起召开《红楼梦》研究专题研讨会，十五六岁就写出过十几万字的《俞平伯评传》，文革来了岂有不挨批斗的？后来，因为这种挨过批斗的"历史问题"，大学也没有机会上，"流落"到某局做文书、秘书直至办公室主任。是正儿八经的处级干部。但因为历史上有"蘸儿"，继续提拔已不可能，尽管干得出色也不行。屋里的同仁个个都是够级的烟枪。他天天吸二手烟，加之多年心情抑郁，酿下这种病。此刻的他面色蜡黄，腮帮子塌陷，头发稀疏。唯有两眼炯炯有神。

此后我天天琢磨马金森肺癌的事，便突然在网上搜到了"蒿甲醚"可以医治肺癌的帖子，便抱着"死马当作活马医"的念头向他推荐，他出于对我的信任，马上就答应了。马金森的女儿就在总医院放射科工作，她也同意。马金森问王世奇大夫，这种药可靠吗？王世奇回答没研究过。他们属于"学院派"，对旁门左道的治疗方法历来不买账。但，马金森坚持要注射蒿甲醚。于是，我们开始四处打问，但都没有这种药。我不得已给凯迪老朋友——书斋老师发信息，请求书斋老师帮忙。因为据我所知，书斋老师是医药世家，而且现在家里还有在医院工作的亲属。书斋老师很快给我回信，让我耐心等待。就在此时，马金森又给我回信，说他在石家庄的亲戚买到了蒿甲醚，请我这边不要再买了。我急忙告知了书斋老师。而此时，书斋老师已经撒开大网开始帮我找药了。（我写这篇小文的时候，也想告知其他网友，不到万不得已不要给网友添麻烦，尤其是书斋老师这样善良、真诚的好心人。）

此后，马金森一直在注射蒿甲醚，间或去医院做会诊，服用一些药物。并把他病灶的钙化（以为在好转）的情况及时通报给我。每次他都要在电话里说上半个小时，然后又道歉说："老弟，你这么忙，我还耽误你时间，真过意不去。"当他感觉状态确实在恢复的时候，还在家门口请我和王世奇大夫小聚，聊做感谢。我以为，马金森极可能虎口脱险了。我和爱人还高高兴兴带了儿子从国外买的蜂王浆去回访。但这年 8 月，我正在毛乌素沙漠地区体验生活，突然接到他老伴电话："岩老师，老马过去了。"我急忙问："老马不是见好吗？"没有回答，只有哽咽之声。

我不能回来，只得差遣爱人来为马金森送葬。马金森生前曾经打印过很多有价值的资料，发出去不少，还有很多堆在家里。我去他家的时候，他指着那些资料说："我把这些东西托付给你吧，如果——"我当时急忙打断他说："你不要说这种丧气的话，要坚定信心治病！心态要好！"马金森的女儿因为在医院放射科工作，天天接触这种病人，她曾经跟我说，这种病如果到了晚期，扩散了，只能活 3 个月。但马金森从查出病情后竟然活了将近一年，等于多活了 8、9 个月，我不知道这半年多是不是蒿甲醚在起作用。

现在我痛定思痛，回味马金森的一生，他的大不幸，是得了不治之症，然而，更大的不幸难道不是生在那个年代而又出类拔萃吗？没有这个"更大"，怎么可能抑郁得癌症？而他的所作所为，谁又能说不奇？

（《天涯》论坛）

21，我眼中的津湾广场

【2017年08月30日　07:00:20　来源：天津日报】2009年9月，津湾广场这位丰腴的“美女”顺利地呱呱坠地，因坐落在和平区解放桥旁，便与高端素雅的天津站隔河相望。她当然是“美女”，但更是巍峨壮观的建筑群，囊括文化与物质消费的诸多店铺与场馆，甫一落成即成为津门百姓的又一有益去处。记得，刚建成的那阵子，津湾广场更像是一位“高冷范儿”的淑女，一些饭店、商铺和娱乐设施出现“门前冷落车马稀”的状况。但是通过近几年来和平区的精心打造、整体策划，让津湾广场在物质、文化消费多元化的津城，光鲜亮丽地逐渐凸显出来，使这位“美女”成为了可亲可近的邻家“姑娘”。

连续数年，惠民文艺演出走进了津湾广场，这不仅是和平区群众文化工作的一大亮点，更为津城所独有。炎夏傍晚，在广场临时搭建的舞台上，中国全总文工团、中国煤矿文工团等一些专业文艺团体悉数登场，在国内闻名的歌唱家、演奏家、舞蹈家应邀出席，把最高水平的演出奉献给津门百姓。演出现场，那密密匝匝的观众中，除了居民百姓，还有在附近施工的农民工兄弟，更有海河对岸火车站候车的外地游客。当他们热烈的掌声从海河两岸同时响起的时候，我深深感到，和平区在做一件实实在在的惠民之事，“惠”的绝不局限于本区和本市。天津业余演出团体和个人，也能有机会登上津湾广场的舞台，劝业场街、小白楼街、南营门街等街道大姐、大婶以及大哥、大叔们的彩妆舞蹈、杂技、歌唱乃至秧歌、杂耍等，同样赢得了观众的掌声，营造了欢乐的气氛。

连续数年，各种高端的文艺演出被请进了津湾广场。津湾大剧院的各种演出接踵而至，天津歌舞剧院、天津曲艺团等专业团体将各种一流水平的演出奉献出来；特别值得一提的是霍元甲文武学校把名闻遐迩的大型武术剧《武传奇》搬进津湾大剧院。这支演出队伍曾经跟随国家领导人出访多国，好评如潮。他们的演出不单单在艺术上让人叫好，武功上让人叫绝，弘扬的更是中华民族千百年来自强不息的爱国主义、民族主义和英雄主义精神……

连续数年，美食节被搬进了津湾广场。来自全国各地和很多外国的名小吃，纷纷登场亮相，台湾、香港、澳门地区以及印度、泰国、新加坡、马来西亚和阿拉伯国家的名小吃，在蒸腾飞舞的喷香烟气中，招揽着越聚越多的客人。人们摩肩接踵，边吃边看边聊；吃的是美食，看的是制作者的拿手绝活儿，聊的是民族风情和文化。美食节，是提供饕餮大餐的节日，是让人一饱口福的节日，是让人长见识开眼界的节日……

连续数年，啤酒节被引进了津湾广场。国内的、国外的知名啤酒纷纷涌入，那沁人肺腑的啤酒香气让不计其数的年轻人迷醉，更让小有酒瘾的中老年们流连忘返。本市的一些人距此很远，结伴坐地铁而来；还有外地人专程赶到津湾广场，只为品尝平时难以喝到的知名啤酒。看那喜上眉梢的一对对年轻人，亲昵碰杯，窃窃私语，真是酒不醉人人自醉啊。春夏秋冬一年四季都有年轻人在津湾广场拍摄浪漫唯美的结婚照，镁光灯下记录着一对新人最美丽的瞬间。在节假日，津湾广场的一些饭店必须提前预定，可谓是门庭若市、一座难求。

我不想细说，资料讲津湾广场最大的亮点是它的人文底蕴。天津近代建筑风格的多元构成，突出地反映了中西文化交汇的时代特征，映现了天津近代城市的功能、文化和风尚，以及它的文化价值。津湾广场非常成功地运用了西方建筑文化的基本元素，在美若油画般的景象中，世界各国的建筑流派交相辉映，譬如“巴洛克”的华美，“古典主义”的自然，“浪漫主义”的飘逸，“折衷主义”的温情，在这里汇成建筑文化的辉煌的交响乐章。在这里，可以感受中外历史细胞里的形而上的文化芳香，触摸天津乃至中华民族和整个世界的生生不息、飞花流彩的文脉与气蕴。

但我必须要说，在国家供给侧改革的当口，在网购日趋火爆的形势下，要勇立商业大潮的潮头而不倒，软硬件的推陈出新将成为常态。我期待着未来的津湾广场将成为津门拉动内需的重要场所和重要消费流之一，成为天津的一张亮丽名片。

22，津门老憨招聘记（原载《中老年时报》）

憨哥原名叫韩志国，最后怎么演变到被人叫做“憨哥”而忽略了原名，至今无人考证；但接触过他的人，会因为他的所作所为而认为把他叫做（定义为）“憨哥”似乎是最准确的概括和最生动的形容了。

憨哥今年 59 岁，距离退休还有一年，下岗却已经十几年了。他下岗不是因为在单位不好好干，而是单位整体改革，换了领导者和新设备，对所有老员工进行技术考核，他因为对新设备不适应而自动提出“下岗”，拿了一笔钱做买卖去了。他起初卖服装，刚刚赚了几个钱，就把搭档变成了“小三儿”，结果所有的钱被小三儿“卷包会”了。他不得已，找老婆借钱倒腾蔬菜，可是实在太累，每天天不亮就得从郊区把菜趸来，还要在菜市场一干一天，中午连打个盹儿的时间都没有。一个星期过来不光把脸晒成了黑包公，还“浑身上下脑袋疼”。最后经老同学介绍，到一个单位看大门去了。钱虽不多，倒也不算辛苦。55 岁那年单位一个员工丢了一辆电动车，非说与他有关，他一生气重新回了家。老婆见此，干脆哪儿也不让他去了，就天天在家洗衣做饭看孙子，老婆的工资虽不高，却够两个人吃饭，儿子再接济一点，日子就不算太寒酸，马上就要熬到拿退休金了不是？

津门老憨招聘记

没有特长的下岗职工的“人生一大盼”就是盼望早日拿退休金。好不容易熬到了今年，距离拿退休金还有一年。他却因为和儿子拌了两句嘴，走出家门，再也不想天天在家洗衣做饭看孩子了。他曾经想过，现在家里孙子是老大，儿媳妇是老二，儿子是老三，老婆是老四，自己是老乜（最靠后的一个）。尽管都是自己的亲人，但长时间做“老乜”让他感觉被矮化，好像天生就低人一等，于是想换个活法儿了。

现在公园都不要门票，要是从前，他肯定是不会去的——他上午步行——坐公交需要两块钱，他舍不得——到水上公园游玩，跟一群老者喊了半天京剧；中午用口袋里仅有的五块钱吃了一碗兰州拉面，下午步行到北宁公园，跟一群大妈学了半天健身舞，直到夕阳西下肚子咕咕叫了，才往家走。路上他突然想了一个问题：我不干家务，又不挣钱，老婆不给我好脸怎么办？但他马上就想出对策。

进了门，老婆必然态度“恶劣”地质问他，他便把早已想好的措辞端了出来：“我一个大老爷们儿天天在家洗衣做饭看孩子，想熬死我？我应聘去了，我要自己挣收入。”这还真是个能说服老婆的理由。这一天就这么蒙混过去。晚上吃饭虽然没人给他好脸子，他也早想开了，自己自由是最重要的，管他们什么脸子。

转过天来，他真的去人才市场应聘了。是他自己启发了自己。既然把话扔出来了，何不真的去试试？问题是天不遂人愿，他来到河北区宇纬路与二马路交口的人才市场，在熙熙攘攘的人群中挤来挤去，问了无数个招聘者，都回答只要 55 岁以下的。当然他主要是问保安和清洁工，别的他也干不了。他满头大汗地挤出人群，按照一个陌生人的指点，步行到了河东区九径路的人才市场，这是个十分宽大的屋宇，类似过去老厂的大车间。里面有很多隔断，每个隔断里都有一张桌子一把椅子，招聘者坐在椅子上记录应聘者的简历、特长等等，供回去研究和考量。憨哥再次折戟沉沙。这里的招聘入门条件和河北区一样。他彻底气馁了。他在走出人才市场以后，感觉所有的招聘者都该受惩罚——订的什么鸟规矩啊。

他没有回家，而是找到老同学，要了一张 A4 白纸，用粗黑的“白板笔”写了招聘启事，粘在一张硬纸板上，大模大样来到河北区宇纬路人才市场，往马路边一站，硬纸板举在胸前。别人的招聘启事也有人问，但都不像他这个这么吸引人。没用十分钟，他面前就挤成人疙瘩，一来，他招聘的年龄下限是 60 岁，二来别人的保安和清洁工月薪都 2000 元左右，他这个写的是 3500 元。他蓦然间感到自己被人尊重了，真的“站立起来了”。来问询的人全都陪上笑脸，语气也十分谦恭，报名者当然也就非常踊跃。他把胸脯挺得老高，说话嗓门也大起来，偶尔还和对方打个岔开个玩笑，譬如对方个子矮，他会说“你擦地板不用猫腰，不累。”惹得周围一片笑声。对方是个胖子，他会说“你只要往门口一挤，　小偷纵有天大的本事也跑不出去。”又是一片笑声。像开联欢会一样。即使他的笑话并不可笑，周围也都陪着笑。真他妈爽。

他没有单位，没法给人家留联系方式——这些年来他根本没有手机，便只得“急中生智”把老婆的手机号留给了人家。转过天来，老婆的手机被打爆了。气得老婆卸掉电池彻底关机。一位拐弯抹角得到消息的老同学找上门来问：“是你招聘吗？我在人才市场看到你老公在那招聘，我没好意思往前挤，只是站在人群后边，但我听你老公给大家留的是你的手机号。”老婆回答：“没影儿的事，我又没开公司，招哪门子聘？”老同学又说：“你开公司就开吧，怎么还藏着掖着？招聘员工不能忘了咱‘发小儿’啊！”老婆苦着脸道：“我真的没开公司。”老同学道：“算了算了，‘人一阔脸就变’。”气哼哼走了。老婆如同吞了点燃的汽油，从里往外灼烧，根根发梢都出火星。待憨哥遛弯儿回来一进门，立即一个大嘴巴上去，将他打了个趔趄。

23，三岔河口

天津，这座美丽的现代大都市，既是中国首都北京的门户，又是中国北方的经济文化重镇。长久以来，天津地区人杰地灵，对周边发挥着难以替代的辐射作用。无论专家学者还是平民百姓，说起天津，无不探本溯源说到天津的重要地点：三岔河口。在节假日，我经常来到这里，感受天津风土人情形成的原始起点的种种特征，感受大都市人民的喜怒哀乐和生活节奏。那么，让我想到了什么呢？

站在金钢桥面北行人便道上，手扶栏杆，眼前便是三岔河口。名闻遐迩的海河在这里被三角陆地劈成左、右两道河流，向左延伸而去的是北运河，向南的便是南运河。就是这个三河交汇之处，被称作天津的发祥地。天津最早的居民点、最早的水旱码头、最早的商品集散地，都萌生在这里。于是乎，三岔河口便有了“天津摇篮”的美称。如此重要的带有标签和名片意义的地域，不能不成为天津的重要纪念和游览之地。难怪，素雅巍峨的“引滦入津工程纪念碑”要设置和矗立于此。

“引滦入津”可是留在天津人记忆中的一个重大事件。因为，它与早先天津人的日常生活息息相关。几百年来，天津人都喝海河水，而由于海潮倒灌，污染海河，使天津人民的饮用水又苦又咸。随着新时期党的工作中心转到经济上来以后，工业用水量日益增加，水源短缺，又成为天津人面临的重大难题。几任政府殚精竭虑，千方百计，仍然不能从根本上解决。党中央、国务院、中央军委为此及时作出决定：引滦入津！那是一次军民携手几十万人共同解决天津人民生计的头等大事。机关和企事业单位全动员起来了。我做为机关里的年轻人，自然也加入了这个行列。我们挖河渠的路段在天津郊区，需要住在临时搭起的席棚子里，天亮集体出工，天黑集体收工。一住就是两个多月没有回家。

挖河泥算一项工作，挑河泥、抬河泥也算一项工作，可以干单项，也可以轮着干，不论怎么干，都不轻松。挖河泥时，脚蹬直板掘锨，一脚下去，显得轻松，可把这锨泥原个挖起来送进别人的柳条筐，却因为是胶泥瓣儿，又重又黏，让你力不从心。几锨下来，任凭深秋冷风嗖嗖，也任凭你只穿单薄的秋衣秋裤，仍然让你大汗淋漓。若是去挑河泥，想想吧，两手掘起一锨来都十分吃力，一筐需要十来锨，得有多重？前后两个筐，又得多重？如果是抬河泥，看上去是两个人在干，则问题在于筐大，是挑筐的两倍。自然，装满河泥以后重量也是其两倍。总之，"小扁担炖肉"这句话在工地上十分流行，是对挑河泥或抬河泥的形容和揶揄。挖河泥的机关干部，不消三天，满手都是血泡；挑河泥或抬河泥的，不消三天，肩膀头让你秃噜皮。也有推独轮车走独木跳板运送河泥的，但那项工作技巧性太强，我们这样的机关干部根本不敢染指。

两个月下来，人人脸上晒得像黑老包，手上、肩膀也起了嫩茧。随着天气越来越冷，席棚子四处漏风，夜里睡觉就常常被冻醒，尽管身上盖着棉被，棉被上还盖着棉大衣。按说，极度疲劳以后，会躺倒就睡。而我因为手和肩的疼痛，不容易入眠。于是，就着临时拉起的瓦数不高的电灯泡的昏暗光线读路遥最新发表的小说《人生》，里面主人公高加林命途多舛的人生际遇让我唏嘘不已，更让我珍惜眼前的生活，珍惜党和国家给予我们参加引滦入津工程的光荣。眼看着巍巍然整齐、结实、规范的堤坝耸立起来，宽阔的深深的同样是整齐规范的梯形河床延伸出去，便猜想，高加林如有我这样的生活，不得美死？《人生》这篇小说伴随我干完了任期，进行了轮换。而携手并肩的战士们则没有轮换，一直干到最后通水，有 22 名战士在引滦入津工程中献出宝贵的生命。人生啊！

当清凉甘甜的滦河水流进天津的自来水管，人们用滦河水沏了香茶，便禁不住欢呼雀跃，奔走相告：天津人喝苦水咸水的日子终于结束了！我想，天津人一定不要忘了那献出宝贵生命的 22 名战士！

当我站在金钢桥上，或站在海河边瞩望三岔河口的时候，高耸的引滦入津工程纪念碑让我久久流连不愿离去。它位于海河的起点，即北运河、南运河与海河交汇处的三岔河口的三角陆地上。在这座 18 米高的大理石三角形碑座上，耸立着用汉白玉雕刻的年轻女人形象。她慈眉善目，右手抱着婴儿，左手屈臂伸掌，似在托天，又似向大自然祈福；她面朝海河，注视水面，凝思和传达着海河今昔的动人故事。我想，她要诉说的故事里面，既有那 22 名战士，又有我们这些普通人。碑体面向北运河和南运河的两侧，分别刻着邓小平 1986 年 8 月 20 日以苍劲传神的笔触题写的“引滦入津工程纪念碑”9 个大字。有时，我也会转到碑的背后，去看离碑座十多步远的半园形水泥围墙，那上面嵌着碑文，记载着党中央、国务院对天津人民的关怀，和对引滦入津建设者的丰功伟绩的高度肯定。我为自己也是建设者中一份子而骄傲和自豪。

引滦入津工程迄今已经 36 年。为天津经济发展和人民生活做出了巨大贡献。按照马克思主义自然辩证法的观点，凡事都会经历发生、发展和衰落的过程。这项工程也不例外。近年由于种种原因，滦河水的水质越来越差，天津人民的吃水用水问题再次摆在面前。而党和国家关于“南水北调”工程能不能惠及天津，也引起天津人民极大关注。两年前，这个问题有了明确答案，市水务局向全市乃至全国发布消息：随着新开河水厂引长江水源切换工作全部完成，本市中心城区三大水厂已全部开始使用引江原水，继滨海新区、东丽、津南三区之后，中心城区市民全部喝上长江水。对于市民最为关心的水质问题，以水源的水质进行比较，长江水水质为一类，滦河水为二类，因为长江水水质更优，因此处理起来更轻松。对天津人民来说，无论是长江水还是滦河水，两种水源在水厂处理后到户，水质完全一样。仰赖党和国家的不懈努力，天津的经济发展和人民生活得到保障，福祉源远流长。

水源换了，天津军民并肩携手倾尽心力引滦入津的光辉业绩却不会褪色。献出宝贵生命的英雄们的故事，也会在人民中口口相传，传至后世，传至久远。三岔河口，这个蒙上了英雄色彩的闪闪发光的天津标签和名片，一定会伴随着天津政治经济和旅游业的不断发展而　更加辉煌灿烂！（原载《新经济时报》）

24，老前辈李贵彬少将

1999年年底，我和司机（他也是复员兵）开车到高碑店老部队营房怀旧游览。观看了炮团一营二连的营房和团部老楼。整个营区见不到人。据说是交给地方使用了。然后去师部旧址门前留念。师部门前高台上有一台退役坦克。接着，到了当时炮团新驻址，在门前的岗哨前留了影。然后和战友李志平到炮旅参观，他此时是旅长，刚刚参加完国庆阅兵，还与中央领导合过影。随后，我们一起到保定看望老首长——我们七五年兵当兵时的112师副师长李贵彬前辈。此次见面老首长已经离休，我们聊了一阵，与老首长合了影。老首长热情洋溢，精力充沛，叮嘱我如果有事就找他，他在天津警备区有老战友。老首长住在部队离退休干部的干休所，非常简朴的房子，屋里除了墙壁上挂着中国地图、世界地图和日历牌，没有其他东西，家具也简单到可以忽略，倒是门外墙根栽着一排小葱让人印象深刻。以此可以看出老首长的生活态度——若以他战争年代的有功之臣而论，讲究一点甚至奢侈一点，谁又能说什么呢！此后我与李志平又有多次见面，而十年后与老首长再也没有机会相见了。

老前辈性格直爽，善于表达，当年在部队讲话时，可以一口气讲上两个小时不休息，酣畅淋漓，而且极富逻辑性和感染力。我在部队时，有一度经常在周末去师家属院李志平家小坐，与前辈和家里人多有交流，亲切随意，话题广泛。老前辈讲传统，讲为人处世，往往让我们这些十八九岁涉世未深的年轻人感到十分珍贵，当作前进的方向。有一次是志平邀请我去，老前辈跟我说点家里的小事，即家里的电视机是天津长城牌的，“拉拔”（开关）不好使（质量不过关）。我仔细看了后，说，是这样，待我几时回津探亲给您捎一个回来。那天，我和志平一家人包饺子，我是这方面的行家里手，自然做了厨艺“展示”，可喜的是当晚日本电影《追捕》第一次通过电视在国内公映，我们就大饱眼福了。大家边吃饭边议论，十分热烈。志平的母亲和志平的姥姥都和我挺说得上来，在以后的日子，我在从唐山抗震救灾回部队的年底，回津到了长城电视机厂，给老前辈换了新拉拔，是不是好使，不得而知。那时国家物资匮乏，供应也不是很通畅，我在天津给他们带来二斤“狗不理包子”，伯母和姥姥乐得不行。当然，连里的同志也都尝到了。那时，“狗不理”还很朴素，既没有豪华包装，也不是高价，而口感、口味却非常好。后来，我牙疼卫生队没办法的时候，我又不想去师医院，就到志平家找伯母。此时志平在南京汤山炮校读书，后来留校任职，并不经常回家，而我却无意中成为家中常客。

老前辈曾经教导儿子志平：和战友吃顿饭喝次酒不算什么，但千千万万不能“喝兵血”，下属的钱一分都不能收；自己提职不送钱，下属提职不收钱，这是底线。这些年来，志平就是这么做的，所以，最后志平担任军分区大校司令员，虽不容易，也算顺利，应该说老前辈的教导一直起着把关定向的作用，有的战友升任高职以后犯错双规，甚至被捕判刑，就因为身边没有老前辈这样把关定向的人。2007 年，我们两口子去山西看望任职军分区参谋长的志平，在饭桌上，志平又说起老爸当初的叮嘱，我问志平：你确实做到了？志平回答：“我确实做到了！”我当时为志平高兴，也为老前辈具有前瞻性而竖起大拇指：那个阶段，提一级就需要多少钱活动费，是明码标价的。志平顶住了不正之风。那次我和志平说着话，不知不觉两个人就喝干了一瓶茅台。心情愉悦啊。离开山西回程，我们没有直接回津，而是先奔保定看望了伯母。见了面我抑制不住激动拥抱了老太太，伯母也笑得很开心。我们聊得十分热络。此时，姥姥早已不在，师首长老前辈当时因病正在医院住院，病情不轻，不免让人心情沉重起来。1999 年年底，就是在这间屋里，老前辈热情洋溢地接待我们，与我们畅谈、合影。老前辈的音容笑貌和做事风格具有强大的魅力和感召力，将永远印刻在我们心里。自己受感染，获益匪浅，还要传给后人。

【军内资料】李贵彬少将，生于 1929 年 3 月，2009 年 9 月病逝。辽宁省铁岭县人，1945 年入伍，1947 年加入中国共产党。先后毕业于东北联军第七纵队青年干部学校、南京军事学院、宣化炮兵学院、中国人民解放军军事学院。解放战争时期，历任东北民主联军第七纵队政治部民运工作队队员、第一纵队教导大队书记、司令部作教科书记，军司令部队列科参谋等职，先后参加了一下江南、解放四平、辽沈、平津、南下作战等数百次战斗战役，屡建战功。抗美援朝时期，历任军司令部军务科参谋、副科长等职，荣获朝鲜政府授予的三级国旗勋章，荣立三等功一次。和平建设时期，历任师司令部队列科科长、师炮兵司令部参谋长、军炮兵司令部作训科科长，团参谋长、副团长，师司令部炮兵室主任、师参谋长、副师长、师长、军参谋长、副军长，内蒙古军区副司令员、司令员等职。他担任内蒙古军区司令员期间，坚持以军事训练为中心，从严治军，从实战出发锤炼部队，大力提高战斗力水平；坚持以过硬的作风影响和带动部队，先后深入到每一个边防连队、哨所，足迹踏遍八千里边防，为推进内蒙古军区国防现代化建设，维护边疆地区稳定、军政军民团结作出了重要贡献。

李贵彬前辈 1988 年 9 月被授予少将军衔，荣获中国人民解放军胜利功勋荣誉章，是中国共产党第十三次全国代表大会代表，1990 年 6 月离职休养。李贵彬前辈的一生是革命的一生，战斗的一生，追求真理的一生；是为部队建设鞠躬尽瘁的一生，是为革命事业无私奉献的一生。接触老前辈，总有学不完的内容。（《天涯》论坛）

25，驻训龙泉庄

人老了爱回忆，当过兵的人爱回忆以往的部队生活。1975 年夏季，营里统一组织全体侦察兵、计算兵到易县山区驻训，我们二连的侦察班住在龙泉庄。班长蒋增发带着李志平等人住在一家，我和张新民、范圣义等人住在隔壁的另一家。

其中住过的一家主人是赶大车的把式，叫田广，个子很高，有点驼背，当时大约五十岁左右。那时电影《青松岭》正十分红火，里面有个自私自利反面人物的“钱广”，也是赶大车的把式，所以，见了田广，人们免不了会想起那个钱广。特别是钱广有句“名言”：“要说资本主义嘛，谁还不有点呢。”人们与田广开玩笑，也往往会说起这句话。而《青松岭》里的很多台词，会被战士们随口说出，互相调侃。如营部侦察班的班长张顺兴，时任副营长的左恩朴批评他对一些事检查不及时，他就蹦出一句《青松岭》台词：“没的事，我每天都检查。”这句话也是钱广说的，曾经流行甚广。

大家住在田广家，每天早起必定挑水、扫院子，帮着喂猪喂鸡；晚上训练回来帮着老田搓玉米，等等，反正只要能帮上忙的，肯定会跟着干。田广家大概是三个孩子，都是女儿，二闺女在清西陵照相部工作，我们计算兵经常在清西陵的林荫下或大殿里训练做题，曾经见过田广的二闺女。个子不算太高，容貌俊俏，在身高和容貌上一点不像田广。也因为俊俏，身边常有年轻人和她套近乎。我们这些小兵，因为和她认识，偶尔走近了，也会搭讪两句。但她对当兵的很拘谨；当兵的对她也十分小心。因为据说她的理想就是找个当兵的结婚，此时她大概二十二三，正是找对象的时节。而当兵的不允许在驻地和老百姓“挂钩儿”（找对象），干部除外。所以，当兵的对她也不敢随便开玩笑，不像对田广那样。班里的张新民与田广开玩笑最多，班长蒋增发偶尔也会开开玩笑。但大家对他家的几个闺女，都很少说笑。

村里还有一个村干部很有名，是村主任或村会计，“有名”的原因是他叫“周宗礼”，与我们敬爱的周总理谐音，于是，他就沾了光了。人们经常和他开玩笑，喊他“总理”。他是个不善言谈的老实人，总是呵呵一笑算是回答。

炎夏的晚上，屋里很热，我们往往在屋外坐一会消暑，这时，会看到周边天空有很多小飞虫，尾部挂着小灯笼在飞翔，那是萤火虫。这时，班里的谁拿出半导体收音机，里面正在播出李双江演唱的《我爱这公社新一代》，高亢激昂，金子一般的嗓音在大家耳边流淌。数着萤火虫，听着歌曲，一天的疲劳全都烟消云散了。夜里又是一个好觉。

但某一天夜里，突然响起紧急集合的哨音，大家急忙爬起来到外面集合，班长说，后山顶发生了山火，大家要立即爬山去救火，不能让山火把山林烧毁。那时，四处山坡上都用白石砬子磊起大字“封山育林”，大家都知道保护山林的重要，便都拿起铁锹、扫把，打着手电连爬带跑一股脑向山顶冲去。那座山大概三、四百米高，山路崎岖，很难爬，想跑快起来也不容易。但最终大家还是以最快的速度赶了上去。因为前面有先到的干部战士们，待我们汗流浃背气喘吁吁赶到时，火已经被扑灭了。大家整顿一下又往回返。夜里这一觉睡得很死，转天一早，照常上山训练。（新浪博客）

26，常有经典演出的师部礼堂

（找不到师部礼堂照片，以上照片恰好有师部礼堂前大门，代替一下吧）

离开 38 军已经 40 多年了，师部的大礼堂却时不时地在脑海里闪现。尤其在看到有关部队演员的报道的时候，就想起早先曾经若干次前来观看文艺演出的师部大礼堂。一幕幕场景清晰可见，如在眼前。

我们部队和师部只是一墙之隔，来往非常方便。除了参加师里安排的统一活动，有时我们的会议或活动，也在这个礼堂进行。我们没有小卖部，战士生活用的东西，一般由部队统一发放，不发而又离不开的，譬如牙膏、牙刷、信纸、信封之类，我们的战士们都到师部小卖部来买，因为我们没有小卖部。我们的战士们想照相，也到师部照相部来，也是因为我们没有。而去师部小卖部或照相部，必经之路是从师部大礼堂门前走过。加之经常来大礼堂开会、看节目、看电影，就对这里十分熟稔了。

师部宣传队在这里演出最多，以流行的歌舞为主，如单弦《一盆饭》，舞蹈《雪夜红灯》，大合唱《提高警惕，保卫祖国》，最难的应该算《长征组歌》。还有器乐表演，属于辅助类。从唐山抗震救灾回来后，他们自编自演的快板书《李玉林飞车进京报灾情》，也脍炙人口。师部宣传队的演员们没记住几个，现在只记得报幕员叫陈渝生，身材中等，标志、挺拔，仪表堂堂。他每次报幕出台时，都从台口右侧以齐步走的姿态走到台口中央，立定，一个向左转，立正，敬一个军礼，然后开场道：“师战士宣传队文艺演出，现在开始！”接下来会得到一片整齐而热烈的掌声。据说他早先曾经有过饰演电影《霓虹灯下的哨兵》中的童阿男的机会，但最终导演选了另一个叫寥有梁的年轻人。《霓虹灯下的哨兵》红极一时，而寥有梁却始终知名度不高。或许让陈渝生饰演会是另一番景象。

后来据说陈渝生调到了战友文工团。上世纪 90 年代我在北京坐地铁一号线，在车厢里遇见过陈渝生，还是穿着军装，因为他不认识我，我也不可能与他搭话。后来在一些电视剧或电影的演员名单里，看到过陈渝生三个字，但他始终没火过。

观看军区战友文工团的演出，也有好几次。甚至总政话剧团也曾前来演出过。记得好像是部队刚从唐山回来，军区战友文工团前来慰问演出，歌唱名家马玉涛、马国光，山东快书名家高元钧等人的演出精彩绝伦，这么多年过去，仍然历历在目。

马玉涛当时唱了什么，已经不记得了，只感觉那时她台风十分端庄，身材略胖，军装还是“三块红”时期，下身是女兵的短裙。歌声高亢嘹亮，气势如虹，余音绕梁。马国光的表演则与马玉涛正相反，他的台风幽默诙谐，活跃调皮。记得他曾经演唱了《我的家乡在日喀则》、《小夜曲——祖国明天多美好》、印度电影插曲《拉兹之歌》等。演唱《小夜曲》时抱了吉他，演唱《日喀则》时穿了藏装，而演唱《拉兹之歌》时则将西装搭在肩膀上，一只手摇着一支钥匙链，吊儿郎当地边走边唱，把拉兹这个流浪汉的气质全表现出来了。战士们 的掌声自然是极其热烈的。演出前，我们在排队进入礼堂的时候，马国光正站在大门口，给几个农民模样的老乡发入场券，似乎还说了一句：“回头还买你们的豆腐丝啊”。高碑店的豆腐丝当时十分有名。单弦《一盆饭》里就唱到了“高碑店带来的豆腐丝”。高元钧是身着大褂上场的，他的表演则绘声绘色，火炽火爆，一人表演，满台生辉。他表演的山东快书《武松打虎》片段，完全调动了战士们的情绪，把演出推向高潮。他们全是全国文艺界顶尖名家，面对眼前的战士们，他们一点架子也没有，松弛自然，亲切随意。台上台下的互动和感应十分热烈。

战友文工团名家荟萃，最知名的除了高元钧、叶少兰等，最叫座的有“二马一贾二重唱”之说，即“女高音马玉涛、男中音马国光、男高音贾世骏和二重唱张振富、耿莲凤”。他们可能全到 112 师来慰问演出过，但我印象最深的，是马玉涛、马国光和高元钧。

最让人难忘的，是战士们顺次走进大礼堂后，在每把椅子前站好，指挥员一声号令：“坐下！”战士们整齐划一：“哗”一下子全坐下了。开演前，各连队之间会互相拉歌。譬如一连指导员站在他们的区域高唱：“二连的呀，来一个呀！”一连的战士们接过来跟着唱：“二连的呀，来一个呀！”然后就齐声鼓掌。二连的被将了一军，就由指导员领着战士们唱起来。唱完，二连还会向三连拉歌，或继续回击一连。总之，会热热闹闹一阵子。待正式演出将要开始，前面带队首长会拍拍巴掌喊一声：“大家静一静，演出要开始了！”于是，全场都安静下来，连一声咳嗽都没有。那种气氛和情景让人难忘。我在长篇小说《那年那些兵》和《我把青春献给你》当中都写过。看过我的书的战友都说，“是这样，十分亲切！”

【延伸资料】马国光（1932-1989）生于北京，祖籍辽宁锦州。1948 年参加中国人民解放军并加入 65 军文工团，后入华北军区文工团（战友文工团前身）演唱的歌曲有《真是乐死人》、《两个小伙一般高》、《一路行军一路歌》、《一壶水》、《我的家乡在日喀则》、《小夜曲——祖国明天多美好》等。曾为《长征组歌》四曲《四渡赤水出奇兵》后半部分领唱。演唱《我和班长》、《战斗的岗位就是家》，分别获 1964 年、1977 年第三、第四届中国人民解放军文艺会演演员奖。为多部故事片美术片电视剧配唱。马玉涛（1936 年 2 月-），出生于山西保德，毕业于上海声乐研究所，中国内地女高音歌唱家，国家一级演员。1957 年，参加在莫斯科举行的第六届世界青年联欢节，在独唱比赛中获金质奖章。1979 年，被评为全国三八红旗手。曾出任过全国青年歌手电视大奖赛的评委、中国音乐最高奖“金钟奖”的评委。代表歌曲有《马儿啊你慢些走》、《见了你们格外亲》、《众手浇开幸福花》、《老房东查铺》，长征组歌之一《报喜》、《桂花开放幸福来》、《沁园春·雪》等。高元钧(1916-1993)　中国最负盛名的山东快书表演艺术家，原中国曲艺家协会副主席。原名高金山，河南宁陵人，山东快书一代宗师。1951 年参加中国人民解放军，1956 年加入中国共产党。先后在解放军总政文工团和北京军区战友文工团当演员和艺术指导，曾当选为中国文联委员，被中国艺术研究院聘为特邀研究员。他创作表演的有《武松打虎》、《武松赶会》、《鲁达除霸》等歌颂历代民间英雄人物的著名段子，还有《一车高粱米》、《侦察兵》、《长空激战》等一批反映现代生活的新段子。他与人合作编著的《表演山东快书的经验》、《山东快书艺术浅论》、《快板快书研究》等传世之作，填补了山东快书理论上的空白。（新浪博客）

12 师炮团的光荣册：

https://www.meipian.cn/1vs0qnqy

https://www.meipian.cn/oz166ln

27，我曾经使用过的冲锋枪

56-1式冲锋枪

40 多年前，我在部队时，是炮兵团的计算兵，属于连队里的侦察班，班里除了专业性的侦查器具（也算武器），有两把冲锋枪，班长一把我一把。56 式折叠冲锋枪。我现在还依稀记得，我那把冲锋枪的编号是“……4951”。每周三下午擦拭一次，每周六晚上擦拭一次。外出执行训练任务时都要背着。分量那时号称“七斤半”，最近我在网上查到，是 4·3 千克（不装弹），不知哪个更准确。弹匣容弹量是 30 发，射速为每分钟 600 发，枪口初速为 710~730　米/每秒，有效射程为 400 米。我每次实弹射击的成绩都是优。因为以往在学校的时候，我就是学生民兵独立团的一员，有过练习和进行实弹射击的经历，来到部队以后，经过新兵连的严格训练，很快就对（相对）新式的武器性能有了了解，加之实弹射击的机会比较多，所以，每次成绩都不错。

步行军训练的时候，班里的炮对镜手需要背着沉重的炮对镜大方盒子，方向盘手需要背着方向盘和脚架，我和班长作训使用的图版（扁箱子）一般放在车上，不在手里拎着，但身上需要背着“七斤半”，前胸背着子弹带，三个硕大的弹夹竖在胸前，走远路经常被汗水濡湿。如果后背再背着被包，左肩右斜背着装了东西的军用挎包，右肩左斜背着装了水的军用水壶，这一身行头该有多重？我记得有一次冬季训练，西北风刮得正猛，我们全副武装急行军。刚走了五华里，我棉衣后背已经湿透了，前胸也基本湿透了，回来后发现子弹带的帆布全湿了。与我同时入伍的学生兵，同学校的有十来位，其中两位因“身体不适”而早早退伍，在部队只待了半年左右。艰苦的部队生活，表面看，磨练的是年轻人的身体，其实，更重要的是磨练了意志力。

我们走在太行山区的盘山路上的时候，长长的队伍一眼望不到头，战士们摩肩接踵逶迤前行。万籁俱寂，群山四围，耳边冷风嗖嗖，脚下枯草摇曳，头顶阳光灿烂，战士们都已感觉后背透湿了，但无人吱声，仍旧精神抖擞，脚步匆匆，同时，高声背诵毛泽东的语录：“这个军队具有一往无前的精神，它要压倒一切敌人，而决不被敌人所屈服。无论在任何艰难困苦的场合，只要还有一个人，这个人就要继续战斗下去。”一连连长走上前来，说，小李，你给大家来一段！因为我是营里宣传队的，就唱了一段赵永刚的《平原作战》选段：“披星戴月下太行……”（新浪博客）

28，军部“务虚会”培训班

1976 年 10 月前后，团政治处宣传干事韩正堂来红二连蹲点，与我结识，他是北京房山人，非常欣赏我的“文才”，向团里大力举荐了我，他大概比我大十岁左右，还与我成为忘年交好朋友，经常互相交换书看，拿到《红都女皇》打印本后，他马上召集老吴和另外两个人连夜手抄了一份。宣传股王股长也开始多次找我，大事小情都跟我说，让我写出一系列他们有用的文章。王股长要比我大很多，差不多有 20 岁，但他与我也话题颇多，还经常把我叫到他的办公室聊天。此时，炮兵总部的江参谋来炮团搞计算兵“技术革新”，抽调了我和三连的杨耀武，我们三个人组成一个小组，天天埋头研究计算兵的图版，我们三个人实验了不计其数的图版和计算盘的模样，对里面内容反复调整，尝试计算速度和效果。而这时团政治处也经常找我，让我几乎分身无术，忙得不亦乐乎。

1979 年 1 月，中央召开了著名的“理论工作务虚会”。参加会议的有中央理论宣传单位的主要负责人和首都理论宣传方面的专家，以及持有不同观点的部分同志，共 160 多人。会议特邀多年从事理论宣传领导工作和关心理论宣传工作的 20 位老同志参加，包括冯文彬、陆定一、成仿吾、吕正操、李一氓、李卓然、吴亮平、许涤新、莫文骅、蒋南翔、薛暮桥等。各省、市、自治区也都派人参加（多数来自地方党委宣传部）。会议共分 5 个组，每组各有 3 位召集人，主要召集人有童大林、周扬、于光远、吴江等。

这次理论工作务虚会及其成果，现在看来，是历史转折过程中拨乱反正、解放思想、正本清源所出现的必然现象。当时，思想僵化、半僵化状态还普遍存在，而理论工作务虚会却是思想活跃，敢想敢说，最终使得理论工作务虚会成果丰硕。这些成绩的取得，离不开邓小平、叶剑英、陈云、李先念等老一辈革命家给予的有力引导和坚定支持，离不开一些关心党和国家前途命运的各级领导干部、老干部、专家学者以及宣传思想战线的理论工作者的思考和探索，更离不开广大党员和人民群众穷则思变、心系发展和幸福的民心基础。

实践是检验真理的唯一标准

本报特约评论员

检验真理的标准只能是社会实践

理论与实践的统一，是马克思主义的一个最基本的原则

（下转第二版）

会后，军里组织基层理论骨干培训，我做为炮团理论骨干代表忝列其中。于是在军部住了比较长的一段时间。当时还有兄弟师 114 师的一位依稀记得好像姓李的一位宣传干事，和我住一屋，我们俩很对脾气，共同语言颇多，他热情开朗的音容笑貌也让人印象深刻。他对我记录速度超快，而且字迹清晰易辨十分赞赏和纳罕。每天晚上饭后我们都到军部外面散步，往西走到“第 X 监狱”，再往回走，到东边闹市，再回来，反反复复，总有说不完的话，晚上睡觉前也聊到很晚。因为，中央理论务虚会的内容是振聋发聩的，对以往很多观点、观念、提法会有纠正和改变。思想意识、理论观念的改变，对每个成年人来讲，都太难了。多年的积习，已经成为自然，怎么会说变就变？

让我记忆深刻的是每周两次的电影放映，在军部大礼堂。那时很多文革前的老片子刚刚解禁，拿出来放时，还是新的，影片质量没有一点瑕疵。印象最深的是放映彩色故事片越剧《梁山伯与祝英台》，演到后面，大礼堂里已经可以听到呜咽之声。这些发声的人，有的是家属，有的就是军人。军人，尤其是野战军的军人，讲得是铁骨铮铮，怎么还会出了“柔情”？这就是人性的两面。再怎么坚强霸气的军人，也有心肠柔软的时候。

回到团里以后，我将整理后的一份完整资料上交政治处宣传股，然后回连队，结合所做的笔记，对全连做了汇报式辅导，对很多理论上的问题进行初步的厘清渗透和引读，对生产力与生产关系，经济基础与上层建筑等基础理论做了深入浅出的辅导。承德战友陈风评价说：“这么复杂深奥的理论问题，让你讲得一来一来的，我们都能听得懂。”这次培训对我个人的成长和思想上的拨乱反正，起到很大作用。（新浪博客）

29，步行军去张北蔚县和阳原

大家都知道“张北”冬天非常冷，冷到什么程度，待我慢慢说来。

一次部队急行军，人人全副武装，除了背着被包（棉被），还要背上轻武器（冲锋枪和步枪），徒步行走，从张北蔚县徒步去阳原。图上距离是 70 公里左右，如果开车过去，顶多一个多小时，而若步行，“一二一”，即使一口气不停地猛走，也要好好走上几个小时了。

那次的目的地是阳原的红崖村。到得红崖村时，很多战友脚上磨起了水泡，身上的棉衣前胸后背全湿透了。这时，偏偏赶上了寒流来袭，天气奇冷。大家在屋里也不得不赶紧穿上绒衣，在老百姓的火炕上烘烤湿棉衣。外出站岗时，在绒衣外面套上棉衣，再穿上军棉大衣，再扎上腰带，一个个体型变得圆滚滚的，十分笨拙。

中午吃饭，就是煮挂面，搅上红红的辣椒糊，没有蔬菜，辣得够呛。还得抓紧吃，快吃，否则，饭碗里的挂面很快就冻硬了。院子里的水井都冻了，是好多人帮炊事班用绳子把人系下去，用洋镐砸开取水的。

那时候讲究“军民鱼水情”搞联欢。村民们虽然经济上不富裕，但也是张灯结彩，做为一件大事来办。我是营里文艺骨干，晚上演出队在村里土台子上挂上红布标，与村民联欢，村民演一个节目，我们演一个，穿插进行。虽然天气奇冷，但土台子上锣鼓喧天，气氛热烈，台下坐满了前来观看的村民和我们的队伍，台上台下完全融为一体。让人倒胃口的是我在乐队负责吹笛子，那晚因为天冷，我的笛子的竹膜遇到哈气就起了水珠，吹出来就不是正常的声音，而是“噗噗”的声音。好在锣鼓声很大，把我的尴尬遮掩了。那个节目好像是我们乐队站在后排伴奏，前面是村民男女演员跳大秧歌，只见男男女女红绸飞舞，场面十分热闹。

这个村由于特殊位置，冬天很冷，住房都是穿糖葫芦式，一拉溜三间只在一头开门，进了门是堂屋，继续往里走是猪圈，再往里走才是卧室。猪圈是被“保护”在中间的。领导早就有言在先，住在村民家里不允许把炕檐弄活动了，因为很难修复。但我们班不知因为什么，还是把炕檐弄活动了，班长不得不带着大家帮房东修复，费了九牛二虎之力。（新浪博客）

30，跟随潘月明排长训练

1975 年新兵连三个月训练以后，我下到炮团一营二连指挥排侦察班，做了计算兵。

记得当时这一茬新兵计算兵：营部是杨再垠、邓一飞；一连是石瑞来、谭世政；二连是李志平和我；三连是杨耀武、曹德全、王世宇。邓一飞和王世宇都是军区水球队队员转业下来的，来得稍稍晚了一点，大概晚两三个月的样子。当时我们计算兵的学习入门和训练是全营统一组织，起初是左恩普副营长带领。他是汽车调度员出身，头脑异常清晰，对计算兵业务十分熟稔。新兵在他的调教下，起点都很高，计算速度和准确度都非常优秀。

杨再垠，天津宁河县人，身材瘦弱，小眼睛，皮肤白皙，说话细声细语，像个姑娘；邓一飞，军队大院子弟，圆脸庞，个子不高虎头虎脑，硬笔书法非常了得，龙飞凤舞极具张力自成一体；石瑞来，湖南人，个子也不高，短小精悍外号“小石头”；谭世政，安徽人，也是个子偏矮，四方脸，敦敦实实，爱开玩笑，也经常是别人找乐对象；李志平，师部大院子弟，相貌堂堂如同明星，年方十五属于小弟，但聪明剔透，反应机敏；我是城市学生兵，各方面资质平平不显山不露水，属于随大流之人；曹德全，湖南人，白净脸，做事认真不苟言笑；杨耀武和我情况相同，但他偏瘦，连鬓胡子，烟不离手；王世宇，军队大院子弟，身材略高魁梧，仪表堂堂，爱开玩笑，说话富于表现力。

（易县拒马河边，潘排长经常带我们来这里训练，清西陵大殿也是炎夏训练场所）

书归正传。全营的计算兵集中在一起训练，左副营长很忙，不会总来担纲，经常委托三连指挥排长潘月明负责。潘月明大概比我大 8 岁左右。身材高大略胖，约摸一米八左右。也是军队大院子弟。但他身上绝少“大院子弟”的优越感。训练做题，外出爬山，助民劳动，他全都一马当先，

绝无偷懒退缩以致逃避。有时我们进山训练，坐在山坡上，他的嘴里如果不抽烟，会叼着一根草棍，一边嚼着一边为我们出题，严格，诡异，变化多端，经常让我们措不及防。盛夏，天气热得让人坐卧不宁，他就带我们到清西陵大殿里训练，那里清凉安静，休息时会给我们讲讲驼石碑的赑屃。讲讲《福尔摩斯探案》，他特别喜欢《巴斯克尔猎犬》那一集，讲得绘声绘色。他还在休息时教我们唱歌。那时候文化生活匮乏，可读的书也极少，他就教我们唱已经“禁止”的歌曲，如中国的《青年圆舞曲》、朝鲜的《金日成将军之歌》、阿尔巴尼亚的《地下游击队主题曲》等，他把自己手抄的歌本传给我们，我们再手抄在自己的笔记本上。至今我保留着这个笔记本。里面至少有二三十首歌曲的曲谱、歌词。我在那时还跟着他学会了识简谱。

他特别喜欢和一连的谭世政开玩笑，给他起个外号叫“言西早”（就是谭字）。谭世政有时也给以“回敬”。一次助民劳动，他又喊了“言西早”，结果谭世政就举起了镰刀。其实两个人距离很远，但他仍然惊呼：“言西早，你竟敢对我挥舞镰刀？”大家哈哈大笑。彼此也都知道是在开玩笑。枯燥的生活，再不找个乐子，实在难熬不是？还记得 1977 年盛夏，部队拉练来到内蒙古，距离集宁市不远的察哈尔右翼后旗。丘陵地势，绿草茵茵，头上太阳晒得人人脸上冒油，身上被小风一吹还冷飕飕的。大家弯腰伏在草地上在图板上做题，潘月明排长出题。休息时，会远远看到一列内燃机火车徐徐而过，因距离远听不到声音，却看得清楚——草原上能见度非常高。计算兵训练，要做成千上万道题，铅笔用尽了多少，已经数

不清了。计算兵做题的图版，扎了多少眼儿，重新糊了多少次图版纸，都已经没法计算。最终结果是练出一个能够担纲全营实弹射击的核心团队。1977 年底冬季在宣化靶场进行全军区地空联合实弹演习，那是一次多年未有的“大考”，天气极寒，餐风宿露，潘排长带领计算兵们在侦查、计算这个环节做了一系列预案，力求做到万无一失。开考后，困难重重，险象环生，但一营仍然取得全优成绩，受到上级领导表彰。可以说，潘排长功不可没！当时的场景我已经写进了长篇小说《那年那些兵》和《我把青春献给你》。这是两本读者非常认可的大获好评的作品。

我记得最清楚的，是一次在山里老乡家训练，休息时，他抽着烟自言自语：“看起来我该搞对象了！”我当时就想，他说这话一定事出有因，很可能有姑娘、女士或家长找他谈这件事了，要么就是他的“荷尔蒙”在“干扰”他了。回到营房，还看到他和另一位战友柳竹青说起对象问题。但我们终归和他差着年龄和资历，不便多问。不知后来他找了哪位嫂嫂？（新浪博客）

31，与牛排长（后中将）的一段交谊

我新兵连训练结束下到红二连以后，牛志忠到二连指挥排任排长。他身高一米七五左右，不胖不瘦十分标志，文质彬彬，说话慢声慢语，有条不紊。待人和蔼可亲。他对指挥排的训练非常重视，抓得很紧；对指挥排每个人的成长，也十分关注。我们的老班长蒋增发军事技术十分出色，政治学习和各种劳动也都呱呱叫，是团里挂号的“名人”，但一直不能提职。这件事让牛排长有些难办。说深说浅都不是，连他们之间的关系都变得微妙，甚至紧张。不久牛排长患了阿米巴痢疾，病了一段时间；不久就离开了二连。

牛排长在二连期间，和我的关系处得比较好。我因为爱好学习，他比较喜欢我。他有好几个抄得满满的笔记本都给我看过，其中一本是完整抄录《革命烈士诗抄》（很多年以后我买到了这本书的原版），牛排长隽秀的笔迹十分工整，帅气养眼。可见他对革命烈士的尊敬和崇仰，体现了他的深刻的价值观。譬如周文雍、帅开甲、夏明翰、陈然、殷夫、柔石等烈士脍炙人口的名篇名作。那一定是发自内心而不是做给别人看的。我把他的这本笔记完整照抄了一本（我曾把这段情节写进了长篇小说《那年那些兵》）。他还给我看过他整本的摘录文学名著里的“金句”，有的是哲理格言，有的是形象的描述，譬如马雅可夫斯基的“像面包一样单纯，像铁轨一样正直”；《金铃传》里的“哥哥嫂子，穿着一条裤腿子”，“他的嘴严得秤钩子都钩不开”，等等。说明他也爱好文学。我因为也爱好文学便也借过来照抄一本。于是，在这些方面他与我共同语言颇多。

后来，我退伍离开了部队，转年，我回保定办事，那是托战友杨旭的父亲购置一台当时十分抢手、需要购物证的日本黑白电视。我当时拿不走，需要住一宿，便找到此时在军炮处当参谋的牛排长，他就把我安排在他的宿舍里了。当时他的宿舍有两张单人床。晚上我们一起在军部大礼堂看了电影，回来后彻夜长谈，转天一起去食堂吃饭继续谈，似乎有说不完的话。他与我同庚，大约比我大半年。他真诚地说：“岩波，你不该离开部队！部队其实是需要人才的！”我相信这是他的心里话，但那时我需要回去参加高考，对象追得很紧。当时地方上的社会环境是年轻人都渴望参加高考，学习和提高文化蔚然成风，给人箭在弦上不能不发的紧迫感。而我们部队毕竟是野战军，军事训练依然是第一要务。临分手，他又说了很多掏心掏肺的话，我对他的为人处世无可挑剔，只是提醒他不要沾烟酒。

此后我们一直互相写信交流，直至上世纪 90 年代，彼此因为忙渐渐疏忽。现在我家书橱里还保留着他很多信件。那隽秀的字迹是永久的纪念了。后来我开始专职写作，出版了长篇小说《那年那些兵》，给他寄了一本，不知是否收到，因为未见回信。我也知道，此时他已不便轻易回信了，因为他已经担任了广东武警司令员的高职。后来他又担纲了武警总队副司令员（中将），距离我们平民百姓更远了，我也不再给他写信和寄书了，我知道那个位置的分量，他肯定已经没有闲暇了。再后来，发生了“不该发生的故事”。有的人会认为他是失败的人生，而我不这么看。他已经达到了一个人的人生标高，足矣了。当然，一方面说，有些事是身在其中，所以“身不由己”。谁都不希望、不愿意那样，是吧，理解万岁。另方面说，想没想过人有的时候需要急流勇退呢？即使不是“像面包一样单纯，像铁轨一样正直”，也不至于过于随波逐流吧。（新浪博客）

32，个性的陈尧班长

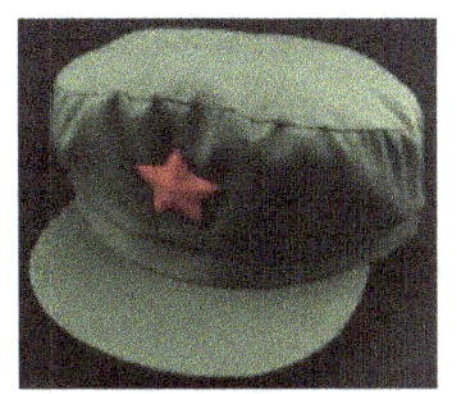

陈尧是炮团不折不扣的一位“名人”。而我入伍后零距离接触的第一个人就是陈尧。也由此印象极深。他是我们新兵班班长，可能我记忆不准，他也可能是新兵排的排长，总之是管我们的（另一位新兵班班长是河南兵王宣超）。我们这些学生兵只知道部队的外观，内里是什么样子，应该是什么样子，基本一无所知。三个月的新兵连训练，天天耳濡目染，是陈尧把英雄部队应该具备的一切传给了我们，尤其把他良好的军人素质、纪律作风、一颦一笑，包括乒乓球的凌厉抽杀、抽烟的姿势，都传给了我们。他只比我大一岁，却比我懂很多。后来张新民对我揶揄：“看你抽烟的姿势，像个什么级别的干部！”其实，他不知道，像陈尧。我们把陈尧当偶像，一举一动都在无形中受到影响。

我们都喊他“陈班长”。新兵连结束后他回二连在一排当领头羊的一班长，大家又喊他“一班长”，但我私下还是喊他陈班长。似乎更亲切一点。我和他私下交谈很多，似乎他觉得我是学生兵，理解力比较强，愿意和我聊。他手不离烟，总是臂肘支在腿上，食指和中指夹着烟举在脸前，几成剪影。我也经常“蹭”他的烟抽。他家境不错，但也经常抽非常廉价的两毛一一盒的“白河桥”。再后来我结束了计算兵生活，也到一排任职，当的是三班长。而这时陈尧早已退役，到国家商业部任职了。他这么优秀为什么没有留在部队，不得而知。战友们私下议论，说陈尧的父母亲都是参加过长征的老红军，我没和他核实过，反正知道是参加革命很早的老领导。

大概是 1975 年冬季，陈尧父亲去世，他回北京奔丧，带回了照片给我们看，场面非常大。他很悲伤。同时带回很多小道消息。甚至还有涉及那“四人”的。后来那些小道消息都被印证是真的。从那时起，他回北京的次数越来越多，可能为退役后安排工作做准备，连里也支持他回去，希望他多带回一些“小道消息”。当国家命运面临重大转折的关键时刻，全党全军、每个战士无不关心北京的一举一动。此时的陈尧就充当了难得的“红色信使”，及时把大家急切关心的大事小情告知大家。历史可能不会记录陈尧，但他已经永远活在我们的记忆里！及至 1976 年 10 月世事大变，10 月 4 日“大变”，10 月 6 日陈尧就带回了消息，和后来报纸登的一模一样。一时间他成为最权威的重要信息来源。团里的领导、其他连队的战友无不关注陈尧的“回京”，希望听到他带来的信息。再后来，他彻底回京了，这种信息源泉也就断了。

“君子之交淡如水”。我和陈尧的交往就是这样的。我们之间从没有吃吃喝喝一类事，但彼此能谈很深的话题，那是他绝不会对一般人讲的。上世纪 80 年代初我回津以后在机关工作，经常去商业部报送材料，于是和他见了面，我们在一楼大厅一隅的接待处喝茶交谈，得知他的岗位是 XX 司特需处，聊天中感觉他情绪不高，并不为如此炫目的岗位而欣喜。此后我每次去商业部都和他见一面，有时来不及交谈，只是打个招呼。最后一次，交谈中他唉声叹气，我问为什么，他说了一句让人难忘的话：“融不进去，不适应。”我也不再多问了。一个老革命的后代，根红苗正，又在一支英雄部队熏陶这么多年，发此感慨实属正常。他其实骨子里很傲，很干净。此时他已经做了处长，按说步步高升是指日可待的事。但他急流勇退了。时隔不久，他就告知我，他辞职了，自己炒邮票、炒股去了。此后便一别多年。

2015 年，志平战友的儿子结婚，王世宇、杨军我们这些战友都受邀前往喝喜酒吃喜宴，我和陈尧并肩坐在一起，非常亲热聊了起来。我喊他“大款”。他说他初期炒股、炒邮票确实没少赚，后来又都折进去了。算不上“大款”了。席间他不喝酒而喝可乐，他不好意思往桌上摆，把一个大瓶的可乐蹲在脚底下，不时拿起来喝一口。我很纳罕，便问他为什么。他和我耳语：我喝可乐上瘾了，离不开了，牙都喝掉好几个了，还是戒不了。我劝他慢慢戒掉，这可不是好事。他得知我在《那年那些兵》后记特别写到了他，便索要一本，过后我寄给了他，他看完来电话说："非常好，我看了。"后来彼此又不再联系，直到得到他病逝的消息，我想肯定和可乐这害人的东西有关。在部队时，他是个乐观爱笑的人，笑起来像一朵灿烂的花，而若着起急来或与人争论，会带出一句口头禅："我他妈的、你他妈的——"透着顽皮、俏皮和率真。愿他在天堂别忘这句话，只要不高兴，就甩出来！（新浪博客）

33，国家新闻官陈晓林

1975 年我新兵连集训结束，下到红二连指挥排侦察班，我一方面是学生兵，另方面做计算兵，给人"小知识分子"的印象。实际上也是，我爱写日记，这种习惯一般都是"小知识分子"所为。这件事被一排二班副班长陈晓林注意到（也可能记忆有误，恍惚记得他是二班副班长）。

一个星期天，大家都出去购物或会老乡，我在屋里桌前写日记，陈晓林从门前经过，看到后走了进来，见我文字比较流畅，就夸奖我几句，问："你以前给报纸投过稿吗？"我说投过，也登过。他便回他的屋，拿来了一个小本子，递给我看，那是一本厚厚的剪报，我打开一看，全是他以往在河南地方上、在《战友报》、《保定晚报》上发表过的文章，他剪下来贴在小本子里，做为"光荣记录"而保存。我对此十分佩服，也十分羡慕，因为我可没发表过这么多文章，虽然他的每篇文章都不长，也足以令人炫目了。

此后，每周末他都约我交谈，我们俩走遍了营房的边边角角，漫无目的地走，听他讲述他的过往。综合起来是两件事，一是过去他爱流鼻血，这件事困扰了他好几年，找过很多医院、大夫都治不好。我问，你最后是怎么解决的呢？解决不了的话，当兵体检也过不了关啊？他说，部队招兵的时间已经快到了，他急得够呛，于是急中生智想个办法，就是仰着脖子吞咽，让鼻血直接流进咽喉，自己把它"喝"了，"消化"了。结果很快就自愈了。也许这是天意，该着他能当上兵。因为那时当兵是年轻人最荣耀的人生首选。

第二件事，是他以前在小学当老师时，结识了一位女友，对他崇拜得五体投地，他也比较喜欢她，但还不到“爱”的程度，问题是对方明明白白拿他当对象来对待的，为他做过很多事。现在他当兵了，有了新的更远大的抱负，不想在身后有这个牵挂。怎么办？既想脱身，又不忍心伤害人家，好纠结啊！他天天吃不香睡不着，不知道该怎么办。而且，他入伍以后有人自报奋勇做了“预备队”，这预备队比早先那位各方面条件都优越很多。我明白了，他实际陷入了“三角恋”。他只比我大两岁，此时21岁，没有处理这种事的经验，纠结和痛苦可想而知。我能提供的建议，就一句话：两个都不考虑！因为你还有远大抱负！我责怪他优柔寡断。他一时进退维谷，想不到我如此果决。我说，你若不忍心写告别信，我替你写。他最终下决心说，还是我自己来吧。

陈晓林在二连期间负责黑板报，我协助，做“二把手”，一般情况下他负责文字内容，我负责题头和插画、美术字之类。二连的黑板报成绩最好的时候，在军里评比取得过二等奖。那时，可读的文学书比较少，而他悄悄收藏了一些鲁迅书籍和早年的剧本以及摘抄文学名著的笔记，我就借过来阅读和摘抄。光是鲁迅的杂文和警句我曾经满满摘抄了一大本。有一次我读他的剧本没及时归还，他跟我翻脸了，把我叫到无人处吼道：“你啥意思？为什么看完不还？知不知道这是禁书？让领导知道了咱不都得挨批，影响前途？”真是一语惊醒梦中人。我急忙道歉，说我对这本书爱不释手，想再看一遍。他气哼哼把书拿走了，好长时间不再借我书看。时隔不久，他提职了，调到营部做书记（排级）。他在周末偶尔还约我闲谈，沿着营房的边边角角漫步，但话题已经转了，不再谈文学，而是复杂的人际关系，可见，他已经在仕途上真正“入道”了。而我仍然理想化地沉浸在文学里。此时文革已经结束，连里买了很多中国古典名著，我一本本借来读，和他谈这些时，他也没兴趣了。

1976年部队赴唐山抗震救灾，是陈晓林大放异彩阶段，那时他是团报道组成员，采写了一系列干部、战士生动感人的先进事迹。一时间声誉鹊起。我回到地方以后很多年，从战友处得知他转业到国务院新闻中心工作了，“高高在上”，我也不便和他联系了。我的性格就是“杵窝子”，越是高就的朋友越不想联系。2007年我去山西看望志平战友，他安排我到河南和张新民见了面，张新民一直和陈晓林保持联系，他拨通陈晓林电话后让我通话，在电话里我和陈晓林聊了半个小时。回忆过往，互开玩笑，互致祝愿。我说："看起来你是真的远离文学了，不然怎么看不到你的作品？"他哈哈大笑："过去的事不提了！"还祝福我在文学上能有更好成绩。显然，他身在代表国家发言的那种位置，每天研究的都是国家重大问题，文学真的不算什么了。想不到的是这次通话变为永诀——两年前他因病去世。他的最后职务是国务院新闻办公室新闻局副局长（正局级）。愿他在天堂仍然是文昌星而不是官员！（新浪博客）

34，"雷刚"与"大裤衩子"

张新民是我们侦察班的一员虎将。他中等个头儿，粗壮的身材，一口纯纯的河南口音，爱唱《朝阳沟》，"咱两个在学校整整三年，相互之间无话不谈……"这是栓宝的唱腔，张新民高兴时必唱；"大姑娘拍肚皮，晃人啊！"这是家乡的俏皮话，张新民揶揄别人会经常用这句话；"哪个哪……"这是他的起头语，后面会开始一场讲述，后来河南老乡陈存良评价：俺哥有张"理论嘴"。

是的。张新民能说能干。作风勇猛、泼辣。爬山训练，他是班里负重最多的一位，因为他是炮对镜手，长方形的炮队镜箱子背在背上十分沉重。方向盘手背的方向盘和脚架、计算兵提的图版，都远没有炮队镜沉重。而且，在日常劳动中他也绝对是一把好手，割麦子、砍高粱秸等活计他总是干到最前头。老排长成文军给他起外号："雷刚"（样板戏《杜鹃山》里做事勇猛的男主角），透着由衷的喜爱；班里老兵给他起外号："大裤衩子"，因为他干起活来经常脱光衣服，只穿一件大裤衩子。正如他自己形容别人的话：舍得"泼命"。这样的战士，当然正是部队需要的好兵。

那时班里的几员大将——老班长蒋增发，老兵方向盘手王金友，炮队镜手张新民，计算兵李志平和我，方向盘手杨军和范圣义——人人个性鲜明。新民比我们年长两岁，进入社会早，做事理性、成熟。而我是出了校门进部队的学生兵，没接触过社会，说话做事免不了学生腔，这一点最为新民不接受。起初我也感觉他挑剔，后来随着社会经验增多，完全理解了他的好意，感觉他是对的。战友之间有矛盾也属正常，毛主席在《矛盾论》中不是这么说吗：差异就是矛盾。人和人是有差异的，矛盾也就在所难免。当我们进入老年，情不自禁回顾往事，会念起战友的诸多优点，宽释曾经有过的隔阂和纠结。班里志平年龄最小，却是大家的主心骨和粘合剂。我和新民相继回到地方工作以后，一次中秋节志平来津，我们小酌，他有意给新民打电话，让我们俩直接通话，显然，志平知道这样有利于老战友的团结，于是，我和新民在电话里互致问候，互相祝福，他真诚地说："今天是八月十五，祝你和志平花好月圆！"

2007 年我家买了新车需要走合，我和老伴开车奔山西看望志平，志平除为我们安排了山陕红色旅游路线的大寨、延安外，特别指出："河南的红旗渠和焦裕禄墓园，也应该去。"于是，他便再次委托新民给予安排和引导。于是，我们驱车前往郑州，在市政府机关事务管理局门前，见到了新民，他在这里任职处长。甫一见面，两个人热烈拥抱，他说："你可见老。"我也说："你也见老。"他说："我不光见老，心脏也不太好。"我们到茶馆找了个安静的房间说话，他说："我给你接通一个你肯定想念的人——"就接通了北京国务院新闻中心的陈晓林，我和陈晓林便聊了半个小时。新民说，一般人没有陈晓林的电话。然后接通了转业到山东东营的原副指导员田寿梅老领导的电话，又聊了一阵。最后他叫来了曾经接替牛志忠在指挥排当过排长的张绍刚张参谋，他也转业在郑州市。

回过头来，新民便带我们老两口奔了林县红旗渠，上上下下看个够，直看得热血沸腾，荡气回肠，不知不觉拍了很多照片。然后赴兰考，沿途浏览绿化和庄稼生长情况，最后到达墓园，一干人向焦裕禄恭恭敬敬三鞠躬，并在意见册留言："焦裕禄永远活在我们心中！"随后我们游览了开封、洛阳两座著名古城，欣赏了名闻遐迩的“洛阳牡丹”，参观了在开封公园里的“清明上河图”按比例的实景，参观了中国第一寺“鲁智深倒拔垂杨柳”的白马寺。郑州至洛阳的 150 公里通衢大道，道边全是阔叶梧桐，在绿荫下一路前行，满目葱茏，心旷神怡，感慨良多。地处中原地区的河南是国家粮食大省，也是自古以来的兵家必争之地，所以有“逐鹿中原”之称。广义的“中原”不仅包括河南大部分地区和河南周边的河北南部、山西南部、陕西东部及山东西部各一部分在内的黄河中下游地区，这里是中华文明的发源地，是华夏民族的摇篮；而狭义的“中原”则专指河南。河南不仅是绝大部分炎黄子孙的祖居之地，中国历史上绝大部分时间的政治、经济和文化中心都在河南。游览就是学习，就是文化熏陶，就是寻根。最后新民把我们安排在郑州“战友宾馆”休息，聊到很晚才恋恋不舍地分手。

山陕、河南之行，给我和老伴留下深刻印象。战友之情也足以让人回味再三。但时隔不久志平来电话，说新民因心脏病故去——想当年身体那么好的“雷刚”英年早逝！悲痛之余，我不觉想到这是他多年来干工作习惯于“泼命”，透支了身体所致。后来我写作了《那年那些兵》，里面特别写到了他，但遗憾的是他不可能看到了。惟愿新民在天堂好好歇息，不再透支身体。战友们会经常念叨你！

【2021，3，8，21：06，战友刘春昌留言：我八三年去北京，中途在雄县小步村催款（付业的经济往来），晚上回老连队看看，那天下着小雨，我坐师里的接站车去的，到了团大门口由于下雨没顾得和卫兵打招呼，就跑步进了大门，等卫兵赶来我已经到连部，当时田寿梅是指导员，他把我介绍给朱连长，并向我介绍了朱连长，说朱连长是参战后从广州军区调我们连的，就是那天晚上，我见到了张新民，他和我谈了分别三年来连队的情况，他说现在可不像那几年我们在一起的时候了，那时我们在一起都不动心计，现在各有心计，那天他流泪了。并说自己心脏有问题可能也要转业。那晚我住在三连连部因为赵平，李梦华在三连任连长指导员。第二天早上由于赶火车走得早，部队还没起床，我去和新民告别他一定一的塞给我一条河南烟。再后来大概是九七年吧，因为宗志祥欠我款的事，我给张新民打过一次电话，接电话的是他的女儿，还是他小姨子，闹不清了，说他在漯河地方扶贫呢。后来就没有再打扰他。大概是前年听到了他离世的噩耗。新民战友，是一个好同志，更是一个好战友！】

【老班长蒋增发留言：岩波兄弟，晚上好！看到你这几天发的几个回忆战友的帖子，让我思绪万千，仿佛又回到了四十多年前我们在一起学习，生活，训练，救灾等一系列感人的场景。那时候，虽然苦一点，累一点，但从内心感觉还是很乐观的，如果没有在部队的历练和实践，我们退伍后步入社会面临各种复杂情况，是很难应对的。是部队锻炼了我们，部队真的是一所大学校。但现在看来，咱们班很多战友都英年早逝，我的班长张新生，侦察班江苏战友，指挥车司机潘小华，七三年河北磁县王金友、王宣超，七五年河南战友张新民等，都离开了我们，想到这些战友，心里真不是滋味。让人欣慰的是大部份战友都还健在，咱们更应珍惜现在的美好时光，开开心心，快快乐乐的过好每一天。祝你全家身体健康！万事如意！】（新浪博客）

35，军旗下，我把火炬传给新兵

蓝天白云，阳光灿烂，清风拂面，军旗猎猎。我不是战斗英雄，只是个曾经服役五年的老兵，五年前的冬季，我受老部队英雄二连的邀请，作为老兵代表回去参加英雄二连组建 70 周年纪念活动，参加大会，向新战士传递火炬，为二连官兵做传统教育报告，为战士们签名留念。早晨与官兵们一起出操，一起到食堂集体就餐。

我们部队是一支彪炳青史的英雄部队，从“平型关大捷”一路走来，叱咤风云，威震四方。参加过辽沈战役、平津战役、抗美援朝、打过海南，侦察英雄杨子荣就在我们师，著名作家魏巍写的《谁是最可爱的人》的英雄步兵就在我们师。在 1976 年唐山抗震救灾中，我所在的英雄二连荣立集体二等功，受到中央军委表彰，连队指导员代表大家赴京参加了大会。战争年代英雄部队的业绩已经被广为报道和描写，和平年代他们是怎么干的？为回答这个问题，我曾在2006年写作了中篇小说《唐山大地震留下的故事》，连载在《天津工人报》上，后来又扩展为长篇小说《那年那些兵》和《我把青春献给你》正式出版，详细描述那个阶段英雄部队在极其典型的艰苦环境下，是怎样冲锋陷阵忘我劳作的。

我们师是在第一时间——唐山大地震转天的凌晨天刚蒙蒙亮的时候进入市区的，战地动员连长只有短短的几句话："眼前的灾难我们都看见了，具体怎么干，还用得着动员吗？"是啊，你们的热血难道还没热起来吗？时间不等人。首先要把埋在倒塌的房屋瓦砾下还活着的伤员，扒出来，集中送出灾区到医院抢救；第二步是把逝去人员的尸体都扒出来，运走掩埋；三是搭盖地震棚，解决老百姓吃、喝、住、穿的问题；最后是帮助唐山人民恢复生产。

……在永红地道附近，我背出一个砸坏了腰、疼昏过去的大叔，他比我高大、沉重很多，我背他实在是勉为其难，但在眼下的时刻，必须咬牙坚持。我的腰几乎弯成直角。一个摄影记者从身边跑过的时候抢拍了这个画面。天气炎热，散落在市区角角落落的尸体开始腐烂发臭，流出的黑色污水下雨一样把地面都泡起来了，比臭鱼烂虾臭一百倍的恶臭弥漫在市区上空，大量蚊蝇孳生着，必须立即包裹尸体运出市区掩埋。埋在废墟下的尸体，根据气味发出的方位扒出后也要及时运出去。尸体腐烂膨胀肚子鼓鼓的，皮肉一抓一出溜，粘在手上油腻腻的，夜里装车的时候，会把握不住尸身从手里滑下来，这时就得什么全豁出去了，一把抱住，任凭满身污染（那肮脏恶臭污黑的尸液一经粘染衣物就别想洗净）。没办法，各班都出人去四处寻摸手套，我们班好不容易从倒塌的针织厂发现了白线手套，因为是好几个人同时发现的便发生了争抢。每天要干到夜里 12 点以后才能收工。

有一具已经发黑的尸体挑在塌了一扇墙的三层楼伸出的钢筋上，样子惨烈而恐怖。侦察班抢到了这个任务：取下尸体。两个战友们顺着断墙爬了上去，几个老兵在下面接着。两个战友爬到高处以后，一个人抱住另一个人的一条腿，探出半拉身子用手去撅那钢筋，下边的人直喊“不行！不要命了！”——眼看着就要从三层楼上摔下来——只抱住一条腿怎么能抱得住呢！这个场面是相当危险而悲壮。下面的人看着，直把一颗心提到了嗓子眼！可战友凭借手劲居然把那根尸体都没压弯的钢筋，用手撅弯了！尸体顺势滑落下来，砸在下面五六个人的怀里，大家全摔倒了，人人身上沾满恶臭的尸液。两个战友像猴子一样从楼上一层层跳下来，恐怖和恶心早已经让大家一句话都不想说。

太臭了，臭得人脑仁疼。大家找街上的医疗队要口罩，再洒上酒精，可是接触过尸臭以后口罩便产生了第三种味——既不是尸臭也不是酒精味，而是一种刺鼻的让人更难忍受的化学气味，大家立即甩掉了口罩。市区没有道路什么救援物资也运不进来，于是清理道路连续突击了两个通宿，回来后，在郊外临时搭起的帐篷里，吃一碗面疙瘩汤，有的人困倦得吃着饭

就打起瞌睡，摔了碗。夜里下雨，雨水冲进帐篷竟然无人知晓，身下的褥子泡得精湿，早上醒来彼此一看，后背皮肤都沤白了。几天下来，有的连队相继发生了这样的减员事故，一起是一个兵夜里运尸体装满车后，站在上面押车时，被脚下尸身颤巍巍的肉感吓得发起高烧（我站在上面的时候也同样吓得汗毛倒竖，一身的鸡皮疙瘩，可是硬着头皮闯过第一次，便不怵第二次）；第二起是有五个兵被腐尸恶臭呛得头痛、呕吐不止；另一起是在夜里清路时有两个兵因困倦用铁锹铲了自己的脚。当时主持中央工作的一位首长带了一干人来唐山慰问视察，见到部队时说了 3 句话 11 个字：“你们来得早，干得好，辛苦了！

部队的荣誉和奖章的得来，与唱歌跳舞得奖完全不是一个概念。当然，什么行当得奖都要有艰苦付出，而尤以部队为甚，有时付出的是生命的代价。关于部队在救灾中经历的一切，我在《那年那些兵》和《我把青春献给你》小说中做了详细描写，为的就是给连队的后来人留下一点文字资料。我的作品出版后被英雄二连摆在了荣誉室里，所以，我也得以作为老兵代表受邀回部队参加纪念活动。我在为指战员们讲课的时候，最为强调的是“人民军队忠于人民忠于党”的基本要求，牢记住这一点，才能“发扬英雄传统，争取更大光荣”。我代表老兵把火炬传给新兵，那仅仅是火炬吗？那是人民军队为人民的宗旨和顽强不屈的战斗精神，以及蓬蓬勃勃后来居上，点燃自己照亮别人的活力！（《天涯》论坛）

36，功高德勋杨凤鸣

原保定地委代理第一书记、原雄县县委书记杨凤鸣是我们战友杨军的父亲。十年运动之前，杨老前辈是全国劳模，曾经带领一方百姓战天斗地，抗干旱，根治盐碱地，卓有成就，是在中央挂号的优秀基层干部，毛主席、周总理都接见过他。我们在保定地区当兵的时候，杨凤鸣的声望名闻遐迩。作为一个职业写作者，我原本不是盲目崇拜别人的，但自 2018 年 5 月，我在杨军帮助下走访了杨凤鸣老人后，深深感到，杨老前辈当得起“功高德勋”和“为人师表”之称！

谈话是在光线充足宽敞明亮的大客厅里。八十开外的杨老前辈精神矍铄，声音洪亮，对以往经历记忆犹新。讲起话来滔滔不绝。十年运动的后期，江、王插手河北保定。是时杨老前辈是保定地区代理第一书记。王评价他“蠢”，因为他不主张打派仗。众所周知，十年运动中保定地区武斗严重。王想换河北省的领导，杨老前辈不跟着走，于是落了个“蠢”的评价。此时，江常来保定，为领导干部们送“批林批孔”的书，安排保定的人们开展大批判，后来得知是针对周总理。

让杨老前辈非常纠结的是，江来保定要听他的汇报，让他前往火车站接站，而不安排省委领导陪同，一个都没安排，很让杨老前辈费解和纳闷。当他来到火车站以后，等了老半天江也不下火车，让他愁得没法。江的骄横是出名的，他早有耳闻。他很怕说错话。但等了一个小时，江却说“不听了，你回去吧。”杨老前辈说，这件事是他一生中最难的一天。汇报好了（主张打派仗，是历史罪人），汇报不好（与他们不一致），都没有好结果。历史证明杨老前辈的判断十分正确。后来中央明确否定了武斗问题，发布了“11•9 布告”（1976），开始收枪、解散武斗队，北京军区司令员秦基伟和河北省委领导马辉来到保定推动工作，让他汇报情况。他便每天向秦和马如实汇报。有一年某军的一个团住进易县县委，把县委的人全赶出来了，这么做肯定是过火的，秦和马让他去调解，也是让他十分为难的事。双方他都尊重，在很多事情没有厘清的情况下，说深不是说浅也不是。

运动过后，上级领导给他办了学习班，安排他学习了 18 个月。他一直反对打派仗，是稳定一方的主将，对两派的任何一方都不偏袒。这无疑是最公正和智慧的处理。但上级某领导却说是另一个人为稳定起了作用。他也不理会不争执。他认为问心无愧就行了。后来在重新安排他职务的时候，负责中央组织工作的胡说他“要价高”，不好安排，让他离开保定，到衡水地区当地委副书记。他虽对一切都心中有数，但什么都没说。到了衡水以后，主要工作插不上手，就每天骑上自行车下乡，既作为熟悉基层情况，也是做调查研究。但衡水方面的人却对他时时做着提防。好像害怕他能力强，能量大，有所作为。于是，让他无从施展。仅仅如此也就罢

了，不久又安排他到下属一个农场任职，他当然不愿意去，去了，就会产生“说不清道不明”的效果，好像是“出问题”了，他干脆提出不干了，回雄县的家。衡水方面的组织部长出主意说，你最好托病，有个理由好走。于是，他照此办理，回雄县的家了。

回到雄县后，大年初一带着各种问候前来拜年的达到 300 多人，让他应接不暇。盛况空前啊！可见家乡的人们对他的评价。不论领导者还是普通百姓，心里都有一杆秤。运动中，王曾给他写过一封信，是说解决唐县抢枪的事，运动后有人就这件事抓住不放，要把他往王的圈子里推，但后来幸运的是找到了这封信，于是真相大白。白纸黑字，说明杨老前辈与王没有半点关系。后来的邓、华、叶、李都对杨老前辈做过批示。邓的批示是：“杨凤鸣是个好同志，长期挂起来不用，不对，要进行安排，省委要有个交待。”叶的批示是：“基层有好干部长期受压抑。”

之所以出现这种情况，是杨老前辈“不听省里的话”——不支持派性，不偏袒任何一方。而省里是有偏向的。这就水火不容了。如果按照省里的意图办事，杨老前辈可以到保定当一把手，但他不愿意这么干。他说：“两派都喊‘毛主席万岁’，让我偏袒谁？”省委领导吕玉兰来雄县找他多次，反复做他的思想工作，他也没答应。在一次干部会上，杨老前辈在发言的时候据理力争，毫不相让，有人说他“傲慢”，他仍旧坚持。他认为，对待“派性”问题，只要把两派的人都看成好人，事就好办了，如果非要支持一派打击一派，就必然出乱子，因为伤害人太多，打击面太大。省里让他做检查，收回这句话。他予以拒绝，于是，省委领导马辉气得拍了桌子。他对此说出了掷地有声的铿锵之语：“我就是要这么说，说一辈子，否则在保定就站不住脚！”这是发自肺腑的心里话，也是实事求是的实际情况。但凡一个头脑清醒有理智秉持公道的领导干部，都不能不这么思考问题。杨老前辈的正派耿直是由来已久的。运动中江来保定，没有红头文件，只是发个小纸条，印发给省委，杨老前辈说：“这是什么玩意儿！”于是有人告黑状说他“反江”。运动中，造反派把他老伴腿打折了，运动过后，杨老前辈不计前嫌，对那些人一个也不追究，认为那是“运动”造成的，彼此没有私仇。便将这一页掀过去了。他就是如此胸怀宽广，敞亮大度之人，怪不得家乡的人们那么喜欢他，拥戴他！

在杨老前辈的一生中，前三分之一是叱咤风云成绩卓著的干将，中间三分之一是如履薄冰的蹉跎岁月，后三分之一是享受着各方面慰问、鲜花、温暖、爱戴的幸福晚年。讲起年轻时战天斗地抗干旱治盐碱，三天三夜他也说不完。而最让他心痛和纠结以致耿耿于怀的是那中间的蹉跎岁月。至于晚年，他则一切顺应自然，能干点力所能及对大家有益的事情，就干点，只当是对幸福生活的回馈。祝愿杨老前辈健康长寿，永远年轻！（微信公众号）

37，门前一盏灯

“深入生活，扎根人民”，一直是组织的号召，也是我的愿望。前不久我得到一个“深扎”的机会，有比较长的一段时间跑河北农村。因为我不会开车，老伴就承担了司机的角色。一年下来，所闻所见，让我忍不住拿起笔来（敲起了键盘）。

我们走了很多村子，来到一个上世纪六、七十年代的“红旗村”冯家庄的时候，我决心把这里当做几个立脚点之一，要常来。因为我似乎发现了什么。我在与新上任的村书记交谈中，总有火花闪现，总让我激动不已。譬如，我们开车进村的第一天，就发现狭窄的进村主路尽头，是一座毛主席立式石头雕像，约摸两米多高，雕像的身后是两条进村的分岔过道。我问村书记，把主席雕像立在这里有什么讲究？为什么不立在村中央的小广场上？村书记当时回答，这个地方原来总出幺蛾子，不是你刮了我的车，就是我蹭了你的车，后来竟然发生车祸死了人。于是，村里斥资在这里立起主席的雕像。从此以后，再也没有发生任何幺蛾子事。而这个主意并不是村委会想出来的，是征求村民意见的时候，一个年轻后生提出来的，又得到了全体村民一致赞成。抛开意识形态因素，也抛开迷信色彩，冥冥之中，让我们都感到扑面而来的是一种看不见摸不着说不清道不明的神奇

村子里曾经创建了“红旗村”的老书记冯建章已经91岁，是曾经受到周总理接见的全国劳模，眼下依然在世。我提出见见老人家。于是，村书记引我们与老书记见了面。老人家腿脚不好，经常由年纪已经不轻的儿媳妇蹬着三轮带他在村里转悠。他时时刻刻关注着后来人对乡村发展所做的一切。我问新书记，老人家经

常过问你的工作吗？他说，是。你反感吗？不。为什么？虽然，这种过问等于压力，可是，“人无压力轻飘飘”，是吧。我们都对新书记的豁达和自谦而钦佩。新书记叫冯国旗，拐弯抹角算起来，还是老书记的亲戚——这个村凡是冯姓的拐弯抹角都沾点亲。但他们从没有因为这种情况谁偏袒了谁，谁包庇了谁。冯国旗的前任，也和老书记沾亲，但在处理一起村企业事故中不得力，就是老书记第一个站出来“弹劾”他。

冯国旗原先和叔伯兄弟开大货跑长途，积攒了一笔钱后购进好几辆大货组成一个车队，专跑河北到新疆这条线，辛苦自不必说，却也进项不少。恰在此时，村企业日渐衰落，在任书记受到弹劾，人们一致推举他出来担纲。实在推脱不开，他就把车队交给了叔伯兄弟，他只吃一部分股份。所以，他现在算不上大款，可也不差钱，在招待我们吃饭的时候，他声言是吃的自己，不沾村里一分钱，这一点我们都信。为表心意，我赠送给他一套（21 本）作品。冯国旗非常欣喜地摆放到村子里的阅览室。村落经济是我关注的重点，便问起村企业为什么不好干，他说，原先村企业是干造纸，但带来污染，现在全国各地都在做环保，所以，他们的造纸厂也不得不改产，最后生产一种上坟烧香的草纸，污染小，但产量也小，基本没效益。而眼看上坟烧纸也面临禁止——有的地区已经做了——河北也会做，只是迟早的事，俺们作为“红旗村”，应该在这方面带头，所以，现在发动全体村民都外出找项目，七大姑八大姨，三叔六舅，“举项目不避亲”，只要找来合适项目就有奖励。我们观看了他们的造纸厂，真的不景气，确实应该改产了。但实际很难，在冀中腹地，很偏僻的地方，不显山不露水，哪个有潜力的好项目会钟情这里？“无农不稳，无工不富，无商不活”，一点不错，问题是要招商成功并非易事。可以说，这个村虽有光荣历史，眼下却并不富裕。时值盛夏，村属的大片庄稼地，绿油油地看着让人欣喜，但种地并不能发家，加之地下水紧张，若不种还会有奖励，就为减少地下水消耗我们提出看看贫困户的情况。五百多户村民，定为贫困的有二十几户。造成贫困的原因各式各样，有历史遗留的，也有新近演变的。有的贫困户家里破旧得不像过日子的样子。

冯国旗多次安排人帮着收拾，包括平整院落、修房子、刷浆，对经济困难的经常送来米面油。但，“授人以鱼不如授人以渔”。问题在于有的人已经没有承担“渔”的能力，完全靠村经济养起来，又似乎不够现实——那个等待改产的造纸厂真让人着急啊。村子里的各条巷道都已铺上柏油路面，村民们进进出出十分便利。当然，老书记的儿媳蹬着三轮带着老人家在村子里转悠的机会也更多，时间也更长。他一句话都不说，就让冯国旗感到压力。甚至冯国旗远远看到老书记的三轮影子，就赶紧躲开。他不想听到问话：你招商招得咋样了？村人们都喊冯国旗为“小旗子”，其实他已经满五十了，头顶也掉发掉得厉害，快完全秃顶了。他在和一户有残疾的贫困户大妈拉呱的时候，我们注意到这家贫困户的院门前新安了门灯，崭新的灯座、灯罩和节能灯。便问冯国旗，是村里给安的？他说不是，是县里统一安的，属于扶贫的“门前一盏灯”项目。他还顺手打开墙上的铁盒子，将灯揿亮让我们看。

我们离开冯家庄的时候，我一直在心里盛赞这个“门前一盏灯”的寓意。汽车在广袤的冀中平原的农村腹地疾驰，看着窗外成片成片的庄稼地，脑子里却不时闪现出那个坐着儿媳三轮车的老书记，他是不是更像内涵深邃悠远的“门前一盏灯”呢？（原载《西岸风》）

38，经年集报的刘维德老人

凡是走进退休老职工刘维德家的人，都立即会被那么多的文件夹所吸引。厚厚的文件夹里面放了什么资料？资料从何而来？一位退休老人要花多少精力侍弄这些东西？带着这些谜团，我们采访了刘维德老人。

刘维德老人儒雅文静，精神矍铄。一米八以上的身高，虽已 80 开外高龄，仍然身板硬朗，讲起这么多年的集报爱好，滔滔不绝，有条不紊。刘维德老人原在天津第一冷冻厂制冷专业工作，早在上世纪 50 年代后期，曾到内蒙古呼伦贝尔盟肉联厂实习，还在那里过的春节，那时他就爱读报纸。而他的集报爱好，则始自 1955 年。喜欢收集自己感兴趣的有价值的文章，见到好的文章就剪下来收集起来。但那时各方面条件不是太好，做这件事不是很顺手。当时天津晚报有个《葵花灯下》的栏目，刘维德非常喜欢里面的文章和资料，每每都要剪下来留存，有时间就翻看。文革期间天津晚报停刊了一段时间，上世纪 80 年代初，天津晚报复刊，起名《今晚报》，再次引起刘维德的兴趣，今晚报请党和国家领导人邓小平题名“今晚报”，这个消息和字样都发表在报纸上，刘维德非常欣喜地都剪下来妥善收集起来了。以后每次翻看，都感觉很有价值。

刘维德还喜欢国际新闻，多年来订阅了新华社办的《参考消息》报纸，注意剪报收集资料。也因为常年读这份报纸，所以他对国家形势十分了解。对国家的外交政策十分了解。多年来，他对《中老年时报》情有独钟，通过读报集报，他对国家的很多方针政策也都了解，对国家这些年取得巨大成就感到骄傲和自豪。此外，他还订阅了《体育报》和《新报》。他还通过读报集报掌握了大量的中老年保健知识，既为自己和家人保健提供参考，又在传播这些资料时惠及他人。在集报中，他偶尔也到原单位和住地大王庄街道居委会去寻找有价值的报纸和资料，做为补充，而这些单位也都很支持他，感觉他是在做一件有意义的善事。

截至目前，刘维德老人做成文件夹的资料将近百册之多，装满资料的大纸盒还有三个，保守地估算，老人收集的各种资料和文章约莫 5 万余篇。按平均每篇 1000 字估算，总共大约 5000 多万字，这里面囊括了多少有价值的知识，用“浩瀚”两个字形容一点不为过。这些资料和剪报大约分为 50 多个专题，有历史（历史事件和人物），地理，国内外新闻，各地风土人情，生活百科，养生保健（医药方面与医院的分科是一样的）。

资料集好纳入文件夹以后，除了自己读，还给家人读，而且也借给别人读，还参加各种展览。这些年来，刘维德老人参加过多家学校、图书馆、档案馆、今晚大厦、水上公园以及北京的展览，产生非常广泛的社会效应，得到各方面好评和多项奖励。他的“中国梦剪报作品”获得该公益展览组委会颁发的荣誉证书；他的“纪念中国人民抗日战争暨世界反法西斯战争胜利 70 周年巡回展”专题荣获组委会优秀奖；他的“今晚读者迎新春剪报展”荣获今晚报读者俱乐部优秀作品奖；他还被评为“大王庄街社区教育读书家庭”荣誉称号；2012 年，被《中老年时报》评为“十佳剪报读者”之一；被“鹤童”评为“三十佳剪报读者”之一；天津市收藏家协会、河北区档案局、河东区图书馆、河西区连荣里社区等单位和部门都为他颁发了奖状和荣誉证书。

刘维德老人现在是天津鹤童老年福利协会会员，中国报业协会集报分会会员，天津收藏家协会会员。在刘维德老人入选的一个著名集报人册子里，原中共中央委员、人民日报社社长绍华泽题词“集报好”，中国报业协会驻会副会长石国雄题词“执着集报意，只为翰香来。”对集报者的工作给予嘉奖和好评。

谈起自己的心得体会，刘维德老人感到自己多年来的主导思想就是向社会普及知识，通过自己的集报，分成各种专题，让读者了解各专题的知识十分方便，达到使大家广泛受益的目的。他对一些专题津津乐道如数家

珍。譬如《难忘的回忆》专题里的“前红卫兵对文革中的所作所为向社会道歉”，“侦察英雄杨子荣枪栓被冻住导致壮烈牺牲”，譬如《历史上的今天》里的“英国王妃戴安娜为何英年早逝”，譬如《杂记知识》里的“如何使用电器，及空调保养”，“如何养好宠物”，等等。到了晚年以后，感到养生保健的专题很重要，光是《益康苑》专题，就集了 5 大册。平日里，自己很注意学习防病治病的知识，同时也向周围的人们宣传和普及这些知识的学习和运用，提高人们的养生保健水平，促进益寿延年。

让刘维德老人非常感动的，是读者、参观者在观看了他的展出以后用相机照下来。让他有一种成就感。曾经有个小伙子看完展览后说：“这些资料能不能卖给我？”刘维德老人笑着回答：“你买下来只能一个人看，还是展出让更多的人看更好。”但这件事说明了群众对他从事这项工作的认可和赞赏。集报读报活动还促进和改善了刘维德老人的日常生活。以往他和老伴免不了会为一些事产生争执和拌嘴，集报读报以后，明白了更多道理，就主动和老伴融洽关系。现在老两口健康快乐，心情舒畅。每天读报学习，还让他感到大脑充实，不空虚，生活有滋味。同时，注意收看每天的《新闻联播》、《海峡两岸》、《今日关注》等电视节目。与时俱进，了解国内外大事，不落伍。

由于积累了很多养生保健的知识，刘维德老人归纳了“五早”，告诫世人：一，早学医学保健知识；二，早预防，在饮食上、运动上注意科学；三，早发现，有了病早查体，该去医院一定要去；四，早治疗，不能耽误；五，早睡早起，合理地安排作息时间。他特别总结出“两保”的定律：要用钱保命，不要用命保钱；即该花钱治病的时候不能含糊惜钱。什么最重要，命最重要；什么最值钱，命最值钱。他感到通过集报传播知识，可以让更多的人受益，少得病，为国家省医药费，医院也会减少压力，交通也减少拥挤，空气也减少污染。好的资料和知识传播开来，好处无限。

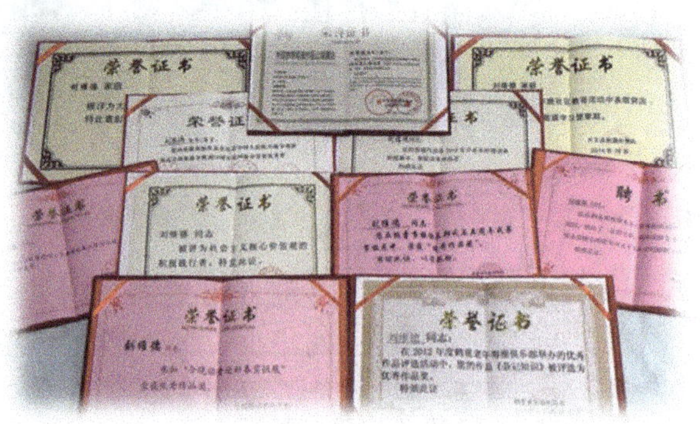

刘维德老人说，他现在 80 多岁，身体还不

错，没有明显的大病，主要得益于集报带来的各种知识，现在单位同年龄的同事很多都过世了，在世的身体状况也不好。这件事告诉自己，还要继续努力，按照科学道理去做，就会继续受益。他认为，一个人活着不光是为自己，还为了家庭，为了朋友和社会，简单地说“我不怕死”其实是不负责任。知识是无价之宝，能够弥补人生的很多不足。很多人的死是由于无知，除了地震、火灾、水灾等自然灾害，生活中很多死亡都因为无知，譬如车祸的发生，往往因为司机缺乏必要的知识。

刘维德老人的体会诚恳而且真切，对世人极具参考意义。前不久他在参加一次集报展览活动时，碰上了全国著名劳动模范张士珍，她握着刘维德的手赞扬说：“你的工作很有意义，太好了！”天津市著名漫画家邓连志为刘维德老人欣然作画，画出惟妙惟肖的漫画肖像。天津日报记者成帅为刘维德写出了《剪报剪出快乐经》的专题报道；中老年时报的记者冯强为刘维德写出了《订阅时报 23 年，82 岁老人爱上剪报》；中老年时报记者孙桂龙写出了《阅订时报 24 年》的报道；刘维德老人自己也在《鹤童》报纸上发表了《我的剪报记忆》、《杂感谣》等文章。参加展览活动时，众多“见义勇为”的英雄模范和观众为他签名留念，因为剪报集报，刘维德老人又增加了新的朋友圈，身边洋溢着满满的正能量。祝愿刘维德老人的集报生活继续下去，充实自己，福荫世人！（天津《文学艺术网》）

39，仁兄画家王佩翔

只要一想起津门著名画家王佩翔，我往往会心潮起伏，难以自抑。王佩翔是我认识近 40 年的老朋友，也是本系统的同僚。早年他做过天津粮科所的杂志《天津粮油科技》的主编。我那时在局宣传部工作，就是那时与他结识。他们办的杂志每期必给宣传部一份，于是，我就得以知晓了主编王佩翔。那本杂志做为专业性很强的刊物，无论从内容还是从装帧，都在市里同等刊物中堪称上乘。一本刊物的优劣，主编至为关键。由此，我感受到主编王佩翔不仅知识面很宽，选材亦十分丰富，文笔尤其严谨。因为宣传部各种刊物很多，一般的刊物我简单翻翻就撂回书报架了，而王佩翔主编的《天津粮油科技》，我则往往从头看到尾。也因为我对这份刊物的喜欢和重视，于是某一天我就心血来潮给王佩翔写了一封信寄给他，表示我对这份刊物的感受，同时给他提了一条意见。具体提的什么我已经忘记了。时隔不久，王佩翔到局里办事，和我见了面。他十分谦逊，耐心听取我的想法，说因为大家喜欢这份刊物才会提意见，一定会斟酌采纳。

由此，我便与王兄结识了。时隔不久，我又听说了王兄是南开大学生物系毕业，这样的学历在当时本系统内算最高的了——那时候本系统大学毕业生不多，加之王兄文笔很好，宣

传部有意把他调上来。但这个消息很快就烟消云散了。可能因为王兄的大学生学历（知识分子的名头那时候好像被当作一种潜在的问题），那时候国家虽然对文革定了性，基本否定了文革，对知识分子也重新做了定评，但本单位人们的思想一般来讲仍然很左，说话办事“宁左勿右”，谁若敢于公开否定文革及其左的习惯，仍然被一些领导白眼。王兄可能受到这种情况影响。如果他能上调到局宣传部来，凭他优秀的文笔和谦逊内敛的人品，慢慢提起来做处长，甚至继续高就，都是很可能的。后来他做过粮科所的所长（抑或助理），做过某公司办公室主任，做过一个广告公司的总经理，总之一直没有离开本系统。后来因为一些客观原因和对美术的痴爱，提前退休“归队”了。

如果王兄在仕途上发展，我猜想不会有今天艺术上之大成。提前退休，在客观上给他提供了相对充裕的时间。他的一系列令人感叹、难以忘怀的煌煌之作不断出世，并渐渐形成了他自己的风格。这种风格，我给他形容为“叙事的、怀旧的、深邃的、惊艳的”，但似乎这些语言仍然不能完全概括。凡是接触过王兄的人，不论其人做什么工作，没有不赞扬王兄的为人的；而凡是看过王兄画作的人，不论其懂不懂美术，又没有不喜欢的。这种为人和为艺的高境界和“普适性”，不是一般人所能做到的。最值得称道的，是他听说我和好友高蕴辉去毛乌素沙漠地区回访治沙英雄石光银，便将他的一幅参加过全国美术大展的《渴望》画作捐赠给了石光银。能够曾经全国美展的作品，都是在大量佳作里好中选优的最突出者，可见王兄与治沙英雄的惺惺相惜。国家若为他颁发一个“德艺双馨”的嘉奖，绝不会有争议。

报刊介绍他早年曾得李瑞春、刘宝玲先生启蒙学习绘画，后师从津门国画前辈郭洪勋、阮克敏等先生研习工笔花鸟画。作品曾入选“纪年毛泽东《在延安文艺座谈会上的讲话》发表60周年” 全国美展、第十一届天津市美术作品展、天津市第二届花鸟画大展 等重要展事，入编《津派书画集》、《滨海墨韵》、等多部大型画集，并在《美术报》《国画家》《美术大观》《画讯》及《中国商报》《天津日报》《今晚报》《天津工人报》等诸多报刊媒体发表。其花鸟创作尊崇传统画风，尊重大众的审美要求；注意在日常生活中，在司空见惯的小情小景中捕捉有趣味的瞬间以挖掘其中的诗情画意，努力让自己的作品给人以回味、愉悦、快乐乃至思考。其作品多以描绘工细、画意通俗、意境悠然、富有情趣的花鸟小品示人。他不为时风所扰，不求视觉冲击，不学狂怪离奇，不追虚妄潦草，不搞繁复堆砌。依照自己对现实生活的感受，以自己的笔墨抒发着自己的真情实感。

凡是看过仁兄画作的，都说他的画作会说话，能让观者产生无尽的联想。他现为天津市美术家协会会员，天津市政协书画研究会会员，天津百中国画院副院长，天津市滨海画院专家委员会委员。（新浪博客）

40，给刘炜的《序》

蒲松龄是清代著名文学家，他的《聊斋志异》被文学界誉为中国古代文言短篇小说中成就最高的作品集，在辉煌灿烂的中国文学史上占有重要地位。以新作《魏晋史札记》引起社会广泛关注的津门青年作家刘炜最近再次发轫，将点评《聊斋志异》的《【聊斋志异】全景观》一书奉献给社会和各位读者。这部书稿虽然只有 13 万字，却是一部吃功夫的力作。

《聊斋志异》究竟好在哪里，赢得后人如此重视？蒲松龄的同乡好友王士祯以诗明意："姑妄言之姑听之，豆棚瓜架雨如丝。料应厌作人间语，爱听秋坟鬼唱诗（时）。"对《聊斋》甚为喜爱，欲以五百两黄金购《聊斋》手稿，然不可得。清嘉庆年间著名文人冯镇峦点评《聊斋》曰："聊斋非独文笔之佳，独有千古，第一议论醇正，准情酌理，毫无可驳。如名儒讲学，如老僧谈禅，如乡曲长者读诵劝世文，观之实有益于身心，警戒顽愚。至说到忠孝节义，令人雪涕，令人猛醒，更为有关世教之书。"清代另一位文人陈廷机则有更高评价："亦以空前绝后之作，使唐人见之，自当把臂入林，后来作者，宜其搁笔耳。"

近现代以来的名家怎么看《聊斋》？新文化运动的旗手鲁迅从 12 岁即读此书，1921 年作《唐传奇体传记》，曰："清蒲松龄作《聊斋志异》，亦颇学唐人传奇文字，而立意则近于六朝之志怪，其时鲜见古书，故读者诧为新颖，盛行于时，至今不绝。"还说："《聊斋志异》虽亦如当时同类之书，不外记神仙狐鬼精魅故事，然描写委曲，叙次井然，用传奇法，而以志怪。变幻之状，如在目前；又或易调该弦，别叙畸人异行，出于幻灭，顿入人间；偶叙琐闻，亦多简洁，故读者耳目，为之一新。……明末志怪群书，大抵简略，又多荒诞不情；《聊斋志异》独于详尽之处，示以平常，使花妖狐魅，多是人情，和易可亲，忘为异类，而又偶见鹘突，知复非人。”大文豪郭沫若则对《聊斋》曰：“写鬼写妖高人一等，刺贪刺虐入骨三分。”被誉为“人民艺术家”的老舍评价说：“鬼狐有性格，笑骂成文章。”

可见《聊斋志异》写鬼狐故事独树一帜，成就远高于其他同类作家。其实，蒲松龄在书中对鬼狐的描写有着深刻的现实背景和悠远的思想意蕴。所谓“刺贪刺虐”，是指揭露封建专制社会的暗无天日，讽刺鞭挞贪官污吏为非作歹等一切作践百姓的罪行；“入骨三分”是形容《聊斋》反映时下生活的深度；而“写鬼写妖”是指蒲松龄的文学表现手段。那么，对于一部早有定评的古代文学大作，津门青年作家刘炜为什么还要解读？他又是怎样解读？《【聊斋志异】全景观》一书以亲切委婉的笔触，明确昭示出他的写作主旨，即：在流行文化快餐，人心浮躁的当下，让没读过《聊斋》的人读了《【聊斋志异】全景观》一书后，对《聊斋》原著感兴趣；进而对《聊斋》原著的一些篇目有更深刻的认识。

为此，刘炜在内容上把《聊斋》故事总结归纳成四大类：一，反清，如《公孙九娘》；二，讽刺和记录科举，如《司文郎》、《王子安》；三，揭露昏官土豪的恶行，如《红玉》、《商三官》；四，写爱情，如《聂小倩》等。在择选点评篇目上，除了前面的列举，刘炜则大致选择的是特色篇目。比如继母教子的《细柳》、树立正确财富观的《宫梦弼》、英雄出少年的《贾儿》、讲泼妇悍妇的《马介甫》、讲因个人爱好吃亏的《局诈》等。刘炜在写作中多用对比，包括篇目之间的对比，归纳起来就是“长篇捎带提到短篇，名篇捎带提非名篇”。如《马介甫》篇，捎带提及《邵临淄》、《阎罗》、《妾击贼》；

《狼三则》篇捎带提及《牧竖》《车夫》《杜小雷》，让没读过《聊斋》的人对这本书的故事了解的更多；还包括与其他作品的对比以及引用，书里提及或摘录了《史记》、《谐铎》、《儒林外史》、《红楼梦》乃至国外名著《苔丝》、《简爱》以及《金粉世家》等作品。是为特点。如能达到预期初衷，使古典名作再次火炽热传，彰显人前书案，则刘炜功莫大焉。

青年作家刘炜出道以来，以文学评论和随笔、杂谈见长。当今时代是信息和新媒体时代，促生大量写作早熟者，于是，“少年得志猛如雪”，有的青年网络作家还进入了富豪排行榜；而不急于求成，“少年功夫老始成”者也不鲜见。津门青年作家刘炜似乎属于个案，功夫下得早，而且扎实，虽不急于求成，却较早出道，又成果斐然。——“80 后”，退伍军人，南开大学法学专业毕业，中共党员，电力系统职工，这些是刘炜的外在标签；内里，他像开足马力的收割机，遍览群书，独爱古籍，从十来岁开始，短短二十年左右时间，从《上下五千年》开始，将《中国通史》、《世界通史》、《资治通鉴》等大作，以及《中国社会科学战线》、《文史哲》、《现代文学评论》、《新华文摘》等杂志尽收怀中，以一个新时期年轻人的眼光看历史，看文学，看人生。遂慢慢形成一系列独到见解。继而他开始写稿投稿。电力系统的报纸和天津的日报、晚报和其他杂志都曾源源不断发表过他的文章，一些思想锐利、洞悉世事的评论则发在网络上，拥有大量知音和“粉丝”。他还参加过报纸杂志举办的各类大赛并获奖。《【聊斋志异】全景观》则是刘炜对古典文学经典进行研究和引读的肇始之作。

啃史籍相对于读文学作品，无疑是枯燥乏味的。刘炜坐得住冷板凳，而且一坐就是二十多年。积累多了，他就将自己阅读魏晋史的心得集结成《魏晋史札记》，在出版社正式出版。于是，引起社会各方面 的热烈反响。因为刘炜也是《海河之北》杂志的作者之一，《海河之北》编辑部便在第一时间召集部分作者对刘炜这本书进行了座谈和研讨。各级图书馆和阅览室都收纳了这本书，并且，从天津市图书馆开始，各区图书馆、中小学，都开始邀请他前往讲座。魏晋史当然是波澜壮阔、风云际会的一段独特历史，容易引起人们的兴趣和重视，但更多的说明当今社会对中华民族的优秀传统文化情有独钟。尤其是刘炜在所著的一篇篇文章中的独到见解和精彩阐述，让读者爱不释手。现在，他的朋友圈又增加了很多图书馆方面、中小学方面的老师和学生，让他更增加了责任感和紧迫感。俗话说，给人一碗水，自己要有一缸水。台上十分钟，台下十年功。一点不假。刘炜的这本新做《【聊斋志异】全景观》，再次倾注了他的满腹心血和长久思考，通过对《聊斋》的条分缕析，阐幽发微，将自己的心得与洞见一一展示给读者。

其实，刘炜很忙，几乎分身乏术。这些年来，他在读书写作过程中，娶妻生子，考过了学历、技术、职称等各方面的一个个本子，工作与家务，他都是顶梁柱，每天都很晚睡觉。他从来不想“出名要趁早”一类的妄语，因为他知道，他所走的路是一条属于自己的路，鲁迅不是早就说过：“若要知人论事，是非看编年的史籍不可的。”所以，他求的是扎实。他已经有了广受好评的上一部，现在又有了这一部，我们期待着这一部的读者反响，更期待他的下一部！（新浪博客）

41，一曲乡村教师的热情颂歌——读许胜勤老师的长篇小说《五鸡台书声》

读完山东省泰安卫生学校高级讲师许胜勤的《五鸡台书声》，心情十分激动。无尽的感怀和联想溢于言表。几年前，我曾经在网上读到过许老师长篇小说《孩子王之歌》的片段，曾为许老师饱含深情的成熟文笔所折服，待听说许老师要出书，请我作序，便欣喜地操起拙笔信手写来。当我真正读了正式出版后的全书以后，方知自己当初那个“代序”，仅仅说出或透露了这本书的些许信息，真的不能做为这本书的完美概括和表现。这本书至少取得三个方面的成功或建树。

（大家合影的脚下，就是五县交汇点“五鸡台”）

其一，作者对乡村教师的理解与爱，无出其右者。恕本人视野狭窄，据我所知，当下叙写乡村教育的文艺作品有电影《一个都不能少》、《美丽的大脚》及长篇小说《元红》等。而就正面描写乡村教师的喜怒哀乐、生活起居、前途命运而言，就作品反映生活的深度、广度、精湛度而言，那些作品都没有超过《五鸡台书声》。这本书的主人公秦耕为上世纪五十年代后期生人，文革后的八十年代初师范中专毕业后分配到五鸡台这个偏僻的乡村任小学教师。当时正值国家经济困难百废待兴之时，做为偏僻农村的五鸡台，贫穷落后、信息闭塞是题中应有之义。秦耕上任伊始，同仁问他，是“永久牌”还是“飞鸽牌”，他说是“飞鸽牌”，为此被戏谑地灌了辣椒水。秦耕之所以这么直言不讳，是因为他有着更加远大的理想，不想在偏僻乡村隐忍一辈子。而正因为他在这里的隐忍，“老师娘”把自己的女儿、他心中的恋人，可爱的孔小欧许配给了另一个追求者。而另一个县城的商店女营业员也不愿意嫁给他，除非他调回县城。严酷的现实给予秦耕的打击不能说不沉重。对于一个刚刚出道的年轻人，事业与爱情是顶顶重要的两件事。在他两件事都不顺利的情况下，怎么办？他没有选择消沉、潦倒，而是鼓足干劲，做出一系列成绩，为自己最终走出穷乡僻壤做铺垫。他不是没有私心，他的私心就是走出五鸡台。作者许胜勤老师的这一笔十分实事求是，甚至可以看做神来之笔。秦耕在尽其所能努力改善小学校的教学条件（曾经远道借来母校的桌式风琴，亲自步行几十里扛到五鸡台）的同时，培养推荐了音乐师范人才柳景良，培养推荐了聋哑人才颜月明，培养推荐了年轻村长孟新农，美术人才柳艺，英语教师柳树林，而且，还难能可贵地帮助"老右"颜世儒平反昭雪。当这些努力都没能帮助他走出五鸡台的时候，他怎么办——把希望寄托在孩子们能够代替他走出五鸡台——谁走出去他都为之高兴和庆祝。一个"有私心"的"无私"乡村教师活生生地站在读者面前了。秦耕这个典型形象，是我国千百万乡村教师的代表，这些年来，我国农村走出一批又一批大学生和各类人才，不能不说完全仰赖无数"秦耕"扎根在不计其数的"五鸡台"无私耕耘。想到这里，我禁不住热泪盈眶。

其二，这本书塑造的人物闪闪发光，故事情节引人入胜。这本书的开篇，就塑造了秦耕、秦跃进、莫天、孔小鸥这四个儿时一起长起来的"发小"。秦耕老成持重，秦跃进冒冒失失，莫天谦虚内敛，孔小鸥没有主意……这些性格特征，在"老师娘"孔丁园重病之中经过深思熟虑"乱点鸳鸯谱"的时候，表现得最为充分。三个小男子汉都喜欢孔小鸥，而秦耕与孔小鸥关系最近，结为连理最有可能。但老师娘自己在乡村小学干了一辈子，深知其个中甘苦，绝不愿意让自己的女儿再嫁给秦耕这个乡村教师，跟着一起受罪。于是，把孔小鸥许配给了身材瘦小的"摩天大王"莫天。此时，秦耕内心十分痛苦，但他考虑到老师娘正在病危，自己有责任做好孔小鸥的"哥哥"，坚决答应；秦跃进火冒三丈，他感觉即使把孔小鸥许配给自己也轮不到莫天，于是极力反对；而莫天则冷静地分析到，这不过是个过度，一旦老师娘病情好转，自己会把孔小鸥完璧归赵；孔小鸥打小没有主意，感觉只要治好母亲的病，嫁给谁都行……作者留下一个大悬念，于是，围绕这四种性格特征，精彩纷呈的故事情节纷纷扬扬地铺展开来。而在故事发展过程中，四个人的性格得到完整塑造。故事的最后，他们都为五鸡台的发展做出了贡献，而方式是各式各样的，与他们的性格特征与人生轨迹恰好吻合。由此表现出作者在驾驭如此大的题材的写作上匠心独具。这本书作者设置了一系列悬念，譬如秦耕应该如何走出五鸡台的悬念，莫天会不会真的把孔小鸥"转让"出去的悬念，"老右"颜世儒是生是死的悬念，月明的母亲会不会"越轨"的悬念，哑巴月明会不会开口说话的悬念，老师娘的病情能不能好转的悬念，最终月明成年以后会不会嫁给秦耕的悬念等等，一路写来，引人入胜。故事情节跌宕起伏，丝丝相扣；一波未平，一波又起。让人不读完不愿罢休。能把乡村教师的故事写得如此出色，实不多见。

其三，作者广泛吸收前辈的艺术营养，功力深湛。作者许胜勤出身医药世家，家学渊源，少时爱好文学，广读古今中外优秀文学作品。阅读《五鸡台书声》的时候，会让人时时想起我国当代著名作家刘绍棠，那种诗情画意，犹如行云流水，令人读来如醉如痴。譬如："秦耕下意识地握住老师娘的手，一只手握着，一只手在老师娘手背上抚摸着。这就是那双曾经抚摸着自己的头和脸的手吗？那双一只手握教鞭一只手写黑板的手吗？当年细嫩白皙的玉手已经骨瘦嶙峋，当年教鞭指出满天星斗的金手已经触摸到夕阳晚霞，当年支撑起两代弱女子生计的手已经力不能支。联想到这里，秦耕的心里酸楚楚的，从来不知道什么是泪的小男子汉也有泪要弹了。不过，他毕竟是理智的，理智关闭了他泪河的闸门，第一次以大男人的身份宽慰老师，他仿佛是老师娘的山，天塌下来他能顶得住。……"一个"玉手"，一个"金手"，把作者热爱教师事业的情愫表达得酣畅淋漓，而精彩流畅的叙写老到成熟，让人拍案叫好。文本中那种时时不经意间流露的古典骈体文的韵味，又让人余香满口，回味再三。譬如："秦耕看到，老大爷的肌肉黝黑结实富有弹性，皮肤上出满汗水，时而成珠滚动，时而成线流淌。脚下步履很坚实，落地如钉，仿佛泰山挑夫。秦耕油然而生敬意，由衷而生感激。年轻人在后面，重心多在他身上，和老人的步伐很和谐，圈椅也是在一个水平面上，老师娘坐得很稳当……"无疑，许老师继承了中国古典文学的许多表现技巧和艺术手法，透过乡村教师和几户普通农家的故事，表现了汶河边五鸡台地区人们的独特风貌，充满浓郁的民族风格和审美情趣。叙事行文当中那种骈体文的风采，更加重了作品浓烈的情感与意向的表达，对于塑造人物，起到烘云托月的作用，让作品中的一个个人物活灵活现地站在读者面前。如此深湛的写作功力，让人感受到作者继承和发扬前辈作家的优秀传统及其文风、轨迹，颇有大家风范。

其四，作者对农村教育工作寄予无限希望与期待。《五鸡台书声》这本书通过主人公秦耕的经历，委婉地提出了农村教育工作问题。经济基础决定上层建筑，教师待遇是关系教师队伍建设最基本最重要的问题，不能仅靠觉悟和奉献来维系农村教育。这是《五鸡台书声》这本书给予读者的非常有见地的弦外之音。长期以来，由于我国城乡经济社会发展不平衡，边远贫困地区的教师工作任务繁重，条件艰苦，交通、通讯等生活成本较高，生活压力较大，难以稳定和吸引优秀人才在这些地区任教。坚守农村，不仅需要个人情怀，还需要政策导向，来提高农村教师的幸福指数，让他们感到公道、有尊严。书中除了写到秦耕因为做偏僻农村的小学教师而搞不上对象，该小学的另一个民办教师柳树林甚至想抛弃工作到东北去做“盲流”，是秦耕把他截了回来。他为什么宁可去做“盲流”也不愿意做乡村教师？也是因为对象不好搞。同是乡村教师的孟村姑，既有意于他又若即若离，甚至随时都可能撒手而去，只因为他这个乡村教师的身份没有份量。义务教育，重点在农村，关键在教师。农村教师队伍质量的高低，直接关涉农村教育的成败。那时候农村教师职业吸引力不足，优秀教师“下不去、留不住”，三十年过去，结果是衍生出教师结构老龄化，国家规定课程开不齐、开不扎实等问题，其症结在于国家对农村教育工作投入不够，农村教师待遇水平仍较低。澳大利亚的中部是比较荒芜的地区，但当地在招小学教师时，却有美国的博士去应聘，其原因在于工资待遇是其他地方的 3 倍，越是条件差的地方工资越高。我们则不行。除了物质待遇，还有保障农村教师的进修机会、精神激励等也是稳定和提高农村教师队伍等问题的重要因素。而个体待遇改变的背后是政策的支撑。《教师法》《教育规划纲要》和《国务院关于加强教师队伍建设的意见》都有对长期在农村基层和艰苦边远地区工作的教师，实行工资倾斜政策、完善津补贴标准的要求。今年 10 月，国家领导在给安徽省金寨县希望小学师生回信中指出“消除贫困或难短时兑现，创造公平必须刻不容缓”。推动教育公平，让农村孩子享有平等接受教育的实体权利，需要以“下得去、留得住、干得好”的高素质专业化农村教师队伍作为支撑。《五鸡台书声》这本书，与当前党和国家对农村教育工作的方针政策十分吻合，正当其时。我们和许老师一起，热切地期待着！《凯迪网》

42，才女大姐许胜勤

我认识许大姐是从网上开始。在2006年，我刚上凯迪网不久，陆续发出一些练笔的小文。继而在文学栏目里连载我的小说作品。一位网名叫做“悫悫小书斋”的朋友出现在我的帖子后面进行跟帖，说的都是鼓励和赞许的话。使我对这个网名留心并熟悉起来，后来得知，这位朋友就是山东某职业学院的高级讲师，国家优秀教育工作者许胜勤大姐。

网络是个无边的世界。在网络上发文章，打破了纸媒对写作爱好者的筛选和限制，有利有弊。有利是非知名作者或尚未成熟的作者、与纸媒无密切关系的作者，都有了发文章的机会，很可能籍此成长为知名作家；有弊是因为比较自由，文章质量高低无人把关，只要不违反国家法律，什么都可以写和发，这就容易带来作者之间因意见相左的意气之争和互相攻讦。凯迪网一度这个问题非常突出，影响了大家的情绪和网络社区的风气。这时，许大姐就出现在大家面前，她既劝解发生争议的双方，同时又指出他们各自的缺点，让他们息事宁人。网络空间是虚拟社区，有的人以为在这样的场合可以随心所欲，其实错了，谁写了什么，传递了什么信息，彼此之间是全看在眼里的。这种看似无人管的场合，更能见出一个人的品质和素养。许大姐并不是社区版主，但经常做这种维护一方和谐的好事，众人皆知，皆赞。

许大姐也经常在网络社区发表文章，内容也都是弘扬正能量和人间真情的作品。她为乡村教师立传的长篇小说《五鸡台书声》，凝聚了她的多年心血，把一位资深教育工作者的崇高理想，宽广胸怀，对社会与人生的深刻见解，对故事情节的细密构思，对文字与情感的抒发把控，皆彰显得淋漓尽致。一经在网上发出，立即得到大家的高度赞扬。后来正式出书时，许大姐请我写一篇《序》，虽然我写过很多小说作品，为人作序还是第一次，所以写得不甚理想，但许大姐还是采用了。后来许大姐写了长篇纪实文学《好人崔山》，记述一位热心公益事业，最后英年早逝的好人，也在网络上引起热议，网友们赞扬崔山，也赞扬为崔山立传的作者。许大姐为什么对好人崔山感情深厚，从她曾经写过的一篇小文《我与三哥【崔山和他的义工们】》可以窥见端倪。许大姐的长篇小说《挑山》新开篇后，也迎来大家的一致赞许，希望她一鼓作气写下去。此前，她曾经写过一篇《我与泰山挑工的情结》的文章，诉说了她对挑山工艰苦工作的关注和心疼，意犹未尽，于是动手写起长篇，但病魔不给她时间了，这部作品只是开了个好头。许大姐的一系列文章：《情系红丝带》、《一个志愿者的随想》、《怀善家族——善人孙衍霖家族故事》、《被资助的孩子们》、《你还她两巴掌了吗——（我和我的学生之 14）》、《你一生为公益而来》、《我的名字叫志愿者》等等佳作，无不浸透着许大姐劝善，行善，与人为善的一贯的思维方式和行事准则。

许大姐读过我很多本书，我的那些作品基本都是不很成熟的练笔之作，但大姐每本书都认真阅读并写出读后感或评论。加起来，起码也有二十来万字。这对我来说，既是肯定也是勉励和鞭策。反之，我也对大姐的写作寄予厚望。大姐生活积累和文字功底皆十分深厚，只要塌下心来，定能写出更多大作。一贯低调的大姐对我的话是听进去了，还写了一篇《你把我的梦激活》小文以铭心志。但此后大姐虽然一直在践行自己的诺言，怎奈杂事缠身，加之身体有恙，耽搁了下来。2015 年我受大姐之邀，前往山东会面。其间受到大姐全家热情接待和妥帖的食宿安排。并陪同我走访了大姐曾经生活工作过的地方，也是长篇小说《五鸡台书声》的原型地——五鸡台。大姐当年精心培养的学生们都已成材，担任着各部门各级别的领导职务，我们所到之处都有大姐的学生接待和介绍。我不仅做了一次成功的文学采风，还见识了大姐与学生们水乳交融的无比亲切的母子关系。大姐爱学生，爱自己的岗位，把一生的心血给了教育事业。我看到大姐的学生成为国家有用之才，从心底里为她高兴，为她骄傲。

大姐也很爱自己的家人和孩子。她爱自己的丈夫，多年来，老两口相濡以沫，感情笃深。她爱唯一的女儿，女儿的婚事和家庭生活一直让她牵挂。外孙小石头一直跟随在她们老两口身边，她们对小石头给予了无微不至的关怀，小石头生活上的每一点成长，学业上的每一点进步，老两口都无比高兴。大姐对熟悉的朋友和不太熟悉的网友，也都充满无私的爱。有一年，我的一个朋友查出肺癌晚期，听说上海一个作家写文章说服用“蒿甲醚”有疗效，我在天津买不到，就告知了大姐。大姐得知以后立即发动方方面面的亲朋好友购买。后来是病人自己买到了拜谢大家，这件事才算了结，否则大姐会一直继续做下去。大姐就是这样的人。其他网友有事求到大姐，大姐全都帮忙，甚至自己往里搭钱。

我不了解大姐过去在单位的情况，但从她获得那么多国家和省市级的奖励，间接知道她是个兢兢业业尽职尽责的非常优秀的好老师，而又从“五鸡台之行”印证了这一点。我从凯迪网上认识大姐到她临终（临终前三天她还给我留了言），我了解她是个襟怀坦白，正直善良的好人，文字能力很强的优秀业余作家。大姐出身于中医世家，祖上以“悬壶济世”、“救人于危难”为业，留下口口相传的经世致用的为善基因，大姐虽然没做医生，但女儿继承了祖业，也算了却大姐一桩心愿。但大姐留下了许许多多的充满教益的文字作品，那同样是功德无量之事。大姐，你永远活在我们中间，活在我们心里，我们会常读你的作品！《凯迪网》

43，十三碗酒写春秋

中国是个生产和消费酒的大国，也是酒文化丰富多彩并在百姓生活中占据重要位置的大国。几年前，我在中国作协和天津作协支持下前往毛乌素沙区采访和体验生活，亲耳聆听了荡气回肠、义薄云天的“十三碗酒”的传奇故事，并将其写进了长篇纪实文学《风雨毛乌素》。何来“十三碗酒”？“土地沙漠化”是世界性问题，而且仍在快速蔓延中。在中国，已经沙漠化了的土地为 17.6 万平方公里，潜在沙漠化危险的土地有 15.8 万平方公里，在湿润地带的风沙化土地有 1.9 万平方公里。有近 400 万公顷的旱农田和 500 万公顷的草场以及 5000 余万人受到影响，面临“沙进人退”，形势十分严峻。（档案资料来源：中华人民共和国应急管理部新闻宣传司 2019-04-01 文章《土地沙漠化》）而中国北方毛乌素沙区的人们，多年来展开了持久坚韧的与沙漠争绿色的顽强拼搏。也由此有了“十三碗酒”的故事。

中国的第一位治沙英雄石光银就诞生在这里。他十八岁担任村领导，开始带领全村进行了超过半个世纪的不懈治沙。他的动力来自父辈的 9 次“沙进人退”的搬家劳顿，和一位小伙伴在放牧时被沙尘暴卷走再无下落的长久心灵创伤。那次，他也被沙尘暴卷到 30 里外的内蒙古，是一位老牧民救了他。让他认定，他这条命属于“治沙”。1982 年，石光银带领村民治沙 3000 亩获得成功，便又签订了承包当地 58000 亩条件恶劣的“狼窝沙”合同。在三年时间里把这么大片的荒沙全部披上绿装，谈何容易？……看眼前的狼窝沙，那一个个大沙梁就如同一头头怪兽，每日里张着血盆大口，以惊人的速度无声地吞噬着农田、庄稼、水渠和房屋。周围4个乡镇8个村的农民深受其害。每每听到那怒吼着的狂风揪扯着滚滚黄沙发出野兽般咆哮的时候，蔚蓝的天空被肆无忌惮地搅得浑黄，灰暗，飞沙走石，混沌一片，什么都看不见；黄沙钻进人的眼睛里，耳朵里，鼻孔里，牙缝里，使人无法睁眼，无法张嘴，嗓子里像堵了一团棉花那么憋闷、干渴、火烧火燎；夏天的地表温度在零上60多度，炽热的沙子能把人的皮肤烫烂，走进沙窝，就像扣进了蒸笼；冬天，气温达到零下20多度，寒风透彻肌骨……还说啥哩，这一切，难道人们甘心忍受？

治沙的队伍开进了沙丘。头上太阳暴晒，脚下热沙火烫，似乎幸亏有凛冽的风来做调节。这也是毛乌素的特点与脾性：太阳光烤得慌，风却又干冷。于是，揣在怀里的干青稞馍在饿了需要啃一口的时候又变得生硬而拉嗓子。渴了，就用铁锹在沙地深挖几锹，见水后用芦管吮吸沙坑子里澄出的沙水。这水说是澄净了，也仍然是浑黄的。晚上住在用沙柳稻草和塑料布搭起的小茅庵中，处处撒气漏风，夜风常常把沙子灌满人们的衣领，乃至人们的眼窝、耳朵、鼻孔，实在让人无奈。人们一干就是一个多月。没有人回家，没有人叫苦，也没有人说累。但是，酒是必须的。傍晚时节，妻子大翠按照石光银的安排，和其他婆姨们来送饭的时候，用驴车拉了好几箱烧酒。每天如此，只要没刮沙尘暴，就必定来送饭，顺便把烧酒带来。石光银发一声喊："伙计们，领烧酒哩！"此时便是大家情绪亢奋之时，人们高高低低地站在沙梁或沙丘上、沙沟里，个个手执一个酒瓶子，而没有酒杯。沙尘暴说来就来，要酒杯做啥？不是要刮得满地跑吗？多少年过去，人们仍然记忆犹新：半瓶烧酒下肚，全身的疲劳就祛了一半。尤其夜里睡觉，蜷缩在沙窝里，此时沙地气温急剧下降，夜风呼啸，需要羊皮大袄作伴，而肚里装的半瓶烧酒已经发酵，于是，抚慰人们安然大睡。石光银爱唱信天游，有人跑肚拉稀，一串高亢诙谐的信天游就从石光银那里传了过来："狼窝沙的流沙，流沙下的水，年轻人肚肠软，他拉肚跑断腿……"大家哈哈大笑，他告诉大家一个小偏方，就着醋嚼几瓣蒜。

然而，沙魔并不会听从人的摆布。在他们整个栽树的时间段里，竟然刮了 11 场大风。规模大的风能把人刮倒，把树苗连根拔起漫天飞扬。眼看着人们的劳动成果一次次前功尽弃，大家不由得都在心里敲起小鼓，都悄悄地问石光银："咋办？""咋办？""还能咋办？接着干！"石光银虽然也眉头紧锁，在态度上却毫不含糊。但是，夜晚风沙大得让人们唱不了信天游，也没有心情唱信天游了。四大壕的土地庙蓦然间香火旺盛起来。人们悄悄来到这里上香祷告。但是，烧香祷告并没有阻止暴怒的黑风沙的肆虐。十几场暗无天日的黑风沙刮过以后，树苗不是被连根拔起就是被沙埋倒，成活率不足 10%。此时季节已过，想补栽，已经错过时间了。沙地里的欢乐气氛被一扫而空。人人脸上阴云密布。有人垂头丧气，有人破口大骂，有人一声不吭暗憋暗气，自筹的资金被大风刮走了，心里的憋屈跟谁说？人们在看着石光银，在看他的态度。石光银心里别扭，回到家以后，一下子躺倒，不说话，也不吃饭，眼睛直瞪瞪地看着屋顶。此时妻子大翠走进屋将他从炕上拉了起来，说："去，吃饭，额给你烫了酒。""额没治成沙，不该喝这酒。""谁敢保证事事成功？那不成了神仙？"石光银抱住大翠，热泪盈眶。

县里为了帮助石光银，及时召开了林业工作总结会。叮嘱石光银及时和林业局的专家交流请教。县领导还将一个二十斤重的粗瓷酒坛送给石光银，说："咱们庆功时喝这坛酒！"转过年来，石光银再次开进狼窝沙，并且按照技术人员的指导大面积栽了沙柳这种灌木，并采取了"长栽深种"技术，以保持水分。前方的将士们在烈日下挖坑种树，没躲没藏；如果沙尘暴袭来，也仍旧没躲没藏。人们只是背向沙尘暴，弯下腰，缩小被攻击的目标。当然，如果赶上暴雨，也只有任凭大雨把全身浇个透湿。问题是这一年开春以来根本没雨。人们一个多月不脱衣服，浑身是沙，蓬头垢面，头发因为长时间不洗像擀了毡，只有两只眼睛是亮的，像塑像一样。他们这支队伍的十二个骨干的婆姨，在石光银家里垒起了十二个新锅灶，大张旗鼓地为前方将士们蒸馍炒菜。送饭菜的时候，大翠亲自赶上驴车，带着两个婆姨向狼窝沙进发。从四大壕的家里走到狼窝沙有十几里路，那天正赶上沙尘暴，车行半路被狂风掀翻，一盆盆的炒菜全扣在沙漠里，一个个馍馍被风刮得满地滚。大翠叫喊一声："快追馍馍！"便急忙扑到沙地里抢那炒菜盆，但炒菜早已被流沙埋没，而婆姨们去追顺风刮跑的馍馍，哪里追得上，最后全都空手而归。婆姨们委屈气恼地哭泣起来。大翠也真想放声大哭。可是，哭能解决什么？她马上又招呼婆姨们擦了眼泪回去重做。有人说，他们在治沙中每年会吃进肚里一斤沙子。但是，吃苦受累乃至经受极限折磨，未必就一定结出果实。这一年赶上了干旱，整个春夏两季没下一滴雨，加之风蚀沙埋，他们早起晚归格外精心地栽种在狼窝沙 6000 亩沙地上的沙柳成活率不足 20%——此次努力又失败了。

石光银又一次站在最高的一座沙梁上，向四处眺望。他尔格脸色晒得像黑包公，满嘴溃疡，嘴唇起了一圈燎泡。天空万里无云，火炽的太阳好像成心跟毛乌素过不去，还在无情地暴晒着四野，远远近近都是干枯的灰塌塌的沙柳苗子，间或可以看到从沙里露出一半的空酒瓶子。沙柳干枯到了这种程度，只能当柴禾烧了。可是，那是柴禾么，那是大家从牙缝里挤出来的钱，是大家找亲朋好友借来的钱。他用什么话安慰他的队伍啊！他找不出合适的话来安慰大家，他自己也欲哭无泪！不知是谁在远处喊了一嗓子："狼窝沙，额日你妈！"来自四面八方的不计其数的声音一起喊了起来。石光银听了这骂声，心脏像被钢针扎了一样疼痛。人们恨死了沙魔，难道他就不恨吗？他心潮起伏，感慨万千，通知十二位骨干，到他家里开会。

十二个骨干加石光银一共十三个人，有的坐在桌前，有的坐在墙犄角，有的坐在灶旁，七零八落，一个个把旱烟抽得吱吱响，屋子里已然乌烟瘴气。他问："伙计们，下一步咋办？"大家几乎异口同声："村里年岁大的老人都在说——人不能在同一个地方跌倒两次。否则，你就是个没脑子的灰人（傻子）！""不干了？""对，坚决收兵！狼窝沙不是咱能摆弄的。世世代代都没人治得了，咱也不是无所不能的神仙！""额知道，大家两战狼窝沙，吃了不少苦，额身在其中，咋会不知道？狼窝沙距离村子遥远，树苗要一捆一捆从 10 里以外的路上背过来。吃、住全在沙窝里，上边太阳晒，下边沙窝蒸，连个遮荫的地方都没有。一干好多天回不了家，饿了啃干馍，渴了喝冷水，有时冷水也喝不上，喝沙水还要跑肚拉稀。人人变成黑包公，个个嘴上起燎泡。额们这么做为了甚？在这里，额要向大家通报一个情况，就是今年圪垯套村里要架电，高低压线要花 65 万元，除国家补贴一点外，额们当初在村南造的那 14000 亩林子起了大作用，村民们没出几个钱，就轻松地拉上了电。下一步四大壕村拉电靠甚？还要靠额们治沙种树。所以，尽管在狼窝沙造林难度大，额们也不敢泄气，要再接再砺，不获全胜誓不收兵！""狼窝沙的沙梁太大，又是风口，栽不活树，这是事实。额们办事不能只凭热情，要尊重科学，该进则进，该退则退。"大家纷纷站立起来，在鞋底上磕了烟锅，开门要走。

石光银一时火起，喊了一声："等等！"便转身从灶台上拿下十二个粗瓷蓝沿大碗，一拉溜摆在方桌上。又从水缸下面拿出那个二十斤重的粗瓷酒坛子，这是去年县领导送给他的，打算用来庆功的。如果大家散了摊子，还有屁功可庆！石光银揭开酒坛盖子，一碗碗地斟满了酒。把酒坛咚地蹲在地上。说："各位，今天就是今天，打算继续跟着额干的，你把碗中酒喝了，然后碗摔八瓣；不打算跟额干，酒你甭喝，走你的人！"大家大眼瞪小眼，一时间愣在那里。一个伙计道："老石，你甭把话说得那么可怕，额不喝这酒，也还是你的兄弟。"石光银有些恼火："你不跟着额治沙，还谈甚兄弟？"事情僵住了。沉闷了好一会儿，十二个人之一的龚世忠，是这些人里文化最高的，他曾经上过县里的中学。抓了一把腮帮子上胡子——他已经好长时间没刮胡子了，接过话来："老石的精神难能可贵，可是……"他很想说，你认真得不是地方。但他猛地想起了石光银曾经有个儿时的伙伴虎娃被沙尘暴吞没的事，这件事石光银对他们讲过无数次。他突然明白了石光银的心结所在。事情也诚如一句名言所讲的：忘记过去就意味着背叛。这些年石光银为了实现早年的誓言，做了多少工作，受了多少委屈，吃了多少苦头；而他对待身边的人又都是怎样的从善如流 ……世界上只有两种人，领导者和被领导者，当不了领导者，那么你就要认头当被领导者。这没有甚想不开的。但被领导者有权选择领导者。石光银这样的领导者，无疑值得额们紧紧跟随。凡事都有两面性，狼窝沙看似两次治理都失败了，可是，第一次毕竟活了 10%，第二次活了 20%，这就是希望——龚世忠不再继续想了。他走到桌子跟前，端起其中的一碗酒，咕，咕，咕，干了。举起酒碗，猛地朝地上摔去，“啪”，声音非常响亮！

大家还愣在那里，似乎对龚世忠的举动没反应过来。龚世忠圪蹴下身子，数地上的碎瓷片：“一片，两片，三片——”身边的人大喝一声：“哎呀哩，啷里个气势！”走上前来，端起一碗酒，咕，咕，咕，也干了，然后猛地将瓷碗摔在地上。第三人也端起酒碗，一饮而尽，也猛地将酒碗摔碎了。第四个人端起酒碗一饮而尽，然后猛摔。十二碗酒都去了。剩下最后一碗。石光银眼含热泪，兀自端了起来：“额感谢弟兄们的一片情义，有你们在额身后戳着，额就敢说，额和狼窝沙不共戴天，势不两立！”喝酒，摔碗。喝，摔。一干精明强干的人要陪同一个外号叫“石灰锤”的“疯子”、“傻子”，一条道走到黑。石光银亮出了自己的拿手戏，自编自唱起了信天游：“三十里明沙哎，十年上旱；老石立志治荒沙哎，感动那上天；今年那个老天爷哎，你要开开眼，多给我一遍雨，帮帮咱！

如果说，这十二个人继续跟着石光银治沙，不光是因为理智，更多的似乎来自情感的选择，没有人不同意。十三碗 60 度的烧酒，十三个蓝沿粗瓷大碗。在决定要不要“三战狼窝沙”的当口，它们陪伴着十三个治沙英雄走完了艰难的抉择路程！它们已经粉身碎骨，它们已经化为乌有，但它们随同治沙英雄的故事走进了共和国的治沙历史！十三碗酒凝聚了这个治沙团队的核心，多年来他们带领这个团队克服了难以尽述的困难，成功治沙 25 万余亩，如果按一米一棵计算，能绕地球一圈半。石光银成为全国劳模和共和国命名的第一位治沙英雄，两次参加联合国治沙大会，被授予“世界杰出林农奖”。在以后的日子里，他的儿子在治沙中因公殉职，让他悲痛欲绝，但他说：“我还有孙子，我要让孙子继续治沙！”现在，整个毛乌素沙区的治理可望大功告成，而十三碗酒的故事也一直在民间流传……

44，有没有天机

南无阿弥陀佛，南无阿弥陀佛，南无阿弥陀佛！善哉，善哉，善哉！不念三遍，不能讲这件事。2014 年夏季我到毛乌素沙区深入生活和调研，那时治沙英雄石光银的公司还没盖楼房，公司办公是一排平房，有房脊和天花板的红砖房。石光银安排我住在原总经理、他儿子石战军的办公室，里外间，外间有办公桌椅、文件柜、会客

的沙发，文件柜顶上有一幅大幅的石战军遗像——石战军在 2008 年植树节因公殉职。里间是两个单人床，一个是石战军曾经睡过的，另一个是石战军对象曾经睡过的，我感觉他对象睡过的床稍微干净一些，就选择了这个床，使用了稍微干净些的被褥

起初我没有害怕的感觉，因为我是当兵的出身，一般不太相信鬼啊神的。此前石光银曾经对我和摄影家老高说过，要带我们俩去看看石战军的坟墓，意思好像是吊唁一下，但被老高拒绝。事后老高说，他最不愿意去墓地，说是不吉利。他还建议我，《风雨毛乌素》（那时还没定书名）这本书不要写石战军了，因为石光银的事迹足够多了。我也基本采纳了老高的建议。在采访当中，这本书的框架就基本形成了。这时，老高家里有事回天津了，剩下我一个人继续采访。

那天，公司里晚上只剩下我一个人。一般情况下石光银会睡在公司里，其他人，譬如办公室主任、会计偶尔会值夜，但都是轮流、花插着，公司夜里不会空无一人。而那天因为我睡在公司，石光银很放心地回家了。夜里，下起淅淅沥沥的小雨，万籁俱寂，只有小风吹得旗杆上的铁环“哗楞哗楞”地有节奏地响。沙区的阴雨之夜，一片漆黑，四处都没有一丝一毫的光亮，是伸手不见五指的那种黑。多日的脑力劳动，让我有些神经衰弱，迟迟睡不着。看着电视熬到 12 点才慢慢睡去。但刚睡了两三个小时，突然头顶天花板上响起有节奏的声音：“咚咚咚”、“咚咚咚”、

“咚咚咚”……连敲三次，我孜棱一下子就坐了起来，大睁着眼睛，毛骨悚然，一身的鸡皮疙瘩。因为，那个天花板很薄，经不住人，上面不可能有人，深更半夜谁会爬到那上面去，而且敲出这样的节奏？如果说是猫、鼠之类动物，更不可能弄出这样的只有人才有的节奏。我急忙打开了电视机，让屋子里有了光亮和动静，头顶上当然已经再也没有了声音。

而沙区电视机的接收不太好，夜里只有央视一个台，偏偏这个台当时正播出一桩血腥的凶杀案，让我看得十分膈应，就马上关掉了电视机，拉了灯绳，让屋里亮起来，慢慢回味刚刚发生的一切。是我做梦吗？绝对不是。是精神恍惚吗？绝对不是。一切分明清清楚楚。那种节奏是刻骨铭心的。

我一直干坐着，熬到早晨七点，天完全亮起来，我便穿衣下床，写日记，把这一切记录了下来。在写日记过程中，突然开悟：是石战军对我和老高提意见了——那本书不能不写他，他在石家的位置虽已虚空，但曾经的辉煌不可忽视！没错，石战军因为随同老爸治沙有功，是陕西省十大杰出青年之一，参加过全国第十五届团代会，与很多中央领导都有合影。央视著名女主持董倩来沙区采访他时，两个人光着脚板坐在沙漠上的照片，也让人过目难忘。一个为治沙献出生命的年轻人，怎么能不被记述，怎么能不进入这本书？开悟以后，我下定决心要写好石战军，于是，采访了三十多位不同类型的人，专门请他们讲石战军（后来，石战军在《风雨毛乌素》一书中占据了差不多三分之一的篇幅）。

石光银是个“迷信”的人，他年轻时曾经为别人“手持桃木剑驱鬼”，而且远近闻名。起初，他对我不太信任，悄悄找了会相面的人来偷着看我。那个人走了以后，石光银老伴对我说，刚才来那个人是给你相面，来相一下吉凶。我说是吉是凶？石光银老伴说，是吉。还骂了一句：他这个老东西，就这样！石光银老伴对我是坚信不疑的，对我声泪俱下地讲了很多苦难的过去，和失子的悲伤。那个阶段，我差不多融入了石光银的日常工作和生活，有来访者，我便是解说员，比石光银讲得还清楚；周日我到他们家和他们一起做饭，他们不会包饺子，而我从和面、做馅、做剂子、擀皮直到包出来，煮出来，是全活的，于是，让石光银全家体会了一个天津人的“厨艺”。

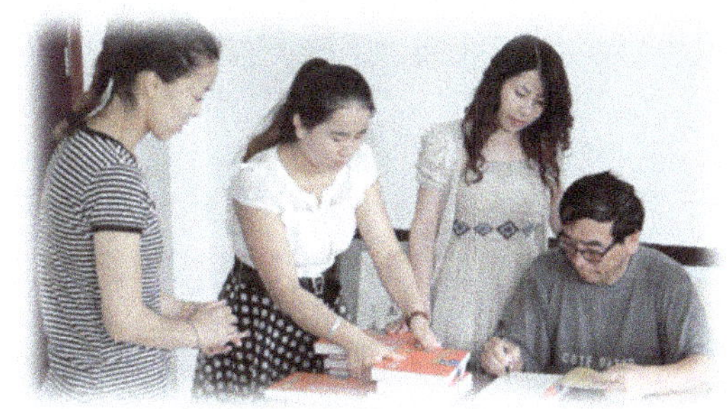

两个月即将过去，我要离开毛乌素的时候，我的战友来电话，说他将退休，让我到他那去一趟，他要好好招待我，他是长治军分区司令员，是最后一次“使用权力”。我去了以后的第一个中午，在招待所睡午觉，方才感到

什么叫“惊魂未定”——我刚睡着，就梦见了石战军出车祸的场景，惨烈的场景真真切切就在眼前，我再一次孜棱一下子坐了起来，又是一身鸡皮疙瘩。我马上给天津的老高打电话诉说——老例儿讲及时把梦说破，就没有负面影响了。老高在电话里数落我一通，说你就是这些日子精神太紧张，没什么，好好睡午觉。

我在战友李志平的招待所住了一个星期，好吃好喝加旅游，他的司机带我走遍太行山当年朱德、彭德怀等八路军领导人带领部队打游击和住宿之地，环境之险恶，之艰苦，远超我们的想象。老一辈革命家不怕牺牲，为拯救民族危亡殚精竭虑身经百战，不谈个人利益和安危，深受教育，之前出现的惊恐烟消云散。回到招待所后，我利用晚上的时间，借用战友李志平的笔记本电脑，写完了一万字的报告文学《走进毛乌素》，回津后给了今晚报，他们连载了一个星期。后来我把七份报纸打包寄给了石光银。而 20 万字的《风雨毛乌素》一书，石光银买了一千多本，县里在他那开现场会的时候，一千多人人手一册。前林业部副部长李育才和新华社前社长李从军都对这本书给予了充分肯定（事先都采访了他们，也给他们寄了书）。2018 年，出版社推荐了这本书参评鲁奖，虽然名落孙山，但我感觉自己做为一名职业写作者，没有愧对石光银和石战军，也没有愧对中国的环保事业，这就足矣。（著名作家蒋子龙看了这篇文章，说：岩波兄，将这篇微信拿出去发表，好文章！或再版时做书的后记。不可提鲁奖茅奖等等，那对你是侮辱，也是对石光银父子的侮辱！）（原载新版《风雨毛乌素》后记）

45，五彩鞋垫万里行

五彩的鞋垫寄托着五彩的心愿。虽然，它的质料和工艺，在中国大陆司空见惯，但这副五彩鞋垫的来历却不一般。

2014年，我在中国作协和天津作协支持下，和摄影家高蕴辉一同赴毛乌素沙区体验生活，采访治沙英雄石光银。在采访中得知石光银老伴因为早年参加治沙劳累过度，眼下落了肩膀疼的痼疾，想了很多办法医治，也无明显疗效。而我正好随身携带了一些伤湿止痛膏和麝香虎骨膏，就给了大婶一部分。其实，我也知道，不一定能为她止疼，即使暂时止疼也不一定能治病，尤其不可能把病彻底治好。但是，过后大婶就送我两副鞋垫。非常漂亮的机绣五彩鞋垫。大婶是方圆左近有名的巧手，但七十多的年岁，眼神已经不如以前，手绣是不现实的，但选择的眼光是上乘的。当时，我把鞋垫拿在手里，眼前幻化出石光银老两口一生治沙致力环保的身影，和立志让茫茫黄沙变为绿树红花的五彩心愿。

在石光银大战“狼窝沙”第一个回合的时候，他没有资金，没钱买树种，倾尽家财，把家里的几十只羊和一头骡子全卖了，心疼得大婶拽住他哇哇大哭。但最终还是支持石光银这么做了。在治沙中，大婶带着几个妇女负责后勤做饭送饭，一次她们拉着排子车往沙地里送饭，半路起了沙尘暴，连车带饭被刮得七零八落，妇女们急得直哭，大婶一声号令，大家返回去重做，重送。那些年，那些事，怎么忘得了！后来治沙成功，正在不断扩大战果的时候，唯一的儿子却在植树节因公殉职，说到这，大婶老泪纵横。

那时石光银也想不通，天天坐在儿子坟前抹眼泪：“你是不是嫌治沙太苦，不愿意跟着我们？”儿子曾经是陕西省“十大杰出青年”之一，出席过全国团代会，与很多中央领导都合过影。儿子英年早逝，石光银无疑受到极大打击，但几天后他便站了起来，说：“我还有孙子，我要让孙子继续治沙！”

孙子是个身高一米九的小伙子，正在茁壮成长。石光银和他的团队种的树按一米一棵计算，可以绕地球一圈半。当之无愧地获得国家第一位治沙英雄等一系列荣誉称号，获得联合国《世界杰出林农奖》，两次参加世界治沙大会。他和老伴以及跟着他治沙的老伙计们，多年来饥一顿饱一顿，冷一口热一口，风餐露宿，每一次“战役”都会吃进两斤沙子，身上都不同程度地落了病。这一切，我都写进了《风雨毛乌素》这部长篇纪实文学中。

这些年来，这两副鞋垫我舍不得用。直到去年初我要去加拿大探亲，才换上一副，意思是牢记石光银老两口的五彩心愿和深厚情意，走到天边也把祖国亲人放在心上。加拿大距离中国真是万里之遥。但我每天穿鞋都看到这副鞋垫，感觉我离祖国并不遥远。我的所思所想，始终与石光银老两口和所有为国家环保事业兢兢业业艰苦奋斗的人们在一起。祝福他们，祝福祖国！祝福全世界爱好环保的人们！（原载《加拿大商报》）

46，“铲屎官”记事

19 加拿大 北美文壇

Today Commercial News

五彩鞋墊萬里行

「鏟屎官」記事

加拿大中國筆會園地

“铲屎官”是近年网上的一个热词，特指家养猫、狗等宠物的主人。最近，王教授老两口做起了“铲屎官”，体会了做“铲屎官”的辛苦和乐趣。周日，他和老伴去“麦超”一元店，给家里的猫咪买点东西，于是发现了一张图片，上面画着一只黑猫，身上标着“Trick or Treat”。立即花三加币买了回来。因为它和他家的猫咪太相像了。而且，“Trick or Treat”让他感到可亲和可乐。

前两年报纸上登载消息称，有几只初生的猫咪征求领养。王教授的朋友就花200加币领回了它，起名“妙妙”，并一起生活了两年。最近朋友要回国办事，就把它寄养在王教授家里。起初，它在王家感觉生疏，行动小心翼翼，喜欢藏在暗处。而且，它的面部表情变化很多，等待喂食时，表情殷切和蔼；准备和主人打逗玩耍时，二目圆睁表情兴奋；而需要独自静卧时，则表情阴沉，经常压下上眼皮，只露出下面半只眼。它的叫声有十几种变化，有的类似打招呼（寒暄），有的类似叫人，有的类似回应，有的类似不满，有的类似欢愉，还有的类似拒绝，等等。它示意想咬人，或伸出前爪挠人、伸出后腿踹人，一般都是表示不满和拒绝。而有时伸前爪挠人也是和人打逗。它的喉咙发出咕噜咕噜的声音，就是表明此时它心情愉快。

妙妙是黑色，网上对这种猫有两种评价，一是说它是“小女巫”，女巫肯定不是个好词儿；二是说它是家庭的吉祥物，有镇宅、兴家的功用。但王教授更加相信后一种。因为他们前些年都和孩子一起看过动画片《黑猫警长》，里面的黑猫警长是“正面人物”，兢兢业业查办“案子”，与“一只耳”的耗子斗智斗勇。妙妙在王家熟悉以后，每一处都走到了，凡是不让它去的地方，只要你稍不留意，就会被它抽冷子钻了空子。初来乍到它很内向，蔫蔫的，熟悉了以后就十分活跃，登梯上高是家常便饭，经常蹲在窗台上看着外面。看到阳台上来了鸽子，会聚精会神看很久一动不动，有个成语叫呆若木鸡，王教授说它此时是“呆若木猫”。加拿大苍蝇很少，但偶尔也会有苍蝇，王家因为在阳台用两个旧抽屉种了韭菜和大葱，招来了苍蝇。苍蝇从阳台抓空进了客厅，王教授拿出苍蝇拍想消灭这个苍蝇，但转眼就找不到了。正在着急，忽然看到妙妙静坐在一处正呆若木鸡死盯住一处在看。王教授顺着妙妙的眼光看去，原来是那只苍蝇藏在那里。于是，他马上挥起电蝇拍消灭了苍蝇。这样的事连续发生三次。妙妙真的起到了“警长”的作用，王教授感谢妙妙立下的“侦查办案”之功，喂了它奶酪，而平时则很少喂，主要是让它吃猫粮、猫罐头。为防止再来苍蝇，王教授把两个废旧抽屉扔了，不再栽种韭菜和大葱。

妙妙站起身来往阳台门外看，或站起身来干别的事，都感觉它似乎很聪明。给它一个干蚕豆，它会像打冰球一样，用前爪左右拨打往前推着走；给它别的玩具，在它高兴的时候也会玩得很开心。它兴奋起来会跑、蹿得很快，上窗台只是“嗖”地一下子，从这屋蹿到那屋，也只是“嗖嗖嗖”几下子的事，相当麻利。妙妙闻到刺激气味也会打喷嚏，那是一种什么声音呢？著名作家王蒙写到新疆的猫咪打喷嚏是“匹什——”一声，非常俏皮，妙妙也差不多。到了吃饭时间若不及时喂它，它就会在你面前不停骚扰，而它吃着半截的时候，会走到你跟前邀请你去看着它吃，方式有叫声、身姿等，你若不肯给面子，它会反复多次邀请，实在请不动你，它有时会停止进食，宁可饿着半个肚子；想跟你玩耍时也如此——走到你跟前晃当一下就躺在你面前，看你理我不理。王教授两口子周日在一元店买来了猫咪喜欢的大小两个柔软的“卧铺”和常用的“猫铲”，要正儿八经做一回“铲屎官”了。

Trick or Treat（不给糖就捣乱），是万圣夜小孩与成人之间进行的传统游戏活动。小孩在万圣夜会扮成各种鬼怪造型，逐门逐户按响邻居的门铃，索要糖果、食物等，并喊出“不给糖就捣乱”（Trick-or-treat）的口号。《加拿大商报》

47，话说时代广场

在郑晓龙、冯小刚和姜文、王姬等著名影视人拍的电视连续剧《北京人在纽约》中，出现最多的繁华外景，就是纽约时代广场。上海作家周励写的长篇纪实文学《曼哈顿的中国女人》，也多次写到纽约的曼哈顿和时代广场。时代广场（Times Square）是米国纽约市重要商业街区曼哈顿的一块风水宝地，前些年曾被舆论界称为“世界的十字路口”，可见身份之显赫。其实时代广场原名为“朗埃克广场”，因为影响力巨大的《纽约时报》早期在此设立过总部大楼，因而更名为“时报广场”。又因为其高知名度，为世界上不少著名城市受到启发，将自己的商场或建筑物取名为“时代广场”。“时报广场”于不知不觉中被改掉了“报”字，称为“时代广场”。

围绕时代广场有近40家商场和剧院，是引人注目的商业购物和娱乐中心。大量耀眼的霓虹电子广告、电视式巨型宣传版以及百老汇大剧院，已经深入人心，成为纽约的象征和标志，突显着曼哈顿强烈的都市和商业色彩。时代广场随时变幻的色彩绚烂的霓虹灯大屏幕，随时播放着新闻的大屏幕，随时播放着歌曲MV和各种电视节目的大屏幕，足以震撼人们的耳鼓，摄取人们的眼球。时代广场是纽约市内唯一在规划法令内、要求业主必须悬挂亮眼宣传板的地区。包括美国广播公司在内的世界多家新闻媒体都在时代广场设有演播室和新闻中心。所以很多国外媒体在说到关于美国的新闻时，总要把镜头切换到时代广场的演播室，以五光十色的各种巨型大屏幕为背景。人们常说：“不到纽约算不上到过美国，不到时代广场算不上到过纽约。”

但时代广场的主街十分光鲜，支脉（与之相交的小窄路）就未必如此了。就在距离时代广场仅仅几十米远的小窄路上，鳞次栉比地分布着大量“摆摊设点”的小商小贩。卖烤肉、烤饼的，卖水果奶茶的，卖服装的，卖工艺品的，卖各种风味小吃的，几成气候。而柏油路面也多有龟裂来不及修缮。那些小摊小贩的气质与档次，丝毫没比国内县镇一级的“摆摊设点”强多少。与周围巍巍然的高楼大厦很不搭调。也就是说，世界闻名的时代广场的左邻右舍或左膀右臂都是这样似乎上不了台面的“队友”。当然，这一方面说明主管部门的包容，允许前来旅游观光的外籍人看到时代广场有些煞风景的“背面”；另一方面，说明一个街区的繁荣需要多层次、多种类、多样式，彼此形成互补，避免了因单一而容易出现的萧条和冷落。而据此繁华地带的“麦当劳”比之国内的“麦当劳”店铺简陋、随意很多，甚至简陋、随意到让人觉得“穷就乎”和“不像过的”，有的屋里干脆全是钢架子搭成，基本没有遮挡的装饰。而且，因为年代久远，黑黢黢的十分老旧——把这些桌椅板凳扔到外面路边，估计没有人捡。但生意出奇得好，人满为患，排不上队。包括时代广场近邻的“披萨”饼店，也都十分简朴，简朴到超出人们的想象。

时代广场正中央和周围的一切，都没有人们想象的那么“规整”，既比不上北京王府井，也比不上上海南京路，甚至比之天津滨江道和重庆解放碑商圈都略感不足。但围绕时代广场的所有商铺生意都非常火爆。这是引人深思的问题和现象。这里没有褒谁贬谁之意，只是挑明时代广场的火爆原因值得研究和借鉴。现在世界上不少著名城市都有商场或建筑物取名为“时代广场”：日本，英国，新加坡，马来西亚等国，中国大陆包括台湾、香港更有多达几十个城市有“时代广场”，有的是商圈，有的是商场或建筑物。做为纽约时代广场的近邻曼哈顿第五大道，文化与商业并驾齐驱：分布着几十座博物馆和几十家珠宝、裘皮、服装和化妆品的商店。上海作家周励的风靡一时的《曼哈顿的中国女人》一书就写的是这里，曾经撩拨了多少人跃跃欲试的念头。中国的服装、服饰企业曾经来此创业。海尔、格力、华为、京东、天猫、贵茶等商家的巨幅广告曾经与世界名牌同时跻身时代广场的大屏幕，发展空间很大。但中美贸易战以来，前景堪忧。

以在下愚见，纽约的时代广场虽然繁荣，毕竟规模有限，毕竟只是一个“圈”或“点”。世界大得很，市场广阔得很，中国商家大可不必非要在纽约的时代广场落户。但时代广场经营范围有高有低、高低错落、阳春白雪之间夹杂着下里巴人的布局路数，商业与文化并举的路数，外在形式有繁有简的路数，值得研究和思考。纽约的时代广场无疑是人工营造出来的，能够带动世界上那么多国家和城市也营造类似的“时代广场”，说明“时代”二字切中要害。纽约的时代广场的时代气息，就是通过最现代化的大屏幕传播最新（包括时政与商业）的信息，以最灵活的多样化的商业模式推广和销售商品。一切围绕“盈利”这个中心。（新浪博客）

48，大都会博物馆

美国这样崇尚科技与军事的国家讲文化吗？纽约这样的商业城市有文化的位置吗？在我的预想中，文化在这里是摆不上位置的。当我们在纽约市走一遭以后，方知，这座商业城市竟然有着几十座

象征文化符号的博物馆。譬如：美国纽约大都会艺术博物馆，自然历史博物馆，现代艺术博物馆，民俗艺术博物馆，印第安国家博物馆，惠特尼艺术美术馆，古根海姆博物馆，无畏号航母海空博物馆，新画廊艺术博物馆，犹太博物馆，纽约历史社会博物馆，修道院艺术博物馆，等。

我想，不论纽约人（乃至美国人）是不是真的崇尚文化，反正给人们提供了文化展示的场所和知识学习的课堂，看不看在你，学不学习在你。门票 25 美金一张，可以连续来三次，参观时须将门票的副券（背面有黏性）粘在左胸上。博物馆太多，我们重点看了各类博物馆的代表——纽约大都会博物馆，买了票以后真的来了两次。其他博物馆打算待以后有时间了再看。而来此馆参观的人们还真是不少，熙熙攘攘，络绎不绝。各色人种、各年龄层次都有。

气势泱泱富丽堂皇的纽约大都会博物馆，是一座综合型博物馆，里面按历史阶段展示了军事（兵器）、生活、文化、美术、雕塑等器物、作品诸多内容。该馆最早于 1870 年由一群银行家、商人、艺术家发起建立，宗旨是“为了鼓励和发展艺术在生产和日常生活中的应用，为了推动艺术的通识教育，并为大众提供相应的指导”；1871 年得到纽约中央公园东侧的一片土地，盖起一座新歌特式建筑，外型设计曾经引起争议，因为有人不喜欢；及至 1872 年 2 月，博物馆首次开放，展示的是一名铁路人员（约翰·泰勒·约翰斯顿）的个人艺术收藏品。该馆无疑是目前美国最大的艺术博物馆，也是世界著名博物馆。参观者普遍认为它较好地起到回顾人类自身文明史的作用。该馆占地面积为 13 万平方米，与北京的故宫、英国伦敦的大英博物馆、法国巴黎的卢浮宫、俄罗斯圣彼得堡的艾尔米塔什博物馆齐名，是世界五大博物馆之一。

我问过服务人员，该博物馆的展品都是经过严格验证的真品，极少数物件属于复制品。很多物件和作品价值连城。譬如著名世界级画家达·芬奇的一幅画（为减少灯照造成的损失，此画安排的灯光效果很暗）。也有美术爱好者和画家来此做画作的临摹，我们就发现一位老者坐着小板凳画临摹，老半天没动地方，我们转一圈回来，好几个小时过去，他仍然在画。古代兵器的展示，十字军东征的马队（塑像）都使我很感兴趣。最让我动心的是中国古代文物和古玩（青铜器），遗憾的中国古代字画部分暂不开馆。这里的展品来自方方面面的团体和个人，涉及中国的展品，我总要忍不住自问：它们是怎么来到这里的？背后一定少不了故事和周折，说不定还有惊心动魄的争斗和惨不忍睹的血腥。达到这个级别的展品都极其昂贵，参观者都注意与展品保持合适的距离，更不去动手摸。

热衷军事和商业的美国人为什么建了这么多博物馆？他们是不是真的喜欢文化？我们不得而知。但我们来此参观能够眼界大开，就是不虚此行。美国人扮演的角色，好像只是个“组织者”，充其量赚点门票钱。而这点门票钱全部用在保管艺术品和为工作人员开工资上，都未必够用。（新浪博客）

49，英雄主义诉说

我们来到纽约海边，这里是电影《怒海救援》诸多故事拍摄地点之一，通过观看一组石雕人物群像，回忆由电影镜头诉说的曾经真实发生的惊心动魄的一切。因为前不久国家的电视 6 频道刚刚放映过这部电影。近些年我已经不怎么看电影，因为近些年的电影往往揉进很多特技镜头，真真假假，体现的是高科技技术，而不是引人入胜的故事情节和演员的出色演技。加之有些电影在“价值观”上让人难以苟同（如歌颂和渲染封建王权意识的《英雄》等）。但近阶段央视播放的一系列电影还是吸引了我，《怒海救援》就是其中之一。

资料显示：该片故事背景设定在 1952 年新英格兰地区，讲述了纽约海岸警卫队营救一艘遭遇风暴袭击油轮的故事。一艘名为 SS Pendleton 油轮在开往波士顿的航程中因风暴抛锚，船只开始渗水并有沉没的风险，而船上 30 位水手的命运危在旦夕。雷·希伯特（卡西·阿弗莱克饰）做为当时船上职位最高的工作人员开始组织众人自救，与此同时，马萨诸塞州海岸警卫队派出了救援队开始海上搜救。在队长伯尼·韦伯（克里斯·派恩饰）的带领下，四名警卫队成员开着一艘发动机都坏掉的木质救生船出发，等待他们的是一场面对惊涛骇浪的殊死搏斗。

伯尼·韦伯执行这次任务，是一次有争议的冒死行动，未婚妻等待和他结婚，不同意他这次舍命出海，因和海警主管争执而被赶出办公室；身边几乎所有的人也都对这次行动不看好，认为去了无疑是送死，生还的可能小之又小。影片营造的悲观晦暗的气氛十分成功，让观影者不光是为主人公捏了一把汗，而且感到主人公有些刚愎自用多此一举。问题是大海深处遇险的三十多位船员眼巴巴地等待救援，观众又多么希望能想出更好的救援办法，而实际上根本想不出来。这是多么“巧妙”的自然形成的悬念设置（彼时的自然情景就是如此），多么大的矛盾冲突与情感纠结！主人公几乎是勉为其难地选了三位同意跟随的人和他一起“慷慨赴死”。一个极大的悬念把观众的心高高吊起。而最终，他们没有死，而是在与惊涛骇浪的搏斗中取胜，和被救援者一起成功返程。

该国一向热衷于拍摄“英雄主义”影片，弘扬一种男子汉顶天立地一往无前无所不能的精神。其实，依我的眼光，每个民族都需要这种英雄。而不是男不男女不女只求“娱乐”的“小鲜肉”。中华民族自古以来英雄辈出，远一点的荆轲，蒙恬，霍去病，岳飞，文天祥，戚继光，邓世昌，林则徐，近一点的张自忠，刘胡兰，赵一曼，董存瑞，黄继光等。同样顶天立地，气壮山河，光耀后人。但这里面确实有价值观的选择问题，即你把哪些人做为英雄看待。近年来社会上价值观呈现多元，说谁是英雄的都有，甚至把汉奸汪精卫说成为国为民的英雄，把潘金莲说成新观念女性，主张为他们平反的也不少。假如你心中有自己的理念，能够坚持住便是你的性格，只要不违法乱纪，谁也不能把你怎么样；坚持不住或无所适从，那就遵从国家的号召，确立“社会主义核心价值观”。（《天涯》论坛）

50，坐小飞机去费城

看美国的费城，马上就想到了家乡天津，因为它的市中心也有一条蜿蜒曲折的河流经过。它位于宾夕法尼亚州东南部，是特拉华河谷都会区的中心城市，东起特拉华河，向西延伸到斯库基尔河以西，面积 334 平方公里。它也是美国最老、最具历史意义的城市之一，1790—1800 年，在华盛顿建市前曾是美国的首都。费城别称“友爱之城”，是宾州最大城市；是美国第 5 大城市，仅次于纽约、洛杉矶、芝加哥和休斯敦。费城市区人口共有 1,553,165 人（2013 年），都会区人口超过 715 万人（2013 年）。

从多伦多坐飞机到费城，仍然是小飞机，飞机内共 16 排座位，每排三个座，所以坐满乘客的话总共 48 人。乘务员一男一女（空姐、空哥）共两个，如果飞行员是正副两个的话，总共 52 人。而飞行员究竟是两人还是一人，不得而知。

返回的时候，在费城国际机场候机，在候机厅看到了先进的设施——小型台式电脑，长条的桌子上按照一个个人的间距，设置了一拉溜小屏幕电脑，电和网络是通着的，谁都可以随时上网，不收费。我坐到桌前试了一下，没问题。使用它的搜索引擎可以查阅各种资料和信息。但费城候机厅的摆布有些乱，很容易走错，若是走错了，就会多走很多冤枉路。候机厅里有汉堡、炸面圈等食品和咖啡、可乐等饮料。价格与机场外一样。候机厅也有卖服装、体恤衫、帽子之处，商品价格也不比外面贵。也是个优点。它山之石，可以攻玉！（新浪博客）

51，花 25 刀打无厘头

纽约街头有一种被我们认为是无厘头的化装电影角色，有《蝙蝠侠》、《蜘蛛侠》的、也有《变形金刚》、《猫和老鼠》、《米老鼠和唐老鸭》的等等很多，见游人从身边经过就跟你嬉皮笑脸，所以我叫他“无厘头”。一位“蝙蝠侠”见我们从他身边经过，就死缠烂打要跟我们合影，朋友说合就合，算不上什么原则问题。谁知合影以后他提出要付给他钱，多少呢，25 刀，给你的优惠条件是你可以揍他。我问他揍多少下，他说：“free and easy “。朋友转述说：“你可以随便打”。我马上想到揍得多肯定就要钱多。

于是，我这个当兵的出身的人真的揍了他，但也是适可而止，没有揍起来没完：左胸两拳，右胸两拳，左耳掴子两个，右耳掴子两个。他都承受了。因为他穿着厚厚的皮制铠甲（正是伏天，他竟然不嫌热），估计不会很疼。但我还是给他挑了大拇指。他不仅铠甲厚，脸皮也厚。我付给他 25 刀，然后对他做了个“停止”的手势，说了一句“quit”!意思是以后甭干这种营生了。他收好钱对着我摊开两手，耸了一下肩膀，转身纠缠别人去了。过后我就想，他可能是为了谋生，也可能根本不缺钱，只是玩儿而已。只要两厢情愿，我又何必多话呢（我从来不写无厘头的烂文，这位“蝙蝠侠”导致我今天写了一次）。

52，体验小机场和小飞机

八月中伏，我们一行人来纽约旅游，坐了多伦多到纽约拉瓜迪亚机场的飞机。纽约有三个机场：肯尼迪国际机场、纽瓦克国际机场和拉瓜迪亚机场，而拉瓜迪亚是最小的一个。该机场位于纽约皇后区，面向法拉盛湾，最接近曼哈顿。大部分从拉瓜迪亚机场起飞的航班都是米国国内航线或是来往加拿大的航线。从市区来此机场没有直达的地铁，公交车有 m60，q33，q48，q72，q47等线路，而机场的出租车服务，则依前往的目的地不同而有固定的收费。我转圈看了一下该机场，现代化程度比较高，卫生也不错，来往的人不算少，只是空间比较狭小逼仄。

因为航程较近，飞机也很小，机舱内部，右边两个座位，左边一个座位，坐下以后，如同坐在公交车上，甚至比公交车还有狭窄。这次算是知道了什么叫小机场和小飞机。（新浪博客）

53，纽约中央火车站空旷萧条

纽约无疑是个工业化和现代化的城市，它的中央火车站名闻遐迩，富丽堂皇，但我们一行人来到这里以后，发现它与国内火车站（不论大小）熙熙攘攘、人头攒动的景象大相径庭，几乎没有什么人，从侧门登车处看，车辆往来也不多，

月台上候车的人寥寥无几。与国内情景几乎不可同日而语。这是怎么回事？据 2017 年的统计数字，纽约人口 851 万，中央火车站不至于这么萧条吧？

但实际情况就是如此。这里无所谓褒贬。我想，可能有三个原因：一是现在航空事业十分发达，方便快捷，人们更愿意坐飞机出行，而逐渐放弃火车了；二是米国经济衰退反映在铁路上了，川普没完没了地与中国打贸易战，不就因为经济衰退吗？三是，人们普遍都有私家车，包括适合旅行的房车，自驾车出行也十分便捷，遂也将火车抛之脑后了。加之这座看起来很大的城市确实还是人口少了些。综合起来看，确实萧条！我不由得想起伟人的话："人多议论多，热气高，干劲大。""世间一切事物中，人是第一可宝贵的，在共产党领导下，只要有了人，什么人间奇迹也可以造出来。"中国这些年发展迅速，在艰难曲折中不断校正方向，科技领先，绿色发展，可持续发展，大江南北蒸蒸日上，城市日新月异，农村紧紧跟上，青山绿水，草原山寨，可圈可点，相比之下，纽约确实逊色很多。

【延伸阅读：纽约中央火车站位于曼哈顿中心，始建于 1903 年，1913 年 2 月 2 日正式启用。由美国铁路之王范德比尔特家族建造，是纽约著名的地标性建筑，也是一座公共艺术馆。原先它是世界上最大（现在不一定了），美国最繁忙的火车站，同时它还是纽约铁路与地铁的交通中枢，也是美国最大的车站。它最吸引人的是挑高的候车大厅和人车分道的设计。候车大厅里的主楼梯按照法国巴黎歌剧院的风格，大厅的拱顶由法国艺术家黑鲁（Paul Helleu）根据中世纪的一份手稿绘制出黄道 12 宫图，共有 2500 多颗星星，星星的位置由灯光标出，通电源后便满目生辉。原先每天到站和离站的列车有 500 个班次、50 万人进出，占地 49 英亩，每天有 42 万 6 千人次进出使用（现在不一定了），曾经是全世界最大的公共空间（比巴黎圣母院中庭还大），评论家 Tony Hiss 以很高的评价来形容中央车站，说它是"一件华贵的建筑、曼哈顿中部最重要的一部份、工程上如一个天才般的杰作"，当年它的建成除了揭示新大陆对大众公共空间的重视，也彰显了火车旅行的黄金年代。】（新浪博客）

54，杜莎夫人蜡像馆

【资料介绍】杜莎夫人蜡像馆是全球顶级的蜡像馆之一，由英国蜡制雕塑家杜莎夫人创立。由于腊像根据真人 1：1 量身订制，相似度很高，为参观者提供好莱坞明星合影的机会，为游客提供一个和历史上的著名人士还有现今当红明星会面的机会。博物馆各蜡像不设玻璃罩，没有围栏，可以近距离和喜爱的“人”亲密接触及合影。杜莎夫人蜡像馆中展出的蜡像的头发都是由真人头发精心打造布置的，而一部分他们所穿着的衣服是由明星本人使用过，后来捐赠给博物馆的，很多衣服都是价格昂贵，只能干洗。除了在众多名人聚聚的蜡像中漫步外，纽约杜莎夫人蜡像馆还提供了互动展览项目，从和亚瑟小子一起混音到和珍妮佛安妮斯顿一起走红地毯，这让杜莎夫人蜡像馆从众多乏味的博物馆中脱颖而出。纽约杜莎夫人蜡像馆位于美国纽约曼哈顿，时代广场中心，于 2000 年正

式对外开放，陈列有超过 225 位明星与偶像的蜡像，每一个都栩栩如生、十分逼真。（新浪博客）

55，在纽约的唐人街吃饭

久闻纽约唐人街的大名了，这么多年来刚刚踏上这片土地，一览它的尊容。我在这说“尊容”没有褒贬的意思，只是尊称。虽然，纽约的唐人街差强人意，不是那么光鲜，看上去比较落后，街区狭窄，不够整洁，但也终究是华人打拼生活的地方。不论来自国内的哪个地区，只要是华人，就是我们的同胞。关注他们，对他们的一切全盘接纳，就是我此次前来的态度。

纽约唐人街四周，高楼大厦鳞次栉比，巍巍然气势泱泱，而唐人街似乎是从那些高楼大厦的阵容里“甩”出来的一条街。这条街的中央有一条轻轨铁路的高架桥横向穿过，从堪舆（风水）学角度看，破坏了唐人街的完整性。怎奈这是异国他乡，华人在此打拼谋生，对于环境问题是十分被动的，能有一隅让你使用已经谢天谢地了。唐人街没有太高的楼宇，楼宇门脸的外观也不是特别讲究。随意，透着老旧，间或夹杂着斑驳和脱落。按理说是该“整容”了，因为与相邻街区不匹配了。但我想这大概应该是纽约市政厅应该做的事，但假如他们真要改造这条街的话，极有可能轰走原有在此经营落脚的华人们。因此，这个不着边际的念头去掉也罢。

不论如何，看到那么多门脸房上的汉字牌匾，从身边走过的华人脚步匆匆，神态安然（没有恓惶），这是最重要的。让我们有了归家的亲切感。中午，我们就在一家广东人开的比较干净的小饭馆就餐了。虽然我们做为北方人，对广东风味的饭菜不一定全喜欢，但店主周到的接待，照顾，还是有了宾至如归的感觉，就听从店主的安排，要了辣炒龙虾和两个炒青菜，几碗米饭，一个玉米羹的汤，都不贵。来吃饭者，络绎不绝，基本都是华人。极个别的，看不出是哪国人，只觉得不太像同胞，但又看不准。在唐人街，享受同胞经营者的服务，十分惬意，尽管他们也一再说：“你们来自国内吧，看看我们的经营，看看海外同胞的生意。”我们仍然感觉像是在自己的店铺里吃饭。饭菜质量还是不错的，与店面整洁的布置十分搭调。店里的气氛与国内的情况无二，毫无生疏和隔阂感。快吃完时，外面下起雨来，一下子涌进很多人，也基本都是华人，我们这桌便马上收兵，反正也差不多饱了，立即招呼老板娘“打包”，把尚未吃完的饭菜带走。老板娘也看出我们是有意为新客人让座，便也十分高兴。大家相约，下次来唐人街，还到这个小店吃饭。（新浪博客）

56，来纽约坐地铁

前年 8 月中旬，我们一行人自由行来到美国纽约，体验它的地铁。来来回回坐了很多趟。美国的地铁是先进与老旧交织的交通工具。对它的评价，如同对它的国家一样，你肯定承认它曾经多么先进，但你现在很难说它一声“好”。因为现在的各个国家群雄竞起，把地铁修得既使用又漂亮的国家、城市实在太多了。

美国纽约的地铁运营至今已经 118 年。因为它的老旧，让人感到了它起自曾经领先的美国工业时代的庞大、先进和任性——它的内部结构，从支撑到横梁、阶梯、隔断墙板等物，使用的全部是钢材，连车厢外皮都是不锈钢的（没刷漆）。车厢以外的所有物体原本刷着黑漆，由于岁月的磨洗，以及打扫、清洁的不容易，整体让人感觉“冷冰冰”和“脏乱差”。

但时值 8 月中旬，地铁下面候车大厅却是热风扑面，站一会儿就会热汗淋漓。只有上了车，站在或坐在车厢里，才会感觉凉爽。纽约地铁的候车大厅是没法装冷气的。原因是地铁顶棚隔不远就有一段空洞与地面互通，中间只是隔着铁栅栏、铁篦子。顶棚上面就是马路的便道，走在便道上，脚底下就踩着铁篦子，铁篦子下面就是地铁，地铁列车风驰电掣般从下面经过时，发出的声音尖锐呼啸，轧轧之声震耳欲聋，甚至会让行走者担心自己一不小心掉下去。上下通气，伏天下面岂能不热？而且，你若坐错车了，想找服务员问问，那算难死你，根本找不到。如果问同样坐车的人，你还必须会英语，否则，他给你讲半天，你一句也听不懂。

1904 年的 10 月 27 日，时任纽约市长的乔治·麦克莱兰手握操纵杆，开始了纽约地铁的处女行，用 26 分的时间跑完了全长 9．1 英里、途经 28 个车站的全市第一条地铁线路。纽约地铁是美国纽约市的城市轨道交通系统，全球历史最悠久的公共地下铁路系统之一，也是国际地铁联盟（CoMET）的成员，由纽约大都会运输署营运。

纽约地铁共有 472 座车站，商业营运路线长度为 394 公里（245 英里），用以营运的轨道长度约为 1,121 公里（约 691 英里），总铺轨长度达 1,370 公里（850 英里）。虽其名为地铁，但约 40%的路轨形式为地面或高架。纽约地铁是世界上最著名的十大地铁之一，但现在就是这个样子。（新浪博客）

57，面对今日华尔街的思考

我们一行人来纽约旅游，就住在闻名遐迩的华尔街上的一座四星级旅馆。既然是四星级，应该一切安好，但我们来到楼上，发现屋里没有热水壶和牙刷，便回到楼下的服务台去要，然后他们才送上来。这件事让初到这里的我们有些诧异。早晨，我起床后下楼在街上溜达，鼻腔里被不远处飘来的一股大麻味儿所刺激，放眼看去——因为时值盛夏的 8 月，天气炎热，早上 8 点骄阳已经晒得人额头冒汗了——看到街上诸多的旅馆门前窄窄的便道边，有三三两两的闲客坐在圆桌前抽烟，头顶上是硕大的圆形蓝边白布伞遮着阳。几乎每个旅馆门前都是这种样子，因此说不清大麻气味儿来自哪一桌哪一人。美国原本是禁止大麻的。而他们的近邻加拿大前不久却将允许抽大麻（和同性恋）写入了法律。思想正统的人们必然会将他们看做“奇葩”。

巍巍然的虽老旧依然透着考究的高楼大厦，狭窄拥挤的街道，拥堵的汽车和如织的人流，间或污脏的路段，随处堆积的垃圾。多数垃圾被装在黑色大塑料袋里，有的就散乱堆在地上。如果你留心脚下，会冷不丁发现有两寸长的蟑螂“倏”地在眼前蹿过。甚至你还会看到不远处睡在路边的乞丐，如果不是他偶尔动一下，你会担心那是尸体。曾几何时，纽约的华尔街，是世界瞩目的商业中心，“华尔街”这三个字如雷贯耳，几乎说得上是纽约的名片和美国特色、世界级大亨的代名词。纽约的起源和全部意义，也几乎来自华尔街。这里最早为荷兰殖民地，在不大的一块地界里，聚居着荷兰裔移民。从 1640 年代开始，荷兰人圈出一块地，并竖起 3·65 米高的围墙抵御和阻挡印第安部落、新英格兰殖民者和英国人。直到 1685 年，勘测员沿着原始围墙划定出一条道路，便是现在的华尔街。再到 1699 年，英国人将荷兰人垒的围墙拆除，将整个街道袒露出来，并将华尔街的名字保留了下来。

在现在的整个纽约市，华尔街位于商业最繁荣的曼哈顿区的南部，从百老汇路延伸到东河，全长约三分之一英里，宽 11 米，是英文“Wall Street”的音译，原意为“大墙大街”。从百老汇到东河有 7 个街段，虽然每条街道都又窄又短，多年来却以“美国的金融中心”闻名于世。类似摩根财阀、杜邦财团、洛克菲勒石油大王等身份显赫的集团开设的银行、保险、航运、铁路等公司和经济实体的经理处均集中于此，包括著名的纽约证券交易所（纳斯达克、美国证券交易所、纽约期货交易所等的总部）。“华尔街”一词曾经超越这条街道本身，成为附近区域的代称，曾经是对整个美国经济具有影响力的金融市场和金融机构。上海作家周励于 20 多年前曾经写过《曼哈顿的中国女人》，细致描写了她在曼哈顿第五大道经商和拼搏的经历，著名影视人郑晓龙、姜文等编拍的电视剧《北京人在纽约》也在这一地区采likely大量镜头，反映的也全是发生在这里的中国人的故事。

但 2001 年的 9 月 11 日，把美国视为死敌的本·拉登策划了两起飞机撞击华尔街世贸大楼双子星座的事件，惊天动地的几声巨响震动了全世界，不仅造成三千多无辜者的伤亡，带来巨大经济损失，还改写了华尔街的历史与状貌。虽然美国及时追杀本·拉登，清剿恐怖势力，并及时处理善后，但挡不住多家金融机构的纷纷逃离。一些机构离开了地理意义上的华尔街，搬到了交通方便、视野开阔的曼哈顿中城区；一些机构则干脆离开了纽约这座潜藏着巨大危险的城市，搬到了相对清静和安全的新泽西州。除了纽约联邦储备银行之外，没有任何一家银行或基金把总部留在华尔街。我们走在老华尔街的时候，已经看到很多商业金融机构大门紧闭，一副“关门大吉”“拜拜了您呐”的姿态。其实，华尔街周边遍布古旧建筑和历史文化街区，道路也像蜘蛛网一样难以辨认，并不符合金融机构扩张业务的需求。2001 年的“911”事件促使纽约人从根本上改变了华尔街的格局。华尔街是美国的资本市场乃至金融服务业的代名词之说，将会随着时间推移而被淡化和消失，成为“传说”。

我穿着中国部队的军便服来到华尔街金融繁荣象征的“铜牛”跟前。此铜牛不是一般铜牛，它一直是美国资本主义最为重要的象征，如今，它仅仅是个游人留影的景点，仅仅可以帮助游人跟随纽约人一起回忆以往曾经的辉煌。面对铜牛，面对华尔街，也等于面对了整个纽约和美国，以及面对了世界上所有的“资本主义”，我们做为来自社会主义中国的公民，此时此刻应该做何感想？我们赞美华尔街曾经的辉煌吗？我们惋惜华尔街失去的一切吗？我们赞同另类派系的本·拉登吗？我们站在铜牛跟前留影时心里舒服吗？即使是竞争对手，我们希望它轰然倒塌吗？我们愿意看到竞争对手中那么多普通百姓、平民包括白领阶层遭受涂炭吗？继而想到以英国前首相布莱尔为代表的一些人，主张和尝试“第三条道路”，有意义吗？

【读者反馈】王世宇 2020，9，24，20：00：写的真好。大作家的随笔就是不一样，尤为收笔的语句……照片也棒！表示了态度。

【延伸阅读：华尔街铜牛的来源——这座铜牛塑像是由意大利艺术家狄摩迪卡设计的，铜牛身长近 5 米，重达 6300 公斤，无数前来观光的游客，都愿与铜牛合影留念，并以抚摸铜牛的牛角来祈求好运。狄摩迪卡是在 1987 年纽约股市崩盘之后，有了创作的灵感。他说：“当我看到有人失去了一切，我感到非常难过，于是我开始为年轻的美国人创作一件美丽的艺术品。”为了筹资，他卖掉了家乡西西里祖传农场的一部分，总共筹得资金 36 万美元。 1989 年的一个午夜，他在纽约证券交易所外将这座后来举世闻名的铜牛塑像竖立起来，宣称它是“美国人力量与勇气”的象征。由于狄摩迪卡无法取得许可，数日之后，铜牛于 1989 年 12 月 20 日被迁移到几条街之外的鲍林格林公园现址。】《凯迪网》

58，纽约公交车一景

纽约有很多让人难以说好的事情，也有很多让人难以说坏的事情。它的公交车服务，可以说引起了我的青睐，觉得国内可以学习："它山之石可以攻玉"，"见贤思齐"，是吧。

一次我们一行人坐上公交车，到了下一站的时候，司机突然下车了，老半天不上来，我以为他是下去抽烟去了，因为这种事在国内是见过的。因此我还想，纽约这样的资本主义社会，违个规，散个漫，应该是习以为常的。但实际情况让我大出意外。司机是下车帮扶一个打算上车的残疾人去了。这个残疾人是霍金式的全身瘫痪，脖子是靠多个扭结组成的金属支架支撑，他才能勉强看到前方。这里顺带说一下，公交车的前门脚下部位，是有一个踏板可以放下来的，遇到残疾人的轮椅，就把踏板放下来，残疾人可以通过这个踏板上车。

此时，本车的司机，一位穿着公交车司机专用制服的高大魁梧的中年男人，把残疾人的轮椅推上了车，把车上边侧的一排（三个）椅子往上一掀，那一排椅子就贴在车厢壁上了。他们的这种设计，真的是非常简便而人性化的。然后将残疾人的轮椅推到了刚刚腾出来的位置上，用一条带钩的宽布带将轮椅固定住，让残疾人安坐，拾掇停当以后，司机才回到驾驶室，关车门，启动公交车。前前后后大约用了四五分钟。车上人们十分平静，没有人因为耽搁时间而说怪话。

我很想为司机鼓掌。但看看左右，人们都很稀松平常，都当没这回事一样，没有反应。我便没有鼓掌。我想，可能是这里的人们对这种事司空见惯，原本不叫事，是司机应该和必须做的。如果那样的话，我才真是少见多怪了。

而且，公交车上还有一个金属框架，分上下两三层，是专门放旅行箱、旅行包的，也是专门为乘客设计和预备的。往“坏处”说，公交公司为了揽客，多赚钱，想尽了办法，挖空了心思。往“好处”说，是公交公司懂得什么是“人本主义”，懂得人的价值，甘为乘客“做嫁”，把搞好服务真正当成了分内之事。（原载《天涯》论坛）

59，北约克区俄罗斯超市见闻

加拿大的多伦多是全国最大的城市，汇聚全市的几个大区彼此之间较为松散，其间往往隔着大片开阔地，走完这些开阔地往往需要十分钟以上的车程。而开阔地上有时可以看到工厂、别墅区或干脆就是绿草坪。

朋友开着车拉着我们，从多伦多的士嘉堡区到北约克区，以平均 80 迈的车速走了大约二十分钟，来到一家宽敞整洁的俄罗斯人开的超市。真是名不虚传，俄罗斯人超市里的服务员多为俄罗斯（白人）姑娘和小伙，他们的容貌与加拿大本地白人是不一样的；货架上的东西也基本全是来自俄罗斯本国的产品；我同时注意到，前来购物的消费者，也基本都是俄罗斯人——他们的容貌是可以分辨的。货架上的商品特点，一是品种繁多非常丰富，二是包装比较讲究，既色彩缤纷又十分典雅，三是与他国商品相比体积略大。

这都不算什么，有意思的是腌菜缸里的东西出乎我们意料。以我们原有的经验，腌咸菜，腌酸菜、辣菜都是常见的，而在俄罗斯超市我们见到了腌菜缸里除了萝卜、黄瓜以外还有水果，譬如海棠果与西瓜。为了确认其真假，我特意用竹夹夹起一块腌西瓜，立此存照。朋友告诉我，腌西瓜、腌海棠果都是甜咸口，味道独特。只是很多人不一定会接受这种味道。（新浪博客）

60，与水利专家夫妇在一起

非常偶然的一天，在多伦多我所租房居住的小区门口，遇到了卢老师，他将近一米八的伟岸身材，头戴自行车赛选手的头盔，推着自行车，自行车后架上绑着一个塑料筐，里面装着刚买来的蔬菜。我们彼此不认识，我误以为他是楼里另一位大哥，谁知一打招呼，他立即纠正说他姓卢，在我们这座楼的后面住。于是，就此打开了话题，我也由此得知卢老师已然八十有二，而年轻的神态和结实的身体，好像刚刚六十岁。

卢老师得知我们要帮儿子买房以后，卢老师的爱人李老师就主动上门找我们来了，为我们提供了有关的房源信息。话题从李老师也是天津人，我们原本是老乡说起，说到卢老师是湖南长沙人，夫妇二人都是文革前的老大学生，都是学水利、地质专业的，毕业后分配到省里，兢兢业业工作了一生。早期还曾经经历过干部下放，在农村工作了若干年，经受了艰苦环境的磨砺和考验。李老师比丈夫小四岁，两个人因工作而结缘，是一对比翼齐飞的模范伉俪。他们并肩携手走过不同的困难时期，一同为国家的水利事业做出了重要贡献。他们属于知识型和研究型人才，他们的很多科研成果和论文获得国家和省市级奖项，在省科研界享有很高声誉。卢老师还是享受国务院津贴的国家重量级专家。退休后的很多年，卢老师一直在带研究生，为学生和晚辈当顾问，指导他们的研究。近年，他们投奔加拿大的儿子，在多伦多定居安度晚年。2019 年建国 70 周年之际，国家向鲁荣安颁发了荣誉勋章。

他们夫妇二人都是热心公益事业，经常助人为乐的受人尊重的老大哥和老大姐。涉及社区的一些服务性琐碎事，他们也不嫌麻烦，协助主管人员做细做好。他们为人谦和，不浮躁不自夸，把自己当做普通百姓，和大家打成一片。即使是出席一些社会活动，他们也坐在角落，甘愿默默无

闻，不事声张。他们的优秀品质为我留下深刻印象，同时为我树立了榜样。（新浪博客）

61，闯市场的老三

老三是我家三弟，从小调皮，敢于挑战，经常有老街旧邻告状找上门来。待到上了中学，渐渐走上正轨，是学校“红医班”成员，学得号脉、针灸，按摩与常用中医药方等三两手技艺。中学毕业时上山下乡已经停止，他便进入工艺品公司下属的制镜厂，当了为玻璃磨花的技工。

老三其实也属心灵手巧之人，不光写得一笔好毛笔字，磨花也干得十分出色，不久便被师父看中，把闺女许配于他。其实此时左邻右舍已有女孩看中了他，但他只是稍稍想了想便遵从了师父之命，因为，师父的闺女也是制镜厂的技工，大家天天打头碰面，毕竟近水楼台，加之人也长得靓丽，事情便一蹴而就。

但老三生就不安分的性格，制镜厂还没有改革、人员分流，他们两口子便主动随岳父干起“私企”，专事玻璃磨花业务，一时间干得风生水起。老三两口子仍不满足，干脆连玻璃磨花也不干了，在街边摆起小摊卖起指甲刀、钥匙链等零碎把唔，算是脱离依靠技艺吃饭、专事商业的买卖道儿。那时没有城管，但警察会抓，他们经常处于“惊弓之鸟”状态。这时有好友指点：卖家具吧，眼下结婚的年轻人越来越多，都到乡下去买家具，你们在市里租一爿地方，到乡下进货，肯定买卖兴隆。两口子真的钻研起来，于是，改弦更张卖起家具。

一下子就火了。弟媳是嘴一份手一份的精干之人，一个人能看好几个摊位，比老三还干得漂亮，自有资金迅速积累起来。继而他们扩大再生产，租了更大的场地，卖更多品种的家具，这时已经有了一定名气，很多家具厂主动找上门来请求代卖。俗话说，贫居闹市无人问，富在深山有远亲，左邻右舍就找上门来，请求帮助。他们便安置了不少老街旧邻来这个场地卖家具，他们手把手教他们，而且帮他们进货、联系货源、定价，问题是，他们忘记了市场经济往往没有规则，往往让人见利忘义，要么猫教老虎一百个本事就是不教上树，待老虎想吃猫的时候，猫噌一下子就上树了，让老虎干瞪眼。

其中一个老邻居不满足自己在老三两口子帮助下已经开始赚钱的红火，他们想吃掉老三两口子，而独占老三两口子租来的巨大卖场。最后事情闹得很大，几乎要出人命了。人们劝老三两口子：算了吧，你们另起炉灶吧，教会徒弟饿死师父，历来如此，谁让你们傻实在呢。经过很多中间人的说合，老三两口子憋着气主动撤出了。

老三两口子真的另起炉灶了，干起源头业务：租了厂房、场地、仓库做起家具。一时间他们天天研究北方流行的各式家具，进木料，买设备，聘木工，叮当五六就干起了家具厂。也曾兴旺一段时间，成为远近闻名的利税大户，老三两口子也风风光光了一阵子。但随着国家大力推荐环保事业，他们的家具厂需要远迁。但当时远迁是不现实的，只有关闭。所有成品、半成品、机械设备都要当废品卖掉。这是没办法的事（大中型机械设备四十余台、小型近百台、停业时还有四台没拆封的电脑数控设备）。当时厂值在四百万左右，卖废品全部所得才三十来万，他们奋斗三十来年的成果啊，一下子全没了。他们两口子在精神上受到了很大打击。后来他们使用剩下的机械又干了一段时间，木工全辞掉了，他们自己做木工，但因实在太累，最终还是偃旗息鼓了。

出去打工吧，换一下脑子，不然非得崩溃不可。这些事只能自己消化和调整，和谁说都没用。收获了什么？经验教训。老三闲散了一段时间，痛定思痛，为排遣寂寞，到一家幼儿园当门卫去了。三弟媳则外出打工，依靠勤奋和聪慧，月入万余。他们的下一代我的侄女则大学毕业后进入银行业，她兼具了父母亲的所有优点，所以在银行业干得得心应手，一直做着骨干，年纪不大的小姑娘却把一群大小伙子、大老爷们调理得顺风顺水，工作有条不紊，头头是道，深得老总信任。看到后代成长成熟起来，做家长的除了高兴，还有安慰。多年来，我这个写作者对他们帮不上忙，只是看客。偶尔给侄女一本新书，让她插空看看，我也希望老三看，因为老三壮志未酬，始终不甘心，看看书，也是排解。自家兄弟，除了祝愿，别的不说了。（微信公众号）

62，俗与雅

我曾经和天津知名实力派作家余小惠同在市委党校学习，那是 1980 年的年底，我们同为基层单位的宣传干部，我在政治经济学班，她在哲学班，共同接受了 7 个月的专项培训。虽不在一个班，但也多有交流，她那时在文学上已经崭露头角，发表了一系列具有一定影响的知青题材小说，此时，她的反映知青生活的新作《枣花蜜》刚刚写完投出去，正等待发表，而我刚刚起步。夏天因为炎热，屋里也没有空调，她喜欢光着脚在屋里水泥地上走来走去，一边发表着“宏论”。

她从中医学院党办室宣传干部调到市委宣传部的支部生活社任记者，继而她又调到了百花出版社任编辑，不断从业余靠近专业，和丈夫孙力合作的长篇小说《都市风流》还获得了中国文学最高奖茅盾文学奖。她是个聪明剔透和伶牙俐齿之人，我后来在百花出版社的电梯上遇到了她，我祝贺她进入专业文学部门工作，她说：“我到百花来，对你们（写作者）有利，对我自己倒未见得是好事。”

她问我在写什么，我说我刚刚写了一本很俗的书。她当即回应，几乎没有思考：“俗就是雅！”这句话让我心里一下子热了起来，仿佛抓到了“救命稻草”。她对我非常了解，过去在党校和她一屋的女学员，曾经和我好过一阵，后来因为各种原因，各自找了自己的对象结婚。2014 年市作协召开代表大会，休息时在楼道里她哈哈大笑着和我提起了这件事，问我究竟什么结果，我说各奔东西了。

那一时期，我写了两本官场小说，一本是前面说过的被盗版的《副省长女秘书》（原名《高架桥》），另一本就是演绎某市那位自杀领导的故事《女市委书记的男秘书》（原名《女市委书记》）。两本书都是出版方改的名字，为了好卖。《女市委书记》这本书出版至今 12 年了，众多网站仍在热衷转载，乃至靠它赚钱。但有人说是“恶俗”，说这话的人也调侃自己明明知道恶俗却还津津有味地坚持读完；后来这本书又出了有声小说，又有人留言自我调侃：“一本 YY 的书，我竟然听完了！”而且，搞有声小说之人根本没和我联系，属于侵权，但他们冒着被告的风险，仍在“卖”这本书。

其实，我在写这两本书之初，就有一种想法，即小说本身就是通俗的文学形式，打算讲一个十分严肃的事件，甚至是恶性事件，也即“大众话题”，若以严肃的“纯文学”形式，谁来读呢？既然是大众话题，就以大众文学的笔触吧。于是，就诞生了那两本书。而余小惠的“箴言”让我有了底气。市公安局的战友对我说过，某人出事后，主管领导有言：“那是个人行为，与组织无关”，还有言：“某市有腐败现象，无腐败领导”。基于这种思想，某人出事后他基本没有什么亡羊补牢的措施。而我在书中反其道而行之，设计了一系列情节：在市领导自杀后，组织部应该做什么，宣传部应该做什么，政法委应该做什么等等。难怪读者说我“YY”。

当然，《女市委书记》这本书不光挨骂，也有“花絮”：该书写于2008年，某人出事的第二年，而2010年正式出版。出版后被出版商发到网上，在新浪网三个月点击率达到一个亿，归零后三个月又是一个亿。全国上千家网站转载，国家文化部网站和中国记者协会网站都在第一时间转载。不计其数的人读了这本书。新浪网在2011、2012连续两年把它评为“官场商战好书榜前5名”。我隔壁邻居是个租房户，是外地大学生，在市公安局出入境管理局工作，因为我们总是帮她扫门口，每年春节后她都从老家带一些土特产给我们，我们也感觉应该回应，我就给她一本书《职场眩爱》，她当时就翻开了扉页看作者简介，一看写过《女市委书记的男秘书》，当时一惊：“你就是岩波？真是大隐隐于世！这本书都让我们传烂了！太喜欢了！”

我在参加市文联举办的学习班时，遇到宝坻和静海的两位局长。他们都是业余作家，听说我就是岩波，惊呼：“你怎么写了《女市委书记的男秘书》？胆子忒大了！”我问是不是写得不好？他们说，“不，写得好，只是这事搁我们不敢写，也写不好。”后来天津老年时报的一位记者转达：天津社科院老院长王辉，以前当过市委秘书长，他在网上读了这本书，一肚子感慨，委托记者约我见一面。谁知，没过几天老院长心脏病发作去世，想见面也没见成，他想与我谈什么，也变成了迷。10多年来，全国各地网站一直在转载这本书。光是广播小说就有好几个版本。他们转载或做成广播小说用来赚钱，都没通知我，当然也不会给我报酬。

这本书一度脱销，出现了盗版，继而出现了“复印版”，网上也经常出现“求购”这本书或拜求阅读网址的信息。我也对老伴说过这件事：要不要起诉？老伴历来不愿意惹事，说，咱没有这么大精力干这个，他们愿意折腾就折腾去吧，说明你的书没白写。是啊，这是一本“恶俗”外壳包装的“兜售”反腐倡廉思想的书。网上语言：世界上最难的事是把你的思想装进别人脑袋，把别人的钱装进你的口袋。这倒不是自我安慰，而是一介书生抒发理想的“纸上谈兵”。我企望有一位书中那样的女书记，所以写了她。而现实中要做成她那样，很难，环境未必允许。

山西著名作家张平写作的长篇小说《国家干部》颇受好评，原型来自山西朔州（？）一位年轻政治明星。我一直关注这位政治明星的结局，很为他捏一把汗，果然，没几年便陨落了。酱缸文化是个过时的话题，现在没人说了。只说“俗”吧，官场也是一样的，不能“入乡随俗”，企图鹤立鸡群，便是短命的。（著名作家蒋子龙留言：刚读了这两天的信，阁下创作力旺盛，可爱可喜可贺，趁此多写。没有规定作家该写什么不该写什么，雅俗也没有固定的标准，大雅通俗。将来编成文集、全集，就丰富多彩，雅俗共赏。天津作协副主席、天津社科院文学所所长闫立飞留言：这是一篇很好的作家创作谈！点赞！）（新浪博客）

63，关于《离婚男人》

2004 年，我们老两口受邀去云南帮助朋友创业，如果有兴趣的话，可以长期干下去，是时我们俩都在单位办了内退，没有了牵绊，孩子也上了大学，至少在云南干两三年没问题，但我们只干了一年，因为我还有写作的打算。我那时做办公室主任，我老伴做销售部主任。员工都是当地人，有城里的孩子，也有村里的孩子。云南工业很少，这家公司专事生产瓷砖，流水线，半机械化，这在曲靖已经“为人瞩目”了，市政协、市人大等部门经常组织人前来参观，公司院子里经常停着几辆大轿子。

这家公司与县、市财政局和银行都有借贷关系，也由此与政府官员和相关企事业单位都常来常往。这对于我这种写手，是体验生活的极好条件。我们老两口与员工的关系、与当地村民（车间占用了他们大片土地）的关系都很好。员工经常偷着给我们俩送吃的，少的一两个煮熟的玉米，多的整只炖熟的烧鸡。而关系单位往往送来整筐的苹果、橘子或石榴，云南人实在，派生人来送东西，不由分说，撂下就走。老板愿意要，我们就没法推拒。几个管理人员吃不完，又舍不得给员工，结果，就经常出现半筐橘子烂掉的事，我们老两口就经常在老板不在的时候拿一些给员工。

云南的乡俗俚语有“十八怪”，其中一条是“抱着孩子谈恋爱”，是说在婚姻上比较松动，价值观和我们不太一样。年轻人在恋爱、婚姻、性事上与内地都不太一样（现在内地也与从前不一样了，已经十分开放）。给我的主观感觉就是年轻人太轻率，分手和离婚太不看重，太频繁。他们拿我们老两口当知心人，很多跟家长都不一定说的想法，会对我们说，当然，他们对于我们的劝解也并不看重，只是寻找一个宣泄对象而已。

一年时间，我们老两口帮助公司开辟了云贵川三省的很多业务网点，往各省发货需要车皮，我们和铁路上也建立了关系。这一切是费了九牛二虎之力才完成的。能够做到这一切，除了请客送礼沟通关系等等因素之外，仰赖我老伴会开车。走狭窄的山路的时候，一边是峭壁，一边是深谷，遇到错车时极容易出事。一次夜里汽车坏在返程的山路上，前不着村后不着店，四处漆黑一团，急死人啊。老伴急忙给修理站打电话，云南人确实实在，深更半夜也赶过来帮着修车。种种困难和艰险，都不能不说是我们必须回津的理由。

待我们提出要离开的时候，老板（朋友）央求我们不要走，甚至提出给我们一定的股份挽留我们，但我坚持要走，因为一本书已经在肚子里酝酿成熟了。老板见我为了写作而走，便提出要专门为我安装电脑，并出钱帮我出书。提供这些条件对于他来讲易如反掌，但我还是提出要走。因为我的体会是“拉开距离才更容易理性思考”，身在其中必然纠缠于具体事务中，只有就事论事的感性，不容易写好作品。最后好说歹说没留住我们。老板亲自开车把我们送到车站，依依不舍看着我们上车。

这本书写的是80后年轻人的故事，那时候他们刚刚20岁上下，简单，冲动，莽撞事很多。而且，资料显示80后离婚率最高，值得关注。原书名是《送你一支蓝妖姬》，出版方为了好卖改名为《离婚男人》，我没有反对。这本书很得年轻人青睐，网上佳评很多。天津电台反复播送，还把音频发到了网上。但这个名字惹得身边的离婚男人“怒从心头起”了。乃至最后演变的连国安系也跟着搅了进来。以公权力制约和戕害一个老百姓实在太容易了。所以我在《红星谱》的书中写过某个老八路质疑“天下为公”四个字，主张天下为民，因为公也包含公权力，而公权力有时会戕害百姓。（微信公众号）

64，老张的愧疚

2003年底，天气奇冷。老张正在北京顺义的建筑公司做着库管员的收尾工作，天津方面来电话，让他回去一趟，他和老伴便急忙回去了，原本他们干得按部就班，老板说年底有奖金，而他们还等着呢。因为是天津某检察院的“邀请”，不能不来。那时北京南站还没建成，和谐号还没有，他们来来往往都是坐的最传统的绿皮车。在古旧漂亮却显得拥挤的老北京站上上下下的时候，他一直在想：检察院找我？

涉及一桩经济上的往来。你没拿一分钱好处？绝对没有。你不是个神经病，就是个优秀党员。检察官对他“软硬兼施”以后，笑着下了结论。他牢牢记住了检察官给他沏茶时的殷勤，和“循循善诱”时的诡异。他把那种表情和表现理解为忠于职守（若干年后，在马路上碰上了检察官，他说他最近新出了一本书，叫XX，检察官愣了一下，说，哦，我一定买一本看看）。那次从检察院出来，老伴在传达室等他，问他怎么样？他说如实回答，没什么。这时看到机关X某正在此游荡，他说，检察官告我了，说

X 某是举报人。他老伴是个急脾气，当即对着 X 某大吼起来：“老局长定的事，你怎么不去告老局长！专捡软柿子捏！”X 某急忙申辩：“不是我告的！不是我告的！”

X 某其实也是个急脾气。外号“猛男”，一次和一位同事吵架，将一杯滚烫的热茶泼到对方脸上，“猛男”的外号便坐实了。他喜欢喝大酒。一次下班后在单位门口小馆喝酒喝大了，晕晕乎乎骑车回家，在大沽路桥上醉倒，摔掉了门牙。他原本是个知青，选调在郊区基层单位，因为能写一些小材料，被抽上来。对机关里发生的一切经常牢骚满腹，久而久之，演变为告状专业户，没事就写匿名信，手里似乎掌握着无穷尽的告状线索。机关里没人敢惹。继续发展，就是连工作都不干了，就天天坐着抽烟喝茶看报纸，也没人敢管。后来照顾他年龄大，给他个处级职务安抚，没过多久，他把职务也辞了，仍然天天“坐着”，而机关里对他的工资一分钱不敢少给。他起初住在红桥那边，后来搬到家属院一个楼里，下了班第一件事，就是手里架上鸟笼子去海河边遛鸟。有时一个鸟笼子，有时两、三个鸟笼子。摇摇晃晃，横着老宽，后边的人过不去，只能等着他走远。那时他还不到六十岁，养鸟玩鸟已经好多年。这种做派在家属院绝无仅有，蝎子粑粑独一份。

机关改革，人员分流，成立集团，想干事的人都傻了吧唧申请去集团，那时公务员工资不高，似乎对人们吸引力不大，加之领导带有诱惑的动员，大部分平时表现积极的骨干都去了集团，少部分表现一般、比较保守（不敢说落后，也不敢说不是骨干）的人留在了机关。后来退休金发生了差别，留下的比走了的多两三倍，他们幸灾乐祸道：“谁笑到最后才笑得最好！”“思想积极”的骨干们真是做了一次白痴。这些白痴原本有机会翻身，老张手里有一份市政府的文件复印件，是政府副秘书长姜喜瑞签发的，内容是本局这些机关干部在二次机构改革中，享受第一次改革的政策，可提前退休，并享受公务员退休待遇。但诡异的是老张把文件拿出来后，大家传阅，于是传没了，“被失踪”了。再说人们提起与上边打交道，都怵头，这件事就这么乌漆嘛黑搁浅了。

拟定成立集团后，机关需缩小。北京和上海都只留一个“LS 办公室”，12 个人，在市商委办公。天津非要申请 30 个名额，远超北京上海，这是老局长的意见，他认为这样少精简一个，工作难度就减少一分。为了保这 30 的名额，老张按照老局长旨意请人事局编制办主管人辛处长很多次，好话说了一火车，酒也喝的超乎寻常。但他忽略了一个问题，辛处长脸色不好，接近地皮色，他竟然看不出问题。辛处长席间对他说，我看你人好，办事实在，否则这件事是没商量的，天津的人口少于北京上海，你们局机关留用人员怎么能多于人家呢？老张说，本人丝毫不想表功，需要表功的地方比这个大得多，这里只说愧疚。辛处长破例为他们进行了一系列运作。事后不久，他就病逝了——他已经肝癌晚期，竟然陪着老张喝了那么多次酒！罪孽啊！老张痛恨自己。留用的那些人里，就有天天不干事坐着抽烟喝茶看报纸，专门写告状信，下了班优哉游哉架鸟笼子的 X 君。

老张曾经是调研处处长，最后为什么不是公务员？公务员的退休金与企退退休金差别可是很大的！老张说，退休金的差别应该是后来的事，起初并不是这样。那时，他为了配合上级领导的工作，写了一系列文章，还亲口对别人做思想工作，动员人家放弃公务员身份去企业承担困难创业，然后自己却没去，在人格上算什么？对得起良心吗？机关的一把局长孙瑞老领导明明白白让他看了他的笔记本，上面写着把他留在机关继续做处长，那时他硬生生回答老领导：改革以后机关没有“腿儿”了，工作太单调，企业那边热闹，我还是去企业“建功立业”吧。老领导劝他三思而行。他到了企业三个月后，老领导还给他打电话提醒：我可把位置给你留着呢。他很感动，但还是劝老领导把这个位置给别人吧。而当初信誓旦旦空口白牙动员大家的某“上级领导”到了企业几年后，动用一切手段重新回到机关，把原机关下来这些人永远留在了外面，还把可能为大家带来转机的文件“被失踪”了。老张对这种不讲底线的人自然是鄙视的。而退休金问题，不属于“正能量”，他不想提。他说以退休金的多寡论“笑得好”，以一个人的职务升降论“人品”——可以休矣！（微信公众号）

65，与烟厂的一次交集

天津烟厂是个让人仰慕的有着悠久历史的名厂，恒大烟也是驰名品牌。我偶尔也抽烟，但烟瘾不大。家里有亲戚在烟厂工作，但我从来没与烟厂发生过交集。而一次意外的出现，让我与烟厂的人一下子拉近了关系。

我曾经在局机关的实体公司当过五年经理，我这个公司不大，但有三辆汽车。我们下属的贸易公司业务员周克林，是我的好朋友，曾经协助我们做过业务。一天，他找到我说：要去山东办业务，但公司里的车倒不开，能不能通融一下，借他一辆汽车用用。我问：用多长时间？他说顶多两天，办完事就回来。我便把我们公司最好的一辆车借给了他。这辆车是八成新的日本原装三厢夏利，当时买汽车要凭指标，而我们这辆三厢夏利是教育处老处长支援我们的，他们买了车以后来了文件，不允许机关处室养车，所以，老处长把车给了我们。周克林来借车的时候，带着天津烟厂的职工马丁，由此，我开始认识了烟厂的人，我印象深刻的是当时马丁给我一盒烟，是一盒很时髦很贵的天津烟厂出的烟。那天下午，他们一起把车开走了。

夜里三点，我家里突然来了电话，是周克林的父亲打来的，我不认识他老人家，只听他声言颤抖地说：克林出事了，正在抢救，恐怕够呛，你们的车，我们会赔偿的……后面还语无伦次地说了什么我已经记不住了，因为当时我的脑袋猛地涨出一圈：我对全公司、对局领导怎么交待？我们一家人后半夜都睡不了了，老伴一个劲埋怨我，儿子横眉立目气愤地瞪着我。转天一早，我早早来到公司，主动给马丁打电话，这时马丁告知，周

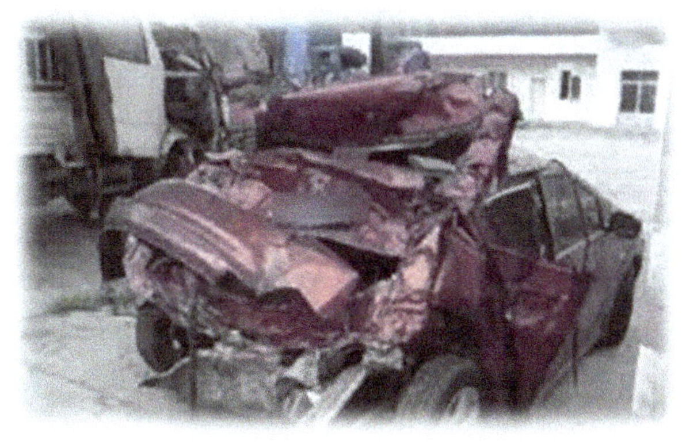

克林抢救无效，已逝，去了四个人，两死两伤。马丁因为有事没去，侥幸逃脱。我根据马丁提供的地址，派公司司机老杜前往处理这件事：把车送往当地修理厂，修不了就报废，周克林的后事由他们家自己处理，我们不便插手。

老杜回来后告知：车已报废，因为日本原装夏利车皮很薄，框架轻巧但也不够坚固。实情也弄清楚了：是周克林和烟厂的朋友一起夜里 12 点出车，感觉那时路上没人，谁知开到 120 迈的时候，远远看到路上躺着一个人朝他们招手，他们急忙往右打把，汽车倏忽间就撞到了路边的树上。前鼻子整个撞进去了。原来他们是去山东宁津逮蛐蛐，回来卖钱，三厢夏利的后备箱里有着成捆的差不多上千个蛐蛐筒。我们等于“受骗”了？但我还不这么想，周克林每天业务很忙，哪有闲工夫天天玩蛐蛐？他一定是想卖钱增加效益，按照他的行事习惯，这次外出赚了钱还会分我们一部分（车钱）。但眼前事情闹得太大了。局里和贸易公司以及其他很多单位迅速得知了这件事。因为我需要向局保卫处上报，而局保卫处也要向其他下属单位通报。我委托保卫处长全权处理这件事，他就去了贸易公司，怎么了结的，不得而知。这边，我给局长写了检讨书，承担了全部责任，请求局领导处分。

马丁来电话转告：周克林家属准备了一部分钱款，打算赔车。我想了想拒绝了，我说人都没了，车算什么？并不是我慷公家之慨，而是在情理上不好接受。再说，周克林若真是为了给公司赚钱，而不是自己闹着玩，你又怎么解释？现在人已经没了，就甭往坏处想了。局办公室的副主任是周克林的岳父，他得知我不再索赔，亲自找到我道谢。他是个建国前参加工作的老同志，是我的长辈，看到他对我那么殷勤的态度，让我也很难受。老局长并没有处分我，只是狠狠批了我一顿，让我吸取教训，下不为例。好几年后，我做了工会工作，市总工会组织我们去张家界，在山下住宿时，与天津烟厂的工会主席住隔壁，我们互相串门的时候说起了周克林、马丁，这位主席立即打开了话匣子：“好嘛，这么多年我们都不知道，原来你就是那个‘冤大头’啊！”我说，人都死了，还提什么冤不冤的。他说：“我们都没想到你会这么处理这件事。”（微信公众号）

66，说不完的中山路

天津市河北区的中山路其实并不长，从金刚桥到北站，如果步行，有 20 分钟就走完了。加上后来的延长线——中山北路，顺着北站再往北走，再有 20 分钟也走完了。但这只说的是长度，若从政治和文化的角度讲，天津市最著名的街道，当属河北区的中山路。围绕这条路，除了革命家周恩来、邓颖超，清代重臣李鸿章，文化名人梁启超、李叔同、曹禺，修筑此路的直隶总督袁世凯，甚至垂帘听政的慈禧太后，都曾在此留下足迹。而最为著名并因此留下路名的当然是民主革命先驱孙中山先生了。

早在 1901 年，袁世凯任直隶总督兼北洋大臣后，以天津为基地试行他的“新政”，“开辟新市区”是其重要内容之一。1903 年，新车站（俗称北站）落成通车，开始接待旅客，袁世凯下令从新车站修通一条直达总督府（接近金刚桥）的大马路，路宽 24 米，长两千多米，命名为“大经路”，作为“新河北”的主干线。这一年慈禧太后乘火车赴奉天祭祖，路过天津，袁世凯便在北站安排乐队为慈禧太后演奏。大经路改名为中山路，是在 1946 年，孙中山先生几次来天津之后。

孙中山先生第一次来天津，是在 1894 年 6 月间，当时李鸿章任直隶总督，住在天津，孙中山带着数千字的《上李鸿章书》，希望面见李鸿章，提出自己“人能尽其才，地能尽其利，物能尽其用，货能畅其流”的改良主张。但遭到李鸿章拒绝。孙中山便不再对改良抱有幻想，转而远走檀香山，从事推翻清王朝的革命活动。孙中山第二次来这条路，是在 1912 年 8 月，推行“缔造共和，推行南北统一，发展经济，振兴中华”的建国理念。孙中山登陆天津后即发表了对记者的谈话，强调此次北上即在“调和南北感情，巩固民国基础”。他应邀出席同盟会燕支部及广东同乡会在广东会馆的欢迎会后，赶赴河北公园（今中山路上的中山公园）发表演说，再次阐述自己北上之行的目的。第三次，是在 1924 年 12 月，此时，孙中山已是肝癌晚期，但他达到和平统一救中国之目的，仍日夜操劳。其间，他在天津提出了召开国民会议，废除不平等条约的政治主张，随后乘专车入京，结束了在天津的活动。1925 年 3 月孙中山在北京病逝。为了纪念孙中山先生，在 1946 年大经路改名为中山路，河北公园改名为中山公园（如今的公园中心建有孙中山先生铜像和纪念碑，是天津市级爱国主义教育基地）。

作为生活在中山路附近的普通百姓，对推动历史前进的政治家自然是崇敬的，对在中山路留下足迹的历史名人也是耳熟能详的。中山路，这条天津的著名马路，我们见证了她的演变，她也见证了我们的成长。因为我们住在北站外，平时并不是每天走中山路，还是小孩子的时候，每到春节临近，都要随着父母去中山路采购年货，挨近北站的“铁路合作社”是去的最多的商场。这个商场在当时当地算面积比较大、商品比较全的商场了，谁家娶媳妇、聘闺女都会来此购买新婚用品，那时的新婚必备用品也不外乎做被子用的绸缎被面、十斤白的被里、棉花，新衣服，印着红双喜字的暖壶、痰桶，等等。而这个商场最让人难忘的是柜台售货员与银台的关系，是用头顶上悬着的一根铁丝联系起来的。四面八方的每个售货员的头顶都有一根铁丝，直通到商场角落高处的银台，抬头看去，密密麻麻。作用就是售货员收了顾客的钱以后，开了价格小票，用一个铁夹子夹在这根铁丝上，向银台方向使劲一甩，铁夹子就溜向了银台，银台的会计接到后拿下钱、票算账找钱，以后再把找的钱和小票夹在铁丝上溜回来，由售货员转交给顾客。走进这个商场，耳边就会不停地听到“唰、唰、唰”地甩铁夹子的声音。

挨近北站的邮局，也是我们来得很勤的地方。我父亲在边疆工作，每个月把工资寄到家里，我们都是接到邮单以后来这个邮局取钱。往老家寄钱，也是通过这个邮局。这个邮局的邮递员经常骑着邮局专用的绿色自行车来我们大院送信，因为我们家的信比较多，所以和我们家的人都认识。邮局门前有个小广场，文革中在这个小广场上搭起了戏台，各企事业单位的文艺宣传队经常来此轮番演出歌舞和样板戏，在动员知识青年上山下乡阶段，《边疆处处赛江南》的歌舞，是演得最多的。那时有紫牌有轨电车，从北站发车至金刚桥，来回双轨，驾驶电车的司机在驾车通过路口或前面人多的时候，会在脚下踩铃铛，发出“当了个令当一个令当”一类有韵律有节奏的悦耳铃声，能踩出“花儿”来，成为乘客非常欣赏的一景。天津市的有轨电车有红、蓝、绿、黄、白、紫、花等六种车牌，分别跑不同的路线。

顺着中山路往金刚桥的方向走，不多远就会在马路左侧看到“十月电影院”。这座电影院于 1954 年 10 月正式建成营业，是解放后天津市新建的第一座电影院，“十月”二字是为纪念苏联十月革命 36 周年而命名。建筑风格以中国古典建筑造型为主，吸收了苏联建筑工艺的特点，其设施设备当时在全市堪称一流。此后先后进行了三次改造，全面提高了放映质量和服务档次。1981 年第一次修复，由市文化局定为“特级电影院”；1988 年安装了 70 毫米放映机，放映了超宽银幕国产影片；2012 年，第三次完成建筑主体的重建工程，恢复了原有的苏式风格，规划建筑面积达 16 万平方米，升级为集商业、商务、居住、文化功能于一体的商业文化广场。早期的苏联电影，有很多都在这里放映过。如《列宁在十月》、《列宁在一九一八》、《斯大林格勒保卫战》、《伟大的公民》、《攻克柏林》等。我们这一代人，在这里观看了《冰山上的来客》、《锦上添花》、《大李小李和老李》、《雷锋》、《地道战》、《地雷战》、《南征北战》、《渡江侦察记》、《红灯记》、《智取威虎山》、《龙江颂》、《三上桃峰》、《侦察兵》、《闪闪的红星》等著名影片，外国电影看过朝鲜的《鲜花盛开的村庄》、《摘苹果的时候》，《卖花姑娘》，阿尔巴尼亚电影《地下游击队》、《海岸风雷》、《第八个是铜像》，罗马尼亚电影《多瑙河之波》等。还记得国产片晋剧《三上桃峰》刚刚看过不久，报纸上就对这部电影大批特批起来。而《闪闪的红星》让大家都学会了“小小竹排江中游”的歌曲，并且知道了李双江的大名。那时一提看电影，最理想的去处必是“十月”。

那时在电影院系统有个职业叫“跑片员”，骑着摩托车，摩托车的后架两侧赘着两个铁箱子，上面写着“电影胶片”。在中山路上就经常看到戴着头盔、骑着摩托、风驰电掣地穿梭于各个影院“跑片”的小伙子，他们急匆匆穿梭于各个电影院之间，跑进放映室送上一盘胶片，又拿走一盘刚放映完的胶片，下一站就可能是河北区工人俱乐部或宁园剧场，或民主剧场、东亚影院、凯旋礼堂、纺机礼堂等等，肯定是下一个电影院在等待放映。在电影院还会出现这种情景：演着演着，突然全场亮起了灯，银幕上打出几个大字“影片未到，请您原谅”，让正沉浸在故事情节中的观一片唏嘘。

过了十月电影院继续往前走，不远处右侧深入进去，到了宙纬路三戒里 4 号，就到了大名鼎鼎的“觉悟社”了。在 1919 年风起云涌的五四运动中，天津青年学生于 1919 年 9 月 16 日发起成立的进步社团。主要代表人物是天津学生联合会和女界爱国同志会中的骨干周恩来、马骏、郭隆真、刘清扬、邓颖超等二十余名意气风发怀抱远大革命理想的年轻人。他们学习和传播马克思主义，团结爱国力量开展反对封建、反对帝国主义侵略，改造社会挽救国家的革命斗争活动。觉悟社不定期地出版一本宣传小册子《觉悟》，周恩来任主编并起草了《觉悟的宣言》。文中写道：人在世界上同一切生物最大的区别，就是人能够“觉悟”，“觉悟”的起点是人能够知道自己，能解决人格、地位、趋向，向进化方面求种种适应于“人”的生活。觉悟是一个不断前进的进化过程，不满意现状，去另辟一条新道，接续不断的往前走，去求无穷的进化。李大钊，徐谦，包世杰，周作人，钱玄同，刘半农等革命家和文化名人都曾来此交流和讲座。周恩来也因为兴办觉悟社而被捕入狱。我们学校曾经组织我们前来参观学习，多年后我自己也来过这里浏览和思考，感受老一辈革命家的伟大胸怀，汲取进步的精神力量。

与觉悟社相对应的，在中山路的左侧，深入进去，就是河北区民族路的天津梁启超纪念馆，这里是国家三 A 级旅游景区，由梁启超故居和其书斋“饮冰室”组成。分为书房、起居室、家族纪念室等十二个展室，再现了梁启超当年居住的环境。展室分六个部分，分别是“勤学苦读的神童”、“戊戌变法的主将”、“君主立宪的鼓吹者”、“反袁护国的组织者”、“享誉中华的学术巨擘”、“寓居津门的饮冰室主人”。梁启超是近代中国著名的思想家、政治家、社会改革家和百科全书式的学术大师，一生写作四千多万字。不仅如此，他与“公车上书”、“戊戌变法”、“护国战争”、“巴黎和会”等中国近代一系列重大事件息息相关。故居展室里陈列着梁启超的书信、书籍、历史文献以及活动照片等。“饮冰室”书斋是梁启超晚年开展学术研究和写作的地方。一进门的大过厅左边墙上挂着一米高的蔡锷画像，昭示着梁启超与“护国将军”蔡锷的往年交集；再往里走是书房和休闲娱乐室，客厅里则陈列着外国客人赠送给梁启超的蜥蜴标本以及鸵鸟蛋等复制品，说明梁启超的时代影响之大。二楼是梁启超的卧室、餐厅等。我曾经多次进出此处参观，也多次设想，假如“康梁变法”成功，历史会怎么评价梁启超？还仅仅是以“文化名人”论吗？中国有古训曰：“成者王侯败者寇”，好在康梁变法失败后，梁启超也并未成“寇”，人民仍然记挂着他。因为清王朝腐败没落，变法本是题中应有之义。慈禧老佛爷虽然挫败了康梁变法，但挽救不了其覆亡的命运，最终被辛亥革命所了结。

还是在中山路的左手边，深入到河北区民主道的东侧，就是当代中国著名剧作家曹禺故居了。这是一所二层小楼，坐东朝西，砖木结构，始建于清末，建筑面积 340 多平米。曹禺原名万家宝，土生土长的天津人，自幼喜好文学戏剧，1924 年在南开中学读书时就开始从事戏剧活动。1928 年升入南开大学，1929 年转入清华大学，1933 年完成处女作《雷雨》，震动了当时的戏剧界，一时间名闻遐迩。清华大学毕业后以优异成绩升入研究院为研究生，专事戏剧研究，1935 年回天津体验生活，创作出话剧名作

《日出》。1940年发表话剧新作《北京人》，再次引起轰动。此后陆续创作了话剧剧本《桥》、电影剧本《艳阳天》等。一部部杰作使曹禺享誉世界，标志着中国的话剧事业发展到一个高峰。解放后曹禺也尝试过新的创作，但成就都不如以往，影响也不大。人们更喜欢他年轻时的作品。

同样是在中山路的左手边，位于河北区粮店街的60号，是文化名人李叔同的故居。这是一座清末建造的一套由四个四合院组成的大宅院，平面呈田字形，有房60余间，占地1400平米。室外环境幽雅，室内陈设精致。大院里有一间西式书房，名为“意园”，是李叔同1910年从日本学成重返故里时所建，有一展宏图的暗喻。2007年天津市政府在老粮店后街的原址上开工重建李叔同故居，之后又对故居内部进行了装饰和布置，建立了“弘一法师——李叔同故居纪念馆”，2011年正式向公众开放参观。李叔同是中国近代著名的新文化运动先驱，同时也是享誉海内外的佛教高僧。他酷爱文学、艺术，擅长书法、绘画、音乐、篆刻，多才多艺，在中国近代史上既不可多得又颇有影响。他开天辟地创办了中国第一个话剧社团“春柳社”，把国外的文艺形式话剧引入中国，并亲力亲为主演了《茶花女》、《黑奴吁天录》等名剧。李叔同在中国新文化运动中的主要贡献是启蒙和首创，同时他在诸多艺术文化领域中的建树也为后人树立了榜样。他还培养了很多杰出艺术人才，文化名人丰子恺、刘质平等皆出其门下。人们会永远记得他创作的《送别》歌词：“长亭外古道边，芳草碧连天。”以及一系列名作。

在李叔同故居的斜对面，中山路的右侧，深入进去便是名闻遐迩的佛教寺院“大悲院”了。大悲院又叫大悲禅院，占地4•2万平方米，始建于清朝顺治年间，几经修葺扩建，现包括大雄宝殿、天王殿、大悲殿、地藏殿等建筑。其中大雄宝殿内珍藏有从魏晋到明清各代的佛、菩萨造像几百尊。1982重新恢复佛事活动，1983年被列为全国重点佛教寺庙之一。这里是修佛人士的圣地，名下的居士甚多。我的很多朋友都是大悲院的居士。每月初一十五，一早就会有很多人前来上香。轮到每年正月的初一十五，争上头柱香的人会天不亮就早早赶来排队，盛况空前。

围绕中山路，还有清末重臣李鸿章家的“李公祠堂”，袁世凯之子“民国四公子”之一的袁克文的老宅“一鉴楼”，中国最后一名状元刘春霖的“状元楼”，民国总统冯国璋女儿占地4•5亩平房300间的“择仁里”；民国总统曹锟占地200多亩的“天津第一公园”“曹家花园”等等。还有清代留下来的“造币厂”、“达仁堂”制药厂等等。但有的已经拆除，空留了地名或牌匾；而仍在使用的建筑和设施，一般都改作他用，并几经修缮，虽遵循“修旧如旧”原则，也与原貌有了区别。而这些名人与宅邸的故事，若展开记述，恐怕要“汗牛充栋”了。

中山路实在不一般。据有心人收集和研究，说包括台湾在内的全国各地，与孙中山先生的名号相关的道路共有 326 条，直接命名为“中山路”的就超过 187 条。这种现象反映了大多数中国人对孙中山推翻腐败没落的清王朝的认可，反映了中国人民追求进步和光明的美好愿望。如今再走中山路，会感觉沿街新建筑赏心悦目，处处体现着现代化的匆匆脚步，那车水马龙，店铺繁荣，本市市民和外地游人穿梭来往的情景，与早先的中山路已经大不相同。色彩缤纷的历史只说明过去，未来的一切还要依靠现今社会的人们用心力去书写。祝福中山路！（《天涯》论坛）

67，凯旋礼堂

天津的影剧院和大礼堂有很多，而对于我和类似我这样的人来讲，天津的凯旋礼堂有着特殊的值得纪念的意义，以至于对它的名字和影像终身难忘。

1974 年，我在天津市第十四中学上高中，当时面临的情况，是毕业后有两个去向，一是留城就业，二是上山下乡插队落户。当初我们这些人之所以上高中，也是初中时的国家政策使然，那时的规定是：如果你上面有一个哥哥或姐姐留城了，下面轮到你中学毕业就该上山下乡；如果你上面的哥哥或姐姐上山下乡了，你就有资格留城就业；若是你上面一个哥哥留城，又有一个姐姐上山下乡，你则属于中间状态，“可走可留”，留城比较难办，上山下乡比较爽利，如果拿不定主意，或想暂且拖延一下，便往往去读高中，而高中毕业后仍然有可能上山下乡。等于“缓期执行”。

当时我家的情况是父亲和哥哥、嫂子都在外地（新疆）支援三线建设，已经走了十来年，也没有回来的可能性，嫂子可以不算数，则家里有两个在边疆工作的；但我的姐姐中学毕业后留城工作了；又由于在边疆工作有工资，强于上山下乡，所以，两个抵一个；如此一来，我就面临“一走一留”局面，中学毕业后班主任老师建议我先读高中，多读书总是没有坏处，而且可以看看后面是什么政策，说不定更有利一些。但我上了高中以后市里的政策没有变化，所以，我在高中毕业后也仍然有着上山下乡的可能性，如果“思想积极”，还可以主动申请上山下乡。因为我在学校是学生干部（校团委书记解书明老师选拔我进了校团委），校领导从书记到校长对我的成长都非常重视，在政教处给我安排了桌椅，每周末都和老师们一起参加政治学习，还参与一些学生管理工作，其实我只是个高中学生。我们的高中应该上两年，转年就面临毕业后的去向问题，这时校领导召开党委会讨论了我的入党问题，据说获得了通过，于是党委书记韩英杰找我谈话，并让我填写了“入党志愿书”（那时号称“大表”），这可是极其庄重的一件事。当时的组织发展程序没有预备党员这一门槛，如果填完大表经党委会讨论通过，我也就算正式党员了。但这最后一关，韩书记把住了，他对我说：“你如果毕业后带头下乡，这个大表就会顺利通过，你就以正式党员身份去插队落户，这对你的成长很有好处。”

韩书记还举出本校的例子，初中毕业的姜培培就是这样，刚一下乡，就做了大队团的书记，然后是公社团的书记，天津的报纸、电台都对她进行了跟踪报道，成长势头很好。当时的话语环境是年轻人应该“做无产阶级革命事业的接班人”，韩书记一心培养年轻人，引导年轻人朝着这条路上走，原本没有错。我也基本朝着这个方向“前进”着。这时，政教处的李湘军老师找我谈话，说：“今年底部队会来招兵，你想不想当兵？”一下子把我心底埋藏已久的火苗点燃了，我当时毫不犹豫地回答：“想！那是我最高的想往！”那时的时代语境是“工业学大庆，农业学大寨，全国学人民解放军”，解放军在全国人民心目中有着十分崇高的地位，哪个年轻人不想当兵呢！他说，他知道组织上正打算发展我入党，参军这件事不能嚷嚷，要走一步说一步。于是，没过两天，李湘军老师就告诉我，某天下午放学以后让我回家洗洗脸换身干净衣服，晚上八点过来接受一个部队文艺团体招兵人的面试。

于是，晚上吃完饭我换好衣服，蹬上后跟略高的鹿皮鞋，向学校进发。部队文艺团体来招兵一事，我曾和大院里的邻居高庆海说过——他比我高几届，是我中学时期的写作文友，我从他那里读过很多当时难得一见的国内外长篇小说等书籍——叮嘱我说："既然是部队文艺团体招兵，你要保持嗓子的良好状态，别喝茶水，别喝菜汤。别吃葱蒜一类刺激东西。"我确实是照办了。晚上面试的地点就在校长室（里外间）的外屋，当时屋里只有李湘军老师和一位面目俊朗而身材并不高的穿四个兜军装的军人，大约四十岁左右。他看了我的仪表以后让我随便朗诵一段诗歌，我便朗诵了毛主席的"暮色苍茫看劲松"那首，他点点头，又让我唱了一段样板戏，我已经忘记唱的什么了，就结束了。转天，李老师告诉我，落选了。因为对方仔细看了我的身高，没达到要求，他要一米七五以上的，我身高不够。因为他要招的兵是话剧红军长征故事《万水千山》中一个举红旗的战士。我也就此知道，这是二炮文工团话剧团前来招兵。

但时隔不久，李老师又让我到北站体育场去体检，说是陆军招兵。我来到北站体育场临时辟出的一间屋里，接受了各种检查，顺利过关。于是，我就走进了陆军第三十八军这支彪炳青史的"万岁军"的队伍。事情回到这篇小文的初始，我与天津"凯旋礼堂"的联系——我是从凯旋礼堂开始一步步走进部队的。

天津凯旋礼堂在当时的实际作用应该算兵站，她始建于战火纷飞的抗美援朝期间，当时的天津人民政府在十分困难的经济条件下，用最好的建筑材料和最娴熟的工匠在很短时间建造起声誉盛隆的专用于军人的这座宽阔敞亮的大礼堂。在这里，曾经为无数志愿军将士归国后接风洗尘，召开庆功会，授奖会，所以"凯旋"二字送给她，可算实至名归。当然，这里也是召开招兵动员会的专门礼堂。我在当兵走以前，曾经和学校的同学们来此开会，聆听市、区武装部的同志对年轻人应征入伍的有关要求。但实事求是地说，想当兵的年轻人太多了，远远地供大于求了。因为"城市兵"有个政策优势是复员回来后国家会正式安排工作。从工厂走的，回来后还可回厂，当几年兵相当于"镀金"，回厂后很可能得到重用；下乡知青当兵复员后可以回城就业；学生兵复员回来后理所当然地就"留城"了。所以，一时间"后门兵"成为民间的一个热词。我算不算"后门兵"？我与李老师不沾亲不带故，以往并无交集，事先我也从未拜托过他，但他就是这么一门心思地成全了我。但我想当兵并不是想着"留城”，而是对于部队生活的想往，和穿上绿军装、戴上“三块红”的光鲜和荣耀。这个吸引力，战胜了韩书记为我设计的人生路径。我将要离开学校的时候，是不否与韩书记谈过告别的话，已经不记得了，但却是真心感谢韩书记对我的无限期许。

体检和政审都合格以后，很快就将开拔，我们这些“准军人”被集中到凯旋礼堂开会，讲注意事项，并发放军装和军被。此时，坐在凯旋礼堂的五层板制作的座椅上，看着 台上的穿军装的部队领导，聆听着他的所有话语，我和身边的同伴们，无一不是“豪情满怀”和“激动万分”的。这两个词用在这儿，绝不是“陈词滥调”，而是实际情况。因为我们人生最大的愿望得以实现，今后的道路和前景似乎十分宽阔光明，还不能体会“这只是万里长征走完了第一步”。那一天，我们搂着发放到手的军装和军被，只觉得凯旋礼堂格外亲切火热，这里简直就是我们的“福地”啊。

其实，此前我们多次在凯旋礼堂开会，譬如早先初中时期的“拉练”，就是在凯旋礼堂召开的动员大会。后来的年轻人不知道什么叫“拉练”，就是中学生学习解放军，背上背包、水壶、挎包，迈开双腿长途跋涉。大背景是国家号召的“要准备打仗”。我们曾经从市区走到了北塘、汉沽，到过海边，最后在村民家里或学校教室号了房子过夜，班里还有老师和学生组成的炊事班，专门负责为全班做饭。而“拉练”入驻了哪个村子，都要帮助大队和村民干农活。手掌和肩膀磨了血泡，结痂结茧，司空见惯，最典型的是抬炕坯。村民家里的磊炕的土坯属于磷肥，到了一定时期需要拆除换新的，而拆下来的熏黑了的炕坯就是肥料，要抬到生产队的地里统一使用。我们用大抬筐抬炕坯，光是空的抬筐就有二三十斤重，加上炕坯，估计要超过百斤，压在我们中学生稚嫩的肩膀上，确实很难承受。所以，一天干下来，人人肩膀红肿，秃噜皮冒血筋的也很多。晚上躺在土炕上睡觉，不光屋里、炕上冰冷，个个肩膀疼得龇牙咧嘴。我们还进行过扛着粮食（米袋子）“拉练”的实践，也是在凯旋礼堂开的动员会。会后，所有的中学生在老师带领下，到粮库扛出一袋子一袋子的米、面（一般都二、三十斤，女生二十斤，男生三十斤），进行长途跋涉，一走就是五公里或十公里。总而言之就是两个字：“苦”和“累”。当时边走边喊口号：“苦不苦，想想红军两万五！”“累不累，想想革命老前辈！”我们这些中学生在“苦”和“累”中慢慢成长。

凯旋礼堂还一度做为电影院而很有知名度。当然，以往人们信息闭塞，文娱活动形式单调，看电影是一项重要文化活动内容，所以，天津的所有电影院都很有知名度，因为报纸上的广告栏里刊登着某某电影院什么时间放映什么影片，人们总是要查。而凯旋礼堂做为“兼职”的电影院其门票略略低于其他电影院，这是一大重要信息，家庭条件差一些的市民买电影票往往首先想到了凯旋礼堂（其次还有纺机礼堂）。而凯旋礼堂又因为属于部队领导，所放映的电影以战争片居多，就更受年轻人欢迎。我从部队复员后，等待安排工作期间，多次来凯旋礼堂外面大院门前排队买电影票。卖电影票的窗口前面有铁管栏杆，人们经常边排队边坐在铁管栏杆上聊天，所以，那些铁管栏杆被磨得锃亮。而这时的凯旋礼堂显得十分老旧和落伍，带着浓重的历史沧桑。坐在礼堂里看电影，也往往想起过往的日子里在这里开过的一次次动员会。

一座记录和伴随我们成长的建筑，她虽然没有生命，却已经融入我们的生命。后来，到了 2008 年 3 月，她寿终正寝将要拆除，我们无不感到痛惜，但也感到势所必然。一座极普通的砖木结构的建筑老旧以后，自然没有保留的必要，而且关键是因为普通而没法保留——她的砖、木已经老朽，已经走到了使用的极限。和我一样思恋着她，寄情于她的市民，大有人在。就在她在拆除初期和拆除过程中，这些人都赶过去观看，再看她最后一眼，并拍照留影。而且，还在网上写文章纪念。我也希望事关凯旋礼堂的图片和文字长久地存在，让当代人能够经常看到，让后代人需要索引的时候有案可稽。再见，我们的凯旋礼堂！《天涯论坛》

68，津门云来枫正红

秋风飒飒，杨柳依依。正是蓝天万里白云驰来之时，我走访了津门著名书法家唐云来。唐老是年 76 岁，前几年从天津书协 一线工作退下来后，现为天津书法楹联学会做顾问、担任荣誉职务，因为在书法、诗词、楹联、国学诸方面均有建树，退休后几乎比在职时更忙，本市及外省市的社会各界邀请他讲座、笔会、交流等活动，排满了全年的日程表，让他如同小区里的枫叶，一天更比一天红。

唐老的主要活动，是借助楹联学会推动楹联文化和国学传播。唐老介绍说，过去城乡民间都经常写对子张贴，写中堂悬挂。这些年来随着科技发展，文化形态急遽变化，已经很长时间看不到像样的对联，书法也以电脑打字为多，文法、格律也不讲究，根本不对仗，加之市场经济带来的商业气息乃至铜臭味儿，与原有意义上的楹联文化不搭调，影响、削弱以致玷污了其艺术性。古人幸寅逊（一说孟昶）的“新年纳余庆，嘉节号长春”至今被楹联界视为第一，无人超越。是今人不聪明吗？显然不是。起初，一些建筑、庙宇在柱子上挂上刻了对联的桃木牌以“辟邪”，是“总把新桃换旧符”说辞的来源，后来简化为纸质。“五四”新文化运动以后，楹联文化逐渐式微，但民间仍旧在新年来临之际备红纸写对子，可见传统文化的根基在于民间。父亲过去做过私塾先生，写得一笔好字，年年春节前忙个不停，所收“润笔”往往成为购置年货的经济来源。过年谁家没贴对子，会被认为是刚刚办了“白事”。

近年楹联文化在不断发展，但出现新的问题——楹联创作与书法分家了。唐老对此看在眼里，急在心上。所以，这些年来他把很大精力用在两者结合的倡导和示范上了。十年前，全国楹联协会提出“联墨双修”，制定了“联律通则”，进一步推动全国楹联文化的组织建设，很有成效。现在各省市县乡都成立了该学会，各级会员加起来达 200 万人。天津也不例外，而唐老又是最早也是最坚定的推行者。每年的节假日、纪念日，唐老都要下乡下村下街道，送“福”字送楹联，把自己火热的心变为火红的福字和楹联送到村民和市民手里。他还对各级书法家协会提出“艺文兼备”的建议和要求，与“联墨双修”相结合相呼应，使中华民族的优秀传统文化得以大力传承。

社会各界也为此经常盛邀唐老去讲座，唐老便结合贯彻党的十九大精神，敞开思路，把“大楹联”、“大诗词”、“大书法”、“大发展”这“四大”结合起来讲述和阐发，“手伸得更长”，服务范围更广，路也走得更远了。北京有个不同凡响的“野草诗社”，当年的领头人是著名作家、鲁迅的学生萧军，支持者是文化大家赵朴初等人。在纪念改革开放 40

周年的喜庆日子里，这个诗社推动天津也成立了“天津楹联野草诗社”，盛邀唐老当社长，以推动天津的“大诗词”活动。唐老不计年高，欣然应允。他感觉自己作为一名书法艺术家，继承和传播中华民族的优秀传统文化，责无旁贷。他退休五、六年来，受邀举办讲座上百次，都是义务型，不收酬金不讲价，市直机关党校，天津师大，滨海新区，老年大学，河西，红桥，津南，宝坻，武清等单位，有求必应。但他不带研究生，因为他的社会活动太多，不便硬性框定时间。在举办讲座中的偶尔收入，他也往往捐给楹联学会，作为活动经费。而每次讲座以前，他都会有针对性地苦读很多书，要给人一盆水，自己至少备上一缸水。缺乏含金量的讲座他尽量少讲不讲。

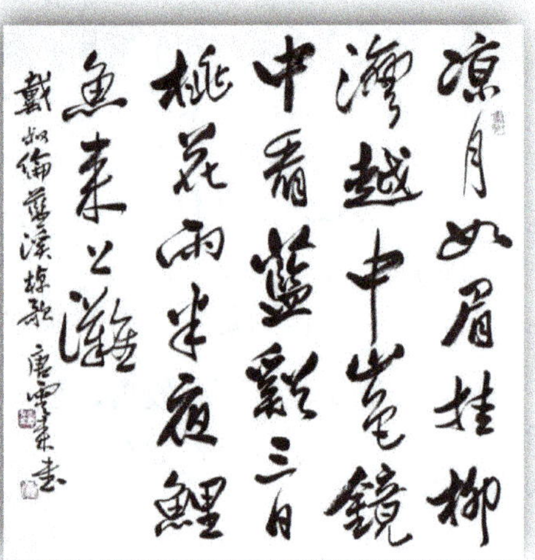

唐老在传播和示范书法楹联以及国学知识，这些具体中华民族优秀传统文化过程中，有五点体会经常萦绕心中：一，学然后而知不足；二，温故而知新；三，朝闻道夕死可矣；四，读书破万卷下笔如有神；五，人不知而不愠，平常人的心态。在忙忙碌碌之中，唐老履行着一个优秀党员艺术家的责任和义务，以自己的知名度和影响力服务社会，把主要精力放在为一线群众和弱势群体服务上，协调、联络、处理好各种事务，与人民群众心连心，在艺术上精益求精，赢得社会各界的一致褒扬。短暂的采访结

束，我离开唐老时，想起他的两句诗：“沽上一株枫，津城翰墨林”，他正是那翰墨林中生气盎然的一株茂盛红枫！《中国书画报》

69，夙愿与实践

（原题《通过“深扎”夯实基础提高水平》发表于中国作协 2019，4，《作家通讯》）

2014 年，我在天津作协和中国作协支持下，赴毛乌素沙漠地区体验生活两个月。我本来对这一地区的治沙英雄石光银做过了解，要写他，不去体验生活也能写出一本长篇小说。但没有治沙种树及艰苦生活的亲身体验，没有对当地环境的实地考察与亲身体验，怎么能真实写出治沙人彼时彼刻的感受与种种心理、情绪呢？我在沙区或步行或乘车，跟随石光银走遍了他所治理完成的 25 万亩沙洲和林地。并冒雨参加了植树活动。石光银在指点那一颗颗樟子松、新疆小叶杨的时候，那种像看自己儿子一样的难分难解的感情；他坐在沙窝里像坐在自家炕头一样的热络神态；你不亲自接触，怎么会看得见？我在采访当年跟随石光银艰苦创业的一位位老者，他们那种指点沙洲如数家珍般的亲切与熟稔；对一些难言之隐即使我死磨硬泡他们也不肯说的内里原因，我顿时产生要为他们鼓与呼的心声；石光银痛失爱子以后是什么心情，他老伴、儿媳是什么心情？公司同仁又是什么心情？他们都是怎么表现的？……凡此种种，不亲自深入毛乌素沙漠地区，坐在自家屋里书桌前，怎么会想得到？你能有多好的想象力？！

我除了与治沙英雄石光银朝夕相处，同吃同住同劳动，采访了石光银周围的上上下下的人们，在职的与离退休的，还走访了与石光银有过交集的远在河北省的客户，走访了原国家林业部老领导及宣传中心主任，走访了原新华社老社长等人，掌握了大量第一手资料和素材。2015 年 5 月，长篇纪实文学《风雨毛乌素》就这样写作并出版了。7 月 1 日，石光银的公司要举办公司成立 30 周年庆典，县委县政府要在他的公司召开现场会，国家机关有关部门的领导，省里、市里、县里、乡镇及本村和周边村庄的代表，来了一千人，会上发放给每位与会代表一份石光银事先预备的纪念品，其中包括《风雨毛乌素》这本书。看过此书原稿的原林业部副部长李育才对该书高度肯定；原林业部宣传中心主任金志成说：“这本书我已经看了好几遍，每看一遍都会落泪。”榆林市委宣传部常务副部长沈效功邀请我座谈，道谢，说："你们天津作家做了一件我们应该做而没有做的事，这本书是叙写石光银治沙故事最好的一本书。我们要给市委市政府买500本，让机关干部人手一册，做为学习贯彻中央'三严三实'精神的辅助材料。我们还要考虑拍摄影视剧。"

这本书出版前，我曾把初稿寄给石光银公司，请他们把关，他们一致赞赏；出版后，山东的读者、天津的读者、陕北当地的读者均有人写出赞赏和评论文章发表在网络博客里。天津我的原单位一位副局长读完此书评价说："你用写小说的手法叙述了一个真实感人的故事，是一部优秀的报告文学作品。我是连着三天看完的。书中微观上重情重义，宏观上辐射社会各个层面，是一本有深度，有高度，令人掩卷反思的好教材。"这年11月份，石光银公司的办公室主任给我来电话说："现在省里给我们公司补偿了300万资金，您功不可没，我替您找石光银要一些回报。"我立即制止了这位主任。此前，石光银曾经给过我回报，被我婉拒了。他们定边县的作协 也要出面替我要回报，说是应得的，也被我坚决地婉拒了。我感觉，大家读过此书都还满意，就可以了，我写这本书是在深入生活的同时走近英雄学习英雄，接受精神洗礼，并提出有关政策方面的建议，不是为了赚钱。

我作为一名职业写作者，经历的事情越多，采风、走访、体验生活的地方越多，越感到生活中处处有老师，处处是课堂。作家深入生活不仅仅是为了猎取素材，更多地是向人民学习，在充实生活积累的同时陶冶自己，针对生活中的问题，通过讲好中国故事向读者播撒先进思想。但深入生活一定要深得下去，不能浮在面上，每天按部就班过日子并不等同于深入生活。要写出扎扎实实的作品，就要有扎扎实实的生活。

2015年9月，我在天津作协的支持和安排下，再次深入生活，到西青区挂职，深入精武镇体验生活，我住在镇里综合服务中心，这里的服务大厅每天要接待镇里镇外（镇里住着很多打工、经商的外地人）来办事的人，工商、税务、煤、水、电、手机、电视、宽带等收费，人来人往，让我见识了镇一级公务员如何工作，他们与服务对象的关系，他们之间的关系等；我与镇宣传中心保持密切联系，了解镇里的党政工作进度；我经常与镇巡逻大队外出巡查，或夜查，对可能出现的违法经营、黄赌毒等现象严格处理；我还与镇里的政法委领导、综治办领导、巡逻大队领导（包括队员），服务大厅的工勤人员，做经常性的采访与交流；为镇里安排的有关培训讲（公文写作）课；为镇里出版的有关书籍把关、校对，为镇里的有关活动撰写稿件等。

在 3 月 5 日雷锋纪念日，镇党委宣传中心给全镇 300 名入党申请人上党课，我把亦师亦友的董金棠（上世纪 60 年代经典电影《雷锋》的主人公扮演者）请来，给大家宣讲真实的雷锋事迹，我则宣讲了董金棠多年来演雷锋学雷锋的先进事迹，我还撰写了《雷锋与董金棠》一文发给与会者。这次党课活动反响十分热烈，天津日报（西青版）还做了报道。全镇 18 个自然村的村书记、村主任、村企业领导及有关村民，我走访了一多半。特别是全面了解精武镇做为诞生了一代杰出爱国武师霍元甲的地方，他的文化土壤和文化传统在新时期有那些变化和进步？现在的精武人是怎么干的，成绩怎样？在城镇化的进程中，精武镇这样的郊区，亩产千斤的良田该不该推平了开发盖楼？村官与村民之间的关系怎样？民主选举能够顺利进行吗？开发建设与反腐倡廉在农村怎样齐头并进？等等。我还通过观看霍元甲文武学校师生表演的大型武术剧《武传奇》，向精武镇、市作协和市委宣传部写出进一步丰富和完善该剧的书面建议。

带着农村思考的各种问题，于 2016 年我在天津作协和中国作协支持下，来到北辰区双口镇后丁庄体验生活。这个村的书记张立江在十八九小青年的时候，外出闯荡干企业，一路走来风尘仆仆收获颇丰。没回村以前，每年除夕，为全村三百多家六十岁以上的老人送年夜饭，每家都是八个实实在在的肉菜。多年如一日，村民们好评如潮。于是，当村里遇到过不去的坎儿的时候，就把他召回村里当了书记。这个村原来是天津有名贫困村，是市委办公厅扶贫办公室的工作对象。张立江来了以后，立志摘掉贫穷帽子，自掏腰包修路，植树，搭建大棚种植高附加值的无花果外销，盖公厕，解决水源污染，对垃圾集中处理，迁零散占道的坟集中建坟冢，引进绿色企业进行经济合作，与科研单位共同开发“绿藻肥”等，做了一系列世世代代不敢想的得民心的工作，受到国家领导王岐山、孙春

兰的接见。这样的村官，带给我的是完全不一样的新鲜感觉。这是和国家完全一致的工作思路，我在深入生活的同时虚心向张立江请教、学习。将他视为做人做事的榜样和老师。

为了能帮张书记做点事，我在下村的同时，将一位朋友——天津“365 身边好人”及其一个 300 人的“爱在身边”公益团队引进了这个村，通过人来人往为这个村子扩大宣传。在植树节的时候，这个爱心团队又带来其他很多朋友加入到这项公益活动之中，红红火火地种了上千棵树。然后我又引领这个团队参加这个村的“无花果采摘节”，并由这个团队引领更多的社会各方面人员参与进来，形成声势，扩大影响。然后，我介绍这个团队在村里租用了一个蔬菜大棚，作为这个爱心团队的活动基地，不时开展各种活动，宣传后丁庄不断进取的成绩，宣传张立江书记的先进事迹。这个公益大棚栽种的大批蔬菜被无偿送到了敬老院和残疾人手里。我还提议并协助我所在的天津市河北区作协，在 2017 年“七一”组织九位党员作家来后丁庄采风学习，请张立江书记详细介绍发展过程，然后作家们写出多篇宣传后丁庄的文章登载在报纸和网络上。

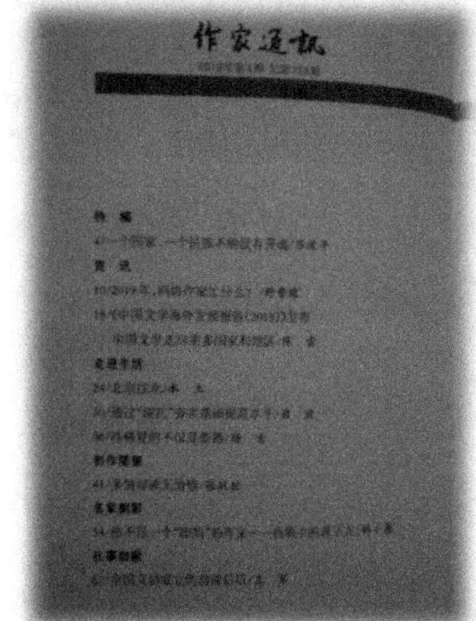
作家通讯

通过“深扎”夯实基础提高水平

2017 年 10 月，我以该村为蓝本，讲述北方农村改革开放四十年来发展变化的长篇小说《今夜辰星璀璨》顺利出版。近日天津人民广播电台将全文播出。上述所有活动，天津电视台、日报晚报及网络等媒体都做了报道。长篇小说《今夜辰星璀璨》也获得良好反响，山东读者高级讲师许胜勤、河南读者农民马海庆（认为该书非常接地气，并带有史诗性质）、天津 21 中历史老师信淑雅、天津电力公司青年作家刘炜分别写了评论，以中国农村多年来曲折发展的历史眼光给予了热评。天津日报著名记者周凡恺对该书做了报道，新华网、人民网、光明网、北方网等全国多家大型媒体做了转载。我感觉，只要深入生活，扎根人民，就会有所收获。但深扎应该是真的深扎，不能蜻蜓点水，不能走马观花，不能不把握党中央的大政方针，不能不研究农村的现实问题，不能不真切地站在农民和村官的位置和角度思考问题，要有“村里人”的思想感情。当然，在创作作品的时候，又要能够拔出脚来，站在更高的位置俯瞰脚下的生活。

自 2018 年以来，天津作协梁斌研究会安排我到冀中平原体验生活三年，让我十分兴奋。冀中平原是著名红色经典作家梁斌的故乡，这片地区人杰地灵，孕育了众多杰出人才与作品，《红旗谱》就是典型代表。到这片地区深入农村体验生活正是我之所愿。一年多来，我已跑了几千公里，几十个村子，拜谒了众多各级层农村干部和企业家、老农民，包括困难户。在广泛深入的调研走访之余，细心思考，写出 45 万字的长篇小说《红星谱》初稿，将红色经典《红旗谱》对中国农民的歌颂做了尝试性延伸。这本书即将由百花文艺出版社出版，影视公司也在操作这本书。深扎让我受益匪浅，因此，我准备拿出更多的时间和精力融入农村生活，力求写出更加受读者欢迎的农村题材的扛鼎之作。（中国作协《作家通讯》）

70，参观白求恩故居

白求恩是什么人？当今中国五十岁以上的人应该都知道。一个 80 多年前曾经被毛泽东表彰，然后被广大中国人民传颂多年的加拿大人，在当前情况下值得一提吗？2020 年 10 月 3 日、4 日我们一家人前往阿岗昆森林公园体验生活，回程路上，恰巧经过白求恩小镇。于是，我们就把参观白求恩故居纳入了活动计划。不是刻意，只是顺便。

这个小镇非常洁净漂亮。这个评价也有些敏感：别国某些方面做得不错，我们给予点赞，并不意味着我们自己做得不好，我们的很多小镇甚至更出色，更值得游览。说白了，参观白求恩故居只是因为他帮过我们，而且，是在我们最困难的时候，身体力行，冒着隆隆炮火来到中国，并且，献身在中国的土地上。走在白求恩小镇，精神层面有一种升华和超脱。升华的是境界，超脱的是纠结。而物质层面的感觉是舒爽和养眼。白求恩故

居的这条街上，两侧的房屋多是独立别墅，也有连体别墅，还有商店、超市、餐馆、咖啡屋、理发室等公共设施，但没有楼房。而每座别墅的外观或白或灰或淡蓝或淡红等，各色各样，住户很在意房子的外观，修饰得非常得体。房屋与街道浑然一体，虽形状各异却都干净整洁。街面看不到一个烟头，一块纸屑，有风吹过，也见不到让人跌破眼镜的飘飞的塑料袋。道边的树木以红枫为多，杂以其他树种。是时枫叶正红，与周围建筑互为映衬，非常漂亮。早年白求恩在这所绿色房屋中出生，度过美好童年，三年后随同父母迁居。

白求恩 1938 年 1 月到中国参加抗战，1939 年 11 月因卫伤员做手术导致败血症去世，前后在中国待了不到两年。但就在这么短的时间里，他充分利用了自己的高超医术和自己从本国带来的医疗器械救治了大量的中国伤员，传播了现代医学医术，弘扬并留下了人道主义精神。因此，他能够得到毛泽东的极高评价，也是情理之中。我们在上下学的时候，经历了“天天读”，就是每天早晨正式上课前，要先学习毛 语录，而且，这个时间“雷打不动”。我们就是在“雷打不动”的“天天读”时间里，背下了“老三篇”：《为人民服务》、《纪念白求恩》、《愚公移山》和很多小段的语录。由此而对白求恩其人耳熟能详。我们没有能力和资格评价“天天读”等问题，但我们有能力和资格记住白求恩是为中国的抗战出了力，做了贡献，牺牲了生命。中国人民的抗日战争是在自己土地上进行的抵御外敌的正义战争，主动帮助中国人民的人，自然也是秉持了正义的信念。

其实，到中国的抗战前线去，在战场上帮助中国方面救治伤员，绝不仅仅是白求恩一个人。随着国家对抗战胜利开展的各项纪念活动，不同渠道

反映了诸多的信息和资料，有的资料披露，参与医疗救护的国际友人有姓名和事迹可考者达 38 人。其中加拿大、 美国医疗队有白求恩（加）、帕森斯（美）大夫和琼·尤恩（加）护士；印度援华医疗队有爱德华（队长）、巴苏华、柯棣华、木克华、卓克华；国际红十字医疗队，有德国的贝尔、白乐夫、顾泰尔、马库斯、王道，波兰的傅拉都、戎格曼、甘理安及夫人、陶维德，奥地利的富华德、严斐德、肯特等；单独来华或已在中国就地参加医疗工作的有美国的马海德，加拿大的布朗、麦克卢尔、哈利生，新西兰的霍尔，奥地利的傅莱，朝鲜的方禹镛等人。他们或到前方诊治伤病员，或协助训练医务人员，或参与筹设医疗机构，在多方面积极支援了中国的抗战。而在贵阳城外的国际援华医疗队纪念碑副碑上，则镌刻着 48 位外国医生的中外名字，者又是另一种珍贵的记载，其中包括白乐夫、严斐德、纪瑞德、傅拉都、戎格曼、甘扬道、富华德……这些闪闪发光的名字，长久地讲诉着外国医生在中国抗日战场上手术刀、止血钳的同样惊天地泣鬼神的故事，告诉大家，他们不是一个白求恩，而是一个群体。当然，毛泽东不可能为每位牺牲的外国医生都写一篇纪念文章，白求恩是杰出代表。

那么，除了外援的医务人员，其他方面呢？外国的军事顾问暂且不说，从事新闻报道，帮助中国人民把抗战实况及时告知全世界的人们，也是一支不可忽视的重要力量。他们来自于美国、加拿大、苏联、英国、德国、日本等多个国家，其中知名度非常高的有美国记者埃德加·斯诺和夫人海伦·斯诺、安娜·路易斯·斯特朗、艾格尼斯·史沫特莱、伊斯雷尔·爱泼斯坦、哈里森·福尔曼、杰克·贝尔登、西奥多·怀特（白修德），英国记者詹姆斯·贝特兰、冈瑟·斯坦因，德国记者汉斯·希伯等。他们冒着枪林弹雨和生命危险走进抗日战场的一线，零距离采写和忠实报道中国军民的抗战情景，对日军的暴行和战场的残酷如实报道，在国内外都产生了广泛的影响。

我们注意到，到白求恩故居参观的人们多为华人，多为四、五十岁以上的人。这似乎也正昭示，中国人民会始终牢记白求恩，怀念白求恩，不忘在艰苦卓绝的岁月里忘我牺牲的人们。谁到这里来，全凭自愿，没人组织，没有记载，没有留言。甚至参观的人彼此都不说一句话。只是平民百姓出于朴素而产生的一种对人间真诚的敬仰，对勇于牺牲的感恩，对高尚情操崇敬。包括我们一家这样的平民百姓能够有机会忝列其中走进白求恩故居，了却多年来（半个多世纪）对白求恩的既熟悉又生疏的感念之情，而倍感幸运与幸福。我们会被浸染和照亮。白求恩以及诸多对中国人民有着实际帮助和真诚友谊的国际友人，他们的名字将与中国人民取得的伟大胜利一起，永远镌刻在历史的纪念碑上，为后人所凭吊和怀念！白求恩精神千古！（加拿大《天时周刊》）

71，我参加了 2020 海外春晚

我做了一次“财神爷”。我又不是大款，何来“财神爷”之称？是 2020 年春节的大年三十晚上，我所“加盟”的民间社团“加拿大汉语文化艺术中心合唱团”参加了加拿大“2020 海外春晚”。正式演出前，主办方组织了八位男生穿上财神爷服装，站在演出大厅入口处迎客，向每一位前来观看海外春晚节目的人们拜年，道一声祝福，并发放红包和纪念袋。纪念袋的质料是尼龙绸的，可以长期使用。红包里是什么？是一枚“2020 海外春晚”纪念章和一块巧克力。于是，合唱团丁增元团长带着我一起做了一个小时的“财神爷”。很多来宾拿到纪念袋和红包后对我们竖起大拇指：“Chinese, very good! ”

而我们的正式节目是压轴的大合唱《我和我的祖国》。演出地点值得一提，因为它是加拿大最大的、可同时容纳 3100 多人的著名剧院“索尼表演艺术中心”。这是什么概念？截至

2019 年，加拿大全国人口才 3759 万！可见其剧场之大。此次晚会由“加拿大国家电视台”主办。该单位是央视在海外的下属之一，台长为龚晓华，即我身后左边这位先生（右边为加拿大著名相声演员大山）。多家企事业单位协办了这次春晚。适时天气阴沉，大雪纷飞，气温达到零下十几度。当我们冒着飞雪，裹着寒风，坐地铁、公交几次倒车来到这里时，立即被华人聚集的艺术中心浓厚的亲热气氛包围了，寒冷和辛劳的感觉一扫而空，全身心都是欢欣和鼓舞，每个细胞都在歌唱。

因为该电视台是央视在加拿大的下属，所以此次海外春晚的六位主持人，里面就有两位来自央视，其中包括首次参加海外春晚的原央视著名主持人韩乔生。以往他在国内央视主持体育节目多年，好评如潮。此次他在主持节目过程中穿插表演了精彩“贯口”：重现 1981 年中国女排与美国女排的世界冠军争夺战现场解说，当年那一幕幕让人难忘的场景在他的解说中一一重现，郎平，孙晋芳，曹慧英，周晓兰，侯玉珠，陈招娣，张蓉芳，郑美珠，杨锡兰等这些为国争光功勋卓著大名鼎鼎的女排姑娘，以及她们的教练袁伟民，通过韩乔生绘声绘色的叙述，再次栩栩如生地站在我们面前。全场以非常热烈的掌声对韩乔生表示赞许和共鸣。身边的人甚至擦拭眼泪，感慨万千！来看这场春晚的华人，基本都是四十岁以上的中年人，都对以往中国女排的辉煌耳熟能详，怎会不产生共鸣！值此春晚的美好时刻，有关方面和主办方表彰了身在多伦多、卓有成就的著名华人学者和著名华人企业家，为他们颁发了奖状。

（合唱后排右三是本人）

此次春晚是专业演职员与业余演职员相结合，而又以业余演职员为主的一次大型文艺盛会。演出前我们八位受邀扮演“财神爷”等于做一次义工。此时，海外华人电视台记者逐一采访了我们这些“财神爷”，轮到我发言时，我面对镜头真诚地告诉电视台记者，原本三十晚上是必须全家团圆，吃年夜饭，吃素饺子的。此刻，我就把这种心意带给全球华人电视观众吧，愿大家都欢欢喜喜，“素素净净”，吃好年夜饭，吃好饺子，阖家欢乐。同时，向所有电视观众也向国内外的同胞拜年，祝福。这个采访连同整台晚会实况，将向全球电视观众转播。播出情况如何，虽然我不知道，但我相信一定会反响热烈。

所有参演的专业和业余演员们表现出色，服装艳丽，载歌载舞，一派欢乐气氛。观众中虽以华人为主，但“老外”也人数众多，但以华人为主。所以，演出者也以华人为主，整个演出的节奏和特点，与国内无二。坐在观众席里看演出，会误以为就在国内呢。晚会中印度专业演员演唱了经典电影《流浪者》插曲《拉兹之歌》，颇受好评，掌声热烈；其他白人演员的演唱和器乐演奏也十分精彩；中老年华人大姐们的集体舞和服装展示，更是五彩缤纷，气氛鼎沸。我们合唱团是压轴节目：大合唱《我和我的祖国》。为了高质量完成这次演出，团长丁增元、领队和指挥陈海老师都做了精心组织和筹划，并进行了多次排练，保证了正式演出的万无一失。很多华人观众自发地跟随我们放声歌唱，台上台下浑然一体，整个剧场形成感人肺腑的巨大气浪和高潮！

在万里之外的异国他乡选择和演唱《我和我的祖国》这首歌，标示着什么？标示着我们炎黄子孙不论走到哪里，都会把祖国放在心上。黄皮肤黑眼睛黑头发的炎黄子孙可以“生活在别处”，但爱国之心永远不会变，当祖国需要的时候，会挺身而出。事实上，在时隔不久的疫情发生后，身在多伦多的这些海外华人在第一时间自发地筹集资金，通过国内的统战部门向武汉的有关医院捐献了大量医用物资。最后晚会结束时以全场合唱加拿大国歌收尾，然后加拿大方面的著名演员大山向加中两国人民拜年。大山是个中国通，一串串的歇后语俏皮话喜感爆棚。啊，再见，2020 海外春晚！（微信公众号）

72，在加拿大饮酒

两年前，我们参观了加拿大一家占地面积很大的葡萄庄园，以及这家葡萄庄园连带的酒厂和酒窖。主讲老板娘是韩国人，她曾经在中国的北京干过八年世界名酒的销售，后来她和加拿大做酒的白人老板结婚，嫁到了加拿大。她和聪明，至少能说四种语言：韩语、汉语、英语和法语。我们在此品尝了她们在国际上卖得很好，价格也很可观的葡萄冰酒。

这是说的葡萄酒，其实国人更感兴趣的是度数高的白酒。早期的加拿大，度数高的蒸馏酒有六类：威士忌、伏特加、白兰地、朗姆酒、琴酒和龙舌兰酒，随着时间推移，中国的各类白酒也陆续进驻，除了国内生产通过贸易来到加拿大的茅台、五粮液、汾酒、二锅头等，近些年中国人在加拿大本土也开始生产白酒，典型的如雾龙白酒和汾酒。这两种白酒在发酵时使用的酒曲不同于外国酒曲，因此味道清醇自然。如龙雾白酒的酿造虽使用中国酒曲，经历的是中国传统的发酵、蒸馏、窖藏、过滤、装瓶流程，但没有国内白酒特有的芳香气味。“要是有人在一个聚会上喝中国带来的白酒，你分分钟就能闻到扑鼻的香气。这是因为国内的白酒加了香精香料。”龙雾和加拿大产的汾酒就没有任何香精、香料与添加剂，全是自然的清香。有的人起初可能不习惯，还留恋国内白酒的那种香气，但经过一段时间以后，会更适宜这种清醇，而不再适应国内那种外露的香气。

关于白酒，加拿大法律规定，不允许超过 40 度。而且，白酒的总量比较稀少，各种超市和商场都不允许出售，必须到国家指定的专卖店去买。有人说，在加拿大你可以抽大麻，搞同性恋；也可以未婚同居，有了孩子也不愁上“户口”。但是想喝口老白干，二锅头可没那么容易。因为很多专卖店也没有度数高的白酒。若想买一瓶解馋的套马杆、二锅头、衡水老白干等高度白酒，十分困难；茅台，五粮液等高档名酒倒是偶尔看到，但比国内价格高了很多，一般人会望而却步。加拿大的酒类专卖店不分什么酱香型，窖香型，曲香型，浓香型，清香型的说法，只有闻着像酒精一样的伏特加。一听伏特加吓一跳，以为是冰天雪地的俄罗斯的烈性酒了，其实也不过 40 度。一瓶一斤半的波兰产的伏特加要 44 加币（合人民币 242

元），加税后 300 元左右。牙买加欧姆朗酒是用甘蔗酿造的酒，不过也达到了 43 度，算高度酒了。专卖店还有墨西哥白酒，也都不超 40 度。男人买酒十分常见，各个阶层的人都有，女人也不例外。疫情中买酒需在专卖店门前排队，里面总有四分之一是女性，甚至是风姿绰约的靓丽女子。

魁北克稍稍宽容一些，在一般的商场里也能买到啤酒和葡萄酒，只有高度酒到专卖店才能买到，而在其他的省份，即使是啤酒和葡萄酒也要到专卖店去买。而买完酒以后，不得将酒瓶“裸体”拿在手中外出，也就是说，专卖店售货员必须送你牛皮纸袋，将酒瓶装进去，不得外露，否则专卖店就要吃官司。也有的消费者将酒瓶揣在怀里或是装在自带的包包里。总之，你在街上很少见到明晃晃地拿着酒瓶的人。除此之外，餐厅、饭店、街头、自家门口等场地都不允许饮酒，只有酒吧除外。或在自家室内聚会可以喝酒。餐厅、饭店上菜以前一般先送上一杯白开水（凉的），偶尔有捎带提供易拉罐啤酒的，也会把价格标得很高，让你根本不想喝了。

一次我们驻地附近的专卖店突然增加了意大利白酒，40 度，我就尝试性买了一瓶，回家一尝是“大料”味儿，甜么哈哈的大料味儿完全遮盖了白酒味儿，因为价格很高，又舍不得扔，只得将就着一点点喝完。后来这家专卖店进来了就地生产的汾酒，于是，开始固定购买了。标的度数是 53，但给人的感觉也是 40 度（即使如此，我天天仍旧使用量杯，每天不超一两），因为没有国内一般白酒的香气，体会的是一种清淡。价格从起初的 31 加币慢慢涨到 33 加币，合 181•5 元人民币，口感差不多相当于国内 50 元人民币的白酒，可见加拿大酒的税收十分之高。公开的报道说：啤酒售价的 47%是税；葡萄酒售价的 65％至 70％是联邦和省级税；高度酒的税就更重，售价的 80%是税。如果去“唐人街”，有可能买到 60 度的二锅头，但原本 10 元人民币一瓶的，在这至少得花 10 加币（合 55 元人民币）了。这算幸运的，若在专卖店，二锅头就不是这个价格了，会高得让你不想买了。很多中国人都想在加拿大做酒，但办手续太难，基本全都搁浅。往往是递上申请就没了下文。白人基本不习惯或叫不喜欢中国白酒，他们习惯和喜欢水果酿的酒，他们用粮食酿的伏特加之类的高度酒在我们看来就是酒精，是用于勾兑鸡尾酒的，不能直接喝，没有中国酒的香味。白人能勉强接受中国清香型的白酒，比如汾酒和台湾的金门高粱酒等。而不认为茅台和五粮液等是什么好酒。

关于加拿大的禁酒，可以分为四个阶段：1840-50 年代，，1870-80 年代，1890 年代到一战和 1920 以后年代。前两个阶段几乎是跟随美国的禁酒步伐。而 20 世纪后美国禁酒越来越严，加拿大却有所松动。当时加拿大各省的禁酒法律各不相同，总的来说原来法律允许的饮酒场所都关闭了，以前可以公开出售的酒精饮品也被禁止了。喝酒变成地下活动，从公开场所转移到私人住宅。在 1930 到 1960 年代，由于饮酒造成了很多社会问题，比如随意丢弃垃圾、打架、不遵守社会秩序等，卑诗省居然有 20%的人存在这种问题，为全国最高。除了监狱之外，还需要一些正规的治疗场所，主要是给那些有酒瘾的中产阶级和上层社会使用。而收治穷人酒鬼的主要是位于农村的一些康复设施，这些设施其实是一些劳动改造的农场加上一定的药物治疗，使那些酒鬼们变成热爱劳动的自食其力者。那个时代，酒鬼和精神病患者常常难以区分而被放在一起。延续至今，加拿大为什么对高度酒取遏制姿态，就很清楚了。

有鉴于此，我品尝过很多啤酒，这是不受限制的，包括加拿大本土的，美国的，俄罗斯，英国，德国，法国，意大利，波兰，奥地利，挪威，瑞典等多国的，口味大同小异，我把那些啤酒听挂在圣诞树上，做为纪念；回味国内的青啤，哈啤，趵突泉，雪花，纯生，百威，蓝带等啤酒与之相比，也并不逊色。（新浪博客）

73，在加拿大吸烟

最近，在加拿大华人超市买了一盒“红塔山”，单价 11·25 加币，加上消费税 1·46 加币，共 12·71 加币，合人民币 69·9 元。而此烟盒的尺寸要小于国内正常红塔山的烟盒，每支卷烟都比国内正常的红塔山卷烟短三分之一、细三分之一（大体上）。里面烟丝发黑，也有别于国内正常红塔山。我认真抽了一支，品尝滋味，大体相当于国内正常红塔山 15 元人民币一盒那种。短，细，而且暄腾（松软，松散，不紧实），所以不经抽，只三口就到底了。

这种烟是在哪加工的，不得而知，烟盒上没有产地和厂家，原料、配料以及工艺来自哪里，皆不得而知。而从精细的做工看，又不像伪造和“盗版”，而且，一般来讲加拿大超市很少假冒伪劣，从其开具的收据小票，标明正式纳税的商品看，更不可能搞假冒。对此警方曾经一再表示“无论是走私到加拿大，还是在加拿大生产的假冒伪劣产品，都会对合法的企业、政府和纳税人造成经济损失。因为这些假货经常用一些很便宜的材料制成，不符合加拿大标准，所以不仅欺骗了消费者，而且也对消费者的安全造成隐患，违法者将面临 100 万加币（合 550 万人民币）的罚款以及最高 5 年的牢狱之灾。”绝不会像某些国家假冒伪劣堂而皇之大行其道。如此说来，香烟一事在加拿大就显得神秘而诡异了。

加拿大总人口是 3700 多万，而每年香烟的税收高达近百亿，合人民币 500 多亿元。如果分到每个人头上可达 130 多元。既然收入颇丰，为什么这么限制？这就是加拿大的特色。加拿大对烟的打击十分严厉，先后颁发了多项法律法规：1997 开始实施烟草法；1998 年修订完善；2000 年再次修订完善……发布了世界上最为严厉的禁烟法令。有的省市还通过了公共卫生保障附例，增加了对公共场所吸烟（包括电子烟）的限制。在公共场所和校园禁止吸烟，在 9 米之内的公共汽车候车亭，路标，客户服务区（包括庭院，门，窗和进气口）内也禁止吸烟。若违反上述法令，即使首犯也将被罚款 150 加元，罚款最高将达到 1000 加币（合人民币 5500 元）！

有些省市甚至要求公务员和医务工作者戒烟，以树立健康形象。很多名人也公开声称自己不吸烟，以示做出表率。所有封闭的工作场合和公共场所全面禁烟，如果违反规定，被警察发现或被人举报，最高可被处罚195 加币（合 1000 元人民币）；在餐厅内任何地方吸烟都至少要被罚 200 加币（合 1100 元人民币）；在医院和医疗场所抽烟，最高将处罚 5000 加币（相当于 27500 元人民币）。除了罚款，烟草的税收也十分高昂，一盒普通的香烟税收都在 10 加币（合 55 元人民币）左右！一些公共场所的吸烟区也被取消。加拿大航空公司也曾表示，不允许任何人在飞机上抽烟或者使用电子烟，顾客也不准在托运的行李中携带电子烟设备，只允许放在随身携带的包里。

各省市都有明文规定不允许香烟陈列展示，包括烟草专卖店和自动香烟售卖机，都受到限制，柜台、货架、窗口不能陈列展示烟草产品、非烟草吸烟产品以及烟具用品。华人超市出售香烟的方式，一般是在角落挂一个小牌，上面写着“出售香烟”，但下面绝不摆着香烟样品。只有当你找售货员提出要买时，他才从抽屉里拿出几盒样品，供你选择。有的超市或便利店连小牌都不挂，你若买烟则需要仔细打问。因为各种限制越来越多，越来越严格，在加拿大吸烟的人越来越少。这个国家就是这样，即使烟草的财政税收很高，只因损害国民健康，便毫不留情！（新浪博客）

74，贤弟摄影家高蕴辉

著名摄影家高蕴辉是中央电视台、京津沪电视台等多家重要媒体的兼职编导，是津门一千多位知名书画家的知心朋友。2014 年夏季，高蕴辉应我邀请，跟随我到毛乌素沙漠体验生活，采访，拍摄治沙英雄石光银的有关照片，进行了一次有意义的艺术实践，展示了他扎实的艺术功底和出色才华。在目前摄影器材越来越先进，摄影爱好者浩如烟海的大环境下，即使是一个成熟的摄影家，要蓦然间崭露头角，也是一件很难的事。但高蕴辉的名字却在不知不觉中，于新闻媒体、业界和朋友圈越来越响亮了。

高蕴辉是我三十多年前就熟悉的老朋友。那时候我们在一个系统。只要局里举办各种展览，我们就会凑到一起。我负责文字，高蕴辉负责摄影，蔡连海负责书法，张俊强负责美术，还有基层加工厂一个小田负责美工专门用壁纸刀、钢丝锯切割泡沫板，连各种拐弯抹角和掏窟窿的活儿也干得漂漂亮亮。那时候还没有电脑刻字，制作丰富多彩的各种展牌、展板全靠手工。我们几个人每次合作都非常愉快，老蔡时不时还会拿小田找把乐儿，于是欢声笑语不断。活儿干得好，展览办得漂亮，各级领导就都很满意。于是，只要局里有这种任务，我们几个人就会再次凑到一起。老蔡评价说："我们哥儿个是最佳组合。"有一次举办建国以来本系统成就展，市领导和各系统的人都来参观，好评如潮，老局长、进城干部刘丕昌面对展览激动得流连忘返，连称你们干得太漂亮了！后来我家里过年刷浆（小装修），几个人到我家帮忙设计，老蔡主张屋顶刷淡灰色，并起名叫"高级灰"，然后就把这个名字赠送给了高蕴辉，口口声声喊高蕴辉为高级灰，让大家哈哈大笑。那时候大家的生活很单纯，思想也单纯，友谊也单纯。在这些年里，高蕴辉、蔡连海、张俊强等几个人都经常在市里获奖，他们的作品水平越来越高。

市场经济的快速推进，使本系统的改革驶入快车道，机关和基层纷纷成立实体公司。于是，高蕴辉加入了王佩翔和老蔡主办的广告公司，他主要负责影视业务和账目，为企事业单位摄制专题片和制作宣传画册，并参与电视台栏目的工作，为他的艺术实践拓宽了道路加厚了基础。那时候流行罗斯福总统曾经说过的一句话："不当总统就当广告人"，似乎干广告是非常荣耀的事情，为此我也干过好几年。虽不能说"风景这边独好"，但做广告人对我们这些人的锻炼非常大。但后期有些不幸，聪明剔透的书法家老蔡英年早逝，大家在痛惜不已之中，失去了激情。于是，大家陆续回到了各自单位，任了各种职务，没几年，就都提前退休了。没有了单位的牵绊，大家放开手做艺术，王佩翔学兄和张俊强的画艺日渐精进，声誉鹊起，高蕴辉则到新闻媒体做编导，拍摄了各种题材的大量作品，展示了出众的才华，还带出一群学有所成的弟子。

当我在 2014 年夏天邀请高蕴辉一同赴毛乌素沙漠地区体验生活，采访治沙英雄石光银时，高蕴辉没有犹豫，妥善安排了家务，毅然陪我前往。其实，此时他家中的老父和岳母年事已高，都需要照顾，他都交给弟妹打理了。弟妹也不负众望，虽然很累，却全部承担起来了。

目前中国的生态问题十分严峻，每年以 30 万亩的速度在土地沙化，让人触目惊心，我们想多走几个地方做个宽泛报道。由于经费有限我们只能选一个点，住下来做解剖了解，就把目标选定在整个毛乌素大沙漠的南缘，陕北石光银生活的定边县沙漠地区（具体情况见正式出版的长篇纪实文学《风雨毛乌素》）。

蕴辉有的作品，选取了治沙英雄石光银坐在沙梁上远观大漠的情景，展示了石光银毕其一生治沙的宏大志向，和晚年卓有成就的自信与坦然。有的作品，则记录了石光银早年住过的“干打垒”土屋。看那半个多世纪前的原始老旧而仍然没有垮塌的土屋，可以让人想象到当年石光银等人为筑造这座土屋下了多大功夫。有的作品记录了改造后的沙漠地区林地的晚霞，夕阳西下，火红的太阳余辉悬挂西天，脚下的庄稼如此墨绿，映衬出石光银治沙的出色成效。有的作品拍出了沙漠的旖旎和诡异。看似温柔静婉的大沙漠，如石光银所言，是专门扼杀动植物的杀人不见血的刽子手，是人类生存发展的死敌。有的作品，拍出了石光银做为一个功成名就的治沙老农的憨态。

现在的石光银已经脱贫，但他仍然愿意住自己的老屋，愿意躺在砖砌的大炕上，身边伴着早年结婚时的两只红漆木箱。有的作品，拍出了石光银为治沙几次走出本乡，外出学习取经的过程和内涵。石光银每走一步，都在身后留下深深的脚窝。高蕴辉的联想十分丰富。　有的作品拍出了石光银做为治沙的成功者，站在沙漠上是那么自信。他是国家命名的首位“治沙英雄”，中国的治沙史，将为他留下浓重的一笔。有的作品，完成于晚霞初现，农民放羊收工之时。我们住在这户农民家里，有机会捕捉到难得的画面，在高蕴辉手里，又完成得这么瑰丽与完美。有的作品，拍出了农民收工的景象。大漠之上，人们显得那么渺小。而正是这些渺小的人们将要征服沙害。

有的作品，拍下了石光银用砍刀砍断枯死的沙柳的瞬间。沙柳这种植物，当它的枝叶干枯以后就要砍掉，留下根部在沙里，转年还有可能继续生长，否则就彻底死掉了。石光银动态的表情和手势在须臾之间全部收入了镜头。有的作品抓拍了石光银开心大笑的瞬间。石光银是个悲情英雄。他一生致力治沙五十余年，晚年打算交班给自己的儿子，儿

子也很优秀，是陕西省十大杰出青年，但却在参加植树节的路上出了车祸英年早逝，让石光银万分悲痛。但他终于挺了过来，他说："我还有孙子，我要让孙子继续治沙！"有的作品同样拍的是石光银的脚印，却更彰显了石光银的自信与伟岸，让人读照片就能感觉到：石光银——真正的男子汉！有的作品，拍出了石光银对植物深深的爱。这种爱，被高蕴辉留在照片上。看石光银面对植物那种细心和爱抚。那是治沙英雄的全部心思和理想所在。　有的作品，拍出了浩瀚的樟子松大森林的壮观景象。中国三北地区的防护林带主要依靠樟子松。有的作品映衬出治沙英雄石光银的宽广胸怀和远大志向。

高蕴辉的优秀摄影作品非常之多，不胜枚举。他在生活中是个随遇而安追求恬淡安静的人，但对待影视作品却精益求精。每一处场景都会在不同角度观察，然后选取最佳。对人物动态则往往依靠敏锐的艺术感觉和扎实的艺术功底一蹴而就，并往往拍出悠远的意境，和绕梁三日的画外音。他为人热情诚恳，肝胆相照，敢于直言；做事踏实稳健，不事张扬，不务虚名。在朋友圈口碑很好，也是德艺俱佳的真男子。我曾多次建议他出一本集子，把他的优秀作品做一下整理和辑录。他总是说，不急不急。或者说，现在心还塌不下来。以我的眼光，他的摄影艺术已经炉火纯青，一定会继续创作出令人赞叹的更多的好作品。他这些年来担任天津文学艺术网的艺术总监，结识了不计其数书画界朋友，他甘心为他们做人梯，为他们的作品走向市场和千家万户铺路搭桥，他做的不计其数的书画家随访录和专题照片，不仅赢得了书画家们的高度赞誉，也永远留存在大家的记忆中！（新浪博客）

75，军旅艺术家李印龙

我们认识李印龙已经有几年了。那还是在天津市河北区文联和作协成立的时候，在会场里，李印龙坐在我们身边，温和安详冷静，语言不多而目光睿智，炯炯有神。佩戴的红色臂章和师职胸牌也格外醒目。朋友介绍说，李印龙是军旅书法家兼诗人。

会后，朋友领我们去李印龙处座谈，使我们与李印龙进一步结识。以后，我们就经常在李印龙不忙的时候前去叨扰，探讨书法艺术与诗歌艺术，也聊天津市河北区文联和作协的有关工作。慢慢地我们对他了解得越加深入了。

我们翻阅了登载李印龙书法作品、介绍李印龙艺术经历的《中国》（韩文版）杂志、《人民画报》和《中华英才》杂志、《中国书画报》等刊物，观看了李印龙以往的书法作品，以及现场的书法挥毫大作。一种独有的大气，洒脱，浑然天成的气质跃然纸上，且力透纸背。细品其行楷和狂草作品，犹如文豪大家写就的散文，描人状物情真意切，栩栩如生；左右逢源，纵横捭阖，气吞万里。一股军人的特有的风格，如江河之水波涛翻滚，汹涌澎湃；如南国热风迎面扑来，暖透四野。

李印龙告诉我们，他出生在江西临川。就是王勃《滕王阁序》“邺水朱华，光照临川之笔”的临川，一大批文坛巨星藉此诞生或藉此流连。譬如唐宋八大家中的王安石、曾巩，北宋著名文学家、政治家晏殊，被列宁誉为“东方莎士比亚”的剧作家汤显祖，当代书法家、首届中国书协主席舒同等等都是临川人；开一代书风的“颜体”创始人颜真卿，曾经为官临川乡里，留下许多墨迹，尤其是留在南城的《麻姑仙坛记》脍炙人口，其书法笔力刚健浑厚，开阔雄壮，布局充实，大气磅礴，被历代书家誉之为“天下第一楷书”。颜体是当地人也是少年李印龙必临之楷模，少年李印龙对“欧柳”楷书也下过很深的功夫。对宋代大家米芾的研习，为李印龙的行书奠定了坚实的基础。而对孙过庭的《书谱》、怀素的小草《千字文》揣摩学习，则使他的草书温而不燥。李印龙对艺术的鉴赏有独到之处，从来都不跟风。永和初年“书圣”王羲之在江西为官，临川城东至今还保留着王羲之的墨池遗迹，但李印龙感觉“二王”书风秀美有余而气势

李印龙：中国.北京，军旅诗人，书法家

不足，便很少临习。不过他对“二王”的揣摩研究却从未间断。居于哲学层面和一般艺术规律的深入思考，使他能够做到“事半功倍”，读过他的《解读邱才桢》、《历史绕不开这道风景》等即兴发贴或发言的人都对他有深刻的印象。

南北朝时期的著名诗人谢灵运曾经在江西临川为官，其文化上的建树，对李印龙影响深远。南宋爱国诗人陆游曾任提举江南西路茶盐常平公事，办公衙门在临川县城宝应寺旁，陆游诗歌平易晓畅的语言、整饬谨严的章法是临川诗人的天然食粮。李印龙自幼爱诗写诗，1975 年初中毕业时，即有诗歌作品入选地区的《中小学诗歌选》，崭露头角。

李印龙为人热情却生性耿介，能够豪气干云，亦可细致入微。在部队的漫长生涯中，既积极进取，又安于本职。而书法和诗歌艺术创作，成为伴随和滋养他成长的不二选择。他 1962 年出生，1979 年入伍，先后在中国人民解放军空军部队、军事院校、总参谋部、总装备部系统工作，现任总装备部天津某部政委。在业余时间进行书法和诗歌创作，是他多年来旨在丰富部队干部业余文化生活、进行文化建设的重要方法和追求。他在求学进修以及任职部队期间，既是执行命令服从安排的好下属，还是爱兵爱下属的好上级，更是敢于与上属论道、甘向下属取经的学者型军官。早在

1987 年，他即获得军校“建军 60 周年书法展二等奖”，他的作品曾入展中国书法家协会、中国美术家协会和军队联合举办的大型展览，先后在总部举办的建党 80 周年书画摄影展、优秀政治教员比武、网络书法展览中分获过一、二、三等奖。李印龙的艺术活动呈现出两种极端状态：养在深闺、服务部队，所以极少参加“赛展”。了解李印龙的人都说，这些奖项不过是他“搂草打兔子”的收获，因为他参加那些展览都是上级下达的任务。

2014 年，在中国书法展览馆举办的《兴装强军·李印龙书法展》，在部队及地方书法界引起热烈反响，中央电视台等权威媒体进行了系列追踪报道。某军事代表室的官兵参观展览后引起强烈共鸣：“这个展览既传播了强军目标，又表达了我们献身强军实践的誓言，同时还反映了我们当代军人积极向上的精神追求，和丰富多彩的业余文化生活。”著名书法家，博士生导师，原中国人民解放军后勤学院院长江杰生将军参观后说：“无论从艺术性还是社会效应看，这都是一次高水平的展览，达到了‘书法载道’的目的。”著名书法家，书画鉴定博士，清华大学美术学院邱才桢教授说：“做为军人的李印龙，其书法有着浓郁的书卷气和人文气息，可知书法‘变化气质，陶冶性灵’之言不虚。李印龙在孔武憨厚的外表之下，还有颗灵秀温柔之心。”著名书法家，中国美术出版总社、人民美术出版社大型丛书《中国书画》副主编王三友指出：“阅读李印龙此次书法作品展览，真心感受到文气与虎气的交互作用，柔中有刚，刚柔并济。这与作者人格境界与审美境界的高度是密不可分的。”天道酬勤，一分耕耘，一分收获。获得专家学者的这些点评，自然是令人喜悦的，却更让人从中看到李印龙的艺术天赋和所下过的苦功。

同年，由李印龙撰写的独幕话剧《44 间房和 33 棵树》被某总部机关的大型文艺汇演看中。为丰富部队文化生活并节省开支，2015 年他又将其改编为微电影，并亲自出演其中的政委角色，形神兼具，真实生动，颇受好评。前不久该剧荣获全国百花编剧奖。成为全国微电影编剧的佼佼者。近年来他的诗歌作品，也经常见诸报刊，或气势如虹，或精巧严谨，或意境深邃，为同人所称道。

李印龙艺术创作实践的成功，引起多家媒体的关注。近年来，诸多媒体对李印龙进行了追踪报道。《中国军工报》、《中国书画报》、《中华英才》、中央电视台《书画频道》、《美术新闻》、《新浪》、《人民网》、《人民美术网》、《中国书画网》、《凤凰网》、《中国艺术论坛》、《中国书画官网》、《中国书画交易中心》、《大画家》、《中国艺库》等报刊杂志及网站对李印龙的艺术人生和成果做详尽展示。李印龙历来低调，做事不事声张，但挡不住媒体的追踪。他说："我本来就是而且也更愿意做一颗'山毛栗'，熟了，就裂开'毛栗护'（带刺的外壳），掉入泥土，来年或许又长出一些新芽；糖炒栗子肯定要被吃掉，剩下的壳就成了垃圾。"

当然，艺术实践的过程，自然会有可吃的营养丰富的果实，也有应该舍弃的垃圾外壳。李印龙对这一点看得很清楚。所以，很多人向他索要书法作品，他都谨慎有加。他不敢说自己的作品都是佳作，而达不到佳作的程度，他又是不愿意示人和赠送的。所以，现在很多朋友都说他的书法作品"一件难求"。曾经有大企业家朋友看出他的市场潜力，和他协商：你给我写若干件书法作品，我给你多少钱，进行包销。李印龙感谢朋友的好心。却婉拒了。他认为，艺术创作是心声的倾诉，是热情的流淌，是人性的抒写，是个性的描摹，更是优秀传统文化的继承、发展与结晶。成批制作的结果，是匠人的风格，怎么可能出来佳作？李印龙说，他现在仍然走在前进的路上。他在探索中不停地走着，前进着。而他的艺术追求与实践，在推动部队业余文化生活，加强部队文化建设的同时，也成就着自己，更为灵山秀水的家乡增添着耀眼的光彩！（新浪博客）

76，记 1970 年对唐山开滦矿的一次参观

初中二年级的一个接近元旦的冬天，学校负责学生干部工作的孟素霞、丁建国和与丁老师同龄的留校年轻语文老师张全胜等，带领我们十几名学生干部赴唐山，参观开滦煤矿。那时有一句口号特别响亮："他们特别能战斗。"指的就是唐山开滦矿的工人们。曾经有一部现代京剧《节振国》，就讲得是解放前唐山煤矿工人在地下党领导下不屈不挠闹罢工开展抗日斗争的故事。大家听说前去参观，都抱着极大的热切和期许。

那时有过"拉练"的训练，所以此次出门要求大家带背包，因为需要住宿。到得开滦矿以后，首先在会议室聆听矿领导和老职工介绍开滦矿概

况，然后讲下井注意事项。大家对下井感觉新鲜，充满想象。此时刚刚上午，他们的脸上，眼窝、耳蜗和鼻翼，已有黑黢黢的暗影，估计已经在井下干了一段时间了。接下来，大家脱下臃肿的外套，穿上矿工灰白色小帆布质料的工作服，头上戴上安着矿灯的塑钢安全帽，排队坐简易的电梯下井。电梯十分简陋，与现在大家天天使用的电梯完全不同，实际就是电动吊篮，一副四方铁架，脚下铺着木板，一次能下十来个人。是时天气十分寒冷，下井的过程，渐次感到了暖烘烘的气流慢慢浸润上来。

在近千米左右的井下，电梯停住，大家跟随矿工师傅进入横向的巷道，巷这个字在这读 hang，四声。此时气温已经比地面高了很多，身上的衣服似乎穿多了。起起伏伏地走了一段时间，来到“工作面”，即矿工师傅采煤的地方，场景和后来电视里展现的一样。工作面有很多矿工师傅在采煤，使用比较原始的手持风钻或叫电锤（忘记名字了，就是类似电钻的工具），也算半机械化了，运煤车有小铁轨，车斗一个连一个，一次能连十几个。车斗可以往一侧翻倒，便于卸煤，小名叫“轱辘马”。装满原煤的轱辘马十分沉重，运行起来惯性很大，需要加倍小心，防止发生事故。整个过程看过以后，我们坐电梯回到会议室换衣服，发现人人都是黑眼窝、黑耳蜗、黑鼻翼了。我们并没有干活啊。想来工作面洋溢着飞尘煤屑，而我们没理会。可见矿工们把煤屑吸进鼻孔，也在所难免了。在矿工师傅安排下，我们统一进大澡堂洗了澡。然后和矿工师傅们一起在食堂用餐。他们像对自家的孩子那样对我们关爱有加，他们的一言一行一举一动都透着淳朴、开朗和纪律性。矿上的领导级别不低，但始终不脱离一线劳动，他们在工作面也承担一定的分工。“感觉到了的东西，我们不能立刻理解它。只有理解了的东西才能更深刻地感觉它”。后来我当兵了，赶上了唐山大地震，前来抗震救灾，见识了开滦矿干部职工先人后己的无私和坚韧，他们的工会主席不顾自己小家，连夜“飞车进京报灾情”，把已经发生的重大损失尽可能减到所能减的“最低”，等等等等，被部队宣传队编成段子演出，在民间长久流传，确实是值得学习和回味的！

下午，天空阴沉沉的飘起大雪，我们一行人步行参观市容，市区过街天桥的阶梯与阶梯间的梯度很小，类似早年火车站的天桥阶梯，可能为了照顾老人和孩子，但我们走上去就感觉不适应，尽管过天桥的人很多，却快不得慢不得，只得按照“梯度”一阶阶上下，雪下得很大，西北风裹着雪花抽在大家的脸上，像小刀子割。因为天气寒冷，大雪覆盖了天桥阶梯，马上就结了冰，于是，这样小的梯度也仍然有人滑倒。只是因为梯度小而又人人都穿着厚棉裤，不会硌得很疼。

吃过晚饭，大家跟随老师在一所中学的教室就寝，尽管自带了背包（棉被），因为教室里炉火不够温度，窗棂堆着雪和冰凌，门缝刮进来的冷风也让大家冻得睡不着。于是，大家集中到丁老师的屋里，围着炉火聊天。这时，孟素霞老师拿来一盒蛋糕，那个年代这可是稀罕物和“奢侈品”，告知说，是为学生干部赵平平过生日，要大家一起分享。大家便对赵平平一番祝福。时间已过 10 点的时候，张全胜老师把一位海军战士张永乐叫来了（有人私下说是他没过门的姐夫），张永乐身材高大面目俊朗，身着海军的蓝色军大衣，只露出军帽上的红五星。也可能是部队干部，但那时我们分不清战士和干部的区别。张永乐很善谈，谈起人生、成长、历练滔滔不绝。我们都是十四五岁的小孩子，自然是十分受用的。都非常崇拜地看着他。他点题一般特别强调：“这样的参观，对你们形成正确的世界观和人生观是很有好处的，你们一生都会记得。”但过后不久，张永乐就在海上为抢救国家财产而牺牲了。似乎用实际行动佐证了什么叫正确的世界观和人生观。张全胜老师为此悲伤了很长时间，我们自然也一起跟着悲伤。后来，我把张永乐的事迹写进了长篇小说《那年那些兵》和《我把青春献给你》。

社会在跌宕起伏和迴旋中前进，精华与糟粕会在时间的淘洗中经受取、舍。关于这次参观，我曾经和老同学赵平平在通信时复述过，所以对细节还能忆起，当时她也是主角，围着炉火聊天时，她的发言也很热烈。大家兴奋地聊了一宿，转天坐火车回津，路上困得东倒西歪，顾不上闲聊了。其他同学对这次参观会不会像张永乐说的“记一生”，不得而知，我却真是如此。 《天涯论坛》

77，让人扼腕的老友

我曾经干过五年广告公司的经理，那正是广告公司满天飞的时节，也是这种公司财务上很“活”很“乱”的时节。那是单位的经济实体，虽然我在公司一切说了算，但却从未出大格，因为公司同仁全是机关干部，会计就是单位财务处人员兼任，我不想“乱开发票”、“倒现金”，但又不可能太“死”。这五年对我而言，等同于上了社会大学，工商、税务、市容、城管、监查、占道、公安、交通队以及有关领导，加之数不清的客户，形形色色，各式各样，赤橙黄绿青蓝紫，柴米油盐酱醋茶，让人自觉不自觉地突然成长起来。

因为业务，结识了很多朋友。有的打过一次交道便拜拜了，因为不是一路人，只能有业务交往而不适合做朋友；有的业务没谈成，反倒成了知心朋友；还有既谈成了业务，又成了至交的好朋友。我现在要说的这位，接近于第三种，不过只是接近，因为我们谈成好几次业务，而他又总是跟我们保持一点点距离。“距离”这个东西是只可意会不可言传的，每个人都会有自己的心得，除非真的脑残了。有人木讷，对方撵你你还赖着不走，对方损你，你还对着他笑，这种情况往往是你有求于他，不是真的木讷。

我说的这位老友与我们的“距离”，在于“回扣”问题他总闪烁其词。“回扣”这个东西是那个阶段的特殊产物，有人说中国市场经济起步阶段成功的企业家都有“原罪”，我一点不反对。但我事先都向上级领导汇报、请示。领导说，这是企业行为，你看着办吧，把握合适尺度，别干赔了就行。广告业务不同于房地产业务，有回扣也不可能很大。于是，我们在饭桌上就往往因为这个问题疙疙瘩瘩的。我们明白，他对我们不太满意。但他感觉我们做事非常踏实，丁是丁卯是卯，我们身后还有过硬的美工、摄像包括电视人员，又让他舍不得我们。于是，尽管疙疙瘩瘩的，还是一连串做成好几笔。

他原本是中学老师，是恢复高考后的第一批大学生，毕业后分到中学教语文，但改革开放后很多企业迅速发展壮大，工资奖金远远超出学校，于是，他托人调到了这家效益不错的企业，做了办公室主任，短短几年，先是升为副厂长，继而升为公司副经理，广告业务一直是他的分内之事。于是，有了我们之间的交往。但也仅限于谈业务，吃顿饭而已。没有业务了，也就没有了来往。后来我也不干广告业务了，更没有来往的由头。好几年以后，我的一位老同事突然给我打电话，说老陈要见你，你几时有空？老陈自然就是这位老友，我们的客户里还没有姓陈的。于是，我们见了面，吃了饭。老陈做东。我们为谁做东互相推让了半天，老陈在饭桌上当着我们俩说，幸亏当初你们给我回扣不多，干部考察时，纪检的人到你们单位财务处查去了。我和同事都吓了一跳，真没想到啊。我连忙说，也幸亏你们业务不多，否则，后面我们一高兴，给你一大笔，你也就毁了。是啊是啊。老陈非常感慨。时间不长，他又请我们俩喝酒，这次他带来一套《孙中山全集选编》，棕色的封皮，厚厚的五大册，半新不旧，说送给我了，没事时可以看看。还告诉我，他现在是民革成员，一直在读孙中山。此后，便没有再见面，后来我不断有新书出版，他得知后就来电话祝贺，还说已经在网上买到，正在阅读。

转眼又有几年过去，我们同事请我吃饭，告诉我一个不好的消息：老陈去世了。我说他年龄和咱们差不多，太早了吧，什么病？同事说，脑溢血，急的。为什么？他为了儿子去英国读大学，卖了市里的房子，搬到郊区去住，结果儿子在英国待了两年待不下去，对英语半点兴趣也没有，自然也就没法听课，钱也花光了，非常狼狈地回来了。老陈一下子就躺倒了。我说，儿子恐怕打地起就不喜欢英语，老陈太失策了。同事说，他随着自己身份的提高，太渴望儿子成材了。这时我也刚刚知道，老陈已经做到了正处级。可惜啊。那天我和同事整整喝了一瓶“闷酒”，为老陈扼腕。（新浪博客）

78，弹棉花的又来了！

“弹棉花的又来了！”从6、70年代到8、90年代，差不多有四十年的时间跨度，这位来自宜兴阜的弹棉花者，他的熟悉的声音会隔三差五从建设里人们的耳边回响。这个人身材稍高，精瘦，穿着一般农民常穿的旧衣服，身上不脏，但头发上和衣服上经常沾着棉花绒子，干练，利索，嘴比较大，吆喝起来嗓门也大，他站在大院门口吆喝，连建设里最后一排也能听到。

他骑着一辆自来水管焊的车子，大梁长，后衣架也长，能捆、搭很多棉花包袱。他不论接多少活儿，交活儿的时候从没乱过，没有张冠李戴的时候。这一点特别让人佩服。这位前期的大哥后期的大叔肯定没受过什么高深的科班教育，只是极平常的手工劳动者（甚至还可能是兼职——只是农闲时干），否则也不会干这行；但单凭他从来不张冠李戴这一点，能见出他做事的认真和智慧。而又从他每次弹来的棉花的质地之好，之让人满意，又见出他做人做事的实诚和高超的手艺。

每当传来他的吆喝声的时候，坐在咱院的梁婶或何婶，都会马上动作，首先叫喊起来：“快，弹棉花的来了，等他好几天了！”便把家里早已预备好的棉花包袱拿出来，到大院门口去交活儿。这时我妈也会发话：“三明，你赶紧去让他稍等一会儿，别急着走。”三明就跑去告知，这边我妈就找出预备好的棉花包袱。

这些棉花包袱里的棉花，都是使用过几年的旧棉花，已经被睡觉压得实着、没有弹性了，颜色看上去也黑乎乎的。弹过以后，就会非常喧腾，颜色也白了不少。那时候没有被罩，差不多年年拆洗被面和被里，尤其是被头，洗得更勤。洗的时候也很费劲，都在大木盆里，要泡好长时间，然后打上肥皂，用搓板咔咔地搓。而现在不一样了，家家都有洗衣机了，先是使用洗衣粉后来使用洗衣液，只要开动电钮，洗衣机转起来，就等着甩干，然后淘洗了。如果使用全自动洗衣机就更省事了，连洗带淘全有了。

使用被罩以后的日子，弹棉花的事情也减少了很多，为什么呢？我也说不清。

那个弹棉花者，从青年到中年，后来到接近老年，后背已经微驼，嗓门倒是没减。他间隔了好几年没出现，后来再出现时，明显见老。再后来建设里拆迁了，他就再也不可能来了。他好像姓杨。（新浪博客）

79，鼓楼奇弹

“天津卫，三宗宝，鼓楼炮台铃铛阁（gao）”。那是历史老话儿了。眼下的鼓楼是前些年重建的，周边的建筑，间或夹杂古风，基本都是现代风格，好几条街都经营古玩字画、工艺品、红木家具之类，形成津门热闹的一爿商区。而最热闹的时辰，是每周四的上午，在鼓楼周边的广场空地上，打地摊儿卖各种工艺品器物的林林总总，让你目不暇接。

一直钻研木雕艺术的郭增省自打退休以后，就成为这里的常客，淘过不少紫檀、黄檀、花梨木的边边角角，回家雕成各种姿态的小木壶自我欣赏。忽一日心血来潮，傍了一个熟识的卖紫砂壶的朋友，拿来自己的三个紫檀木壶摆在旁边跟着卖。上午十点左右，正是“逛摊儿”人最多的时候，来了一位拄拐杖着中式灰色对襟布衫的长须老者，挨摊儿寻看，蓦然间在郭增省的紫檀木壶跟前住了脚，慢慢蹲下，从口袋掏出一副白手套戴上，抓起一个木壶细看。

“多少钱？”老者问。“三百五一个，仨全买了一千。”“仨全要了。”老者捋了一下胡须，遂开始掏钱，从钱包里数出一沓钱递给郭增省。郭增省接过来一数，是一千一。他脑子里立即翻江倒海了。是老者数错了，还是故意多给的？多给的可能性很小，应该是数错了。郭增省没吱声，把钱收好，用裁好的报纸给老者包好，装进一个塑料袋，递给老者。老者满意地点点头，汇入了人流。

身边的朋友说："老哥，你运气真不错，我这两个星期都没走货，你初来乍到第一天就全卖出去了。"郭增省道："一会儿我请你到旁边酒馆儿喝一盅。"朋友说："用不着，你雕一个壶费多少工，我还不知道？"说话间，一个上午就过去了。郭增省和朋友握别以后回家，高高兴兴和老伴吃午饭。就说起上午多收了一百块钱的事。老伴突然放下筷子，正色道："咱家这么多年来干干净净做人，规规矩矩做事，你怎么能多收人家一百块钱呢？"

"是他给的，又不是我要的。""老者很可能是因为年岁大了，眼神不好，数错钱了。你可好，将错就错，合适憨厚，这可不是咱的家风啊。""不就一百块钱吗，老者肯定是不在乎的。""人家不在乎是人家的事，咱可不能干这种事。""那怎么办？人海茫茫，往哪找他去？""下周你继续拿几个木壶去卖，守株待兔，坐等老者。"

郭增省历来唯老伴的话是从。因为多年来老伴给他出过不少好主意，帮他解决了生活中一个又一个的难题，老伴在他心目中的份量是超过任何人的。又到周四了，天还没亮，老伴就催促郭增省出门了。这次他怀揣四个木壶，先在街边路灯下的煎饼摊儿摊了一套双鸡蛋的煎饼果子，热乎乎地拿着吃着，蹩进了鼓楼地摊儿卖场，见卖主儿已经陆续进场，都在划定的区域内摆自己的货品。他的朋友也早已将很多紫砂壶错落着摆好，也在吃煎饼果子。郭增省刚就位，一个中年男人就走过来，说："上周一位老者在你这儿买木壶，你多收了人家二百块钱，对不对？"

郭增省的大脑"嗡"的一下子，怎么，来了"碰瓷儿"的了？明明是一百块，怎么变成二百块了？怎么办？他的大脑急遽地转动着，专心吃着煎饼果子，心里想着对策，只当什么都没听到。对方又说："你说话呀，哑巴啦？"身边的朋友插话道："上周是来了一位老者买木壶，可是并没有发生什么纠葛，看了样品就交钱，前后没有五分钟。怎么还闹出'二百块钱'问题了？"郭增省急中生智抓住了朋友的话头，道："上周来买木壶的是位老者，我要亲自和他说话，你是何人我并不清楚，还请你把老者叫来对质。""老者是我父亲，我代表他。""他就是他，你代表不了。""我可报警了？""你随便。""要么我叫人来砸你的摊子？""借你个胆子。"郭增省已经铁定了心，老者不来，其他事免谈。而且，这件事有老婆撑腰，他要死扛。否则的话，这 60 岁白活了。但中年男人并没有报警，而是说了一句："有本事你等着，别溜。"然后转身走了。郭增省暗想，老伴嘱咐我了，咱明人不做暗事，我静待事态发展。

太阳一竿子高的时候，老者果然亲自来了，一见面，郭增省就把一百块钱还给了他，还讲了自己老伴对自己的教训，叮嘱老者以后买东西付钱要仔细一点。老者哈哈大笑，讲出了他的心里话：他现在正在筹办一个前店后厂的木雕工艺品商店，正缺一个技术掌门，已经看中了郭增省，在考验他的人品和应变能力。郭增省道："您这一考验，我的心脏差点没跳出来。"不过还是跟着老者走了，从他们的背影看，两个人聊得很热络。

（2020，11 期《天津文学》以《鼓楼晨辉》题目刊登。）

80，京津两地师生的友谊

几年前，天津教委退休处长解书明带领十几位原十四中学生，赴北京通州，与北京 62 中学齐铁铮老师会面，为齐老师 88 岁生日祝寿，气氛火

爆热烈。席间京津两地师生共话 31 年前的往事，无尽的感慨和喜悦溢于言表。

与人为善

66 = 33 + 33没错，由66岁生日想到的：1988年我们前往北京给北京62中学的齐老师过60岁生日，当年我33岁；2021年过去了33年一晃我66岁了，光阴似箭日月如梭，愿美好的记忆永存真挚的友谊常在。衷心的感谢各位不离不弃的老朋友们，同祝93年高龄的齐老先生健康快乐。择机北京再聚！

早在 1984 年，解书明老师还在天津十四中学做团委书记的时候，策划和举办了一次由天津至北京的长途自行车骑行夏令营，十四中学二十几名男女学生骨干参与。他们克服了重重困难，以顽强的毅力和坚韧不拔的精神，用 20 个小时骑到北京。到达北京以后，北京 62 中学的齐铁铮老师接待了他们。那时候齐老师已经 57 岁，他被风尘仆仆骑自行车远道而来的天津师生通过夏令营磨练意志的这种精神所感动。解老师通过团中央和《北京青年报》为同学们联系了参观了团中央机关、中南海以及其他景点活动，感受老一辈革命家的光辉业绩和理想信念，寓教于游。并邀请齐老师和北京几位学生一同参观，交流感想。齐老师擅长摄影，为大家留下许多宝贵的影像资料。解老师为使大家的夏令营活动更加周到细致和丰富多彩，和齐老师一起，组织大家与北京 62 中学的师生举行了座谈、联欢。留下一生中永远难忘的有意义的记忆。当时天津的日报、晚报都做了报道。这么多年过去，天津十四中学的团委书记解书明老师早已成为市教委的处级干部，学生们也有的成为领导干部，有的成为企业家，有的成为艺术家，有的则做了大、中学的教师。回顾往事，他们不约而同地认为，那次自行车骑行夏令营对他们磨练意志，开阔眼界，坚定自己的人生信念和理想，影响深远。而京津两地师生由此建立的深厚友谊同样终身难忘。

齐铁铮老师60大寿的时候，解书明老师曾经带领大家来京为齐老师祝寿，多年后再次来京，为齐老师88周岁仍然精神矍铄、身体健康而高兴。大家举杯，祝愿京津两地师生的情谊源远流长。而在解老师也年满60岁的时候，曾经参加了往年“骑行”活动的学生马宇彤（现任天津日报编辑）为他写了诗歌表示祝贺：“善解少年意，不老师生情；水长千驭至，人寿年丰宁。”师生之间的深情厚谊溢于言表！（新浪博客）

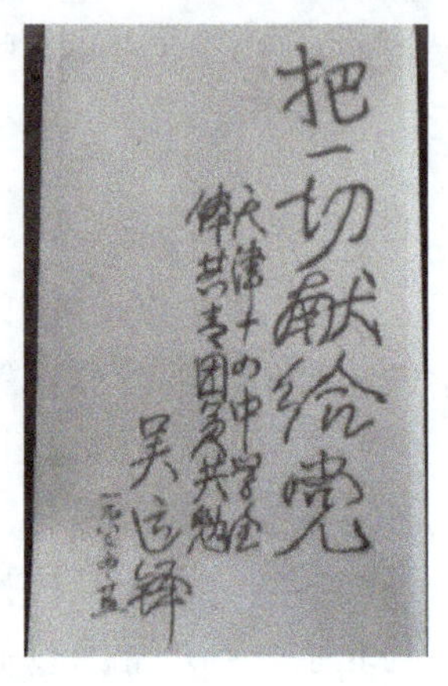

"一石激起千层浪"，美好的回忆连绵不断。曾记得1984年在学校工作期间组织了一次学生骑自行车到北京开展夏令营活动为期一周（那个时候结识了北京62中学齐铁铮老师），当年我们在团中央及北京青年报社支持下搞到了一些《中南海参观券》并邀请齐老师同我们一起参观，至今我保存一张《中南海参观券》（1984年7月15日）因齐老师擅长摄影，在京期间多次邀请齐老师参加我们的活动为大家拍照，特别是在中南海瀛台参观时为我们拍照了许多珍贵影片（那个时候都是黑白照片），看着老照片比比皆是幸福的回忆。

81，蓟州旅游经济的明珠

在艳阳高照的金色十月里，海韵诗社刘荷花社长带领北京、天津十余位诗人作家来到蓟州区山村踏秋采风创作。感受近年来旅游业得到长足发展的蓟州区山村那天然氧吧的氛围，品味乡亲乡情乡趣乡韵那火热质朴的人文情怀；畅叙“旅游村”于国于民的诸多益处，交流发展乡村经济扬长避短的诸多体会。火花迸射，收益满满。

大家受邀来到的这个山村叫“小穿芳峪村”。现有村民82户，268人，土地761·74亩，民居118亩。不论从土地面积，还是从人口看，这个山村在蓟州区都是数得上的比较小的村子。不仅小，几年前还是方圆左近最穷的村。近年来，他们在书记孟繁全带领下，针对小穿芳峪村三面环山的自然条件，全力打造以“乡野公园”为主题的旅游村，赢得了“北国桃花源”的美誉。那么，他们走了一条怎样的发展道路呢？

四年前，小穿芳峪村因为贫穷，常常被做为富裕了的邻村的陪衬和反衬，以破旧的房屋和街道得以进入电视镜头，而且一些脏乱差的照片还被提供给韩国和世卫组织。让村民们的自尊心受到了伤害和刺激。为了改变山村贫穷的状况，他们把在市里干企业干得风生水起的“大能人”孟繁全请回来，做了村里的书记。孟繁全原来带着孩子和村里30%的村民在市里打工，经营绿地绿化企业，已经具备了一定的经济实力。乡亲们是有眼光的，选孟繁全做书记，更重要的还不是资金问题，而是他有一颗爱护乡亲，带领乡亲往前奔的愿望，和多年来锤炼和积累的绿化、园艺的技术和经验。完全算得上是“德”、“才”兼备。

而孟繁全也不孚众望，回村的第一件事，就是拿出自家的200万元修路，安电，排污，筑堤，还率先花120万元把自家四合院打造成适合游客住宿的中高档客房，为全村发展旅游业做出示范。在此基础上，用两年时间在全村打造了40户适合游客住宿的中档以上农家院。在管理上，以村民土地入股的方式，纳入集体经济。当年即增收40万元。以贫穷出名的小穿芳峪村终于有了属于自己的“绿色银行”。孟繁全对“大能人”这个称谓并不接受，他为自己命名为“园艺使者”。这不仅因为他祖上曾经干过园艺，是绿化设计与实施的高手，他的血液里浸透着老一辈的基因；还因为他自己也在多年实践中练就了一双设计园艺的火眼金睛、一双巧手和无比开阔的思路。小穿芳峪村变成了他施展拳脚的实验场。他要主打“乡土文化”，要把210米长的老街打造成最古老最富乡野风情的步行街，要把山村变成乡野公园，要让原本横七竖八犬牙交错的山坡山岗变成花香水榭，要营造既古朴又现代的田园风光……

回顾四年来小穿芳峪村的发展变化，印证了孟繁全的出色而成功的构思与设想。他带领领导班子和村民重点做了三件事：一，制定 9 年规划，改变村容村貌，让村民增收，让村民当年收入达到 6·6 万元；2012 年底把全村土地以股份制形式入股，共 1250 股，初具规模，特别值得一提的是党员干部没有多吃多占，没有多出一股，只有一个五保户多出一股；二，成立景田农业新村，打造景观与农业相结合的旅游经济村落，农家院定位为中高档，客房打造成可接待 8、10、12、14 至 36 人的四合院；市领导前来指导工作的时候同意他们把 190 亩土地变为建设和旅游用地，为他们解了一大难题，去年他们以此建在山上的客房纯收入达到 26 万元，最初的设想很见成效；现在他们把全村 82 户每家干什么全部做了计划，其中 26 户干旅游，其他的农户有的干磨面，有的磨豆腐，有的干大饼羊汤，有的剪纸，等，而不论干什么都只能干自己的营生，不允许“串位”；为保乡情乡味不许盖二层，村里只有 6 家盖二层也是为了起衬托作用；以此实现“错位经营”；三，成立农宅合作社，目前已有 11 户农宅合作户交给集体；113 亩早年挖土挖成的土坑断崖处修筑具有陕北风情的窑洞，初步打造几种类型：小家庭版、营业版、娱乐版等，作价出售给买家经营。总之，一切都在按计划实施。下一步村里有两处景色需继续打造，即卧牛山和望牛山，要成为有农民特色与体验的园林景观；老街要继续打造成民俗民宿文化和历史遗留文化聚集之处等。

沿着孟繁全的思路，诗人作家们在村子里走了一遭，感觉完全像是走在一个花团锦簇的大花园里，经过设计与修剪的带有精致园艺特点的绿树与山峦形成的景观，一个接一个地跃入大家眼帘，极具艺术性的园艺小品的小设计，与全村生机盎然的大花园的整体设计，交相辉映，互为补充，五彩缤纷，相得益彰。不论是走在绿树葱茏的林间小道，还是站在园艺小品跟前，都会让人神清气爽，怡然自得，仿佛自己就在某个名山秀水名胜古迹的旁边，谁会想得到此刻自己是身在曾经那么贫穷的一个小山村呢？非常值得抒写一笔的是东道主带领诗人作家们来到一位 79 岁老者种植的果园采摘，这位老者战争年代曾经是儿童团员，四五岁就拉着骡子为八路军送军粮，有着十分光荣的成长史，被乡间人们誉为活雷锋，他无偿地让诗人作家们前来采摘，体验农家生活，让这些文人无比感动和感慨，喟叹小穿芳峪村山好水好花好树好空气好，当然，人更好！（新浪博客）

82，好友画家张俊强

近年，在津门画坛上一位专事工笔花鸟的画家张俊强因厚积薄发，逐然显现画坛，生机勃勃地拔地而起，以类古弥新的姿态向世人宣示他的与众不同。凡是系统看过张俊强画作的，无不被那扑面而来的丰富文化内涵，美丽、壮阔、富贵、静谧的气息，直追宋元古风而并不拘泥，乃至跃出画面的灵动与质感所折服。

张俊强自小爱好美术，崇尚国学，对人物、花鸟的临习都下过苦功，且涉猎古人物雕塑，对绘画与雕塑有着深刻体会。他的古人物雕塑作品，因古文人魂魄气重，曾经获得过省市级大奖。张俊强在研读中国工笔画历史及理论时了解到：中国的花鸟画发轫于六朝时期，至唐代人物画和山水画自成一科，五代时期形成“黄筌富贵，徐熙野逸”等艺术风格与表现形式。到北宋时因皇家的介入使花鸟画得到大力弘扬，在宫廷画院体制的推动下达到鼎盛，宋徽宗赵佶的“重彩画面、瘦金书体，帝王气象”而成为典范。元明以后文人画兴起，写实风格日渐式微。明清虽有陈老莲、恽寿平，却难挡颓势。到民国几乎成为闺阁女红的雅好及初学绘画者的“起手课”了。直至吴昌硕、齐白石、张大千横空出世，花鸟画作为一个画科方才重振雄风。及至20世纪30年代以后，工笔重彩花鸟画领域出现了刘奎龄、于非闇、陈之佛、陈子奋、郑乃珧等几位大家，让工笔花鸟画界光耀后人。张俊强深感古文人气节与精魄，尤爱工笔，感与之神魂相契，遂塌下心来专事学习与实践。

张俊强的工笔艺术成长经历了三个阶段。首先拜了津门工笔花鸟画家郭鸿勋为师，从最基本的构图、线描、用色、渲染入手，精心研习，大量实践。夯实了厚实的工笔花鸟画基础，尤以线的筋骨力柔相济为著。郭鸿勋老师的画风，就是直追宋元风格，所以，张俊强几乎没走弯路。在这一阶段，有的作品入选并参加了省市级大展。张俊强边实践，边消化吸收前人的经验与营养，为日后形成自己的风格打下了坚实的基础。其次，张俊强爱赏于津门著名花鸟画家姚景卿的画风。他醉心于姚老师的精彩画作，遂向姚老师请教。姚老师艺术成就很高，曾经被画界评为新时期天津十大画家之一，中国美协理事。姚老师尤善花鸟孔雀。而张俊强也独爱孔雀。姚老师没有保守，直言不讳地指出了张俊强关于孔雀画作的不足之处，让他受益匪浅。回过头来，他审视自己，下苦功弥补不足，他曾经多次到动物园站在真的孔雀面前反复、细致地观察，揣摩，对比老师的作品，把老师的教诲与自己的实际观察结合起来，形成自己的认识，化作自己的作品。在几年的时间里，使自己的画作上了第二个台阶。在这个阶段，张俊强深刻的思考了自己的专事方向，审视了自己的当代定位，对自己未来创作的方向有了初步的规划。第三个阶段，张俊强深入研习前辈大师于非闇的画作，仔细研读《于非闇画论》，揣摩于非闇画派的构图、勾线与“色分三层”理论，对照自己的作品，找出问题，反复实践。继承前人的精髓，使自己画作的构图更加严谨，用笔更加流畅，包括工笔用的线条、墨线的浓淡、粗细、虚实、轻重、刚柔、曲线的表现，力求更加到位，紧追于非闇先生扎实的工笔花鸟画的画风，把于非闇双钩《竹雀图》用笔老到、雕嵌色彩丰富清逸做为自己的目标。张俊强为了回到本真的宋元风格，借鉴郭鸿勋、姚景卿和于非闇各位前贤，他们所走的路无不是本真的宋元风格之路。自己回到宋元，乃是认祖归宗。他的工笔双勾重彩花鸟画，注意了三点：一是从宋元绘画遗产中体味和汲取传统精华；二是注重从写生中观察体会花鸟动植物的动态、静态、神态；三是学习借鉴前辈先贤绘画中的出色技法。在这个阶段，张俊强的画作真正上了新的台阶，开始得到业界关注，各方面的肯定之声如潮。

经过了长期学习和实践，张俊强的画作已经摆脱了以往自己学画之出的稚嫩。在继承先贤基础上加进了现代文人风格，强调了花鸟的灵动、色彩的对比与协调。尤其他的各种神态的《孔雀图》，在孔雀的头、眼、爪上下的功夫最大，几乎综合反映出他的画风与成果。每幅作品皆主题突出，画面精到，色彩艳而雅，尽力捕捉和表现花鸟在瞬间的灵动感；处于配角地位的松树、山石、花草，与主角孔雀之间不仅在穿插避让上井然有序，主次关系明确，表现技巧也更生动自然。很好地起到衬托作用。主、次的线条笔势皆稳重结实，皴擦细致，主、次皆显现出强烈的立体效果。

整个画面层层晕染，丰满滋润，仿佛是由晶莹的玛瑙雕琢而成，既五彩缤纷，富丽华贵，又恬淡宁静、平和安详、意境悠远，让人心旷神怡，过目难忘。作品中蕴含的宋元高古气韵十足，精到的笔法与色彩的艳丽相得益彰。不能不说，张俊强经过多年的学习与实践已经取得了长足的进步。

张俊强多年来谦虚好学，为人低调，少时学画纯属爱好，现在作画已经进入情感抒发和心境表达阶段，追求画作的超脱感，以奇特的构图，淡雅的色彩，构筑脱俗的风格，营造丰富的文化内涵，体现为世人带来吉祥的富贵气息。他谦逊地说：“活到老，学到老，艺无止境，自己始终在‘打基础’。”（天津《文学艺术网》）

83，天津“老姚”

《中老年时报》2017 年 12 月 22 日刊登。

老姚生在国家鼓励生育的年代，老爸老妈很会办事，弄了个“五男二女”，这是天津人认为非常吉祥的数字，关键是街里给了一笔奖励，还有镶着镜子的奖状。老姚因为最小，老爸老妈也想收手了，而且，老姚一落生就有抬头纹，个子也大，老爸老妈便顺水推舟给他起名“小佬儿”，大名姚佬——那时候天天喊打倒美国佬，美国佬不就全是大个子吗。因为小佬长得小孩老脸，很早就被左邻右舍的孩子们把他的名字颠倒了过来，喊做“老姚”，而且，连大院里的叔叔大爷、大婶大娘也跟着喊。这个称呼跟随老姚进了小学、中学，后来就跟着进了工厂。

故事的切入是从进一步深化改革开始的，老姚所在的皮鞋厂因职工多，设备和工艺陈旧，不堪重负，鼓励大家下海成立各式各样的实体公司，为全厂卸载。老姚此时心思就活动了。他是在皮鞋厂硫化车间工作，

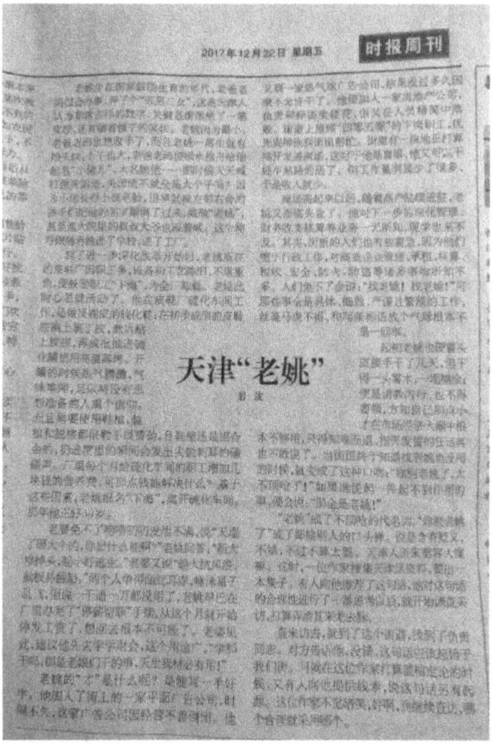
2017年12月22日 星期五 时报周刊

天津“老姚”

是做反鹿皮的硫化鞋，在初步成型的皮鞋底刷上氯丁胶，然后粘上胶底，再成批推进硫化罐用高温蒸烤。开罐的时候热气腾腾，气味难闻，足以将没有思想准备的人熏个倒仰。而且，需要使用鞋楦，装楦和脱楦都很勒手很费劲，而鞋楦还是铝合金的，扔进筐里的瞬间会发出尖锐刺耳的磕碰声，简直让人没法忍受。厂里每个月给硫化车间的职工增加几块钱的营养费，可那点钱能解决什么？基于这些因素，老姚报名“下海”，离开硫化车间。那年他正好 30 岁。

老婆免不了会唠唠叨叨发泄不满，说“天塌了砸大个的，你显什么能啊？”老姚回答“船大难掉头，船小好逃生。”老婆又说“船大抗风浪，舢板易翻船。”两个人争得面红耳赤，唾沫星子乱飞。但说一千道一万都没用了，老姚早已在厂里办完了“停薪留职”手续，从这个月就开始停发工资了，想回去根本不可能了。老婆见此，建议他先去学学财会，这个用途广。“学那干嘛，那是老娘们干的事，天生我材必有用！”

老姚的“才”是什么呢？是能写一手好字。他加入了街上的一家平面广告公司，时隔不久这家广告公司因经营不善倒闭，他又到一家热气球广告公司，结果时隔不久国家不允许干了，他便加入一家房地产公司，负责写标语卖楼花，但不久又在人员精简中落败。街道上照顾“四零五零”的下岗职工，优先安排他到街里帮忙。街里现有一块地打算搞开发盖商场，这对于他是喜事，他又可以干轻车熟路的活了。但工作量明显少了很多。于是收入就少。商场盖起来以后，随着商户陆续进驻，老姚就又面临失业了。他对下一步的深化管理、财务收支核算等业务一无所知，现学也来不及。

这时，街里的人们就有些着急，因为他们惯于行政工作，对商业企业管理、承租、核算、税收、安全、防火、防盗等诸多事物也所知不多。人们免不了会说“找老姚！找老姚！”可那些事全是具体、细致、严谨而且繁琐的工作，丝毫马虎不得，和写条标语放个气球根本不是一回事。起初老姚也硬着头皮接手干了几天，但干得一头雾水，一塌糊涂，他去请教内行，也不得要领，方知：自己那点小才在市场经济大潮中根本不够用，只得知难而退，指天发誓的狂话再也不敢说了。当街里终于知道找老姚也没用的时候，就变成了这种口吻“你别老姚了，太不顶呛了！”如果谁说起一件起不到作用的事，便会说“那全是老姚！”

“老姚”成了不顶呛的代名词。“你别老姚了”成了很多天津人揶揄别人的口头禅。说是含有贬义，不错，不过不算太狠。天津人历来宽容大度嘛。这时，一位作家，也是文史馆馆员，搜集天津话，要出一本集子。有人向他推荐了这句话。他对这句话的合理性进行了一番思考以后，就开始调查采访，打算弄清其来龙去脉。查来访去，就到了这个街道，他找到了街里有关负责同志。对方告诉他，没错，这句话应该起始于我们街。可是，就在这位作家打算盖棺定论的时候，又有人向他提供线索，说这句话另有起源。这位作家不觉暗笑，好啊，我继续查访，哪个合理就采用哪个。

84，郭教授的心理暗示《中老年时报》2017，8，19，发表。

好几年以前，我的一位老同学、风度翩翩的郭达文教授在便道上安然走路，突然在身边不远处的居民楼上掉下一个花盆，在他脚下摔得粉碎，一株叫不上名字的绿叶花草连同泥土可怜地摊在地上。他着实被吓了一跳。后背发凉，发梢也立起来了。这个粉身碎骨的花盆距离他还不到一米远。他赶紧往外逃离，走下便道，上了机动车道。身后立即响起汽车喇叭的警告和催促声，“喝令”他回到便道去。在一次老朋友聚会时，他向我讲了这件事，讲述时拿着茶杯的手还有些抖。我半是玩笑地说：“你幸亏走得比较靠外。”他说他是研究心理学的，现在自己对自己蓦地产生一种不安的心理暗示。我说大可不必，你遇到的事只是一次偶然。

这位朋友叫郭达文，是一所大学心理学专业的新晋教授。这些年来一帆风顺，先是儿子帮房地产企业卖房赚了不少钱，继而娶亲生子；他又有一本心理学专著获得国家级奖项，继而由副教授晋升为正教授，成为心理学专业的硕导。大家敲他，他便笑呵呵地请了大家好几次客。转眼儿子又生了儿子；转眼儿子的儿子要上幼儿园了。儿子让郭达文托人找一家好一些而花钱不要超高的幼儿园。“又要马儿跑，又要马儿不吃草”这种事过去很少，在市场经济条件下更少。一向自诩清高的郭达文暗地里抽了自己一个嘴巴子，然后请一个曾经的学生吃饭，塞过去两万块钱。于是，“孙伙计”进了一家全市小有名气的幼儿园。时间不长，儿子反馈来信息，这家幼儿园要求实在严格，小孩子们吃饭要按时，做游戏要统一，睡午觉要同时。受不了。真的受不了。儿子请求郭达文往幼儿园跑一趟，疏通一下，您是教授，有面子。“胡闹！老师的安排有什么错？”儿子见郭达文不肯出面，兀自悄悄来到幼儿园，给这个班的阿姨塞了五百块钱请求特别关照。于是，其他孩子吃饭时，他儿子可以不吃；其他孩子做游戏时，允许他儿子吃饭（已经凉了，也不在乎）；其他孩子睡午觉时，允许他儿子翻跟头。

小小说

郭教授的心理暗示

于是，他儿子在翻跟头时，砸到了身边睡午觉的孩子，把人家的鼻子砸流血了，哇哇大哭。阿姨本想悄悄给这个孩子洗干净，哄得不哭了就行了。谁知天有不测风云，恰巧此时这个挨砸的孩子的妈妈抽空从单位跑出来到幼儿园缴费，顺便看一眼孩子。接下来的事情就可想而知了。人家要求砸人的孩子赔偿五千块钱的医疗费，五千块钱的惊吓费，并要求签下合同，如果以后孩子鼻子出现遗留问题，郭家要负全责（阿姨负有连带责任，要承担一半）。园方对此不予接受。这个孩子妈妈有道行，叫来好几个刺龙刺凤的赤膊汉子，要砸幼儿园，那天没有真砸，却逼着阿姨鞠了半个小时的 90 度大躬。园长曾经想打 110，一个汉子抢过她的手机摔在地上说：“谁敢轻举妄动，我捏死你们！”这伙人走了以后，幼儿园陷入乱纷纷的骚动，这种合同要不要签？那些人在等回音。如果不签，后果自己想。

事情闹大了。儿子请求郭达文出面安抚对方。您是教授，有面子。这次郭达文抽了儿子一个嘴巴子。找到对方，交出了一万块钱，请对方在咖啡屋聊了一次。他不愧为心理学教授。先是婉言道歉，继而给对方鞠了 90 度大躬，然后滔滔不绝讲起眼下培养孩子的不易，特别讲起对不谙事的幼儿应该怎么引导，应该给他什么心理暗示。小孩子的成长不光是身体的，还有心理的。结果对方突然冷冰冰扔过一句话：“你既然这么博学，干嘛不把自己的孩子教育好？”拂袖而去。

郭达文很憋气，回家想教训儿子。可是，自己住的房子是儿子出了一多半钱买的。平时儿子对自己也很孝顺。想发火又不能不有所忌惮。他所忌惮的就是担心给儿子留下对孙伙计不尽心、从而被疏远的心理暗示。到了他这个年龄，特别需要儿子的关护。儿子随便打来一个电话，他都要兴奋半天。老了必须指望儿子啊。

跟头把式地孙伙计幼儿园“毕业”了，按照划片入学，郭达文的孙子可以进附近的一家小学。但儿子说这家小学教学质量不行，想让孩子进区重点。郭达文说：“你自己活动一下试试，不要什么事都拉着我。”意思是我终归是个大学教授，你总让我干这种事，别人会怎么看我？儿子说：“我原本想让孩子上市重点，但我怕您活动起来难度大，才考虑的区重点。”郭达文又抽了自己一个嘴巴子，请一个曾经的学生吃饭，塞给对方两万块钱。孙伙计进入了区重点。儿子不知听谁说的：“小孩子当班干部有利于成长，但必须对班主任有所表示才行。”这事还是您去合适，您是教授，有面子啊。

郭达文那天昏头昏脑，都不知是怎么从班主任的屋里逃出来的。自己堂堂的大学教授，对一个乳臭未干的毛丫头说了那么多吹捧恭维的话，还塞过去一个红包，人家红着脸不要，自己还死乞白赖，简直像个无耻的“碰瓷”者。孙伙计当了副班长。可是，一个学期过来，孙伙计的学习成绩并不如意，在全班仅是中下游。班主任感觉这样的成绩不能当副班长，便将孙伙计降为生活委员，负责全班的卫生。儿子听说以后感觉很没面子。悄悄约出班主任，要挟。这个小丫头也对得起他，当即从书包里掏出了当初郭达文塞给她的红包，扔在桌子上，拨头便走。

这也不算什么，小小的挫折，比起卖楼来，要好对付得多。儿子找到这所小学的校长，说周边的一所新楼马上竣工，我可以给你让利 2 个点，乖乖，一百万的房子你只需交 80 万，二百万的房子你只需交 160 万。干不干？干！我正想扩大住房面积呢，现在国家每月给我的住房公积金不少，干嘛不用？当即谈妥，低价卖给校长一所价值 200 万的 140 平米的四楼阳面房子。校长交钱办了交割以后，儿子提出关照自己的孩子。

校长把孙伙计安排到学校管乐队当副队长。这所小学不愧为区重点，每周一早上升旗的时候，由本校学生组成的管乐队演奏国歌和校歌。副队长的职责是在升国旗的时候拉住旗子一角，使劲一抖，旗子顺势升起来。这个职位相当显眼，在那一刻，为全校师生所瞩目。孙伙计因为平素泻里逛荡惯了，干这件事就很不尽心，好像闹着玩，只是抓住旗子一角随便一甩，让所有的人看了心里都不舒服。于是，大家就议论纷纷："怎么能让这种人干这件事呢？"议论多了校长顶不住压力，只得给孙伙计换职位，让他当正队长，即在管乐队前面举着星旗指挥节奏的角色。周围又有议论："这种不着调的孩子怎么不降反升了？"校长不予理睬。

可是，孙伙计干这件事也没有长性，几次过来就烦了，说胳膊太累。校长有办法，换个其他人指挥管乐队，让孙伙计继续当正队长，但不用指挥，只是戴着白手套在一旁肃立。一来二去，孙伙计就到了该升二年级的年龄。偏偏期末考试没有过关。如此知名的学生如果留级，太丢份儿了（会让多少人解恨）。儿子再次找到郭达文，要求想辙。以前的一切按照天津话讲，都是"老姚"，现在才是叫真章的时候。

郭达文沉默着，没有说话。儿子的眼光像锥子一样逼视着他。他看着儿子，想起了三十多年来他对儿子的宠爱。他本来一生谦虚好学，从一个资质一般的本科生熬到大学教授，容易吗？但是，他为自己的前程耗用精力过多而对儿子的培养十分缺失。儿子从小就任性，自己没有注意纠偏。现在孙伙计继承了儿子负面的秉性，愈演愈烈，愈走愈偏。自己培养了那么多学生，很多人都学有所成，做了社会栋梁，偏偏自己的儿孙是这副模样。郭达文只觉得胃里翻上来一股酸酸液体，直呛到嗓子眼，控制不住“噗”的一声吐了出来，喷了儿子一身。

儿子大怒：“你啐我？我可是为了你孙子！”“我孙子？难道不是你儿子吗？”“亏你还是大学教授，懂不懂什么叫继承香火？你愿意让孙子成为没有文化的小瘪三儿？”……当时的气氛是剑拔弩张的，会不会动起手来都很难说。郭达文在和我讲起这一切的时候，两眼空洞迷茫：“我真害怕我的后代……”他咽下了后半句话。那后半句话很可能是“会气死我。”人家的家务事，我也不好多言，只觉得这是一面镜子，照出我们所有类似或不似的家庭，而且回过头来躬身自问，自己家里的情况是不是都合理？

85，深入生活影像志

（ 2018-09-11 14:54 来源:中国作协《文艺报》）

我作为一名职业写作者，经历的事情越多，采风、走访、体验生活的地方越多，越感到生活中处处有老师。像家长似的教过我课的小学、中学、大学的老师、教授自不必说，没教过我课的尊敬的前辈老一代作家以及当下同行乃至比我年轻的作家，他们身上都有我所不具备的优势、优点与长项，这是我必须谦逊诚恳对待的事情。我不必告诉他们，他们在我心中全都占据着老师的位置。现在我要讲的是一位村官老师的故事。我并没有告诉这位村官——我已经拜他为师，因为，我感觉默默地向他学习已经足矣，没必要非要告诉他。那么，学什么，当然主要是学做人。

这位村官就是中国作协扶持我定点生活的村子——天津市北辰区双口镇后丁庄的党总支书记张立江。今年七一，我们河北区作协组织 9 位党员作家来到我定点生活的后丁庄集体采访张立江，零距离接触和了解这位一线村官的工作、生活乃至喜怒哀乐。此前，我早已对后丁庄的情况了解了很多，此次采访，完全是有的放矢。张书记侃侃而谈，我们洗耳恭听；张立江深情回顾，我们心情激荡；张立江憧憬着更加美好的未来，我们则对描绘后丁庄的文章有了基本的构思。

张立江高大魁梧，仪表堂堂，今年 48 岁，是土生土长的后丁庄人。在十八九小青年的时候，他外出闯荡，干饭店，搞土木，搞开发，一路走来，殚精竭力，风尘仆仆，然而收获颇丰。几乎干什么成什么。成的原因就是一个“诚”字。没回村以前，他因为干企业手里有钱了，便在每年除夕，为全村 300 多家 60 岁以上的老人送年夜饭。每家都是八个实实在在的肉菜。如果是偶尔一次，也许人们看不出什么，甚至有人以为你是“显摆”呢，问题是多年如一日，这就不简单了。于是，当村里遇到过不去的坎儿的时候，自然会想起他来。在 2012 年，他被召回村里当党总支书记而正式担任村书记。来村子上任的那天，正赶上天津地区那次多年未遇的罕见暴雨，座驾“路虎”虽然跟随他走南闯北多年，眼下却奈何不了村里的泥泞土路，让他的车轮 一陷再陷，样子十分狼狈。他没有抱怨什么，想的是家乡的贫穷通过一次暴雨给了他当头一棒，让他立即头脑清醒起来。但让他满意的是，当他深更半夜用大喇叭把全体村民喊起来进行泄洪的时候，没有不出来的，这让他有了自信。

于是，“新官上任三把火”的第一把火，就是修路。将逼仄狭窄的黄土村路修成宽阔的至少能并行两辆车的柏油路，势必要占用些两旁的田地，还涉及到一些在田地里碍事的坟冢。坟冢对于村民们意味着家族声誉和名望，想迁走谈何容易。如果说修路是对他走马上任后的第一个考验，那么，迁坟就是考验他的工作能力、智慧以及怎样做人了，不是吗？他自然少不了要挨家挨户亲自登门去苦口婆心的做思想工作，对每一家把好话说了几箩筐；关键是给予必要的补偿。钱由谁出？他自己。最后，路修好了，方便村人出行；坟冢，也按照村民们的意愿统一迁到村中某块风水好地，同时便于村民们的每年祭扫，可谓是一举多得。在此基础上，他又出资修筑了污水和垃圾集中处理的现代设施，解决了村民们世世代代没有解决的难题。继而，栽种了大量的行道树。有人可能会说，“你是企业家，手里有钱。”可是，有钱的人多得是，有几人肯于这么做的？

张立江上任前的后丁村，人均可耕地一亩多一点，只能是简单的种些寻常作物，年收入也就千八百元，是天津郊区出了名的贫困村。张立江上任后带着村干部，跑遍了周边各乡各县，认真地学习他人的成功经验，甚至还亲自到地摊卖了十多天的菜。经过取经、研究，决定引进种植特色水果——无花果。相比于传统的蔬菜和水果，无花果除了附加值高，一个巨大优势便是采摘周期可达四个月左右，只要养护得法，不存在腐烂问题。引进种苗、修建大棚，自然都是他自掏腰包。通过几年的努力，一手打造出了今天这个吸引八方来客的大棚种植园，为后丁村逐步摆脱贫困打下坚实基础。此外，村里没有公厕，盖；没有摄像头，装；缺少巡逻车，买。所有的经费支出总计 200 多万，都是他自己。村中的账目是完全公开的，他说没有丝毫隐瞒的必要，因为他根本没想在村里赚钱，干的只是“支出”的活儿。我们询问这些自掏腰包的钱是否收回，他摇了摇头。

那么，后丁庄的发展蓝图是怎样的呢？他说，要发展无公害种植，比如：与科研单位开发“绿藻肥”，没有污染，种植的农作物不用洗就可以吃。而且，为了让人们吃上新鲜蔬菜，把大棚的蔬菜改成盆栽，人们买回盆栽蔬菜，吃一个摘一个，都吃完了，再由送菜人把盆拿回，换上结满果实的盆栽蔬菜；而后丁庄的无花果销售，现在是会员制，下一步也往盆栽方向发展，用户就不用担心无花果只能保鲜两天的局限性了。后丁庄主要产小麦和玉米，他设想在地头建起面粉加工厂，让大家能吃上刚打下来的新粮磨的面粉。那才香呢。眼下，后丁庄封死了含氟量高和被污染的浅井，开钻了 1000 多米的深井，下一步要做成自来水输送管道，保证村民饮水安全，同时把深井的水瓶装，做成后丁庄牌矿泉水。而且，后丁庄要修建污水净化系统，形成无垃圾的环保村。清走后丁庄的有污染的企业，引进科技含量高的企业。

张立江无疑是个称职的好村官。说起后丁庄来，林林总总，方方面面，总而言之一句话，张立江首先会做人，然后才是会做事。做人对做事的影响是一把双刃剑，既可能是正面的，也可能是负面的。张立江的可贵之处在于始终把做人放在第一位。

86，酒精害了才子

和原粮校老师张兰君等好友聚会时，偶尔说起“粮校”的才子张伟凝，不禁感慨万千。张伟凝绘画非常好，我在少年时学过水粉画，所以，见了张伟凝画的油画，着实为他赞一把。规范，正宗，大气，自不在话下。及至后来局里组织文艺汇演，他代表粮校演唱歌曲，那种宽厚嘹亮的“大号儿”男高音（有一点著名男高音歌唱家楼乾贵的影子），给人留下深刻印象，他在演唱《我的太阳》的时候，先是意大利语，后是中文，几乎没有瑕疵，高音区圆润平滑，一点“坎儿”也没有。这样的男高音太难得了。最让人佩服的是他自己为自己伴奏。一架“鹦鹉牌”手风琴被他玩儿得那叫溜！但有点遗憾的是，往往他在演唱兴起之时，我们才刚发现，他的衬衣领子少系了最上面的一个扣子，露出里面的一绺深色背心，看上去有点过于随意和“稀松二五眼”了。

我因为曾在局宣传部工作，与张伟凝多有接触。他身材魁梧，微胖，短发，皮肤略黑，鼻直口方，不修边幅。待人热情，宽厚，一如他的嗓音。自从一次演出他亮了相，以后历次演出都让他压轴，挑大梁。而且，到市里汇演，他也必须代表本系统。张兰君说，年轻时他们俩是要好的同学和朋友，张伟凝最早“出道”曾经与关牧村同台，甚至比关牧村还早。关牧村刚刚出现在市里舞台上的时候，张伟凝还曾对身边的人说过：“这个小关嗓音不错，好好训练的话会有前途。”其实他若好好训练，也同样应该有前途。后来他荒疏了训炼，到市里演出的机会见少，关牧村还问过同行：“那个男高音张伟凝怎么总也见不着了？”

张伟凝喝酒，不仅喝，还因为喝酒耽误事。局里有好几次排练和演出他都迟到过，甚至出现大幕拉开而他还没进剧场的情景。往往把组织者急得满头大汗地“转磨”。可见他“荒”与“疏”的程度。甚至，大家都怀疑他有可能在某处喝酒而忘记了排练或演出。记得有一次我们一起去北京演出，天津到北京这么近的距离，他竟然在口袋里装着一瓶白酒，还是高度的二锅头。一路坐车一路聊天一路喝酒，就酒的小菜是口袋里一把散装的花生。上台的瞬间，酒气冲天，北京方面的舞台监督非常严厉地问："他是哪个单位的？怎么这么稀松二五眼？"但若同事或朋友们小聚，他总是很慷慨地抢着结账。朋友之间若有难事，他则能帮尽量帮，实实在在，从不虚与委蛇。他是大家心中的好朋友，但不是好父亲、好丈夫，因为他在家中的时间太少，似乎总是在外面"飘"着参加各种活动，家务活、家务事既关心不够，抄手更少。后来他因酒精中毒而病倒，长时间拖累全家，使全家苦不堪言。他最终英年早逝，过早地"牺牲"于酒精的"戕害"。

好朋友张兰君在吊唁时赋诗一首送给了他："良言苦劝你不听，驾鹤西归怨酒精。过早辞世虽遗憾，一人解脱全家轻。"酒精牺牲了一个完全可能成为大才的张伟凝，给我们这些后人留下了深刻的教训！（照片后排中间者为好朋友张伟凝）（新浪博客）

87，古石雕艺术品的呵护人

石雕艺术既是建筑艺术之中的重要组成部分，又独立于各艺术门类之林，在世界和中华文化、文明史上源远流长。从最早的石器时代作为谋生工具，到近现代成为伴随人类生活的无言的忠实朋友，乃至成为可以记录历史，千古流传的文化与艺术的载体。津门知名文化企业家，石雕艺术专业工具书《中国历代石刻大观》编委会副主任高志强，正是一位热爱、呵护并受益于石雕艺术的实践者。受石雕艺术的多年浸润与滋养，高志强在石雕艺术领域的艺术欣赏与品鉴能力得到长足提高与升华，成为这个领域屈指可数的佼佼者。

高志强生于 1968 年，今年已是“知天命”之际，他说自己的“知天命”，就是将把后半生贡献给有年份的石雕艺术品的收藏、展示、宣传、呵护工作。并把这项工作变为日常生活。高志强早年从事过文化企业，从 1992 年开始收藏石雕艺术品。事情的缘起，是他在经营中认识了一位做古玩生意的朋友，这位朋友告诉他，说现在人们还没意识到石雕艺术品的实际价值，其石料的资源价值，雕工的工艺价值，年份的历史价值，蕴藏的文化品位与内涵，均得不到重视，而且，很多东西流落民间，因体量大长年处在风吹雨打太阳晒的风化环境下，实属暴殄天物；又因为分量沉重不便运输，得不到收藏者的青睐。一番话让高志强顿开茅塞，遂将目光转了过来，尤其瞄向有年份的，有来源有出处的石雕艺术品。高志强觉得，多数人不重视，对古文物的养护是“坏事”，对先知先觉的收藏者却是“好事”。因为此时价格还没有飙升。

高志强开始入行了。他几乎是带着抢救古文物的使命感入行的。他每每看到那些裸露在太阳底下的古代石雕艺术品，总是心疼得一揪一揪的。可能骨子里有着天生喜爱石雕艺术品的细胞，他一扎进来就爱上了这一行。对所有看中购回的石雕艺术品都怀有感情，亲力亲为地小心擦拭与呵护，从心眼儿里那么喜欢。在十年前的 2008 年，经一位湖南朋友转让，花重金购回一座出自广西的汉白玉“辟邪”（行内也叫天鹿，一种兽类），让他有了“压堂”的重物。之所以说它“重”，不光体积大，吨位重，主要因为它是南北朝时期的文物，虽经一千五百多年的岁月磨洗，外观已有风化与剥蚀，但整体轮廓依然清晰，神态亦栩栩如生。他小心地将其安放在自家院子里，罩上了玻璃罩子，进行妥善的保管。随后，他又花重金从台湾买来一对清早期的“室内花台”。其石质、雕工、历史印痕、文化内涵，皆可与以往皇家大作相媲美。因为一直在室内安放，所以，几乎没有被风化与剥蚀，包浆也不错。高志强十分高兴，自觉很有成就感。如此，这些年来，他陆陆续续购进三四百件石雕艺术品，又以有年份、有内涵、有品位的居多。完全可以装满一座中型博物馆了。经行家指点和自己领悟，又经长期研究、收购石雕艺术品，高志强的辨识能力得到迅速提高。形成了自己独有的看包浆，看细部等一系列非常实用的辨识方法。

他手里从无闲钱，有了钱就变成了“石头”。但收购石雕艺术品属于“烧钱”的营生，如此只出不入就维持不了多久，于是，高志强开始“以石养石”了。他注册成立了“天津市御石坊仿古石雕有限公司”，开始成批生产加工和销售。他的经营侧重于明清石雕，侧重于庭院物，加之太湖石、灵璧石，一干就是十几年。他在设计太湖石、灵璧石作品时，本着对石头的理解，底座固然非常讲究，但不忘它的功能是为上面的石头服务的，只起衬托作用，而不喧宾夺主。所以，每件作品都是意蕴深刻，有模有样的艺术品。

积蓄了一定的能量后，高志强又把目光集中到古代石雕艺术品的呵护展示上来。于是租了很大的库房存放和展示这些艺术品，配以灯光，底座，支架等，创造一种意境。凡是前来观赏的朋友，都会感受到中华古文化的博大精深与源远流长。但高志强绝不染指“墓内”古物。他不猎奇，不踩红线。他说他这辈子就是“抢救”和“服务”，如果有效益，也留给下一辈享用吧。他说最近有个好消息：中科院批复同意成立“华夏石刻艺术发展研究院天津分院”，请他当院长。这对他进一步实现自己的理想自然是件好事。现在他也正在物色合适的博物馆，将把自己这些年收藏养护的几百件艺术品一一展出，以飨世人。祝福高志强事业精进，志得意满！（天津《文学艺术网》）

88，事业从想着别人做起

两个在写字楼工作的年轻白领，因为久坐而导致腰间盘不舒服，来到康复中心仪器前做检测，并按指导老师要求做恢复动作，倏忽间便感觉症状减轻；一个“O”型腿的儿童前来康复中心做矫正，只一次，就大见成效；一个长时间看手机造成眼睛伤痛的小学生来做理疗，指导老师在对他检测后，首先苦口婆心进行心理劝导，家长赞许地连连点头……

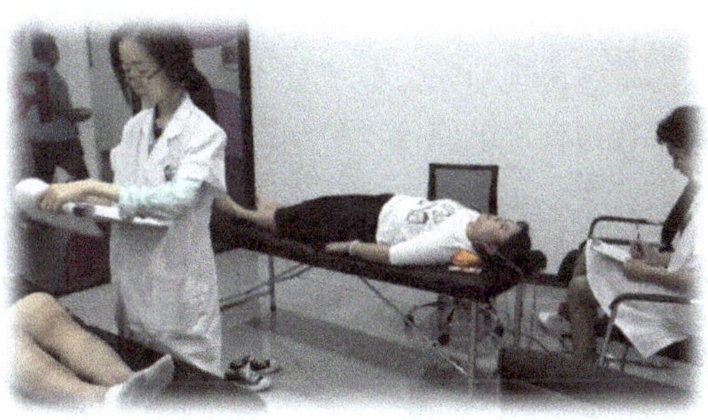

这个行业就是目前中国的朝阳行业：康复医疗行业。总经理席淼原本对这个行业也不了解，甚至没有放在眼里。她本科毕业于成都体育学院运动医学专业，此前她只以为“运动医学”只是为受伤运动员疗伤而已。是五年所学的专业，和 2008 年汶川地震时香港和台湾的康复专家与运动医学专家前来支援，方才使身在四川的席淼茅塞顿开，得知“康复”概念至少包括运动损伤康复、慢性疼痛职业病康复、骨科和运动医学术后康复、产后康复等诸多方面，明白医院是让人活着，而“康复”是让人活得好的道理，如此重要，几乎是人们须臾不可离开的生活内容，理应摆上议事日程，乃至当做国人健康生活与发展的必修课。为此，她立志为这个行业献出自己的宝贵青春，将开拓事业新路为国人送去幸福视作自己的幸福。毕业后即来到北京加入了一家香港康复器械公司上班，通过这个平台，进一步了解了更多相关知识，积累了一定经验后，于 2015 年，回到家乡天津创业，成为津门第一家专事康复事业的公司，短期目标是让家乡人受益，长期目标是辐射更广大的地域，让更多人受益。

席淼，标准身高，窈窕身材，说话语速很快，这样的一位年轻靓女，自 2012 年大学毕业开始自主创业至今，遇到的沟沟坎坎似乎与年龄不太相称，但她正如冲出云翳的朝阳，披荆斩棘般一往无前。这项事业的阻力，首先是人们的思想认识。一线医护人员和医科大学毕业生中的多数人不重视，认为那是“技术”不是医学；而一般市民则往往认为自己在家里就可以实施“康复”，用不着去什么“康复中心”。席淼成立康复公司之初也没有多少人支持。还有的人说，开拓者往往是牺牲者，即眼下不是上马的时机。席淼在一片反对声中，创立了第一个实体店，“以买卖医疗器械养活实体，以贸易往来支撑康复事业，”并把有着共同情怀的师姐和同学拉来一起创业。此时，和平区的各级领导给予了大力支持，在多种活动中协助他们推行合理的健身理念和康复理念。随着事业的发展，自己的存款用光了，资金出现短缺，她就找亲戚朋友拆借；而相关资源对接上的困难，更是急得她夜不能寐。而更加困难的是让大家都知道到底什么是“康复”，并不是所谓中风、偏瘫了的人群才需要康复，亚健康的人群同样需要，而由市场竞争形成的快节奏工作状态，使得亚健康的人群十分庞大。席淼对此非常明白，所以非常着急。

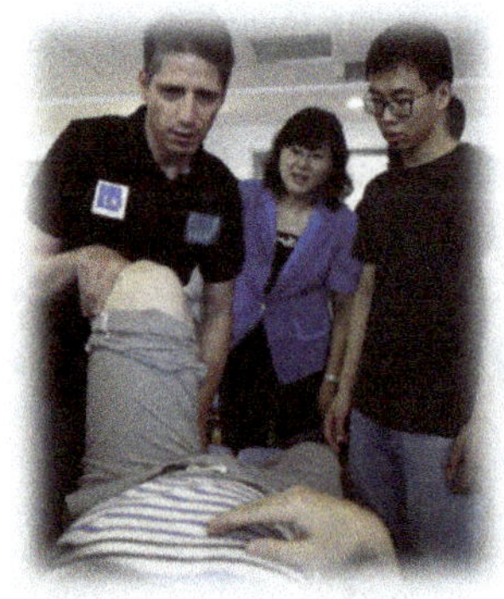

市内的各类医院，只有条件充裕的才会购置相关康复器械，开展此项业务，条件不足的医院就没有此项业务，所以，大多数患者享受不到辅助的指导与帮助，延长了身体康复的时间。为此，席淼发动了自己所有的人脉关系，亲自到市内各养老院和专科医院去推行新的康复理念和业务。无冬历夏经风雨，不辞辛苦打品牌；脸晒黑了，人累瘦了；孩子刚刚两岁，她也不得不把孩子接到自己父母家里，请父母亲帮一把。衣带渐宽，身心疲惫，而始终不悔。她看到发达国家在康复理念和器械上领先我们至少 50 年，于是，便把居于世界前沿的德国的理念和技术、器械引进康复中心。2018 年的 10 月份，她还在成都专门举办了培训班，普及和推广先进康复理念和技术。她还针对本市环湖医院、肿瘤医院等专科医院做康复是重症后期的专题性的具有局限性的问题，进行“承上启下”，承接过来，把延伸业务继续下去。并对老中青、少年儿童多个年龄层次和具有各种伤痛的人员提供服务。

席淼的事业关乎人们的健康与生命，带有一定的公益性质，是不折不扣的朝阳事业。但朝阳事业也需要一个培育和养成的过程。而初始必然有为此做出牺牲的开拓者。席淼由于常年在外面干事业、跑业务，应酬与洽谈非常频繁，兼顾家庭就出现困难。而她已经打算献身这项事业，不论遇到什么困难，都不改变初衷，都会一如既往将事业做下去。现在她的公司业务已经初见成效，前景光明，尤其 2017 年天津已经把患者的康复费用纳入医保，这对患者和一般市民无疑都是福音，也对席淼的事业之火添了柴加了油。她还将为父母亲换房，让他们和自己住到一起，更方便互相照顾，更减少后顾之忧。中国的康复事业正需要一大批席淼这样肯于牺牲自己的先行者！（和平区先进人物文集）

89，著名画家陈福春教授

书画家往往最看重作品的艺术品质，而津门著名山水画家、天津美术学院中国画系教授、硕士研究生导师、中国美术家协会会员、清华大学美

术学院当代艺术创作国画名家工作室导师、天津书法家协会理事暨创作评审委员会委员、天津印社副社长陈福春，更兼具浓浓的人文情怀。论书画成就，除去上面那些名头，他还于 2014 年入选中国美术总评榜，获得“十大年度艺术家之翰墨名家”荣誉称号；作品被收入《当代中国花鸟画集》、《当代中国山水画邀请展作品集》、《海峡两岸名家工笔画集》、《全国第五届工笔画大展作品集》等诸多国家级书画界重要选本。但是，“敢是满塬萧瑟，策墨记写春秋。”陈福春教授的两句诗，道出了他的书画人生饱含对生活的感悟与思考。

隆冬时节，我们走进陈教授在天津美院的暖暖的工作室，与这位退休返聘、桃李满天下的书画名家零距离接触，聆听他讲述人生，讲述艺术，感受严寒天气里的火热情怀。“书画艺术与现实生活是拆解不开的，”这句话既是陈教授的深刻感悟，也是他人生道路的真实写照。他虽生在蓟州乡间，但天资聪颖，很小的时候就对书画艺术颇有感觉，十岁时即受到乡间刻字先生启蒙，读到《六书通》，始习篆刻。在蓟州乡下，因家庭“成分高”中学毕业没上高中而回村务农，其间到夜校教过书，给公社广播站写过稿，在村里民兵连当过文书，在公社农机站当过会计兼伙房管理员、粮菜采买员，农机修理厂秘书、钳工，培训机修技术的教员。他谦虚好学，精通技术，喜欢机修工作。“上班不愿下班，下班不愿上班。”因为他干机修“上瘾”，而下了班就从事自己的书画爱好，一头钻进去就不愿出来。

这样一个善于钻研，勤于动脑动手的年轻人，必然会在每一个岗位上闪光。1974 年曾经有过读天津艺术学院的机会，但时代的原因使他让位于其他符合条件的人。上了天津水利学校以后，又对测量与制图产生兴趣，自学了中专里没有的课程《机械制图学》，半年即做完了里面的全部习题，成为班里唯一能看图、画图、与老师进行专业对话的学生，还和老师一起完成“土摇臂钻”等项目。他喜欢数学、结构力学，能用微积分计算水利工程量、土木工程量。已经可以指挥施工队了。学生优秀，老师高兴，毕业时惜才的校长抱着学生痛哭。后来经个人要求，陈福春回蓟州水利局工作，因表现出色，单位又支持他到天津美院读书，毕业留校后一时关系调不进来，原单位和大学双双为他开工资。外出写生等费用原单位也悉数报销。这样的“待遇”源于他的优秀和领导们为培养出国家有用人才而骄傲。陈福春进步神速，在读大学期间又成为佼佼者，得益于天津美院的诸位大家对他的亲切指教：白庚延、孙其峰、王颂馀、杨德树等大家不仅都为他授过课，还亲自指点过他的作品。

陈福春同意“书画同源”的观点，遍览古今大家名作。在学习中产生自己的见解。譬如学国画的勾线和白描，早早就悟出应以不同线型表现不同质感，画树木枝条与花卉、花瓣的白描用笔都不一样；学习不同范本，是为解决不同问题，决不能囫囵吞枣，不加思考。形、力、意、趣，读到了，才能做到。读其实是悟。在山水画上，他早年学习白庚延的风格，在书法上学习王颂馀的风格，治印上学习吴昌硕。但随着自己的成长，他渐渐脱开了先贤，铸就了自己的风格。他因为作品风格大气精到，往往被误认为是一位耄耋老者，参加笔会或登记填表的时候发生张冠李戴的误会。聪慧加勤奋，使陈福春在书、画、印三方面齐头并进。书画大家孙其峰、王颂馀退休后，他是唯一担纲书法课并编出教材的老师；绘画成就除荣获多种奖项，曾经受邀为“达沃斯”论坛献画巨幅山水画；在篆刻上同样功夫老到，一次四十位日本文化界朋友来津访问，陈福春受邀为他们治印，他下午 4 点开始一直干到转天凌晨 4 点，一口气完成 40 枚高质量印章，受到领导机关和国内外朋友交口称赞。

陈福春爱人在南开大学哲学系工作，他便关注哲学与社会科学，喜欢康德、黑格尔等世界级哲学大家的著作，还在百忙之中抽出时间到南开大学哲学系进修“美学”和“社会心理学”，并进行社会问题思考。这种修养与思考，体现在他的作品中，就不单是技术层面的艺术，而始终保持着一种人文情怀，保持着自己特有的沉着与冷静，厚重与大气。不奢华，不浮躁，不赶时髦，透着思想。他的画作虽然卖到两万一平尺，说起来也是一种“成功”，但他对书画界“一切向钱看”的现象绝不赞赏。认为书画界的方向的不应该仅仅是普及、得奖、赚钱，而应该是正心诚意、修身养性，作为一个人品性的修行，是一种文化的熏陶与建设。他陶醉于中国书画的深深的文化内涵，有着坚定的文化自信，并为中国优秀的传统文化——书画艺术继续努力着！《中国书画报》

90，木雕艺术家魏宝全

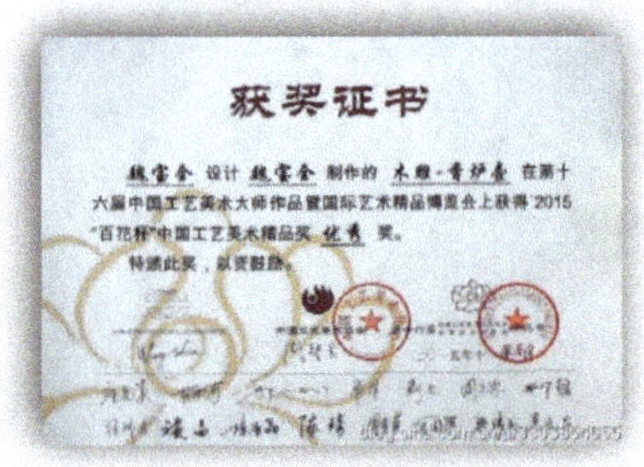

获奖证书

魏宝全 设计 魏宝全 制作的 木雕·香炉壶 在第十六届中国工艺美术大师作品暨国际艺术精品博览会上获得 2015 “百花杯”中国工艺美术精品奖 优秀 奖。

特颁此奖，以资鼓励。

在崇尚艺术的当今时代，各路英豪群雄并起，有艺术专长的人才绝不会被埋没，皆以各自独特的魅力崭露头角。津门一颗闪烁着烨烨光辉的木雕艺术之星，正不动声色地悄然升起。他就是河北区靠近海河的“庆丰恒民俗艺术博物馆”馆长、紫檀木雕壶艺术家——魏宝全。

魏宝全今年 53 岁，身材高大魁梧，面相憨厚。眉宇间透着沉稳和耐心。任何一个第一次见到他的人，都会得出他是坐得住，耐得住寂寞的印象。这一点很重要。干艺术，就要耐得住寂寞。尤其干木雕艺术，首先要坐得住。魏宝全谦虚地说自己只是个“木雕艺人”，而凡是参观了魏宝全的艺术品展室，看到了一系列形态各异的紫檀木雕壶，因为每一个的造型设计都十分出奇而巧妙，每一个的雕工水平都十分精微而高超，故而自然而然会把“木雕艺术家”的称谓送给魏宝全，他的这些作品每一件都可称为艺术品。

一个成熟的艺术家，除了沉稳与耐心，还应该具备一定的禀赋与勤奋。这些因素魏宝全都具备了。他和父亲原先都在天津重型机械厂工作，父亲是八级钣金工。父亲的手非常巧，所做的各种工具、炉灶刀剪之类都带有工艺性，让人爱不释手。即便使旧了，也仍然让人舍不得扔，因为那本身就是工艺品。做为拥有万人以上的大国企，能够好中选优，评定为八级技工，要是没有相当的实力是根本不可能的。父亲把这种实力，通过血液里的遗传基因和耳濡目染，传给了魏宝全，让他对塑造和雕琢各种工艺品具有非常浓厚的兴趣，继而为了这种兴趣舍得花费时间和精力乃至生命，去孜孜以求。他甚至辞去了国企的工作，闷在家里一门心思钻研其木雕工艺来。

投身艺术，不能没有生活来源，经济基础决定上层建筑，这是真理。为此，离开了单位的魏宝全到大胡同百货批发市场做文具批发业务去了。这个市场，每天的收摊时间比较早，让酷爱手工艺术的魏宝全有了比较充裕的业余时间，去研究各种工艺品。他在转沈阳道古玩市场的时候，被工艺性很强的紫砂壶吸引，回到家就突发奇想地做起木壶。有人提示他，做木壶使用紫檀木最好。他看到样品以后立即喜欢上了。再去沈阳道的时候，恰巧碰上有人卖紫檀木，他便立即买了一些回来，做了挖耳勺，饭勺，烟嘴等等。东西做出来以后，流线型的造型十分圆润，而打磨得又十分精巧，于是得到家里人的表扬，他的兴趣就更大了，就越做越上瘾了。而且，去沈阳道淘换紫檀木更勤了。

有一次他买回来一兜子脏乎乎、土么呛呛的紫檀木碎料，邻居看了揶揄说："这不就是劈柴吗？买这个干嘛，傻子！"魏宝全微微一笑，没有回答。当他用这些看似没用的废料雕出作品，变废为宝，才征服了邻居，连连夸好了。他在大胡同搞文具批发，认识了一位南方朋友，得知这位南方朋友手里有紫檀木料，于是，魏宝全立即不辞辛苦跑了一趟南方，买了一部分回来。这些年来，他不停地买，不停地雕。光紫檀木废料累计起来买了有一吨多了。而一件件构思精巧、形态各异、富于独创性的艺术作品，也栩栩如生地从他手中诞生了。

2003 年，已经有了一定经济实力的他，买下了河北区靠近海河的一个小区的一个一楼的三室一厅的套间。他完全按照明清风格和样式装饰了室内。那老式的红木架子床、红木桌椅、无不古色古香，透着浓郁的传统文化的气息。而他小院的门廊，则是从山西买来的成套的古旧挑檐、斗拱的垂花门。这套东西大大小小要有上千件。魏宝全买的时候，细心地把每一件都标上数字，回来后按数字记录一件件复原、安装到门廊上。抬头看这个复杂的垂花门的门廊，且不说沉重的大梁、房坨，魏宝全完全依靠自己一个人是怎么安装上的，单说那各部件严丝合缝，一丝不苟，一件不落——对于做惯了小巧壶艺器件的魏宝全来讲，这是多么浩大而繁琐的一场工程啊！凡是看了这个垂花门门廊的人，都会得出一个结论：如此复杂、浩大的工程，都让魏宝全成功拿下了，设计和雕琢小巧的紫檀木壶艺，还不是手拿把掐！当然，具备了掌控浩大、复杂工程的能力，只是具备了一种宽阔丰富的脑力，属于厚实的基础；而创作别人所没有的艺术品，还需要卓越的想象力和触类旁通的艺术感悟力；加之一双巧手和十足的耐心。但，魏宝全无疑已经具备了十分良好的基础和实践经验。创出独具一格的高超艺术品只是指日可待的事。

有一个情况很有意思，也很有意义，不能不说：魏宝全从山西买来这座挑檐斗拱垂花门的时候，上面带着雕刻的牌匾，牌匾上三个苍劲的大字赫然在目——“庆丰恒”。他找资料查了一下，这个名字似乎是个商户的名字。但他感觉这三个字非常吉祥，预示着他的事业不断发展。于是，将他的这处住所建成展览馆的时候，就取了这个名字。人们来参观他的展览馆的时候，他往往要把这三个字的来历和含义给大家讲一遍。

现在，魏宝全的妻子代替他在大胡同批发市场继续从事文具批发业务，给他提供了足够的时间和经济支撑。他专心做壶，已经做了五、六百把紫檀木壶。但他一把也舍不得卖。，只是在自己家布置了展室进行展示。后来河北区政协的一位领导听说魏宝全做了很多壶雕艺术品，看后便出面帮他在市政协俱乐部办了一次集中展出。得到了领导和专家的赞扬和好评，各报社、电视台等媒体也接踵而来进行宣传报道。于是，当河北区政府也来动员他参加全国工艺美术作品展的时候，他感到应该让木壶技艺得到弘扬并传承下去，便欣然接受。于是，他的一把紫檀木壶作品获得“中国工艺美术展览优秀奖”，算是让他的作品和名气真正走上了社会，走入了人们的视野。一颗工艺美术界的新星，就这样冉冉升起了。

宝剑锋自磨砺出，梅花香自苦寒来。魏宝全走过的是一条殚精竭虑，刻苦磨炼的路。然而，一分耕耘，一分收获。魏宝全已经进入金秋时节，开始收获了。他的收获不是赚多少钱，他现在对赚钱的概念已经十分模糊。他现在进入了构思，设计，创作，雕琢，出成果的黄金期。更加成熟，更加具有独创性、艺术性的作品，正缓步向他走来！（天津《文学艺术网》）

91，“中国符号，赤子情怀”

2016 年金秋送爽艳阳高照的日子，由荣宝斋（天津）主办的“马魏华汉字衍化发展史书法展”，在荣宝斋（天津）美术馆展出。展品包括马魏华临写的 102 幅展现汉字衍化发展过程中从甲骨文到唐楷的书法作品，创作作品 20 余幅以及甲骨、大篆、小篆、隶书、行书、楷书刻瓷作品 6 幅。观者如云交口称赞，并引起了专家学者的关注。

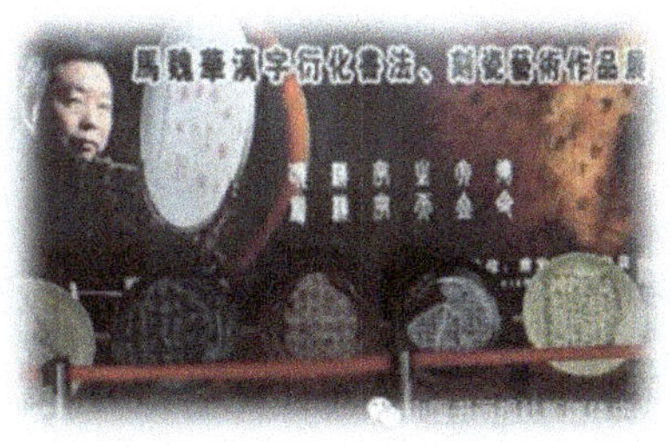

在书法艺术上广闻博采，师前辈师古人而不拘一格。马魏华现年 59 岁，父辈为知名红学家，受家学影响，自幼临池，师从龚望、宁书纶。稍长即钻研经史、金石、训诂、诗文等，造诣日深。治学之余，博搜古人书迹，自如出入群碑。楷书习欧、颜诸名碑《多宝塔碑》、《礼勤碑》、《麻姑仙坛记》、《祭侄文稿》及隋唐墓志，草书学《书谱》，篆书师秦汉金石。能遵法而入，破法而出，对颜真卿、柳公权、何绍基等名家的风采多有心得，师古而不泥古，尊法而求新变，并注意取其精华，大胆尝试，逐渐形成自己雍容大度而又舒展流畅的书法风格。其真草行隶篆各书体作品，皆有古风而又富于新意，于厚朴沉雄中见俊逸、于端庄凝重中显华美，气度不凡，雅俗共赏，深受国内外人士喜爱。他除在天津荣获青年“书法十佳”称号外，在天津、北京等地多次举办书法展。他撰写出版的《马魏华书法刻字作品集》、《当代著名书画家——马魏华书法作品集》、《宁书纶书法作品集》、《九成宫技法》、《路易·罗比尼雅雕塑作品集》、《木刻字艺术》、《刻字艺术初探》等著作也深受书法爱好者喜欢。1996 年被中国人才研究会艺术家学部委员会评为“跨世纪翰墨人才”。

在向世界广为弘扬中华民族优秀传统文化方面舍得精力，不拒辛苦。在长期的艺术实践中，马魏华渐渐确立了自己的观念，即“颂汉字之大德，为汉字而立名”。他在中国优秀传统文化的熏染中，深知汉字是中华民族智慧的结晶，是中华民族的标志，也是全人类应该共享的精神文明财富，了解认识汉字，是每个炎黄子孙应具备的基本素质；而向世界弘扬和传播汉字文化，扩大中国的文化影响，又是每个书法家的应尽义务。2004 年以来，马魏华一步一个脚印地实践着自己的理想与追求。在中法文化交流年中，他两次受邀，分别在法国北部省会里尔市、巴黎市、拉玛特兰市、努瓦尔穆杰市举办“马魏华书法刻字展”，并

荣获“法兰西共和国荣誉奖章”、“特别艺术奖”；拉玛特兰市、努瓦尔穆杰市“荣誉市民勋章”。同年，被法国“法中文化交流协会”特聘为“特别艺术顾问”。次年，被“欧洲中国书法家协会”主席团、常务理事会特聘为名誉主席兼艺术指导老师。2008 年“欧洲中国书法家协会”在荷兰王国芬洛市所举办的“欧洲华侨、华人第三届书法作品展览大会”上展出了马魏华的系列书法作品，其气势雄伟、意境深邃的艺术风格使二百多名中外书法爱好者与旅欧各国华侨、华人领袖和社会名流为之倾倒。2009 年，应邀在美国盐湖城州立大学、波特兰州立大学、旧金山州立大学讲学，并在三座城市举办书法艺术展；2011 年 1 月，被乌克兰基辅国际大学聘为“客座教授”；2011 年 6 月，在美国俄勒冈州、波特兰州立大学设立“马魏华·汉字奖学金”，这一奖学金是全美第一个以中国艺术家个人名义创建的奖学金，也是我国第一次以艺术家的名字在海外设立的奖学金。

而每次海外演讲和展览的经历都使他体会到，书法的艺术形式展示比单纯的课程讲解要生动得多，效果也好得多。美国俄勒冈州波特兰州立大学孔子学院在对马魏华的致辞中也提到：“汉字不仅是中国人的文化财富，也是全人类共享的宝贵文化遗产。汉字是增进两国人民的相互认识，了解及增进友谊的桥梁。”马魏华对这种“桥梁”的体会尤其深刻：“和中国听课者相比，国外的倾听者更喜欢就我演讲的内容提出问题，每次我演讲完，他们都会问‘这个字怎么来的’，‘为什么这么写’之类的问题，我想这和他们历来的教育方式有很大关系。”美国的各阶层、许多中文学校、当地的美术协会以及多所孔子学院都邀请他做过演讲，这既让他有些惊讶，同时又感到骄傲，而且还意识到汉字传播的空间比想象的要广阔得多。因为多年来他对中外文化艺术交流做出的杰出贡献，文化部艺术人才研究中心将他评为“走向世界的中国十大书画家”。

在艺术追求上始终秉持汉字这个中国符号，和炎黄子孙的文化操守。只有民族的，才是世界的。马魏华之所以在国外主流社会和民间皆被大力推崇，原因就在于他自始至终秉持了汉字这个中国符号和炎黄子孙的文化操守。他以书法、刻瓷、刻木、刻竹、篆刻五种形式为载体，让以象形为主要特征的中国汉字的独特魅力，吸引和征服以拼音为主要文字特征的西方社会。而五种艺术形式是否具有征服西方社会的魅力，全靠他的高超技艺。中国的汉字结构、间架、笔划诸因素本身即设计巧妙、颇具内涵和智慧，自有其魅力，而经过马魏华之手的再现、打磨、渲染、铺排、延展之后，其魅力愈益彰显。可以说，他拿出手的每一件作品，都是凝结了炎黄子孙这个伟大民族当然也包括他在内的智慧与心血的结晶。而每完成一件作品，他的心底自然就荡漾起一种真力，真气，和人生正气，从而酿造、修炼一种人生境界的大美。这种大美，就是炎黄子孙本真的对本民族优秀文化自觉地发扬光大的职业操守。

及年歲之未晏兮時亦猶其未央恐鵜鴂之先鳴兮使夫百艸為之不芳

在浮躁喧嚣的商品经济的大环境下，甘于坐冷板凳，勇于向文字艺术的纵深挺近。当一个艺术家成名之后，往往会以他的作品价格来衡量他的实际价值与份量。这是商品经济社会的特征。而价格和金钱经常会产生引导书法家走向的作用。马魏华虽然成名较早，却并没有为金钱所累。他从不把热衷售卖自己的作品当做人生的追求目标。他要沿着研究和弘扬中国汉字文化的这条路坚韧地走下去。他在研究中，把中国汉字系统归纳为五个递进的层次：一，汉字的认读写；二，汉字的构成；三，汉字的发展史；四，汉字的艺术属性和“人性化”特征；五，汉字透出的哲理和蕴含的智慧。而汉字中蕴含的智慧是整个汉字系统的灵魂。他说：“在我看来，‘认’和‘识’是两个不同的概念，我们常讲‘识文断字’，对一个字，光认识是不行的，还要明白其中的道理，而只有更多地展现汉字中的这些道理，才能让更多的人，尤其是年轻人喜欢上汉字。”另外，汉字还具有其他文字所不具备的艺术性，而这种艺术属性又赋予了其人性化、人格化的特征——通过笔画粗细和抑扬顿挫的变化给人以美的享受，每种字体所代表的意境各有不同，体现着民族性格、民族精神、民族品德，以及人的不同性格和心情。”作为全世界最复杂的文字系统，汉字不但会出现一字多音多义、多字多义，还因方言原因导致多字一义（比如“你”和“侬”）等等。也正因此，汉字的数量随着时代的发展不断增减变化，商代甲骨文已发展近 5000 单字，西周金文已发现的单字近 6000 多个，《康熙字典》收录了 40000 多字，《中华大字典》收录 48000 字，《新华字典》一共收录 10998 个字。对普通人来讲，认识三四千字即可满足日常阅读需求。而了解和知晓中国究竟有多少汉字，也应该是一种常识。他对目前国内年轻人对汉字的态度就有些担心，电脑的普及使很多年轻人日渐疏远了纸笔，很多人甚至已经到了提笔忘字的程度。马魏华在国内给中学老师宣讲汉字知识的时候，老师们都表示以往在课堂上没学过这些，现在才知道汉字里竟然有这么多学问。

在研究中以书法和刻瓷等艺术形式，记录和展示自己的研究成果。从马魏华对汉字魅力的阐释不难看出，书法家和汉字研究者的双重身份，使得他对汉字魅力的理解既具有深度，又能够很好地展现出来，这也是他受到各国汉字爱好者热烈欢迎的重要原因。在他的心中，汉字具有相当明显的对立统一特性，并将其总结为“符易合道”。这里所说的“易”是《周易》之易，指汉字符合宇宙万物生存规律，蕴含朴素的哲学思想；“道”指“道理”，即中庸平衡之道，正如书法讲究运笔有俯有仰，有向有背，有长有短，有粗有细，笔力有浓有淡，圆转折笔，顺锋逆锋。他还认为，楷、草、行、隶、篆这五种书法形式能体现不同的品格素养，因为汉字本身就能够反映出人的性格、思想、修养及品质，是民族特征的浓缩，是体现中国人思想的精华和外在表现形式。青年人了解汉字的过程，也就是认识中华民族智慧与精神的过程，在汉字已逐渐沦为单纯工具和符号的当下，尤其有必要使更多的青年人认识到汉字文化中的这块宝藏。那么，究竟何为汉字智慧？他举例说：“你看我们常见的‘佛’字，由‘人’和‘弗’左右两部分组成，意在告诉人们，佛是由人升华而成的。而‘弗’的字义是‘不要’，有否定的含义，两个字组合在一起，告诉我们人只有在不断否定自己的状态下，忘记了自己的存在，才能彻悟，才能成‘佛’。”

这样的例子还有很多，而研究的字越多，越能感受到前人造字时的无穷智慧。我们现在将各种造字和用字方法归结为“六书”，即象形、指事、形声、会意、转注、假借，这六种方法虽为后人总结，但的确是很好地展现了汉字构造的科学性。这些体会和研究成果均反映在他最近的煌煌新作《汉字衍化与发展——马魏华刻瓷艺术系列作品集》，选用的载体为直径 55 厘米、42X42 厘米、40X40 厘米三种经特殊烧制的各种釉色的圆瓷盘、方瓷盘、放瓷板，共 158 件。“1”，表示汉字是世界上唯一的“表意文字”；“5”，代表汉字的“篆、隶、草、行、楷”五种表现形式；“8”，表示汉字的“甲骨文、金文、小篆、隶书、草书、行书、新隶书、楷书”八个衍化阶段。他怀着对中国汉字的崇拜、尊敬和挚爱的赤子情怀，足足用了 12 年——耗去自己生命的一个生肖轮回，方才完成 158 件作品的创作。2012 年，九州出版社出版《汉字衍化与发展——马魏华刻瓷艺术作品集》以后，立即被中国图书馆做为珍品收藏。

在汉字艺术研究上，紧追前贤，不畏艰苦。中国书法界的前贤在进行书法艺术创作的同时，研究汉字与文化，马魏华的艺术实践，恰恰是向着这个空间进军的。而马魏华在充分认识这一点的基础上，扎扎实实向前迈进，他的《汉字衍化与发展》，正是以书法、刻瓷艺术载体为外在特征的出色的汉字艺术专著，在学术价值、观赏审美价值和收藏价值，尤其在汉字学研究领域都具有不平凡的意义，从而奠定了他“学者型汉字艺术家”的学术地位。（新浪博客）

92，魅力宁园

我是河北区土生土长的人，对河北区的一草一木都深怀感情，尤其改革开放后河北区的方方面面都发生了很大变化，在让人精神振奋的同时，不由自主地追忆过往，而宁园就是最常在脑中映出影像。

资料介绍，河北区的宁园最早于1906年（清光绪三十二年）动议建园，因直隶总督袁世凯为推行新政，委派周学熙以工艺总局名义在天津北站附近筹办“种植园”，转年正式开工。出于在园内为慈禧太后建造行宫的想法，在策划设计施工时颇具匠心，挖湖堆山，开渠理水，设闸引水，湖水与园外金钟河相通，宣泄得宜。园内建屋三楹，曰鉴水轩。后来历经战乱损毁，解放后国家多次整修，原有古典园林建筑加以保护修复，并新建舒云台、畅观楼、叠翠宫、电影院、花展馆、致远塔、温泉宾馆等，构成荷芳揽胜、九曲胜境、紫阁长春、月季满园、鱼跃鸢飞、莲壶叠翠、曲水瀛洲、静波观鱼、俏不争春、宁静致远十景，盛极一时。

我清楚地记得，整修后的宁园，邀请了时下中国书法界顶尖高手、中国佛教协会主席赵朴初题写了“宁园”匾额，邀请了沙孟海、王遐举、启功等大家名宿撰写楹联数十幅，经篆刻后张挂于各亭台楼阁，并组织天津美院的学生为各长廊绘制古风人物画。使整个公园诗情画意，文采飞扬，五光十色，熠熠生辉，加之游览动物园、水族馆的，参与各种游乐设施的，看电影看文艺节目的，开会、划船、合影照相的，人流如织，生气盎然。因宁园隶属天津铁路分局，曾一度改称“铁路工人文化宫”和“二七公园”。一直是我市现存规模最大的、原貌最完整的近代公共园林。截至2010年2月，河北区委、区政府受市委、市政府委托，对宁园实施提升改造工程，突出“水系、亭廊、楼阁”三大景观特色，遵循古法，恢复旧观，取消了动物园和游乐设施，突出了历史文化内涵，再现了百年名园风貌。

我们小学组织游玩最频繁的去处就是宁园。“五一”、“十一”我们都身穿白上衣蓝裤子，脖颈扎着红领巾，参加各种集体活动，观看文艺演出。二年级时，班主任韩淑兰老师带领全班来宁园照合影相，就在宁园二层楼会馆门前，全班整整齐齐错落着坐在一级级台阶上。这座会馆曾经做过宁园的办公楼。那时候我们的学校——中纺前街小学组织我们学习游

泳，就到宁园来。宁园有两处可以游泳的地方，一是游泳池，二是天然湖，都在葱茏的绿树环绕之中，蓝天白云阳光之下，景色灿然。游泳池有相连的两个池子，一个深水池一个浅水池，深水池还有高达十米的跳台。我们作为小孩子，仰头看着跳台感觉眼晕，而同学中还真有会游泳敢跳水的。那时一位叫赵平平的女同学就经常在游泳时跳水，她的矫健身姿在空中划过的瞬间，我们全都精神紧张。这位同学后来大学毕业后出国，在英国伦敦开诊所落了脚。我们还一直保持联系。而天然湖则真是“天然”，不是砌好的瓷砖池子，就是很大的一个湖，是我们到了高年级而且游泳考试及格拿到“合格证”以后，老师才组织我们来这里。游泳池也是，没有合格证不允许到深水池。宁园的这个“合格证”，曾经“折磨”了我们好长时间，迫使不甘示弱的这些孩子们努力了再努力，直到拿下它（在深水池中游一个来回，再踩水一分钟，能完成就算“合格”了）。否则总是在浅水池里，很没面子。三伏天，暑热难耐，而游完泳就感觉浑身说不出的舒爽，而且每次从宁园出来，孩子们都在脑袋上顶着开衩的红色或蓝色的游泳裤衩，既可遮阳，走到家的时候也晾干了。

我在上中学的时候，曾经在这座楼的二楼礼堂聆听过天津人民广播电台著名播音员关山讲述播音课，那时他刚刚讲完长篇小说《渔岛怒潮》、《大刀记》和《桐柏英雄》，对与会者讲了他播讲小说以前所做的功课，比如《桐柏英雄》里面八路军的四川兵和小鬼子拼刺刀时大喊“给老子拿脑壳来！”就不能读“拿”而应该读“拉”，因为四川人是习惯把拿叫拉的。还有“为什么男人死了女人可以再娶而女人死了男人不能再嫁”，书中这句话没在中间断开，而播讲的时候就必须断开按好几句话处理，否则听众就听不懂。还讲了播音的要领，如“我喝一杯水”，把“我”读成重音，就强调了是我喝水而不是别人，把“喝”读成重音就强调了是我喝水而不是倒水，以此类推。深入浅出，让人宾服，几十年过去仍然记忆犹新。后来电台征文，我就写了早先听关山老师讲课的情景，这篇文章得了奖，我又通过夏康达教授将这篇征文转给了关山本人，让他非常感动，捎话说，想不到这么多年过去，年轻的朋友还记得他以往的事。在他的记忆里，我们还是当年静静听课、热烈鼓掌的小孩子。其实我们也早已过了花甲。

我们上中学的时候，学校经常组织劳动，宁园就是我们来过很多次的地方，因为经过了文革，在后期宁园于繁盛中已见颓势，各处损毁颇多，垃圾颇多，同学们就协助宁园的员工清理垃圾，修理各种木器桌椅板凳等等。彼此熟悉了以后，即使学校不组织，我们也会在寒暑假期间前往帮忙干活，因为我们喜欢宁园的环境。我和罗永章、王广寅同学都是宁园的常客。我因为是学校美术组的，在帮助宁园美术室干活的时候，就与画电影广告宣传画的老师搭讪起来，并参与他的画作，我记得当时协助他完成了一丈多见方的大幅越南电影《乡村女教师》的宣传画，最后张挂在宁园前门最显眼处。此后这位老师还给我单独开小灶讲过不少美术知识。遗憾的是在以后的日子里我没有按照他的设计主攻美术。那时宁园的文艺演出队非常出名，一位乐队指挥和一位男高音都是在全市文艺汇演中崭露头角，出类拔萃的。我们经常吃小灶观看他们的演出，宁园里的几处演出场所，都经常出现他们的身影，是一支伴随由衷的掌声的过硬文艺队伍。

后来我当兵几年，临退伍的时候因过力落下腰病，连带了大腿的坐骨神经痛。老邻居、正在读北京人民大学的唐利洲告诉我“鹤翔庄”气功可以治疗该病，于是，在他放假的日子里我们俩天天到宁园，找一个僻静处，面对一棵松树练“鹤翔庄”。结果，一段时间过来，我的腿真的不疼了。那时，在我们练“鹤翔庄”的时候，不远处的一个亭子里，一位老者唱京剧，是李多奎派的男老旦，嗓音高亢嘹亮，对我们形成干扰，但因为他唱得好，让我们无奈接受后又离不开了。只要他哪天没来，我们还觉得少点什么。那时候宁园里的树荫下、长廊里、亭子中练各种功夫的人都有。如果离动物园近，还会有动物的嘶吼声相伴。

再后来，邻居为我介绍了女朋友，因为住得近，我们就把宁园作为经常会面晤谈的地点，直到最后在宁园的畅观楼举办了婚礼。畅观楼因地势好，视野开阔，四周是开满荷花的湖水，一度成为方圆左近非常知名的餐厅。央视举办“青歌赛”的第一届通俗唱法冠军许丽丽，原先就是畅观楼的服务员。后来她嫁给了津门著名指挥家牛万里的儿子牛虎，后离异，再后来发福了，就不怎么唱歌了，有好朋友举办各种公益活动请她，她也会偶尔唱一次，但已经不见当年的风华正茂了。我和牛万里一度合作过，和牛虎也一度是好朋友，他们都谈起过“冠军”许丽丽，但都非常释然，并不过多计较什么，人生原本就充满变数。现在朋友们也依然喜欢许丽丽。她确实曾经是天津人的骄傲，同时更是宁园的骄傲。据说，当年她获冠军从北京回来时，市领导亲自到火车站去接她，可见她给天津人带来的荣耀。

再再后来，我撰写长篇小说《省长与高架桥》，出版时出版方改名为《副省长女秘书》，还在上海图书大厦为我专门安排了“签售会”，那天前来买书求签的读者非常多。一位出版方安排的记者对我进行了采访，问：“你书中写的畅观楼是哪个城市的？真有这个地方吗？”我回答就是天津的宁园。书中省长秘书丁海霞搞调查安排的地点就是宁园和畅观楼。他们说“怪不得，那是你们老家么。”是啊。我其实在写作中并不是故意写宁园，而是不知不觉选择了宁园作为故事场景的。因为宁园伴随我们成长，它的一切已经嵌入我们的灵魂。现在宁园的阅览室就有这本书。有河北区的人对我反馈：读这本书很感亲切，想不到写这本书的人就在我们身边。

说到对宁园的记忆，我们中学的石应芳老师（她已经调到广东佛山）给我留言：“上小学、初中时，老师带着我们去宁园春游；我工作了，又带着学生去宁园春游；有了小孩子，带着孩子去宁园玩耍；在宁园的礼堂看电影、话剧；在宁园的温泉浸泡；在宁园的餐厅吃饭……宁园留下我多少美好的回忆！2016 年回津时，还特意去旧地重游，在‘致远塔’下留影。真要谢谢这个有 113 年历史的花园，陪伴了几代人的成长！……”《天涯论坛》

93，山西战友方洪武

2018 年 5 月，天津作协派数名作家来山西侯马参加全国笔会，我和作家杨伯良顺便到邻市曲沃看望了老战友方洪武。侯马是一座有着几千年历史的文化名城，而曲沃的历史比侯马更长，各种典故与历史沿革丝毫不逊于侯马。特别是如今曲沃的城市建设非常规整得体，干净而美丽，既有历史积淀，又有现代风韵。

方洪武现在是山西方圆塑料有限公司创始人，总经理。60 出头的年纪，虽身为企业家（大老板），身材却没有发福，仍旧如年轻时一样透着干练。当兵时他是我们 38 军 112 师炮兵团红二连的一名文书，曾经和我一起负责连队的板报，多次获奖。1976 年入伍，服役 6 年回乡创业。三十年辛苦不寻常，如今他的企业已经名闻遐迩，实力雄厚。

有关报道介绍说，方洪武回乡后 9 年没有合适的项目，1991 年一个偶然的机会，在曲沃县城边建起了他第一个塑料制管厂，当时厂房非常小，产品也很单调。方洪武不满足现状，可自己又没有资金，一直到 1998 年，他才扩大投资，结合当地水利部门，按照国家的标准开始更新换代。2001 年，方洪武通过朋友帮忙加上银行贷款，共投资 200 多万元，制管厂有了突飞猛进的改变，被列为山西省农村饮用水和农村灌溉工程供货单位。方洪武的制管厂也开始一步步走向正规，产品销售量一天天加大。时代在进步，人们不仅仅对产品的质量要求很高，对产品的卫生条件也有所认识。方洪武又有了新的想法，再次向朋友和银行求助，2008 年他共投资 1000 多万元，成立了晋南最大的塑料制管厂——山西方圆塑料有限公司，生产出高科技的 pvc-u 卫生型饮用水塑料制品，年产 2000 多吨。他说，要在明年建成年产万吨的生产线，产品可供应临汾、运城和晋城 3 市，预计投资 2800 万元。

目前方洪武的企业，仅工商登记的注册资金就达 2000 千万之多，为当地众多年轻人解决了就业问题，每年为国家创造可观的税收，成为当地“大众创业”、“万众创新”的一面旗帜。方洪武创业成功必然有着许多可贵的经验，而他的谦虚谨慎，不骄不躁，锲而不舍，勇于进取，一定是他取得成功的重要原因。而对文化的深厚修养又是他不断腾飞的有力翅膀。多年来他除坚持读书学习，对国家的方针政策了如指掌，以文化塑造企业影响职工，还潜心研习书法，现在已经能够写出够水平的为人称道的书法作品。我们来到方洪武身边的时候，被他精湛的书法作品所震撼。一个谙熟枪炮的当兵的出身的企业家的书法水平这么高，真的不多见。

十几年前，我就得知战友方洪武退伍后干得十分出色。那是 2007 年，我到山西太原拜谒战友——军分区参谋长李志平的时候，他给方洪武打电话邀请小聚，因为方洪武分不开身没有实现。十年后的 2017 年夏天，红二连的干部战士老兵们要回部队看望，我因为闹腰病，没有前往。于转年的 2018 年 5 月终于与方洪武得以相见。战友相聚分外亲热，有着喝不完的酒，说不完的话。分手时，我们一同祝愿方洪武的企业越干越好，收益更多，贡献更大。（新浪博客）

94，大表哥孟宪红

岁月这把杀猪刀，把多少美女变成粗婆，把多少俊男变成糙汉。然而，我的大表哥年已七十有二，仍然神采奕奕，干练俊朗。他的外表和精神头似乎与年龄很不搭调。尤其现在仍然在北京一家企业干着，简直让人匪夷所思。

年轻时的大表哥，自然是个人见人爱的帅小伙，修长的身材，眉清目秀，鼻直口方，尤其两只眼睛炯炯有神，清澈深邃，似有很多的思考很多的话语需要表达。还记得，五十年前，我还很小的时候，大年初二（回娘家的日子）随父母到大舅家过节，大姨一家也凑过来，于是，显得非常热闹，大舅家很大的房子也显得拥挤。而大舅往往给我们这些小孩子准备了鞭炮，大人们盘腿捏脚地坐到床上说话的时候，我们就到外面燃放鞭炮。那时大舅家住在河东区郭庄子一带，与住在铁道边的大姨家距离不是很远。特殊年代，一般的住户，房子也就十几平米，而大舅家却要大得多，否则实现不了好几家人凑在一起的愿望。大舅在解放前曾经干过企业，说话做事十分老到。高大魁梧的身材，浓眉大眼，面若银盘，头发梳得一丝不乱。说起话来嗓音洪亮，声震屋宇。

我们到外面胡同去放鞭炮，有一百头一辫的小红鞭，也有大两响（二踢脚），还有摔炮和滴滴鸡儿（灰纸卷儿里裹着火药，一点嗤嗤地冒火星），玩得非常尽兴。孩子们有时还会为了争一个好的放炮地界儿而闹起口角，甚至会打架动手。走出胡同，外面就是马路，那时的马路也不够宽阔，车水马龙，人来人往，感觉十分拥挤。但所有的店铺门窗和临街的住户门窗，都贴了大红的对联和吊钱儿，看上去非常火爆。

大舅家的连三桌子上，压着厚实的玻璃板，而玻璃板的下面压着很多照片。此时正是现代京剧样板戏红火的年代，各企事业单位组织职工学唱样板戏也几成风潮。玻璃板下面就压着一帧大表哥孟宪红扮演《红灯记》中李玉和的照片，虽然照片很小，只是立式二寸照，但大表哥身着戏中李玉和的铁路制服，头戴大壳帽，左手撩着衣襟，右手拎着红灯（铁路上的号志灯），俨然是明星派头。而屋里的墙壁上，又有大表哥画的几帧水彩画。之所以说“帧”而不说“幅”，是因为水彩画虽精致却不够大，每帧大约只有 32 开大小，一共四五帧，排在一起，形成连环画。内容是《贞娘传》，讲一个朴实的美女贞娘，已经有了自己喜欢的男友韩夫，而财主看上了她便硬要抢她，故事中还有一个辅助人物叫紫竹，也是女孩。其他故事细节记不清了。那时我非常佩服大表哥的绘画才能，虽然只是几帧画面，已经把故事讲清楚了。而且绘画的构图，笔触，色彩，都非常讲究。

曾经有一对年轻夫妇把女儿寄养在大舅家，孩子叫“宝珠”。大舅母因为爱孩子，竟把小宝珠当成自己亲生的对待，吃穿住行都是当时最好的，几乎倾尽心力，好几年下来，待到人家要把小宝珠领走时，大舅母不放手了，为此两家差点没翻了脸，最后讲好当亲戚走，经常领小宝珠来坐坐，才算了结。此后每次小宝珠来，大舅母都将他们一家待为上宾，继续被小宝珠置买各种东西。那夫妇俩有些害怕，只能减少来往次数。大舅母的事例似乎为后人提供了一个“教训”和参考，即凡事需要适可而止。

因为在年龄上差得比较大，我和大表哥语言交流并不多。待到我高中毕业去当兵，临走的前夜，大表哥来我家看我，算是送行。说了很多话，千叮万嘱，似乎把以前的没说的话全补上了。前几年，我的二舅母去世，我们都去参加葬礼，大表哥曾经在大家面前说过这么一句话：“可能以后我们很难再聚了。”言外之意是这些亲戚中最年长，最德高望重的二舅母一走就聚不起大家了。我当时还有些落寞。但也知道，果真如此的话，也是无奈。因为到了我们这一代，彼此关系的亲密程度远不如上一代。此后，我和大表哥偶尔也通通电话，还和他们一家聚过一次。不过，少年时的感觉怎么也找不到了。

但今年正月初五以前，我爱人接到了大表嫂的电话，邀请我们去参加大舅、二舅、大姨和我家的二代代表的聚会。真让我喜出望外。这些一度来往频繁又一度来往很少的亲戚终于在大表哥的力主之下相聚了。大家相谈甚欢。大表哥对我母亲称“老姑”。民间老话讲“姑舅亲，辈辈亲，打断骨头连着筋”；还有“姨表亲，不算亲，死了姨娘断了亲”的说辞。我对前面一句相信，对后面一句不太相信，因为姨表亲也是有血缘关系的成分在里面的，是吧。若认为不亲，便是有偏见在里面。而是不是经常走动、来往，只是个心气儿的问题。老一辈健在的还剩大姨一个人，已经 90 有 5，住在二表姐家里，二表姐把大姨照顾得很好。我们每年都去看望，沾沾老人家的仙气。祝愿老人家健康长寿，颐养天年。也祝愿第二代平平安安，生活幸福！（新浪博客）

95，林海情韵

这里是又一处当之无愧的林海，一望无际，绿树葱茏，空气中散发着负氧离子的甜味。时值仲春，粉红的桃花、雪白的梨花、深红的海棠已经渐次衰减，代之以新绿——那是带有青春情调与特色的娇嫩然而生机无限的艳绿，而更多的树种，国槐，白蜡，楸树，泡桐，栾树，新疆杨，金枝槐，紫叶李等正蓄势待发，绿叶皆以半大未成形的姿态，尽情接受灿烂阳光的抚照，迎接和煦春风的吹拂，更接待着不计其数前来观赏的游人。这里是天津静海区正在声誉鹊起的南北海森林公园。

天津作协文学院武歆院长、周从敬副院长组织的一干作家朋友，在静海作协主席杨伯良引领下，走进这花香四溢，满眼新绿的浩瀚林海，吮吸充满负氧离子的清净空气，感受大自然对人们的无私馈赠。医学资料显示，空气负氧离子被誉为空气中的维生素，能降解中和空气中的有害气体，从而强身健体。可不是么，大家都格外感到神清气爽，呼吸道和五脏六腑正在经受淘洗一般舒畅。于是，更加兴致盎然，感叹在我们天津的家门口有了这么好的游览区。

我第一次到这里来，是前年和朋友徐万祥一起。他无微不至照顾病妻 23 年，直至送终。因事迹感人被市政府和新闻媒体评为“津门 365 身边好人”，我见他十分疲惫，带他来到静海散散心。伯良主席便带我们走进了南北海森林公园。第二次是去年春季，市老年大学的几位学友提出踏青（其中还有病号），我便把大家引到了静海，因为这里不仅怡情，还可以祛病。同样是伯良主席带我们畅游了南北海森林公园。那时我对伯良主席说起，我曾在毛乌素治沙英雄石光银身边生活了两个月，在采访他英雄事迹的同时，每天感受人造林的负氧离子的滋润，那真的是一片透着治沙人一生心血与汗水的让人惊叹的浩瀚的林海。后来我还去过河北承德赛罕坝林场参观游览，感受又一片伟岸浩瀚，同样让人惊叹的人工林海。

眼下在我们天津家门口的森林公园，自然别有一番感慨在心头。这里我们可以很方便地经常前来，既呼吸森林公园提供的负氧离子空气，又感受静海区这些年来政治、经济、文化、民生诸方面取得的长足发展。主管负责人告诉我们，静海南北海森林公园是目前天津最大的苗圃基地，占地十万亩。每年可向国家提供 30 多万株树木，苗木胸径基本可达到 15 至 25 厘米。在静海南海森林公园内，主管负责人还介绍说，随着美丽天津建设的深入，城市绿化面积将大规模增加，需要大量绿植苗木和花卉品种。而本市最大苗圃基地——静海南北海森林公园将提供强有力的保障；同时，公园还将以生态林工程建设为载体，推动整个静海地区经济林木业发展，目标是建成天津市乃至华北地区现代农业经济先导示范区。

静海的区域特点十分鲜明，历史沿革丰厚而久远。据史料记载，静海属退海之地。3000 多年前，是为泽乡，后经自然变化，海河平原开始出现，静海遂渐成陆地。夏、商时期，先民开始在此狩猎饲养。夏代的易氏部落、商代的亳氏部落，就定居于此。《静海县志》记载，东周时期，此地被称为“长芦”，先后归属于齐、燕、赵等。秦属巨鹿郡。历史遗存包括：西钓台西汉古城遗址，民主庄战国遗址，纪庄子战国西汉遗址，西翟庄西汉遗址，张村东汉、隋遗址，蛮子营宋、元遗址，洪阳寺，清凉寺，报恩寺，华严寺，禅林寺，魁星阁，子牙钓鱼台，西钓台战国墓群，子牙战国墓群等。感受静海的区域文化，不能离开历史。

而静海的南北海森林公园，
正在成为其区域文化不可分割的一部分。感受静海森林公园的韵致，不能离开静海的历史沿革与风土人情。主管负责人说，静海的部分土地因历史原因带有一定的盐碱性，如果种树，就要针对这个特点。过去从外埠购买回来的一些苗木因为不适应静海的气候、土壤等环境，成活率并不算高，而选用本地种植数年的苗木，则可以避免这方面的困扰。该负责人表示，他们在寻求培育和繁殖适合静海气候优良品种的同时，还加强了对天津乃至静海原产乡土树种的开发研究。这就是他们与众不同之处。有的区域因为水土问题便知难而退，把困难当做退缩和不求进取的借口。静海人不是。看吧——南海森林公园紧邻环城南路，项目规划用地 5200 多亩，目前配套基础设施全部完成，完成苗木种植 300 多万株，共计 50 余个品种，其中乔木 100 余万株，花灌木 200 余万株；在南海森林公园相邻北侧，北海森林公园总占地面积约为 5600 多亩，其中主要包括设施农业科技展示区、大树种植区、生态林种植区、生态旅游度假区等四部分（而生态旅游度假区木质别墅高雅新颖，设施齐全，既可以短期接待，也可以长期食宿）。两个区域的森林面积之和，超过了十万亩。

这无疑在为美丽天津城乡建设提供苗木供应的同时，在天津人的家门口营造了一处不可多得的天然大氧吧。据有关部门测算，南北海森林公园每年可吸收二氧化碳 3350 吨，吸收二氧化硫 2376 吨，释放氧气 2250 吨。勤劳智慧的静海同仁们，以这样的方式，默默地造福于天津和周边地区的百姓生活。

今天，我们在走近森林公园的时候，看到了甬道两侧顺次停满了机动车，甚至排成了长长的车队、车阵。不计其数的人们从车里下来，手持照相机、手机，熙熙攘攘地走进森林公园，对眼前郁郁葱葱、一望无际的绿树、林海进行拍照和留影。在灿烂的阳光下，人们的脸上映着喜悦，映着欢欣，映着无忧无虑。同时，我也看到，静海的同仁们在面对熙熙攘攘的来访者、游览者的时候，同样脸上洋溢着喜悦，洋溢着欢欣。我想，那是他们感到欣慰，感到自豪。能够为家乡人民乃至周边各地人民造福，难道不应该欣慰和自豪吗？《静海文集》

96，世界琴头王赵世全

前不久，与老校友（弟弟的同学）赵世全相聚。坐在一起说了很多知心话。我们相识很早，彼此十分了解，虽然在近四十年的时间里并非经常见面，但彼此的进步和状况还是通过弟弟全都了解。所以，见了面就不用“过渡”，可以直奔主题交谈。

赵世全的成就不仅同学们都了解，母校老师们也基本都清楚。都为他而骄傲和自豪。他现在有些困惑，就是随着知名度不断提升，看得见和看不见的“竞争对手”越来越明显地影响到他。他成绩卓著，声名显赫，现在在大学任教授，还在外地大学兼课，投奔他的弟子也不绝如缕，让他忙得不亦乐乎。以他现在的情况，应该对一切都看得很开，专心事业就行了。但人终归是感情动物，受到外界干扰的时候难免引起情绪的波澜以至恼火。赵世全遇到的问题，其实是职场中最常见的问题，即因为冒尖而被一些人打压。这种打压有时是有理由的，有时是无理由的；有的明着来，有的暗中来。如果同在一个单位，是连躲都没法躲的。我不知道怎么为他开解，轻描淡写地劝慰他不要因此影响到工作和进步，该争取的一切还是要争取。因为这种事而受到干扰停滞不前，是正中对方下怀的。

其实，长久以来我一直在思考这些问题。其他国家的情况咱们不好褒贬，单说国内，因为人口众多，多到人们彼此之间竞争异常激烈，不经过竞争就没有位置，于是，难免有人走偏，极端的还会发生彼此暗算甚至人命案。我在一本书里曾经这样写过：用不着你故意威胁对手，只要你努力工作，不断进取，对手就心里不舒服，极端的就会想办法毁你。毁你的目的，是为了让他得势或保他的地位。在商品社会里，采取不正当竞争手段的事例比比皆是。我对这种的情况从千百年来做为农耕民族的心理，习俗，文化积淀，等多方面因素，在当代社会的表现和折射来思考，深知这种情况不是几代人就能改变的，需要一个漫长过程。

那么，我们应该怎样面对？我想起林彪在得知朝鲜战争进入困难阶段时，有人问他怎么办，他只说了一个字："熬"。我想，我们现在也莫不如此。太激进了，左冲右突，得罪很多人，也未必取得效果。一味退缩，则自己会一事无成。那么，唯有"扛着"才是生存之道。当然，不形成尖锐对立，不是势不两立更好。

赵世全曾经获得过很多次世界级奖项。最让他忘不了的是 2004 年 5 月 2 日那天，他参加了在捷克纳欠特城举行的第二届凡契夫蒙特卡国际提琴制作比赛，他一举摘得了最高奖"琴头王"的桂冠：他不仅获得最佳（现场）琴头雕刻奖，还获得了最佳工艺优异奖和小提琴制作银奖。饱蘸岁月与人生之润泽的结晶啊！此时此刻，他在第一时间想到的，就是给他的恩师郑荃打电话，报告喜讯。他把兜里所有的硬币都塞进电话机，无比激动地向老师报告这个来之不易的消息，竟然忘记了当时正是北京的午夜。那是赵世全的不眠之夜，他永远忘不了。此后还经常获奖，但已经不会再这么激动了。而且，当他面临同行“羡慕嫉妒恨”以及种种拆台、打击的时候，徒增了新的苦恼和不解。我让他记取诗仙李白的名句，专心自己的事业：“两岸猿声啼不住，轻舟已过万重山”。（新浪博客）

97，百岁前辈

前不久，在多伦多的一个咖啡座里，遇到几位年长的来自宝岛台湾的师长，前右一是已经百岁的丘老前辈，前右二是 79 岁的台湾著名指挥家李忠男老师，后左一是丘老前辈的女婿 70 大几的刘建平老师。是时我和老伴刚从超市买了蔬菜出来，在大厅的咖啡座歇息，此时几位老者走过来，和我们坐到一张桌子跟前。于是大家互相问候，继而边呷咖啡边聊起来。我由此得知几位老先生均来自宝岛台湾，而且都很有成就。我和老伴在倍感亲切的同时，敬佩他们不平凡的人生。“血浓于水”，这句话在加拿大这样的异国他乡更让人体会深切。最让我感动的是丘老前辈，已满百岁，依旧身体硬朗，精神矍铄，和我们一起谈笑风生。百岁，是一个世纪啊，要经历、见识多少人间百态和世间万物？感动之余，我提出与大家合个影，尤其要与丘老前辈“同框”，大家全都同意，这张合影就在顷刻间诞生了。

与百岁老前辈合影是一种什么感受？我当时只是惊喜，荣幸，有一种被“照亮”的感觉，全身心都格外舒爽。而若干天过去，静下心来的时候，我又有了更深的体悟，即“沾了仙气”的受惠的感觉。因为丘老前辈的年龄与精神状态时时在告诫和提醒我们：这样的人生是一种别人不容易做到，而又确实能够做到的一种“实现”。我没有细问，丘老前辈年轻时是不是也曾经叱咤风云，才华横溢，乃至硕果累累；初次见面，问多了显得不礼貌，但我能猜度到，丘老前辈年轻时也不曾虚度年华。只有年轻时有所作为，到了晚年才会心地坦然没有焦虑感，也才能长寿。“少壮不努力，老大徒伤悲”，怎么会长寿？人的能力有大小，只要没辜负光阴，成就大小可以忽略不计，在晚年保持一种安详、平稳、怡然的状态最为重要。丘老前辈昭示给我们的正是这样一种状态。

另一位年龄稍长的师长是热情洋溢的李忠男老师。他届时 79 周岁，马上就要跨入 80 序列，而从其像小伙子一样的精神头，挺拔的身材，侃侃而谈所表现的思维敏捷，足以说明，他跟随丘老前辈跨入百岁序列应不成问题。李老师 1940 年生人，国立台北师专毕业，曾在世界音乐之都维也纳读研，擅长小提琴、合唱指挥、管弦乐指挥。曾发表和出版作品包括：《台湾歌乡土情》台湾歌曲集、《台湾歌乡土情台湾歌曲集合唱混声篇》台湾歌曲集、《台湾歌乡土情台湾歌曲集合唱同声篇》台湾歌曲集等。曾任教于国立台湾艺术大学、私立台南女子技术学院，担任指挥法、合奏、室内乐及小提琴课程。1970 - 1987　参与演出频繁，曾多次带领各类型合唱团、交响乐团，在欧、美、亚洲各国演出及参加国际音乐营，表现优异，多次获得大奖。李老师也曾多次与大陆中央音乐学院合作，举办跨地区大型文艺演出，反响热烈。他现在还经常和朋友一起打网球健身。我在网上看了李老师指挥演唱的多场高水平合唱演出视频，为李老师的艺术成就而高兴。

站在我身边的是刘建平老师，他是丘老前辈的女婿，虽然年龄也不算轻了，但也让我对比出自己不算很老却老气横秋的样貌。刘老师为我们介绍了很多情况，台湾同胞的那种良好素质和广博知识、无私坦诚，着实让我敬佩。刘老师的亲（qing）家是上海作家任展宏。他把任老师介绍给我以后，我立即与任老师建立了联系。任老师也年近 80，半个多世纪以前就发表作品并获奖，现在也仍然在写作和发表作品，也是我学习的榜样。我也希望任老师宝刀不老，在晚年笔耕不辍，把自己多年来的所见所闻和丰富而宝贵的人生经历用文字表达出来，对社会是一种贡献，对自己也充实生活。祝福任老师，祝福几位师长，尤其祝福丘老前辈！（新浪博客）

98，围绕小说的一组花絮

最近散文作家任广玉老师告知，在天津河西图书馆看到了我的几本书：《古玩圈》、《鸽王》和《风雨毛乌素》，她为我而高兴。她读过我的好几本书，比较喜欢我的作品。好几年以前，和平区老年大学的学友范声律原先是市政府的干部，喜欢读书，得知我一直在写作后，立即去了市图书馆，于是，他在那里陆续读了我的一系列作品，譬如：《地下交通站》、《我把青春献给你》、《成色》、《狼山》、《风雨毛乌素》等。再见面的时候就和我交流，对他不了解或不理解的书中的有关问题，认真向我询问或与我探讨。再往前推，更早一点，河北区的图书馆以及类似宁园这样有阅览室的单位，都出现了我的作品。我过去从来没往各单位送过书，只是后来对母校天津十四中有点例外，那是为了表达我这个早年的在校生的一点心意。河北区图书馆等单位收集我的书比较多，包括时间早一点的《那年那些兵》、《副省长女秘书》、《暗战》和后来的《孔雀图》、《青花》等。

关于我的作品的反响与回馈，山东作家朋友许胜勤、王寿龙，河南作家朋友谭良生、马海庆，北京作家朋友艾蓝珊、阿慕，四川作家朋友吴薇，陕西作家朋友李茂信、崔樯，辽宁的作家朋友斗樱，南京作家朋友陆冈，部队的作家朋友王虎群、李印龙、张秋铧，天津作家朋友滑富强、章玺、朱春生、殷秀玲、管淑珍、宋仕敏、安扬、刘炜、信淑雅、雨幕、庄海萍等，包括著名评论家夏康达教授为我写序（夏教授也曾经对我作品的不满意之处提出过尖锐批评），有的作家是受我之邀，更多的是朋友主动写的，为了切磋写作技艺。这些文章有的发表在报纸、杂志上，有的发在了网上，累计起来差不多有五、六十万字。如果加上网上的跟帖，就更多了。山东许胜勤大姐读过我的全部作品，而且对每本书都写了评论，总起来有二十来万字，正在编辑专项的《岩波作品评论集》。难得的是素不相识的辽宁的斗樱写了狠批《离婚男人》为“贱男人”的评论，我也十分感谢。还有一位署名“都一样”的作者对《女市委书记的男秘书》写了“恶俗”的短评。而且，他们是“忍着巨大痛苦”坚持看完了拙作，然后写出感想。

而《离婚男人》的出版方则以赠书的奖励方式组织了很多读者撰写对该书的评论，于是，很短的时间内产生了一系列对《离婚男人》的评论和读后感。有的还写得十分深入，分析得头头是道，鞭辟入里，很让我感动。南京的读者沈灯涵老先生已经七十开外，对我多数作品都看过，他给我 QQ 留言说："你得赔我电费，害得我总熬夜。"山东的作家朋友许胜勤几乎对我每本书都写出了评论或读后感，已经积累了十几万字。河南省七十开外的老作家谭良生也写过好几篇，都是专门谈我的作品的写作技巧的。河南省的农民作家马海庆读完《鸽王》写道："我睁开眼是鸽子，闭上眼还是鸽子，我也得跟着作者养鸽子去！"在天津"假日酒店"工作的老邻居对我说，她的同事在宁园阅览室借到一本《副省长女秘书》，一口气看下去了，被深深吸引，不能自拔，对她说，里面还写到了宁园的畅观楼，真希望见见这位作者。我的老邻居说，这个作者远在天边，近在眼前，就是咱天津人，是我的老邻居。这位同事说，这可是"大人物"，你赶快引荐吧。老邻居告诉我以后，我拒绝了，我说我是个普通写手，哪是什么"大人物"，写了副省长未必自己就是副省长，难道写吸毒就一定真吸，写妓女就非得卖淫？没几天，天津二建的一位朋友告诉我，他出差到安徽，在机场看到了《副省长女秘书》，38 元的原价随意涨到了 58 元。他看到有人买，也凑热闹买了一本，他要找我补那 20 元的差价。我说谁让你没事凑热闹呢，支援人家机场建设了。

也是围绕这本书，让我感慨的一件事，是该书刚出版时，出版方在上海图书大厦组织了对这本书的"签售仪式"，上海图书大厦比之天津的图书大厦规模要大得多，讲究得多。那天在我旁边签售的是复旦大学的钱文忠教授。那天室外气温最高达到 42 度，天气热得如同下火，但让人想不到的是上海人竟然都打了车前来买书，图书大厦的室内熙熙攘攘，人头攒动，出现"人山人海"的情景。我当时就问自己："如果是天津，会这样吗？"我丝毫没有贬低家乡人的意思，只是想到，如果在天津，主办方很有可能推迟活动，躲开这种天气。谁知道呢！还是围绕这本书，因为拖欠稿费问题，我咨询了一个律师事务所，他们开价十万，我扭头就走了，太唯利是图了。

我又找了第二家，这家的主管是位退了休的老同志，他首先要了一本书，说先看看。转天我再去找他们，他们说，就冲这本书的内容，我们一分钱不要，帮你打这个官司！他们为此下了很大功夫，做了详细文案，交给我看时，我都非常感动，针对这本书的那么多文字的材料，即使光是计算机录入，没有一天时间也完不了。因为那都是他们撰写的，不是复制粘贴来的。后来，因为一些原因，官司没有继续。再后来有朋友对我说，这家律师事务所有可能想借你这本书，把他们自己也炒火了。我想恐怕不是这样，这里面应该有道义的因素。不论如何，两个律师事务所的强烈对比，给我上了生动一课，同时给我留下了深刻印象。

还有一次我参加市文联举办的学习习总书记讲话培训班，坐在我身边的是宁河和宝坻的作者朋友，他们都年龄不小了，有的已经退休，有的将要退休，互通名片的时候，他们像发现新大陆一样，问："你就是《女市委书记的男秘书》的作者？这本书我们在网上都看了。"他们说，读这本书的时候真有点"废寝忘食"。我家的隔壁住着一位租房户，是个外地的大龄女子，在市公安局的出入境管理局工作，每年底她都从老家带一些土特产送给我们，表示我们对她关照的感谢。一次我感觉没有回赠不合适，就送她一本《职场眩爱》，她马上翻开了扉页，一看作者，惊呼："你就是《女市委书记的男秘书》的作者？真是大隐隐于市，我们传看你这本书，都让我们翻得卷了边不像样了！"

我老伴是从来不看我的作品的，她说光看你的人早看够了。但忽一日，她外出坐地铁回来，对我说："我在地铁里看到一个女孩拿着一本书，聚精会神在看，地铁里看书的情况太少见了，我忍不住低头看了一下书名，正是你的《职场眩爱》。我很想告诉她，别受骗，写书的人不是小伙子，而是老头。"然后哈哈大笑。我说，其实你说了也无所谓，结果就是她有可能继续找我的书看，因为她肯定纳闷，一个老头怎么会写爱情的书？我的一位同事的爱人是四川省文联的机关干部，非常喜欢我的小说，通过我的同事已经索要了好几本，看完还写了读后感，她是专业的杂志编辑，也写诗写散文，能让她喜欢，也是使我兴奋的事情。天津电台在连播我的作品的时候，很多家庭是全家一起听的，还有的朋友把电台的音频传到了国外，他们也都把收听后的感想回馈给我，有的还非常精彩，如宝坻的诗人王振策，就是其中之一。老邻居范伯伯已是八十有五的老者，原来是单位的高级工程师，喜欢读书，我给他一本《那年那些兵》，他就真看进去了，每晚睡觉前还给老伴读一段，待我去他家的时候，老两口说，你的书让我们入迷啦！拉拉杂杂，不成体统，权做随感吧。祝福我的所有读者和评论者！（新浪博客）

99，河东良园

天津市河东区的经济发展与各项工作，与全市全国一样，近年来取得令人瞩目的成绩。一座李公楼立交桥（原赤峰桥）将朝气蓬勃的河东区与繁荣兴旺的和平区、五光十色的河北区联系在一起。而河东区的六纬路一号，位于六纬路的尽头位置，紧贴李公楼立交桥，最让我难忘。

早先，这个处所是个大院，里面至少有三个粮食局的下属单位：汽车队、招待所和印刷厂。汽车队至少有几十辆解放牌大挂，专门跑长途，为各粮库运送粮食；招待所则专门用于接待外地来津的同行业客人和本系统举办各类学习班；印刷厂则专门印制本市的粮本、粮票、副食本、油票、肉票、鸡蛋票等——在计划经济年代，各种票证是市民购物的必备之物。

我记得 1980 年，我从部队回到天津，安置到粮食局宣传部工作，正好赶上宣传部组织各级领导干部学习中央改革开放的有关文件，解放思想，转变观念。当时正需要一本关于经济体制改革启蒙的教材，著名经济学家薛暮桥的《中国社会主义经济问题研究》的出版恰逢其时，于是，宣传部通过上级领导购置了一些（当时这本书很不好买），开始分批对领导干部进行培训。讨论中讲得最多的就是查找计划经济的“弊端”。我的任务主要是做讨论记录，然后出简报。“弊端”二字，那些日子在我笔下出现了无数次。当时的处长彭致中约摸五十来岁，他早年当过新四军，属于“老革命”，身材瘦削，不太爱说话，说起话来也是慢声细语；副处长杨春生三十多岁，也是复员军人，当过工农兵学员，擅长讲话，声音洪亮。当时的年代忌讳奢华，而且，经济没有腾飞，想奢华也做不到。招待所设施极其简陋，各个房间已经好久没有粉刷，光线很暗，白天屋里也要开灯。大家坐的椅子是紫褐色，加之多年未清洗，已经黑黢黢的看不出本色，椅子右侧是支起来的扶手，可以在上面放喝水杯或笔记本，可以做记录，省去了桌子。

我陪同领导们，围成一圈，就坐着这样的椅子度过一期又一期的学习班，然后变成一期又一期的文字简报，最后汇总成“工作总结”。那是非常“磨性子”的活儿。也曾经不耐烦，但还是坚持下来了。当时的领导干部们，以工农出身为多。很多还是来自冀中平原。在学习讨论的间隙，反映冀中平原抗战故事的《新儿女英雄传》曾经成为大家热议的话题，因为一些人认识这本书里的“黑老蔡”的原型（当地农民抗日自卫队的发动组织者），还曾经共过事，所以，说起来的时候都是眉飞色舞兴致高昂的。大家对两个作者孔厥和袁静夫妻也十分了解。

我和印刷厂也打过交道。当时的老局长刘丕昌刚刚写完一本回忆录《从事粮食工作的一生》，我受托帮助老局长做校对，到老局长家里，逐句逐字地核对和矫正，工作了半个月，中午老局长的老伴为我们做饭。随后，到印刷厂印制。那时的印刷厂十分原始，还是铅字排版，车间里有并排长长的一溜一人高的木架子，木架子上面全是小木格子，每个格子里都放着铅字，常用铅字有五千左右，这些木格子就有这么多。我站在印刷厂工人的身边，看着他们拣字、排版，最后将书印出来。书的封面还是我画的。书印好后，老局长非常满意，与他相关的很多人，包括老领导、老部下都得到了这本书。后来还有人将老局长馈赠的这本书拿到网上去卖，价格也不便宜。

（天津市粮食局老楼；老良园饭店楼；刘丕昌老局长的回忆录）

老局长刘丕昌是河北省饶阳县人。早年饶阳简易师范学校毕业后留校任教，与当时在冀中活动的革命家多有来往。“七七事变”后正式参加抗日队伍，转年进入抗日名将吕正操领导的冀中军区供给训练班，曾任冀中行署粮秣科科长，创建了一整套平原敌后抗战军粮供应工作的流程和方法，组织了一系列重大的抗日军粮供应行动，确保了晋察冀边区和冀中地区抗日斗争的发展壮大，为抗战胜利立下不朽功勋。我在帮助他做文字校对的时候，对他有了更多了解和尊敬。他后来也一直住在河东良园小区里。大家前往看望也十分方便。

再后来，汽车队搬出了这个大院，而随着计划经济向市场经济转型，粮本、票证作废，大院里的印刷厂也寿终正寝。大院靠近赤峰桥一侧盖起了三座高层建筑，作为职工宿舍分给了机关干部和职工们。其中一号楼的一些房间拿出来做了饭店，起名“良园饭店”。其中有餐厅也有客房。职能也仍然以接待外地客人和本系统召开各种会议所用。当然，因为坐落在河东区，所以，河东区的很多单位与个人来此开会或聚会用餐，都是很频繁的。“良园饭店”见证了天津粮食系统和河东区的整个经济发展过程。记得一次粮食系统召开全系统工作会议，吃饭时宣传部提出打算购置一套录像和编辑设备，籍此吃饭时机向各区局募集资金。现在这样的设备已经不值钱了，而那时则需要大几十万。于是，我在向各区局“征集”时，他们纷纷说：你喝一杯酒就给你一万。那时工作餐用的是天津宁河的“天尊”酒，度数不高也不贵，但喝多了也肯定不行。那次我就吐了个稀里哗啦，蹲在客房里的马桶边上简直抬不起头来。遗憾的是，这笔钱没有筹集成功；幸运的是，这种设备很快就被数码设备替代了，因此避免了一次浪费。

我曾经在粮食局下属的经济实体广告公司做了四年经理，良园饭店的楼顶就是我们竖立巨型霓虹灯广告牌的理想阵地。为“中国一汽”、“外贸酒业”、“天津洗涤用品”等企业做过代理和发布，效果良好。也因此我对工商、税务、市容、城管、监查、占道等管理部门十分熟悉，认识了很多朋友，也为我创作文学作品，增添了很多生活素材。随着改革开放的不断深化，良园饭店也将寿终正寝。于是，一位喜欢这里的饭菜的河东区的朋友曾经对我这样说：再吃一次吧，吃一次少一次；吃一次赚一次。而这里的饭菜之所以受欢迎，据说是因为引进了河南风味的“炒红薯泥”和“灌汤包儿”，这两道饭菜在吃的时候都很有讲究，弄不好就会烫了嘴。但口感确实不错。

再再后来，河东区和粮食局联手进一步开发了这个大院，盖起了“海东公寓”居民小区。使这个大院里的其他经营性的公司、企业全部迁出。良园饭店的大餐厅也被“中科医院”租用，设有门诊、内外科和住院部，前来就诊的患者也非常多。随着河东区经济工作和市容建设的不断发展，良园饭店原址的几座高层大楼都“穿起外衣”做了加固和装潢，更加端庄整洁，姿容靓丽；深褐色的外沿与成行的绿树互相映衬，生气盎然。成为河东区面向和平与河北的一个增光添彩的漂亮窗口。《直沽文学》

100，一筷子到河南

现如今“读万卷书”不容易做到，“行万里路”却不难。今年我和老伴去加拿大多伦多看儿子，一万一千七百多公里的距离，13 个小时就到了，当然这是说坐飞机。住下后，总要过日子，儿子去上班了，我们老两口就按照儿子留的地址和路线图到超市买东西。一段时间后，多伦多的超市我们已经去了好几个，华人的大型超市有：大统华、丰泰、鸿泰、鼎泰、阳光等；西人的大型超市有：Wal-Mart Stores，Food，Basic，Loblaws，no fills，Metro 等。

而在 Wal-Mart Stores（沃尔玛）我们意外地发现了这种称呼的方便面：“一筷子到河南”。沃尔玛属于西人超市，服务人员和所有标识全是英语，前来购物者，也以西人为多。“一筷子到河南”的中文称呼甫一闯入眼帘，立即让我为之一振，马上感受了亲切的幽默和亲切的直爽。在类似沃尔玛这样的西人超市，中国制造的各种器物、成品食物、半成品食物与食材比比皆是，约摸占到总比例的三分之一以上。这里世界各地的东西都有，而中国能够占到这么大的比例，也实属不易。“一筷子到河南”如同一个爱开玩笑又颇具实力的练家子，嘻嘻哈哈地说笑着，就跳上了高手如云的擂台。河南人不惧强手，擅长打擂，有嵩山少林寺一干武僧为证。这是玩笑。

但河南人擅长面食，名闻遐迩，却是真的。河南是全国粮食大省，也是小麦大省，在小麦的经营、加工方面走在全国前面。全国粮食行业改革的时候，我跟随天津的有各方面领导和工作人员前往河南取经。其中问到一个问题：如果粮食行业的职工，譬如粮库的职工裁减下来后，干什么最适合？河南朋友脱口而出：“蒸馒头卖。”“靠这个能养家？”“当然，我们有大量先例。”想想也是，北方人喜欢吃馒头，只要你蒸得馒头质量好，价格合适，不愁卖。“家庭里蒸馒头每次也就一斤半斤的，如果大规模的干，这面应该怎么发？”“按比例呀，”河南人非常热心、坦诚，一点没有保守，“譬如一斤面粉，那么，酵母粉一小勺，水，适量，以不软不硬为宜；方法和步骤，市场买来的面粉即可，发酵正常的话，一斤面粉可以做 14 个左右的馒头，但是最终要看发酵的程度。

超市有卖五毛钱一包的酵母粉，吃饭的小勺子，一小勺即可，放在碗里面用水化开，静置几分钟。然后把发酵粉倒入面粉中，开始和面，不要太干，面要软一些，以达到粘手为标准，然后放在盆子中开始发酵，若天气热，一般发酵一个小时即可，天气冷则水稍热一点，时间略长。发酵好的面团，经过揉搓做成比拳头略小的馒头，记得在揉搓的时候多加入一些干面粉，反复揉搓，馒头才更劲道。若使用两层蒸锅，一锅可以放 14 个馒头，把揉搓成形的馒头放入蒸锅，开始二次发酵，二十分钟即可，时间不用太久，若冬天天冷，则需要一个小时左右。二次发酵好之后，开始起火蒸，其间不可以中断，要一气呵成，大火猛攻，这么大的馒头，四十分钟即可。不过，话说回来，蒸馒头卖，确实是个辛苦活，贵在坚持。”

我们从郑州走到开封，再到洛阳，考察了一系列企业职工干的面食加工点，黄河故道的人们喜欢并精于面食的情况扑面而来。因为规模经营，馒头房里一排排高层大蒸锅里全是馒头，热气蒸腾，职工们你出我进，人来人往，红红火火。他们依靠勤奋，手勤脑勤，走出一条面食加工、经营的可行的路子，赢得了效益，让人赞佩。回津以后，我们立即把河南人的经验做法普及开来。天津粮库的很多职工加入了蒸馒头卖的行列。有的蒸好馒头用自行车、三轮车推着卖，有的租了门脸房，定点销售。真有人很短时间内就干得风生水起，效益可观。而定点干门脸的一干就是若干年，至今一直在干而没有倒闭。事实说明，河南朋友指出的这条道是正确的。

眼下，在异国他乡见到了河南的产品，以往他们对面食制品津津乐道的音容笑貌仿佛就在眼前。他们的“贵在坚持”的话，也仿佛又在耳边响起。他们因为坚持，已经走出国门，来到了万里之外的“西人超市”，他们是铁定心肠让大家“一筷子到河南”的，别人怎样我不知道，我却真的是看到河南面食经营的成功，看到他们在高手如云的世界擂台上站住了脚。（新浪博客）

101，在海河合唱团学习的一年

在天津业余合唱领域，各大学都有合唱团，各区乃至很多社区也都有合唱团，但细数起来，天津的海河合唱团，在津门业余合唱领域是经常拔头筹的领衔合唱团。她于1959年创立，由天津音乐家协会筹建并直接领导，天津音乐学院的老院长、著名指挥家杨今豪教授和指挥系赵金彦教授担任指挥。2005年初的一天，我刚刚结束了北京一家央企和云南一家民企的两年体验生活，进入全力文学创作的当口，一位在天津音乐学院工作的老同学对我说，弦不可绷得太紧，劳逸结合才能做得长久，遂介绍我加入天津海河合唱团，希望我通过参加合唱来调剂生活。

那天，老同学带着我来到音乐学院，在一间教室里，已经有几位学员坐在里面，他们的年龄都在五十岁以上，男女都有。教室前面的讲台左方放着一台钢琴，一位同样五十岁左右的女教师在为一个人伴奏。这就是“面试”了。主考官是教务处的吴主任，六十岁左右的男教师。在一阵叮叮咚咚的钢琴声和嘹亮歌声结束以后，吴主任宣布，这位学员被顺利录取。轮到我面试的时候，吴主任让我站在钢琴旁边，问我：“打算唱什么？”我说：“《浏阳河》。”“好，请。”随着钢琴前奏的过门，我顺利进入，但刚刚唱了两句：“浏阳河转过了几道弯，几十里水路到湘江？”吴主任便拍了一下琴盖，说：“打住，可以了——你是次高音，以后就唱次高音声部吧。”这就一锤定音了。我感觉我还没有发挥，面试就结束了，也忒“快”点了。可能后面还有考生，需要节省时间；或我的水平属于“鸡肋”，吴主任不想多听。不过，算是正式“加入”了。

海河合唱团的练唱时间是每周四的晚上七点到九点，在有礼堂的教学楼里，也是和礼堂相毗邻的一个教室。团员们按声部顺次而坐。男高音，男次高音，男中音，男低音；女高音，女次高音，女中音……女声没有低音。歌谱一发就是一大摞，而细看歌谱内容，按照七个声部布排，每个声部的曲谱都不一样，光是不一样也罢，问题是都很接近，这样，在练唱的时候很容易一个声部随着另一个声部跑了。唱混了。丢了自己。团员队伍里面有很硬的强手，如天津音乐学院的退休教师，他（她）们的水平完全可以唱独唱，但现在他们屈居在合唱团里甘当不显山不露水的一份子，起着支撑合唱团的挑大梁的作用。跟着别人跑的往往是我们这些纯业余团员。每当出现这种情况的时候，在前面一直站着做着指挥的赵金彦教授就以玩笑的口吻“揶揄”和“挖苦”起来。大家便哈哈大笑。赵金彦教授是个幽默的爱开玩笑的老师，几乎每天都有小段子逗得大家笑一阵。赵教授长得四方大脸，帅气地留着半分半背的头发，胡子总是刮得干干净净，但脸颊上却长有一道也算得上胡须的毛发，他却留着不刮。很像国外舞台上唱歌剧的老外演员。

这样的时间安排排练，老师们是辛苦的，但音乐学院的老院长杨今豪老教授却一直陪同，他拿把椅子坐在教室门口，因为是晚上，楼道里没有人，所以教室的门一直是敞开的，杨今豪老院长此时已经八十左右，依然担任着海河合唱团的团长，这个年龄还陪伴着我们练唱，间或站起身指导几句，虽话不很多，大家也总是以热烈掌声回应老院长。老院长是南方人，有的话不能都听明白，此时幽默的赵教授便负责解释，往往他的解释也带来笑声。团里有几位男生经常成为赵教授打趣的对象，他们除了拾笑并不计较，别人也没人当真。严格枯燥的训练和演练，没有笑声简直不知道这时间应该怎么过。

新发的歌片要求唱两遍曲谱就开始唱歌词，老团员们基本可以做到，音乐学院的退休教师们更是没有问题，而新团员就往往跟不上节奏。一首曲谱复杂的新歌（或以往的老歌），唱两遍谱子就开始唱歌词，谁能做到？我肯定做不到。正在跟头把式地艰难前进，这时重要任务来了，为了庆祝抗战胜利 60 周年，要排练《黄河大合唱》，8 月份还要参加市里的汇演。《黄河大合唱》的这套曲谱已经被老院长和赵教授按照七个声部做好了分配和安排。《黄河船夫曲》为混声合唱，《黄河颂》安排了团里的男高音担任独唱，《黄水谣》为女声齐唱，《河边对口曲》为二男声对唱，由团里人承担，《黄河怨》女高音独唱则请了外援，《保卫黄河》和《怒吼吧，黄河》为混声合唱，由全团承担。中间穿插学习和排练上世纪三四十年代的抗战歌曲，都是我从来没听过的十分生疏的歌曲，任务十分繁重。从天冷慢慢熬到天热，排练依旧继续。一次在一间教室合练，外援按时到场了，是位漂亮的年轻女中学音乐老师。有外援在场的时候，大家总是格外认真，而且，因为人多，挤在一间教室里，气温一下子升高，唱到高潮时，人人大汗淋漓，后背精湿。大家便总想喝水，总有拧水杯盖子的声音，赵教授便喝止道："不要总喝水，演唱当中喝水对维护嗓子起反作用。"

汇演那天，地点就在音乐学院的大礼堂，其他大学和各区的知名合唱团悉数到场，市里有关领导和专家也悉数到场。时值八月中旬，三伏天，室内虽有空调，也仍然有一股股热浪迎面扑来。各团体都发挥了最好水平，整个演出应该代表了天津业余合唱界的最高水平。海河合唱团也理所当然地获得了良好成绩。事后，又紧张排练了一系列抗战歌曲，这是天津人民广播电台交给的任务，排练好以后，他们前来录音，然后由电台对外播出。因为每次演出都要背词背谱，牵扯精力太多，让我感觉时间不够用，年底的时候，我就"请长假"不再参加合唱团的排练了。盘点一年的收获，就是领略了高水平合唱团的风采，认识了杨今豪、赵金彦这样的音乐界名家。同时，我对歌词的写作有了些许感觉，便尝试写了一系列歌词，其中《延安情》、《握住母亲的手》获全国大赛银奖，《天津民谣》获全国大赛金奖，并由天津音乐文学学会秘书长傅连波老师介绍，加入了天津音乐文学学会和中国音乐文学学会。（新浪博客）

102，从粮票退出看国家发展

一位外地的战友到天津来小聚，我问他："你喜欢收藏票证吗？"他说："喜欢，而且非常喜欢。"我问："为什么？"他说："票证里面有历史。"我说巧了，你跟我想的一样。我把包里携带的一本天津粮票送给了他，事先还生怕他不喜欢哩。结果他爱不释手。我因为曾经在粮食部门工作过，对粮票这种走入历史的小小载体十分

钟情，家里保存了好几套，对非常好的朋友最尊贵的馈赠，不是请他吃顿饭喝次酒，而是送他一套天津的地区粮票。因为，这里面记载了中国粮食行业半个多世纪以来的风风雨雨和艰难曲折，映衬着当今社会商业繁荣，供需两旺的情景。

改革开放以前，国家粮食工作是典型的计划经济，一直处于紧张平衡状态，粮食部门的工作也显得十分重要。尤其上世纪六七十年代期间，每月 25 日为“借粮日”，也就是家家户户可以开始购买一个月的粮食的日子。这一天往往会从早晨就有人到粮店门口排队。粮店是“国营”性质，在粮店工作的干部职工自己感觉自豪，很有身份感，外人对他们也十分尊重。粮食关系国计民生，多年来国家一直将粮食工作列入经济工作的重中之重。那时有“工业以钢为纲”，“农业以粮为纲”之说，在粮店工作的职工，在政治上要求很高。粮店职工队伍也比较整齐。后来二商系统发放副食补贴，也由粮店执行，其实这是二商系统的任务，由此可见国家对粮食部门的放心和倚重。

粮票作为一种粮食供应的凭证，可以和粮本同时使用，是从粮本里取出来做零花时用，譬如到早点铺买烧饼果子，到糕点店买饼干点心，到饭馆吃顿包子等等。如果有外地亲戚到天津来，则需携带“全国粮票”，先到天津的派出所上“临时户口”，然后拿着“临时户口”到粮店把全国粮票换成天津粮票，才可以使用。天津人到外地去，也是如此。作为一个家庭，“手里有粮，心里不慌”，作为一个地区乃至整个国家，也莫不如此。而使有着数量控制的居民口粮得以有序流动，粮票起了重要作用。当然，繁琐，累赘，耗神……种种弊端在所难免。到了七十年代中后期，虽还未改革开放，但全国粮票与地方粮票的使用已经有了松动和变通，譬如，早点铺卖的烧饼不再要粮票了，但价格略有提高，属于“议价”了。有的家庭口粮吃不完，就到粮店把余粮取成粮票，存在家里，有了机会会换成鸡蛋，或粮店很少供应的高质量好大米。在这个阶段，已经在深街小巷出现了用自行车推着好大米或鸡蛋的小商小贩，与有剩余粮票的居民交换。能不能“等价交换”，并无一定标准，全看时下的约定俗成。早先，这些小商小贩被看做“投机倒把”之人，会被抓和被处理的，是根本不允许的。

改革开放，完全是国家和人民实际需要的结果。尤其中国的改革开放是前无古人的伟大事业，在坚持国家社会主义道路的同时搞活经济，在世界上没有可供参考的范本。只能“摸着石头过河”，一步步往前走。粮票问题先是出现松动，然后就走向取消。而取消的过程不是生硬废止，而是伴随着一个粮食市场逐步放开的过程。以往粮食经营是国家粮食部门“统购统销”，粮食行业以外的商家不允许介入。粮食是作为“战备物资”看待的。而随着农村改革的深入，“联产承包责任制”的推行，农业连年大丰收，粮食已经用不着“紧张平衡”和“统购统销”了，于是，先是允许粮食脱离粮本、粮票“议价销售”，粮食部门以外的其他商家可以介入粮食经营，于是，水到渠成，粮本和粮票就渐渐隐退，以致在某一天终于宣布“废止”了。

现在，国营粮店基本都改做他用，绝少专营粮食的了。因为粮食的价格较低，国营粮店专营粮食不赚钱，不能生存。于是，纷纷改弦更张，做什么的都有。租出去交给别人经营的也不少。而在一些农贸市场、菜市场经常可以看到一个不起眼的小门脸或小摊位，在卖粮食，譬如大米、面粉、豆类、半成品挂面、切面，成品馒头、花卷、大饼等等，都干得有声有色。经营者既有来自农村的农民，也有来自市区的居民。他们之所以能够生存的原因是成本低，没有历史包袱。过去的国营粮店不仅承担着在职职工的工资，还要承担离退休职工的退休金等等事项，背着这么沉重的包袱，在市场竞争中显然没法生存。而后来国家的总体配套改革也紧紧跟上，国企职工的退休金由社会保险承担起来，即使是仍然存在的国营粮店，也不再承担离退休老职工的退休金问题，而且，国营粮店还可以采取“个人承包”、“股份合作”等多种方式，把职工的主观能动性完全释放出来，使经营面貌大为改观。“多种所有制并存”和“共同发展”，是国家的上选，也是百姓的福音。而百姓手里积存的粮票，因为不可能再印，都应该属于绝版，所以，一定会慢慢升值。《天津工人报》

103，旅加三月望华夏

儿子原先在国内上的大学，所学专业大众化，找工作竞争激烈。于是，他考了雅思，谁知成绩还不错，便去了加拿大。我感觉儿子出去也好，省得在国内与众多年轻人争夺就业机会。加拿大是个移民国家，如今已经聚集了各大洲、各肤色的住民。儿子安顿下来以后就正式进入工作岗位，一干就是好几年。想想儿子也该结婚生子了，可他根本不上心，认为晚几年无所谓，而我们老两口却着急抱孙子了，便办了签证前往加拿大，督促儿子解决婚姻大事。我们从未出过国，此次来加是破天荒第一次。国内建设日新月异，各地景致可圈可点，青山绿水，草原山寨，足以让人心旷神怡，花很多钱出国旅游，未必比在国内更让人舒心。但儿子的婚事把我们“拽”到了国外。

儿子给我们租好了房子，我们需要住些日子，了解儿子的工作生活状况，帮他解决思想问题。这是慢活，需要一点点来。于是，买菜做饭成为我们老两口的日常生活。一次买完肉蛋菜，我们在一个咖啡座里休息，遇到几位年长的来自宝岛台湾的师长，他们非常热络地与我们攀谈，互为问候。想不到其中一位精神矍铄的老者已经是百岁老人，他姓丘；另一位年龄也不算小的老人已经 79 岁，是台湾著名音乐家、指挥家李忠男老师，还有一位是丘老前辈的女婿刘建平先生，也 75、6 了。他们青壮年时期皆学有所成，功成名就，晚年精神状态十分年轻，和善安详，让我和老伴在倍感亲切的同时，敬佩他们不平凡的人生。他们在得知我是个职业写作者后，热情地给我们讲了很多华人在异国他乡为人处世的和谐共生之道，讲了很多加国的经济状况与风土人情，包括哪片地区的房子和人文环境更适宜华人居住，哪个超市的品种与价格更适合华人需求。等等。“血浓于水”，这句极寻常的话语在加拿大这样的异国他乡是那么有温度，那么让人体会深切。最让我感动的是丘老前辈，已满百岁，依旧身体硬朗，热情洋溢，和我们一起谈笑风生。百岁，是一个世纪啊，要经历、见识多少人间百态和世间万物？感动之余，我提出与大家合个影，尤其要与丘老前辈“同框”，大家全都同意，这张合影就在顷刻间诞生了。

与百岁老前辈合影是一种什么感受？我当时只是惊喜，荣幸，有一种被“照亮”的感觉，全身心都格外舒爽。而若干天过去，静下心来的时候，我又有了更深的体悟，即“沾了仙气”的受惠的感觉。因为丘老前辈的年龄与精神状态时时在告诫和提醒我们：这样的人生是一种别人不容易做到，而又确实能够做到的“实现”。我没有细问，丘老前辈年轻时是不是也曾经叱咤风云，才华横溢，乃至硕果累累；初次见面，问多了显得不礼貌，但我能猜度到，丘老前辈年轻时也不曾虚度年华。只有年轻时有所作为，到了晚年才会心地坦然没有焦虑感，也才能长寿。“少壮不努力，老大徒伤悲”，怎么会长寿？人的能力有大小，只要没辜负光阴，成就大小可以忽略不计，在晚年保持一种安详、平稳、怡然的状态最为重要。丘老前辈昭示给我们的正是这样一种状态。

而另一位年龄稍长的师长是李忠男老师。他马上就要跨入 80 序列，而从其像小伙子一样饱满的精神头，挺拔的身材，洒脱的气质，侃侃而谈所表现的思维敏捷，足以说明，他跟随丘老前辈跨入百岁序列应不成问题。李老师早年由国立台北师专毕业，曾在世界音乐之都维也纳读研，擅长小提琴、合唱指挥、管弦乐指挥兼编曲、作曲。曾发表和出版作品包括：《台湾歌乡土情》、《台湾歌乡土情台湾歌曲集合唱混声篇》、《台湾歌乡土情台湾歌曲集合唱同声篇》等系列台湾歌曲集等。曾任教于国立台湾艺术大学、私立台南女子技术学院，担任指挥法、合奏、室内乐及小提琴课程。1970 - 1987　参与演出频繁，曾多次带领各类型合唱团、交响乐团，在欧、美、亚洲各国演出及参加国际音乐营，表现优异，多次获得大奖。李老师也曾多次与大陆中央音乐学院合作，举办跨地区大型文艺演出，反响热烈。他现在还经常和朋友一起打网球健身。我在网上看了李老师指挥演唱的多场高水平合唱演出视频，为李老师的艺术成就而高兴。

另一位年龄稍长的丘老前辈的女婿刘建平，是来自台北的一位知名医师，虽然年龄也不算轻了，但也让我对比出自己 60 出头不算很老却老气横秋的样貌。刘老师为我们介绍了很多关于医疗保健方面的知识和谆谆叮嘱，以他那种热情无私的良好素质和广博学识，着实让我们感动。刘老师的亲（qing）家是上海作家任展宏。他把任老师介绍给我以后，我立即与任老师建立了联系。任老师也年近 80，半个多世纪以前就发表作品并获奖，现在也仍然在写作和发表作品。我也希望任老师宝刀不老，在晚年笔耕不辍，把自己多年来的所见所闻和丰富而宝贵的人生经历用文字表达出来，对社会是一种贡献，对自己也充实生活。任老师是加拿大加中笔会会员，得知我是中国作协会员，一直在写作，他便立即介绍我加入了加拿大加中笔会。

加拿大加中笔会人才济济，来自上海的著名旅加华人作家孙博是会长，著名旅加华人作家曾晓文、李彦、蔡远智等是副会长，他们的正式职业有的是媒体主编，有的是大学教授，有的是机构公职人员或公司白领。很多会员著作颇丰，硕果累累，声名远播。孙博会长和曾晓文副会长合作，前不久刚刚在国内出版社正式出版了长篇小说《中国芯传奇》，大作出版后立即引起国内外广泛关注和反响，多家报纸、杂志予以报道，并刊登知名文学评论家的重磅评论文章，好几家大学邀请孙博会长前往讲学，介绍该作的创作过程。孙博和曾晓文为写好这部作品，曾经跟踪采访了国内北京中关村的多位 IT 界顶尖高工，多位在这个领域建立功勋为国争光的科技人员，遂酿造出这坛好酒，向全世界昭示：中国的芯片研究、制造业正大鹏展翅，后劲十足，前途无量。

儿子因为要买房，住在眼下公寓楼中的华人邻居闻知后，立即介绍了同楼里一位来自沈阳的华人住民要卖房的情况，衔接我们两方见了面。谁知，这位欲卖房住进养老院的马姓老大姐也已 80 开外，担任着社区诸多公益性组织的负责人，眼下正在组织“迎中秋·望华夏”系列活动，其中有中国包粽子、包饺子表演；中国象棋、麻将表演；中国剪纸、旗袍、太极拳表演；唐诗宋词朗诵、中国歌曲演唱等。总之，全是中国符号。这些表演都在室内，要在社区里争取一个场所实属不易。为此，马大姐与公寓楼的物业管理人员唇枪舌剑地争论了很久，终于说服对方，将这所公寓楼内的大会议室提供出来，供大家使用。这所公寓楼既有原住民白人，也有来自非洲的黑人，美洲的棕色人，更多的是来自亚洲的中国人和印度人。组织“迎中秋·望华夏”活动需要邀请各大洲各色人种的居民都前来观看，马大姐便挨家挨户发通知，不厌其烦做邀请。见她这么忙，我便也加入进来，我报名了诗朗诵，我将把我在国内大赛中获得金奖的《天津民谣》奉献给大家，因为我是天津人。我英语口语不行，儿子将为我做现场同步翻译。

夜深人静的时候，我突然悟出，身在异国他乡的华人，竟然有那么多人在怀念祖国，远望华夏。他们当初出国的原因可能各式各样，但心怀家乡，盼望家乡越来越好的意念是那么一致和无可置疑。而且华人之间互帮互助，互通有无，没有芥蒂。万岁，我的华夏！（新浪博客）

104，难忘的北站体育场

2011 年的一天，初中的老同学给我来电话，语气急切地说第三体育场拆了！“第三体育场”就是北站体育场，怎么叫的都有。我闻听立即骑上自行车前往，亲眼目睹了大型机械和农民工将看台拆得七零八落，虽说近年来这座体育场已经日渐衰落，体育赛事以及运动队的日常训练几乎绝迹，但真的看到她寿终正寝，将化为乌有，那种夹杂着诸多温馨回忆的情感，竟让我纠结了好久。

北站体育场的周边有一所中专四所中学：天津铁路工程学校，天津市第八十四中学，第十四中学，水产前街中学，红光中学等。这些学校的学生基本都在北站体育场参加过学校或区的运动会，很多爱好体育活动的同学在这里看过各种球赛。随着国家经济发展，群众的日常生活节奏日益加快，这座体育场一方面年久失修，处于濒危状态，很难启用；另一方面人们没有闲暇来此看球或踢球，关键是没有了以往的心境；还有一点，她占地面积很大，在寸土寸金的市区里面，不能充分利用，是个极大损失。所以，拆掉她是迟早的事。但即便理由再怎么充分，我想，类似我这样的“老同学”，对于她是充满留恋、遗憾和怅惘的。

民国以来的天津，尚未有一座大型体育场。为迎接 1934 年 10 月在天津举办的第 18 届华北运动会，河北省政府开始筹资 20 万元兴建运动会会场，再加上天津政府拨款 26 万元，建成“河北省体育场”（后改名为北站体育场）。3 月开工，9 月竣工，是当时华北首座最具现代色彩的体育场。这座体育场占地面积为 20 万平方米，建筑面积为 4·5 万平方米，能容纳观众 3 万人，其规模和条件都非常先进，在当时的国内甚至亚洲都堪称顶级。不仅如此，体育场内的设施也十分齐全，包括甬道、田径赛场、国术场以及足球、篮球、网球、棒球、排球、垒球等多种球类运动场地，各区域均设休息室和浴室。看台为马蹄形水泥钢筋建筑，有 18 级台阶，场内还配有无线电播音和电报装置。据现存的奠基碑、场记碑和工程建设纪念碑等记载，该体育场由基泰工程公司设计建造，振兴成建筑公司承造，设计人为关颂声。体育场西门外有一块镶在墙体里的石碑，上有“中华民国二十三年五月十六于学忠奠基”的字样。一个多月以后，也就是 1934 年 10 月 10 日，第 18 届华北运动会在这里轰轰烈烈地如期举行。运动会开幕当天，3 万名观众坐在拥有 18 级台阶的马蹄形钢筋水泥看台上为运动健儿呐喊助威，无线电播音设备不时报出比赛结果，现场不断出现沸腾景象。甬道、田径赛场、国术场等多种现代体育设施让国人大开眼界。当时日寇已经侵占了中国的东三省，屈辱的中国人民中间蕴含了极大的怒火和怨愤，体育也被赋予了新的内涵，国人通过一场体育盛会振奋了低沉的爱国情绪。体育强则中国强，“东亚病夫”的帽子需要即刻扔掉。时隔不久，这里便举办了抗日救亡集会。其后北站体育场又举办了多项国内重要赛事，成为中国运动员参加奥运会的赛前选拔地。

解放后的几十年里，北站体育场一直发挥着公共设施的作用，看台上方的围栏上竖着巨大的白底红字的标语牌：“发展体育运动，增强人民体质”。河北区各中学的运动会都曾在这里举行，每到开幕之日，北站体育场内外张灯结彩，鼓乐齐鸣，红旗飘舞，人山人海，高音喇叭广播着音乐或主持人讲解着“注意事项”，好不热闹。体育场看台外侧的柔道馆还承办过河北区中学乒乓球比赛，也曾是天津柔道队的训练基地。河北体校也把这里当做训练基地。室外网球场很少对外开放，而足球场则是完全开放，成为足球爱好者的一方“天堂”。上世纪七十年代初期，天津市的业余体育活动蓬勃开展，尤其是各大企业都拥有水平很高的职工足球队。因为非常时期的专业球队都解散了，队员下放到各企事业单位，譬如天钢（天津钢厂）队，棉一（棉纺一厂）队，耐火（耐火器材厂）队，轧四（轧钢四厂）队，纺机（纺织机械厂）队等等，因为里面“雪藏”着专业队员而非常出名，素质和技术都非常高。这些球队举办比赛和捉对厮杀以前，都会在北站体育场大门外贴出布告，观众可以根据自己的喜好，挑选感兴趣的队，前来观战。我们则在放学以后，没有选择地看上一场或半场，过过瘾就走。那时候纺机队的一个后卫队员叫李恒益（队长，曾任国家队队长，改革开放后被市体委召回），外号“大脚儿李恒益”，他能从后场一脚将球射进对方球门，这一脚要穿越多半个场地，可见其厉害。

那时天津的一些业余职工足球队曾经代表专业足球队在全国取得过好成绩，所以，论体育运动，天津的声望很高。国家的一些大型赛事，也会安排在天津的北站体育场进行。如当时（具体年份记不准了）中国国家足球队与朝鲜国家足球队的一场比赛，就安排在北站体育场。学校组织我们整队入场，郑重其事地在看台上坐好当观众，为双方队员鼓掌加油。当时中国国家队上衣穿的是一种叫做“中国红”的颜色，朱红透着一点紫，凝重而大气。朝鲜队的水平与中国队不相上下，双方踢得难分难解。最后中国队好像以一比零小胜对方。那时候体育界有个口号叫做“友谊第一，比赛第二”，对于友好国家，或出于某种需要，比赛中会手下（脚下）留情，不会十分凶悍，但场面就会显得有些拘谨或沉闷，不够激烈。我们学校因为自身操场也大，与标准的足球场面积相当，也会有职工足球队借场地前来比赛，加之北站体育场就在旁边，所以，看球的机会比一般学校要多。虽然那时的足球场一般都没有绿草皮，就是光秃秃的黄土地，但丝毫不影响踢球和看球的积极性。我们学校也因此涌现于金鹏、王德福等了好几位优秀球员入选天津青年队，有的因为善跑，入选了天津青年田径队。

改革开放后，北站体育场曾经接纳过全国大型足球赛事，国家队的容志行、迟尚斌、左树生、陈金刚等都多次出现在北站体育场。后来，北站体育场再无大型比赛，对场地、设施也未进行大规模更新改造。北站体育场旁的体育馆，曾经做过滚轴溜冰娱乐场所，后又成为家具卖场。体育场里曾经小打小闹地做过一些“多种经营”的尝试，如在看台下面支过几张乒乓球台子，乒乓球场旁边还能看见文物保护的铭牌；在体育场里挖了一个面积不大的露天游泳池，可没几年也关门了。体育场大门常年关着，一般人轻易进不去。拴着铁链已见锈蚀的网状铁门很少打开。除偶尔有些体校训练外，游泳馆还对外开放，其他场馆和场地已无法使用。后来，有人竟看到球场中间杂草中养着几头奶牛，可见其萧条。但民间俚语称：“旧的不去新的不来”。果不其然，于 2017 年，河北区一个新的奥体中心建设落成，位于河北区中山北路增一号，距离北站体育场原址不太远的地方，场地更大，设施更先进更齐备，将续写河北区群众性体育运动的新篇章，后来的人们也必将把“发展体育运动，增强人民体质”的美好记忆延续下去！《天涯论坛》

105，被拆掉的八十四中学

非常遗憾，我使用了各种方法，都没搜到原天津市第八十四中学的相关照片。只搜到了改建的老址新楼“天津红光中学”，和旁边遗留的碉堡。想来，天津人太崇尚先进了，对市重点，譬如南开中学，耀华中学，市一中等耳熟能详，网上照片和相关文字报道也很多。而对一般名不见经传的中学，譬如天津市第八十四中这样的学校，则基本见不到照片和文字。当然，前些年她被拆掉了，也是一个原因。现在有了一个新的八十四中，但与早先的八十四中已经没有半点关系了（刚刚石应芳老师转来了原八十四中闫国栋老师翻箱倒柜找出的照片，如上图）。

其实，老的八十四中的大楼虽然拆了，换成了红光中学的新楼，而由老的八十四中毕业的学生和仍然健在的老师们，绝大多数还生活在这座城市，各路人才也熠熠闪光。譬如河北区的副区长于连会，天津党史研究室副主任、正编审于建，都是司局级干部，而且成绩卓著。其中的于建是全国党史界十二位先进个人之一，接受过党和国家最高领导人的亲切接见。还有很多处级、科级干部和企业家，以及拥有正高、副高职称的教育家，作家，画家，记者，编辑，医师，工程师，会计师等等。八十四中也仍然是大家的共同话题。

尤其是关于八十四中的许多往事，会永远镌刻在教师和学生的心底，难以磨灭。我是 1969 年 9 月进入八十四中学的，那时从天津中纺前街小学排着队，走到八十四中。路程约摸 20 分钟或更多一点，因为是小学生，走得慢，还要唱歌，那时刚刚开完党的“九大”不久，唱的歌就是“长江滚滚向东方，葵花朵朵向太阳；满怀激情迎九大，迎九大，我们放声来歌唱，我们放声来歌唱……”记忆最深的还有八十四中学的校长冯玉恒，他的口头禅是“我姓冯，叫玉恒，河北大学毕业生。”因为当时不认真上课的学生特别多，开全校大会的时候，他常说：“一寸光阴一寸金，寸金难买寸光阴。你们不能这样，不能‘不见棺材不掉泪’。”他对工作非常认真，非常累，身子骨不壮，经常嘬着腮。但他抽烟抽得厉害，一只手的食指和中指总是焦黄的。当时学校党委书记路何金也抽烟抽得厉害，夹烟的手指也是焦黄的，也因此咳嗦厉害，总是不停地咳痰。他是南方人，说话一般我们听不太懂。他在会议上正式讲过他名字的来历，他家姓路，她妈妈在一个姓何的地主家当佣人，临产时，从何家出来往家赶，走到半路，就坚持不住了，是一个姓金的人家，收留了他妈妈，在金家生了他。所以，他的名字是由三个姓氏组成的，老师们都知道这个故事，经常讲给学生们。与我交集很多的是新留校的政教处的丁建国和马文英老师（见另外的文章记述）。

我们年级的领导，年级组长那时叫“连长”和“指导员”，全年级为了便于管理分了两个连队或三个（记不清了），每个连队三或四个班（记不清了），每个班四十多位同学（我们班 48 位）。前面说到的于建，就是我们班的语文课代表和班委。我们的连长是王宝泰，瘦高的身材，文质彬彬；指导员是王家丽，皮肤白净，英姿飒爽的一位军嫂。我们的班主任是王洪薇，微胖的女老师，本职是教数学，与我交集最多（见另外的文章记述）。她丈夫是研究核物理的专家，曾经和“两弹元勋”邓稼先同事。后来王老师跟随丈夫去了四川。记忆比较清楚的，有教语文的朱茂初、刘秀文老师，教历史的孙沛老师，教外语的滕老师、王家丽老师还有一位微胖的沈老师。每周一早上的第一节课要全连集中在会议室上，其实不到一节课，大约 20 分钟左右，叫“天天读”时间，雷打不动，在这个时间铁定了要学习“毛主席语录”，一般都是王宝泰老师带领。王家丽老师往往是最后讲话，向同学们提要求。

老的八十四中操场很大，我们可以在下课时间尽情奔跑和踢球，大操场有标准的足球场那么大，常有职业足球队前来借场地打比赛和训练。大操场的一侧还有两个标准面积的篮球场。单杠，双杠，吊环，沙坑等体育设施一应俱全。这样的条件在今天看来有些不可思议和过于奢侈了。也因此有好几位同学入选天津青年足球队和田径队。那时上课间操非常正规，是全国第四套广播体操，带操的是体育组的老师，体育组有两个姓梁的老师和一个姓柴的老师。两个梁老师都很瘦，一个略高，一个略矮，都被爱起哄的学生起了外号“大梁猴”和“小梁猴”，其实他们与学生的关系十分莫逆。还有那位柴老师，面目俊朗，没有外号。小梁老师是体育学院本科毕业，擅长短跑，百米速度十一秒多。他们站在楼前的体操台上领操的时候，都是身材挺拔，动作标准，充满朝气。教我们政治的是一位叫夏岳的夏老师，据说他是河北区政法学校下放过来的，也是烟枪，手指焦黄，嘴唇发青，冬季经常带着一群学生到学校旁边的刀把坑（大刀把）滑冰，他的冰鞋是专业级的，这在那个年代十分难得。学校旁边有两个大水坑，一个叫大刀把，一个叫小刀把，都是旁边生产队的财产，冬季农民往往会“滘冰”，用冰穿子把一尺厚的大冰块起上来，码成垛，蒙上稻草，再盖上土。我们跟随夏老师滑冰的时候，必须绕开滘冰的大土包和旁边的冰窟窿。那时土葬还残存着，大刀把的水坑边缘经常可以看到探出一半的棺材。

必须提到的是教历史的孙沛老师，南方人，语音晦涩，但他讲课时尽量把话说清楚，所以，我们基本都能听懂。他知识渊博，读书很多，也因此落得高度近视，举凡历史上的国内外事件，没有不知道的。他的授课水平很高，用粉笔在黑板上随手画出的中国地图十分标准。他的书法也十分了得，学校需要用毛笔抄写的东西，一般都出自他手。他因为老家在农村，生活拮据，所以周日他往往一天不吃饭，为了给老家的大人孩子省钱。他因为说话太“直”，运动中受到冲击，但他对工作的热情一点没有减弱。那时有“工业基础”课和“农业基础”课，教我们工业基础的是哪位老师已经不记得了，教我们农业基础的是鲁老师，她是王宝泰老师的爱人。她因为讲课善于联系实际，活灵活现，所以效果特别好，她讲的农业八字宪法让人终生记得：“土、肥、水、种、密、保、管、工”，等等。八十四中自 1959 年建校，逐年分配来一些本科毕业生来校工作，这些人基础知识雄厚，都非常敬业。那时大专毕业就可以教初中，所以，本科毕业的，慢慢抽调到区局的教研室或进修学校。如：富于才华的地理老师韩连弟、风度翩翩的生物老师张淼、完全事业型的语文老师闫国栋、兢兢业业的年级组长崔国栋、后起之秀口才极好的贺莹……没有上调的，都委以重任，但是，很多精英都英年早逝，是不是太过劳累？我记得那时教改组的高个子、有些驼背的刘全利经常和老师们研究工作到很晚，天早就黑黑的了，才下班，我们这些学生往往因为打球走得晚，或因为听冯子敏老师讲党课而走得晚，经常会碰上晚走的刘全利等老师。他还经常吸收学生代表一起研究教改问题，对学生中涌现的尖子生总是及时推荐和表彰。

那时学校有由学生组成的“民兵独立团”，学生团长叫赵玉新，高我们两届，我们很多同学都是团员，前两届的独立团参加市里队列大赛参加得过第一名。他们的“走分列式”和步枪（木枪）刺杀表演十分出色。那时运动刚刚过去，学校遭到损毁，四层大楼没有一块玻璃，每个窗户都蒙的是塑料布。学校的桌椅板凳大多数全是损坏的，学校的木工组十分繁忙，整日在修理桌椅。我们年级的王广寅同学会木工，就加入了帮助学校修桌椅的义务劳动。课余时间和周日，往往都和木工在一起干活。此时我们刚上初二，我写了小小说《小修理工》发表在天津《文艺革命》报上，算是“处女作”，写的就是那些事。独立团的人在每周一早晨会戴着袖标拎着椅子腿或桌子腿在校门口站岗，威慑那些肆无忌惮用砖头砍教室窗户的学生。有的学生来上学真的不带书包，而是手里攥着砖头，抽冷子会抄窗玻璃（塑料布）砍过去。那是一种什么心理，当时我们不得而知，只是气愤。独立团还曾经配合派出所抓过好几次犯案的学生。包括夜里去蹲堵，审讯，我都亲自经历过。多年后，我见了老同学，还曾经问起当年被抓的学生现在怎样了？回答：某某已经死了，某某改邪归正了，某某混得很差。

当时为了响应国家“要准备打仗”的号召，学校想教学楼前脸的左侧修了长长的防空洞。起初因为砖木供不应求，是学校自己烧砖，我们都参加过“脱坯”劳动，学校安置（制作）了“脱坯”机器，半机械化，我们

负责搬、码那些泥坯。后来烧砖停止，学校组织我们到砖瓦厂去运砖，其实就是人工搬运，我们一般都搬着七、八块，九、十块砖，从砖瓦厂走到学校。人人累得精疲力竭，汗流浃背。我还记得当时学校的方老师站在体操台上用大喇叭指挥大家把砖码在何处，譬如："整砖放到东边，半头放在西边"之类。方老师长得四方大脸，连鬓胡子，嗓门粗大。那时学校还排过样板戏《智取威虎山》的折子戏，我们年级的马全喜同学唱少剑波，另一个同学唱杨子荣，他叫什么名字记不清了。

学校的广播室每天早晨课前会播出新闻，有个高年级同学的播音非常专业，嗓音效果与电台无异。大家无不欣赏。老师们都认为他是个难得的播音人才。但他却在某个时间犯了规，收听了不该收听的内容，于是，受到处理。十分遗憾地再也听不到他的声音了。我曾经是学校美术组成员，跟随美术老师沈琪学画好几年。沈琪老师是天津美院下放到八十四中的，技艺高超。她随便用粉笔在学校宣传栏的黑板上画的英雄人物，栩栩如生。冬季我们美术组的几个学生曾经到她在美院的宿舍帮她搬煤。她曾培养出非常得意的学生，有一次她拿着一份人民日报，指着上面的一幅国画《新松》，说这是她前几年的学生刘伟城画的，刘伟城当时在黑龙江生产建设兵团当知青，也是八十四中毕业的学生。我们年级后来来了一位语文老师叫杨学菁，非常文弱的一位女性，背微驼，她充分利用了年级的宣传栏，经常工工整整抄写经典文章贴在上面。她还负责管理学校的图书室。于是，我们几个爱好文学的学生就沾了光。一些正在遭"禁"的书籍，也偷偷借给我们看。她事业心极强，每天研究汉语语法，编写教材，中午总是最后一个去食堂打饭。她曾经在"活学活用讲用会"上自豪地说："我的每一个细胞都充满事业"。还声言她是"独身主义者"，确有不少优秀的单身男士向她示好，都被婉拒。改革开放后她考回南开大学读研，然后留校了，也算人尽其才了。而后来远赴广东定居的石应芳老师，在八十四中时兢兢业业受人尊重，离开后仍然对八十四中念念不忘，多年来与该校的师生保持着联系，看到我写这篇小文，立即为我补充了很多宝贵资料。

十几年前，我遇到老同学时，说起过去的八十四中，他幽默地说，"你还记得吗？'八十四中，杆儿大稀松，老师偷白菜，学生偷大葱'。"我早就知道这句话，但往往不信。不过，也不是没有可能。因为学校旁边就是盐坨村，庄稼地离学校不远，住校的老师会不会越过藩篱拔人家一棵白菜，学生去拔人家几棵大葱，真的不好说。尤其是那些做事无节制无底线的学生。他们犯案的事都敢做，偷村民的大葱自然没有顾忌。但我仍然将这句话当做玩笑。只是一种形容吧。形容个别老师、学生散漫无节制。

1995 年的一个周日，我曾经骑着“木兰轻骑”到八十四中学看望。当时学校的铁门紧闭，进不去，我就支起轻骑，在校门口注目教学大楼。这座大楼曾经容纳我们四年（因某种原因延长了一年），教会我们那么多知识和人生道理，不能忘啊！这时校门开了，走出一个人来，他反手又把校门锁上了。我认识他，是原先我们年级另一个连的连长，李福力。后来老同学告诉我，是时李老师已经是八十四中的校长。当时我和他聊了一阵。因为他没教过我们，彼此没有过交集，所以我认识他，他并不认识我。只是对我没忘母校而感到欣慰。几年后，老同学又告诉我，李福力校长因癌症去世了。其实此时他的年龄并不算大。据说此一时期老校长冯玉恒也去世了。让我好生唏嘘。

八十四中能够让我们回忆的东西实在太多，不可能都写。很多内容会出现在我另外的文章或小说作品中。总之，她是我们的母校，我们不可能，也不应该忘记她。更不会因为她的名号不如市重点而羞于提起她。被拆掉的八十四中，永远刻印在我们的心底里！

（原八十四中闫国栋老师读后留言：拆八十四中的背景是计划生育，生源锐减，初中校撤并，同时兴办离中示范校。在中央民委，教育部，市政府领导下，异地重建红光中学，全面提升藏族学校办学水平，也为创建十四中示范高中校提供最大面积的校园。这对原八十四中师生来说是个遗憾，但却是教育事业大发展的成果。此文标题为被拆掉……有些直白。文章要表达的是作者在学期间感受到的师生艰苦奋斗勇往直前的光荣传统，令作者久久不能忘怀。正是:拆不掉的母校情怀。老同学马国胜留言：你的三篇博文写得真好，非常棒，真是一部令人回想的记录片，我有幸与你小学同校中学同窗，学生时代的生活就象烙印一样终生难忘，正如老同学吕和平所说很值得永久珍藏，闲暇时欣赏阅读。祝同学们中秋节快乐，身体健康，阖家幸福！

津门作家尹建民留言说：您的《被拆掉的天津市八十四中学》一文，抚今追昔，情真意切，很多细节令人动情，也勾起了我的回忆。其实，我既没在八十四中上过学，也不认识学校的任何领导和师生。我与八十四中的交集，在于我曾经的住房与学校是邻居。1988 年，我们厂在八十四中学旁长青大队的土地上盖了五栋职工宿舍楼（现已扩展为“长青北里”），我家 1989 年初至 2017 年初住在那里。以前住在厂门口的宿舍区时，每天清晨，我都要到厂区的马路上跑步，锻炼身体。1989 年搬到长青北里后，每天清晨的跑步只能在中环线的马路上了，人来车往，非常不适。一天早晨，偶然有个发现，毗邻的八十四中学侧门敞开着，老中青的男男女女们进进出出，我也好奇地跟随而进。哇！发现学校主楼的后面是一个很大的运动场，这个运动场较标准，有看台，有标准长度的跑道，很多人正在跑步或健步走。我问了问身边的跑友，才知道原来八十四中的运动场早晨和傍晚对社会人员开放，而且免费。我听后大喜过望，这里跑步比在马路上环境好多了，学校的运动场对社会免费开放，对清晨喜欢锻炼身体的人真是大好消息！这样的学校真是不多，八十四中做了件大好事！打那以后，我成了八十四中运动场的常客，不但一大早自己去跑步，吃完晚饭，还带着爱人和当时刚上小学的女儿到那里去“饭后百步走”，这样一直延续了十几年。进入二十一世纪后，记不清是哪一年的哪一天的清晨，学校突然大门紧闭了，后来学校的副楼拆了，再后来，好好的主楼也拆了。我不知道是怎么回事，但看着伴我跑步十来年的校舍，被拆的七零八落，心里很不是滋味。2006 年，这里重建了具有民族特色的红光中学，很漂亮，很壮观。遗憾的是，我们不能进去跑步了。还是怀念那个开放的八十四中学。）《天涯论坛》

106，在中纺前街小学上学

（我在中纺前街小学最该记住的老师的名字：校长陈宝瑜，教务处主任王名芳，党支部董青，大队辅导员黄正刚，班主任徐莹，美术老师王秀清，音乐老师王淑珍，文革中给各教室送柴草的陈润，一、二年级时的班主任韩淑兰。）

那是一个人们思想清纯，容易被引导，社会安定与动荡相间的时段。我在这个时段的 1963 年秋季进入天津中纺前街小学读书。我的哥哥姐姐都毕业于这个学校。起初学校教室不够，在建设里到工农村（居民区）必经之路段上的一个小院里的一间大屋里上课，老师是韩淑兰。她什么都教，语文、算术，还有其他什么不记得了。一个临时聘来的张大爷负责上下课的摇铃，和冬季点炉火。我哥哥帮忙写了《成绩栏》的美术字，张贴在教室里的后墙上，很多年以后我去看，还存在。很多同学的作业和图画都曾经在里面张贴过。

韩老师此时还没结婚，全身心投入工作，严格地说，教学质量是不错的。给我们的基础知识打得非常牢固。她教学很讲究“比兴”和形象化。譬如汉语拼音的 d 和 b，她就让我们这么记：“正剪子‘的’，反剪子‘剥’。”诸如此类，效果很好。我至今记得一年级语文课本的开篇是：“日，月，水，火，山，石，田，土，人，手，足，口，耳，目。”等等。那时有支歌曲叫《一年级》：“一年级，一年级，快乐的一年级……”能够记得牢，与韩老师形象化教学很有关系。那时班长是我和李勇来，我们俩因为某件事还打过一架。韩老师有时叫我到她家里帮她判作业。也由此我知道她先生姓王，身材瘦削，连鬓胡子，不久他们就结婚了。屋子不大，但布置得很温馨。他们婚后我还去过她家判作业，记忆深的是她家里总是洋溢着香皂的气味。

三年级的时候，我们正式进入中纺前街小学的主校了。记忆中在主校挪过三次教室：一次是在大后院夹壁的巷子里的教室，巷子不大，但有教室好几间，光线不是很好，我们在那里学习过的课文有《社会主义好》歌词和《黄泥坡》等很多；一次是到前院教室，这里的教室宽敞明亮，我们除了学习正常功课增加了大字课，写“红仿”（描红模子）和大楷；最后一次到了大后院，我们的老师换成了老教师徐莹，我们班的班长有我、付双宝、解玉敏；右边邻居班主任是葛老师，班长王连。我们左边好像还有一个班，但记不清了。这几个班并排面对整个后院大操场。学校的前院树木高大而多，夏天基本全部遮了荫；后院宽阔空旷，是个缩小了的足球场，但有标准面积的篮球场。我们教室的右手顺次往前数，挨着围墙是厕所，再往前是学校后门，再往前是几间放器具的房子，再往前是个铁转盘，这个铁转盘是平铺的而不是立起来的，一次能上十来个人，转起来让人头晕，很过瘾也很危险。再往前，到了横墙处，是一人来高的一排铁支架，学生们可以抓住支架上面的横梁，从这头踩到那头，很多同学因为踩铁梁而让手掌起血泡，最后秃噜皮，成为茧子。这个铁支架的左边就是后院通往前院的过道，越过过道往左，是一排由低到高的单杠，单杠的旁边是两层楼高的铁链软梯，它的旁边是两根两层楼高的铁的立杆，立杆有鸡蛋粗细，一把能攥过来，可以抓着它往上爬或做倒立。这些器械都被学生们摸、蹭得光滑锃亮。

这所学校 1956 年建校，我们在此就学的时候她正年轻。学校前门的门口左右各有一个四方水泥墩，好像是当年防大水挡埝用的；进得大门，是一副粗粗的四方木楞支起的花架子，围绕架子栽种着藤萝一类爬架子的植物，结出的果实像飞镖一样垂吊着，顶棚有两丈高，形成小小天井，站在下面享受绿色和枝叶间筛下的阳光，别有情调。设计这一“小品”的人一定很懂生活。过了这个天井是“二道门”，我们去上学往往来得早，大门开了而二道门还锁着，直到临近上课时间它才会打开，让人有了煎煎熬熬的迫切的期待感。那时最高兴的事是新学期开学发新书，学费和书本费都交得不多，拿回来的书、本往往一大摞，会立即兴奋地翻阅，看看有多少内容是会的，多少是不会的。我们一般都有哥哥姐姐，在家里都“吃过小灶”，已经提前学会了很多知识。我们建设里大院里有几位小学高年级的大姐有“当老师”的爱好，叫上几个小孩子过家家，在她们家里讲课，小孩子自带板凳和铅笔、本子，一本正经地整齐坐好，听大姐“讲课”，于是，也学会很多知识和文字。学校教音乐的王淑珍老师的妹妹王淑芬就住在我们大院，经常招呼我们“上课”。家里晚饭后父亲会拿出姐姐的书本给我默写，家里地面是红砖铺就的，一块砖正好写两个字，我在正式入学前天天跟着大院里的姐姐们“上课”，晚上吃完饭就在家里默写。所以，学龄前基础打得不错。

学校操场很大，很适合少年踢足球，学校足球队曾经和市里知名的“汇德里小学足球队”踢过友谊赛。我们年级有几位知名学生：精明强干，爱长跑，漂亮，宣传队的骨干彭义婵（后改名彭睿）；班干部，组织能力很强，歌也唱得好的王金英，代表作是《见了你们总觉得格外亲》；个子不算太高的男高音吕和平（后改名吕伟），代表作《亚非拉人民要解放》；一班的班长，各班的标杆董洪岳；四班的班长，各班的标杆王连；班干部，学校宣传队能歌善舞的柳砚华；五班班长，足球踢得好的王德福（后来入选了天津青年足球队到）等等（记不太准了，请同学们纠正）。年级经常组织会操，所以各班的组织纪律情况，包括班长和班主任的组织能力，全都展示在众人面前。学校还时而组织文艺汇演，有文艺特长的同学，也会崭露头角。音乐老师王淑珍和美术老师王秀清同室办公，我跟着王秀清老师学美术，就经常在办公室看到王淑珍老师指导吕和平或王金英唱歌。

那时学校在寒暑假都有很多的返校日，在返校日里由学校宣传队给大家表演节目，大家可以随意选择观看，歌舞，相声，快板都有。宣传队有一些高年级的同学，歌舞水平很高，如女声表演唱《从草原到北京要走多少里》，我还记得几句载歌载舞中的唱词："从草原到北京要走多少里，山呐河呀要走多少里，骑上我红彤彤枣红马，穿上我白森森的羊毛衣……"如果是现在，有可能对歌词不满意，可是那时，对每句话都入耳入脑，无比欣赏。高年级姐姐们穿着蒙古族服装，在舞蹈动作中抖起袍子，真的是看得我们如醉如痴。高年级同学表演的相声，一些笑料按现在来看俗不可耐，譬如用"三秃子啊，二麻子啊"这样的台词逗笑，当时让我们这些小孩子笑得前仰后合。在一些教室还设置了幻灯，我曾经在前院的一间教室看了幻灯《党的女儿》，高年级的同学在一旁配解说，幻灯片一页一页地翻，解说词委婉深沉，竟然也感动得我热泪盈眶。文革中学校曾经组织过一次学生骨干和宣传队骨干到北站欢迎北京来的"首长"，天津方面出席的大概是警备区政委刘政，和市革委会主任解学恭，来天津被欢迎的"首长"有好几位，其中有江和张。为了完成好任务，我们这些小孩子提前在学校教室里化妆，描眉画眼儿，搽红脸蛋，腰扎红绸子，然后排队走向北站，在月台上载歌载舞。

那时年级最知名的老师有两个冯老师，都是瘦高个，一班的班主任，年长的冯老师外号叫大冯，另一个班的班主任比较年轻，外号叫二冯。大冯老师带的一班各方面都很优秀，成为全年级以致全校的标杆，也因此大冯老师和班长董洪岳声名显赫。那时我们班因为有几个同学善于捣蛋，纪律不是太好，整体情况在年级数不上。后来班里换了班主任，来了年龄稍长的徐莹老师，处事老到稳健，使班风越来越好。运动来了，全校贴满各式各样的大字报，美术老师王秀清因为眼睛大，被人贴了《王秀清，你眼大无神走错了路》的大字报。我一直跟着王秀清老师学美术，他对美术组的几个同学从讲解到示范，循序渐进，有板有眼，应该算尽职尽责的好老师。但太敬业了，就让人抓了话把儿。两年后"复课闹革命"了，学校仍然显得十分萧条，原先火火爆爆的局面烟消云散。我记得在西北风呼啸的冬季，被批斗靠边站的陈润女老师，非常狼狈地在各班学生没来之前，把一把把引火柴摆在各教室门口，我因为来得早点炉子，经常碰到她。那时她大概五十出头，见了我们赶紧低下头，灰溜溜地躲开，好像低人三等。

运动中，学校组织我们低年级同学到盲残厂劳动，为家用电器的开关配螺丝。然后在盲残厂的礼堂为我们组织了文艺活动，由市里知名的某校小学生宣传队演出，主打是表演唱《不忘阶级苦，牢记血泪仇》，主演是个十分老到的小姑娘，她声泪俱下地唱道："天上布满星，月牙亮晶晶，生产队里开大会，诉苦把怨申。万恶的旧社会，穷人的血泪愁；千头万绪，千头万绪涌上了我的心……"让我们这些小孩子全都跟着抹眼泪。一次完全业余又业余的文艺演出，竟然收到这样奇特的效果。

文革中放假两年，两年中学校把一个"活动箱"放在我们家，委托我和我母亲管理，定时组织大院的同学们（有二十几位）来我们家活动。活动箱里有小人书、画报、皮球、平板羽毛球、跳绳等东西，活动箱长方形，一米多长，半米多宽厚，小学生一个人搬不动。"复课"以后我们把活动箱原个交回学校，一本书也没损坏，没丢失，其他物品也都保留完好。只是因为多次活动，新东西变成了旧东西。"复课"后一切走向正常，陈宝瑜校长又能够在大会上高声讲话了。她是南方口音，但我们基本都听得懂。教务处王主任是个花白头发的胖老太太，一口京腔，非常善讲，富于鼓动性。但这个时期的学生心浮气躁，要让这些孩子安心上课，需要下大力气。我们的班主任徐莹老师就从家访入手，每个星期天都把时间用在家访上。在我们大院，以我家为根据地，徐老师走几家走累了，就到我家歇会，喝口水，再继续走。通过艰苦细致的工作，慢慢将全班学生领上了正路。

"复课"后，学校筹备成立"红小兵"组织，筹委会五个人，学生有我和李庆福忝列其中，其他人还有谁，已经不记得了。时隔不久，发展了第一批红小兵。袖标是菱形的红色硬板，红布包着纸板硬心，黄字，戴在左胳膊上。用以代替红领巾。但时隔不久红领巾就又恢复了，名义上还叫红小兵，但不戴袖标而改红领巾了。学校那一排单杠、软梯后面的围墙上，有一拉溜好几块水泥板报，刷上墨汁后，用粉笔在上面画图和写字，这些事情就由我们美术组全部承办了。是时学校开展向活学活用毛主席著作的红小兵典型"任小莉"学习活动，我们全都投入了读《毛主席语录》活动，"老三段"、"新三段"、"老三篇"等文章全都背得滚瓜烂熟。

文化教育蒙上了浓烈的政治色彩（任小莉长大后改了名字，与宋平顺的案子牵在了一起，毁掉了“一世英名”）。

我们这些学生因为和老师的关系很熟，彼此信任，待我们已经上了中学以后，还经常来小学的传达室借电话用。我上了中学以后爱上文学，经常给天津《文艺革命》报和《中学红卫兵》报投稿，编辑部回信后，我往往跑到小学的传达室打电话给编辑部，沟通信息。对帮助自己成长的小学十分感恩。在小学的几年里，我基本是每天来得最早的学生。这么说有些夸口，但我确实喜欢往学校跑，除了上课，业余时间基本都泡在学校里。在中纺前街小学以往的毕业生和我们这一届乃至后来的毕业生中，雪藏着很多有潜力的小孩子，这些人在以后的日子里茁壮成长，建功立业或事业有成的不在少数，更多的人不论能力大小都为国家为社会承担着相应的职责，只是我不掌握具体情况，所以没法拮英集萃一一展示。惟愿所有在中纺前街小学毕业的孩子们，不要忘了自己的学校，不要忘了自己的老师；并祝愿健在的老师和同学们健康长寿，阖家幸福！

（老同学吕和平留言：@岩波 可能是有幸与你小学、中学同校的缘故，感觉此文细腻的描写胜过前文《被拆掉的天津市第八十四中学》，母校一草一木的景致在你的笔下如同记录片映在眼前。可惜呀它的命运比中学母校更让我遗憾，如今已被一片居民楼所取代。谢谢了老同学！两篇追忆的博文值得永久存留，闲暇时读一读，好似故地重游。姐姐岩萍留言：黄老师和陈校长结婚的时候，我和同学张爱玲去他家，还给他们送了小礼物，他家好像是在四经路一带住，现在也记不清了。黄老师教我们的时候，我们班是优秀班集体。我那时学习很好，在班里是学习委员，少先队的红旗手，我小学毕业去了十四中，在中学我也是班委。国庆节学校组织联欢会，我还和我的同学去中纺前街小学去借了腰鼓，就是黄正刚黄老师接待的我们。他问了我的情况非常高兴，把鼓借给了我们，用完以后去还的时候，才想起来连借条都没打，可见老师对自己教过的学生的信任。哥哥岩增留言：我是一九五六年九月一日在中纺前街小学上学，这个学校是解放前为解决印染厂子女就学创办的，日本侵华占领天津，印染厂包括学校也被日本人收管，抗战胜利后收为国有，解放后正式称为中纺前街小学，并扩建为前后院，我们国家新培养的老师逐步更新了师资队伍，我的前后两个班主任都是新中国培养的教师，我上学时看门的吴爷爷是抗战退伍老兵，熟悉后得知我们班同学吴鸿旺与他是亲戚。这个学校师资力量很強，校风校纪都很好，五十年代周边没有其它学校，六十年代为满足越来越多的适龄儿童入学，在马路对面又成立了小于庄小学。在养鱼池路还有小于庄小学的分校。基本满足了那个年代的需要。时过境迁，现在最老的中纺前街小学没有了，原址盖了住宅楼小区。那时我一到四年级是在前院上课，五六年级都在后院上课，下课后男同学最喜欢的是大转盘，越转越快，有时玩的兴起上课铃响了还没停下来，一阵疯跑到教室，老师已经到门口了。想起上学那时的趣事却是让人难以忘怀。那时我一到四年级是在前院上课，五六年级都在后院上课，下课后男同学最喜欢的是大转盘，越转越快，有时玩的兴起上课铃响了还没停下来，一阵疯跑到教室，老师已经到门口了。想起上学那时的趣事却是让人难以忘怀。中纺前街小学的后院，教室那一排房子中间是走道两边是教室和老师办公室，因为是扩建前是印染厂的办公区，改造后教室仍不宽阔，光线也不好，经常白天也要开灯上课，我们上学时一些老教师都是国印和纺机的有文化的干部转过来的，后来师范专科毕业老师多起来。）

（老同学柳砚华留言：岩波你好！看到你写的对中学和小学回忆的文章，我感慨万千，被你的细心和记忆所折服！你记得的东西太多太多了，具备了一位作家的潜能与智慧，咱上中学可能是三个连的编制，另外做出成绩的还有李建国，在南开二纬路那有个司法局工作，小时侯跟李文英老师住一门口，是我小学同学，谢谢你还记得我小学跳舞蹈，那时我和彭义婵，焦三玲，尹秀荣四人跳（北京的金山上）小学宣传队的老师姓什么我都忘了，[捂脸]那时经常在国印的台上和北站还有马路上表演，你写的批陈老师我记得，中学宣传队的老师我知道姓韩，叫啥记不起来了，上中学拉练去，宣传队不跟班走，一路上前后跑，说唱，鼓舞同学们的士气，给同学们鼓劲，加油！记得在操场上坐着连与连，你唱一段，我唱一段，似乎是比赛士气，我给起头唱（万里河山红满天）还有（大海航行靠舵手）等歌曲。前年我和张焕生，张凤英在马三云的带领下去了北京，看了王宝泰老师和鲁老师（鲁老师我没印象了，没教过我们），我也想起我小学和中学班主任的名字了，回忆往事真好！谢谢你！[握手]）《天涯论坛》

107，在十四中上高中

我们家有三人在天津十四中上过学，我姐姐岩萍，弟弟岩庆和我。我姐姐上学期间当过低年级班级的辅导员，那个班里有当时还是学生的解书明；待我在十四中上高中的时候，解书明已经师范毕业在十四中当了老师，因为他在政教处工作，于是“发现”和“启用”了我，我成为校团委的宣传委员；待我参军走了以后，弟弟岩庆在此上学，又与解老师多有交集，岩庆喜欢绘画，解老师负责学校的墙报，于是岩庆就被纳入了他的队伍，据说墙报办得有声有色，成为反映教学工作的一个窗口。

我们这茬人上高中，应该属于毕业分配的“缓期执行”，未来的前景一是留城，二是下乡。在初中毕业的时候，因为被分配的条件模棱两可，所以归到了“上高中”的行列。初中毕业时的政策是：你上面哥哥走了，你在家里排老二，你就该留了；若你哥哥留了，那么你就该走了；但若你上面两个哥哥一走一留，你这排老三的就属于“模棱两可”状态，下一步既可能留，也可能走。所以，我们那批上高中的都是这么进了十四中的。很少有人是因为想多学知识，特意要求上高中的。在我们初中毕业的时候，我家里父亲和哥哥都在边疆，是文革前支援国家三线建设走的，上面一个姐姐留城了，但父亲和哥哥是有工资的，条件比知青优越，所以两个“走”被合成一个“走”，到我初中毕业的时候，如果可丁可卯地套政策，不好套，于是，班主任王老师对我说：“去上高中吧，多学点知识总是好的，而且有机会看看下一步是什么政策。”我就这样上了高中。

其实，我在这个阶段还是“豪情满怀”的，心里憧憬着“展翅翱翔”，对下乡并不反感。曾经浪漫地设想，在农村那样的广阔天地，不会被埋没。所以，曾经在十四中的校办报纸上写过文章，声称高中要上，该下乡也照样要下。似乎是一种表态。我们是 1973 年秋季进的十四中。此时学校的高中生，是文革后的第一茬。全年级八个班，通过英语摸底考试，分出了英语快班和英语慢班，慢班四个班在前一排房子，快班四个班在后一排。前一排教室里全是新桌椅，后一排是不是新的已经不记得了。那时在后一排快班上课的同学有些优越感，对前一排不太当回事。后来全国恢复高考后，后一排的同学确实考上大学的比较多，这是事实。但前一排的同学也并不全是白丁，典型的就是四班的班长赵平平同学，考上了北京中医学院（后改名为北京中医药大学），肯定还有其他人，只是我不了解而已。而且随着时间推移，前一排的同学茁壮成长不断进步建功立业的不在少数。

1974 年初，学校按照上级领导安排，开始了“批林批孔”和“批修教路线回潮”运动，发动了全校同学写大批判文章，抄成大字报张贴在校园里。那时师生共同写的大批判文章已经贴满校园，校园贴不开了，又贴到校园外面围墙上。我因为也写了一篇，其中提到本年级的语文老师李兆琪，这样的点名显然是不慎重、欠思考的，于是引起李老师的非常客气的反馈，他先是邀请我到他家去一趟，谈谈心，然后他要写答复。去不去？我看不清前景，便向学校革委会主任孙恩鸿请示，他语气肯定地建议我去。他说，师生之间本应该教学相长，多接触才会加深了解，才会互相促进。那时“教学相长”一词非常时兴。于是，我按照李老师提供的地址找到他家，由他儿子坐陪，聊了约摸一个小时。他告诉我，他儿子是日报记者，是专职笔杆子，他们爷俩都对我的文笔特别欣赏。至于内容，因为都是大道理，挑不出毛病，见见面只是为了增进了解和感情。还谈了什么，我已经没有印象了。两天后，李老师的大字报也贴出来了，我写的是 13 页，李老师写了 15 页，题目是《答 XX 的公开信兼自我批判》，我读了以后感觉十分内疚，对内容是无所谓的，大家都按照“两报一刊”口径写，关键是李老师此时年近六十，我不过是个十七八岁的毛头小子，在辈分上，资历上，非常不对等。这件事在学校内曾经引起很大震动。

十四中有影响的语文老师还有赵青，原先是新华社记者，文字功底十分扎实；钱雨鲛，曾经出版过汉语语法的专著，后来调到了区教育局；李长锁，对古汉语、文言文有着深入研究，功底了得；李宝琛，深谙语言修辞学，后来曾经到电视台为全市应届毕业生做高考前辅导；李兆琪，对古汉语研究很深，为河北业大兼职教师；等等，都是有真才实学的人。此外，讲三角函数、立体几何，板书非常棒的数学老师熊蔼庭；爱抽烟，手指焦黄，讲电讲得出色的物理老师柴大树；矮胖，连鬓胡子，兼着年级组长的和蔼可亲的化学老师何旭超，比较年轻但很深沉的英语老师高玉山。都曾经教过我们，课都讲得不错。其他年级的年级组长王春普，也是十四中风云人物，他曾经担任过河北区教育系统民兵独立团的负责人，那时我还在上初中，参加过由他调度指挥的大会操，紧张，热烈，秩序井然，十分精彩。政教处的不算老的老太太，腿有点跛的秦福玲老师，性格泼辣，敢说敢干，开大会讲话竟然有这样的言辞："你们男生在厕所如果再往池子外面撒尿，让我逮着烧你们便毛！"这句话被学生们在嘻笑之中传了很久。不过，男厕里故意往池子外面撒尿的明显少了起来。那时候，有一部分同学上学是应付差事，并没想认真读书苦心钻研，而是不得已来学校，混到毕业下乡或侥幸留城，因此心态灰暗，玩世不恭。在厕所里故意往池子外面撒尿是常有的事。我们班有一位同学，上学经常不带书包，只是在课桌抽屉里放两本教材，连作业本都没有，有时还缺课，连假都不请，说不来就不来了。

"批林批孔"和"批修教路线回潮"带给我们这些青少年什么呢？总的讲是对既有一切敢于持质疑态度。心态灰暗，是对眼前的一切表示无奈和无所谓，消极对待，是一方面；心态昂扬，有进取心，但建立了难得的理智，是另一方面。譬如，敢于质疑权威。我们这一茬人在今后的日子里谈到中国传统文化，包括很热的所谓"国学"，会理智对待，不会盲目跟风。因为，我们明白，中国的传统文化里面既有精华也有糟粕，后来者不应该照单全收，而应该在甄别和批判的基础上继承和发扬。道理很简单：糟粕的部分有必要继承和发扬光大吗？如果囫囵吞枣必会误人误己。大批判风潮过后，我和十四中另一位声望很高的语文老师李宝琛聊天，说到我与李兆琪老师的"过节"与交集，李宝琛说："现在谁还记得你们当初写了什么，不过是一阵风而已，甭当回事"。让我很是尴尬。两位李老师都教语文，都是我尊重的有造诣的长者。李兆琪老师的事我记住的教训是以后再遇到什么风潮，都会经过大脑的谨慎思考，譬如前面提到的"国学"，国学是什么？都包括什么内容？做为核心部分的孔孟之道和儒学里面有没有糟粕，该不该照单全收？甚至"国学"这个很多年前曾经流行过的并不严谨的词，是怎么重新拾起的？并不是说，一带"国"字就不能质疑，质疑了就是不爱国。弘扬传统文化应该是弘扬优秀的成分，摒弃糟粕的成分。不能一窝蜂和大呼隆。

我们在十四中上学的时候，校园并不算大，大门对着水产前街中学，两家斜对门。后来十四中“吞并”了水产前街中学。十四中因为校园小，我们喜欢踢球的同学经常跑到对面学校的操场上去踢球，他们的操场比我们大。但十四中操场虽小，还有篮球场和排球场。我们入学后经常打篮球，班里的王春祥、闫宝荣是篮球高手。十四中的排球队很厉害，曾经拿过全市中学生大赛的亚军。教体育的老师都非常正规，他们给学生上课时都身穿运动服，冬天不论天多冷，也如此。记得一次刮大西北风，该上体育课了，我们身上都穿得挺厚，而体育组的大王老师还是那一身洗得发白的旧了的蓝色变灰了的运动服。老师也很体谅学生，天气实在太冷的时候，就让大家回教室了。男生都很爱上跳箱的课，助跑以后越过跳箱的瞬间，身体平直像飞一样，优雅漂亮。年级里有两位三级跳非常优秀的同学，一位叫 XXX（记不清了），另一位叫徐社会，都曾拿过区里比赛的名次。班级之间也时而开展篮球比赛，开赛时，参赛者激烈对抗，观战者大声喝彩，气氛热烈。是时学校提倡学生们“德智体美”全面发展，体育是很重要的一环。而十四中的业余文艺宣传队也十分出彩，由王巍老师精心打造的这支宣传队成为十四中的一张亮丽名片，他们经常在市、区文艺汇演中获奖，并经常深入农村、工厂、部队慰问演出，获得方方面面的好评。不少学生宣传队队员最后走进专业文艺团体，譬如学生梅兆华，成为上海电影制片厂专业演员，参演了红极一时的电影《火红的年代》；学生郭志峰入选了部队文工团跳舞蹈；学生郑刚入选了部队文工团吹小号，等等。

我们的班主任刘书铭是位年龄偏大的老教师，他教政治，当时我和李长梅是班长，刘老师对我们耳提面命的事情很多，对我们政治上的成长很有帮助。他在政治上很强，曾经是校团委解书明老师的入党介绍人。在他的帮助下，我和李长梅都写了入党申请书。此时学校办了油印小报，我是经常撰稿者之一，里面渗透着我对学校各方面工作的关注。那时讲教育必讲三个方面：教育路线、教学方法和教学内容。我经常循着这个思路思考问题。我那时算是小小写手，经常撰写各种稿子。年级搞教学改革，尝试“小将上讲台”，班主任和语文老师都建议我讲一课，我就斗胆讲了语文书中的课文，鲁迅的《药》。讲课那天校领导和语文组老师来了好几位，坐在教室后面。我还算沉着地把一节课使用完了。过后大家都评价不错。天津日报发了头版头条消息，挺长的文章报道十四中的工作，其中写到了我们班的“尝试”。学校政教处田广和、鲁士荣、解书明三位老师对我非常重视，党委书记韩英杰、工宣队驻十四中代表王师傅（天津市第二印刷厂副厂长）都与我谈过话，殷切期待我的“茁壮成长”，还在政教处办公室为我安置了办公桌椅，周末让我和老师们一起参加政治学习，讨论学生管理方面的工作，等等，享受着和老师差不多的待遇。其实，我只是个在学的高中生。此时，我曾给课文《七根火柴》的作者、八一电影制片厂的编剧王愿坚写过一封信，探讨《七根火柴》在写作上的成败得失。王愿坚竟然给我回信了，非常谦虚地检讨了自己。此时期的我，踌躇满志，不知深浅，有勇气做虚妄之事，肆意挥霍着热气腾腾的青春与灵感。

那时十四中校舍规模不是很大，基本都是平房，只有一座不大的小二楼在校园一侧，靠近围墙，化学和物理实验室设在这里，我们来楼上做过多次实验。靠近大门（和水产前街中学斜对面）的右侧，是一拉溜平房，这里是校办工厂。我参军走了两年以后，在 1977 年年初，我回津探家，穿着军装来学校看望班主任刘书铭，他就在校办工厂的办公室接待了我，此时文革已经过去，以往的理论与提法将要改写，关于理想与现实的矛盾和冲突，国家的未来与个人的发展等等，我和刘老师谈了很多。关于我当兵一事，我在《让人长久记挂的天津凯旋礼堂》一文中曾经写过，学校原本计划培养我入党，然后做上山下乡的带头人，但我因为实在崇仰和迷恋部队生活，便在十四中老师李湘君帮助下成功实现了愿望，但在高中时期入党的打算泡了汤。不过，事情只推迟了两年，我在部队参加完唐山抗震救灾的转年“五一”，解决了组织问题，至今已有 40 多年党龄。我在入伍以后，一直与解书明老师、孙恩鸿校长保持书信来往，解老师考虑我津贴费不多，竟然给我寄了一整版邮票，够我寄很多信件。孙恩鸿校长针对我这样几乎一帆风顺成长起来的年轻人，初入社会必然会遭遇坎坷和挫折问题，循循善诱鞭辟入里地讲了很多人生哲学和家常道理，让我往高看有目标，往低看能干好手里的工作，起到很大安抚和引导作用，对我的成长功不可没。

我从部队回天津工作以后，打拼多年，没有精力和心情看望以往的校领导和老师们，一次偶然的机会，我骑自行车在中山路金刚桥（彩虹桥）桥膀子旁边经过，看到一位老者的背影非常像孙校长，急忙“滚鞍下车”打问，一见面，果然是孙校长，两人紧紧握手好生感叹，一时间说起过去。我们边走边说，把孙校长送回家——他家就在前方不远处的区教育局旁边的宿舍小区里。过后我带着自己比较中意的长篇小说《开锁》和另一部作品前往孙校长家看望，他也拿出自己的美术作品（油画）让我看。他以往在十四中一直坚持自己的业余爱好，即使在波诡云谲的政治运动期间，也没间断。我们相谈甚欢。彼此叮嘱坚持爱好。时隔不久我们年级聚会，就邀请了孙校长（和解老师）。开车去接孙校长的同学对我说：“孙校长一路上一直夸你。”让我有些无地自容。因为我没去接孙校长。前两年孙校长因病去世，让我十分悲伤和怅惘，我因有事不能到场，委托解老师代我送了孙校长最后一程。近几年，解老师多次组织我们老校友回十四中“返校”，大家和校领导、主管老师一起回顾过去，展望未来。我还把新书《风雨毛乌素》、《地下交通站》、《狼山》、《成色》、《开锁》、《古玩圈》、《孔雀图》、《鸽王》等赠送给学校图书室。一方面做为老校友向母校的汇报，另一方面让现在的老师和同学了解四十多年前的校友写的作品是怎样的。多年来，十四中培养了大量方方面面的优秀人才，市委常委、副市长崔津渡，副区长于连会，以及众多局、处、科级领导干部，专家学者，教育家，企业家，艺术家，工程师，会计师等，事业有成，星光灿烂。

现在十四中做为天津市重点校，得到了大规模扩建，软硬件都十分出色。愿我们的母校乘着改革开放的东风，鹏程万里，展翅翱翔，为国家培养更多有用的人才！

（老同学吕和平留言：《在天津市中纺前街小学上学》、《被拆掉的天津市第八十四中学》和《在天津十四中上高中加钢淬火》是我们部分 50 年代中期出生的共同经历（大部分没有高中阶段，高中阶段学识也有限，学历还不被认可），应该算是我们接受（谈不上求学）初级教育的三部曲。你我小学和高中同校、中学同窗，上述三篇博文打开了我记忆的闸门，纪录片式的描写让我追随着你的笔触，在小初高三段学习的年代中游历。它反映出我们这代人小学阶段无拘无束欢愉的情景，中学阶段虽仍懵懂，但已初有志念的场景，高中阶段在学知识过程中，也将我们的志向存高向远。尽管我们这批人接受初级教育阶段，大部分时间学习受到了冲击，但确实接受了坚韧、不服输的品格锻炼。曾如你言经过努力，我们这批人涌现出很多对社会有过较大贡献的优秀的同学。岩波同学，你的这三篇博文很值得永久珍藏，闲暇时仔细地读一读，犹如重新回到那个读书的年代，好想再回炉再造呀！特将此感触与初中同学分享，顺祝各位同学中秋佳节快乐，阖家幸福安康！）《天涯论坛》

108，南开大学所给予的

1980 年，我从部队回到天津，在某局机关做宣传干部，延续了我的“笔杆子”生涯。进入机关以后，我继续温习功课，打算参加全国高考。处领导好心地劝我说：“甭费那劲了，就算你考上了，毕业分配还不定蹽哪儿去了。”那时大学毕业生国家包分配，但很有可能会分到外省，甚至分到边远地区。而我们机关的工作条件非常好，办公室就像图书室，一屋子的书橱，满满的文史哲和其他各种书籍，只要你有精力，就一本本地读吧，都读完了，就至少硕士以上的知识量了。这对非常嗜书的我来讲，真的是难得的好环境。

（前排左六是本人）

但我每天背书已经温习得八九不离十了——考文科需要大量背书，浪费这样辛苦的积淀实在不应该。此时全市各区都在办业余大学，很多正式大学也在办走读的“夜大学”，而且，正式大学里还有各种“委培班”，即单位保送、委托培养的大专班（也有本科班）。此时，南开大学哲学系向全市各企事业单位发广告，要办一个专门针对宣传干部的委培班。属于大专。走读，每周四天课。我们处领导建议我考这个班。如果考上并坚持下来，既取得了学历，又没离开原单位。不夸口地讲，我在单位属于“实干派”，进单位的第一天就开始写材料。处领导的建议，我想也包括不愿意让我走的的意思。因为宣传干部当时被叫做“万金油”，“好汉子不愿意干，赖汉子干不了”。

南开大学这个宣传干部班，有上千名宣传干部参加考试，合格的有三百人，我因为提前温习了很长时间功课，一举考取了前三名。看榜的时候，我正在市委党校学习，组长、某局宣传部长张露菲大姐陪同我前来，她欣喜地说：“嘿，你是前三啊！”那时，我还同时报考了和平区的新华业大中文专业，也被录取。我们单位的处领导忧心忡忡地说：“你现在‘双天官’了，舍一个吧，否则光上学了，活儿还干不干？”于是，我上了一个学期的新华业大，然后就果断将它舍弃了，专心致志地在南开大学哲学系读书了。

南开大学的哲学系在天津是响当当的一个系，在全国也颇具知名度。教授、老师群星璀璨。系主任、教哲学原理的是陈晏清教授，教西方哲学的是车铭洲教授，教欧洲哲学史的是冒从虎教授，教逻辑学的是陶文楼教授，教心理学的是孔令智教授，教马列原著的是葛树先教授，教社会学的是崔清田教授，教美学的是童坦教授，教党史的是系党总支书记杨瑞森教授，教中哲史的是系党总支副书记周德丰副教授，等等，（还有其他教授，但我已记不清了）这些教授都有自己的专著，教我们是按照他们的专著来讲的，光是这一点，足以傲视四方；其中教原著课的葛树先教授原先是国家马恩原著翻译组的，有很长时间亲身参与了令人仰慕的马恩著作翻译工作。而风度翩翩的孔令智教授则家学渊源，来自孔府，是孔家第 62 代孙。他们都是文革前的老大学生和硕士、博士，只有周德丰副教授是工农兵学员，但也才华横溢，因此得到破格提升。主管我们日常工作的是王大璲副校长。王大璲的哥哥是两院院士王大珩，中国著名光学专家，曾经为国家做出过填补空白的重要贡献，属于旗帜性人物。王大璲身材稍胖，一口天津话，对我们这些人要求很严，但说话往往以商量的口吻。其他教授给我们上课，也经常像对同事、同僚商讨问题那样，很少生硬的灌输。他们的穿衣打扮也比较随意，一次冒从虎教授来大礼堂讲课，是拎着一个菜篮子走上讲台的，上衣是半袖衬衫，下面的裤子一条裤腿挽着，脚上是一双塑料凉鞋。刚刚从文革风雨中走来的教授们，没有人西装革履。

因为当时班里有的学生年龄偏大，约摸五十多岁的都有，譬如和平区党校的校长，已经接近六十岁，来考学上学，不为学历，只为了却心愿，而这个心愿，就是到正规大学系统学习。此外，团市委的干部，譬如左志、李连义，后来前者成为银行家，后者成为著名记者；市政府各部委的干部，譬如市商委的柴寿武，后来成为专画金竹的画家；各区、局的干部，譬如建工局的马贵起、赵勇夫，前者当了宣传处长，后者当了二建机关书记；建材局的梁季平后来当了党办主任和局副书记；各院校的干部，譬如工会管理干部学院的马建军，后来成为教授；天津美术学院的干部刘栋，后来成为津门刻瓷名家……这样的学生往往读过很多书了，具备了比较深厚的学养。虽然刚刚经历过文革，人们对宣传工作有看法，有抵触，但若要做一个合格的宣传干部，一般都要常年坚持学习，要读很多书。当时班里还有名著《战斗的青春》的作者雪克（孙振）的儿子孙武民，市体委的美貌教练宋霞等等热点人物，都非常引人注目。教授们知道这些学生的身份和年龄构成，因此，说话都非常客气，学生提问题，他们都会笑脸相迎。尤其陈晏清和童坦教授，总是笑嘻嘻的，好像天生就乐观。其实，这里面既有教授们自身的涵养，也和学生们的身份、年龄有关。

各专业的教授讲课各有特点。童坦教授是教美学的，他曾经邀请了著名电影演员、话剧名家李默然（电影《甲午风云》里邓世昌的扮演者），著名电影演员、话剧名家刘文治（电影《孙中山》里主人公扮演者），著名音乐家、会四国外语的中央歌舞剧院指挥卞祖善，等等。他们前来授课的时候，总是备受欢迎，很多不是我们班上的同学，也前来蹭课。很多教授讲课结合放幻灯片，那时还没有电脑课件，但已经比较先进了。我们虽然是大专班，但专业课程与本科无异，只差了高等数学和外语。班里很多人曾经要求开高等数学和外语课，最后变为本科，但校方考虑到一些学生年龄偏大，会跟不上，所以没开。课程包括：马克思主义哲学原理逻辑导论、西方哲学史、现代西方哲学、中国哲学史、中国现代哲学史、马克思主义哲学史、马列哲学著作选读、东方哲学概论、科学哲学、伦理学原理、美学原理、宗教学导论、心理学、当代马克思主义哲学、当代认识论、社会现代化理论研究、西方马克思主义的辩证法观、马克思主义哲学的历史和现实、马克思早期哲学思想研究、毛泽东思想科学体系、西方马克思主义研究、管理哲学、历史哲学、当代科学发展与哲学问题、西方美学史、当代西方美学、现代电影美学、应用逻辑、逻辑哲学、自然语言逻辑等等。轮到我们有课的时候，学校食堂会多做几个菜，并加大菜量。

那一时期我学习的热情高涨，意气风发，除了单位里不间断的文字材料要写，还给有关报纸杂志写些小豆腐块的通讯报道，还写了万字短篇小说《天津兵》，发表在天津日报《文艺》双月刊上，内容是写年轻战士在对越自卫反击战中的英勇表现。与文学名家魏巍、严文井、贾平凹、柳萌等发在同一期上。于是，结识了该刊的主编邹明老师和葛瑞娥老师。邹明主编是位战争年代过来的文学工作者，福建福安人，大学毕业，历任中共冀察热辽分局土改工作团团员，冀察热辽鲁迅文艺学院文学系学员，天津日报文艺周刊及文艺组副组长、组长，天津日报《文艺》双月刊主编，中国作协天津分会理事、副秘书长，高级职称，曾获中国作协全国文学期刊荣誉奖。他对我非常重视，一经结识，便经常招呼我参加编辑部的座谈会，对一些作品和思潮开展研讨。我还在该刊上发表过自己的观点。此一时期，我还参加了《中国青年》杂志关于婚姻恋爱问题的研讨，于是，收到全国各地很多年轻人的来信，他们都以为我是社会经验丰富老到的老者，岂不知我也是只会纸上谈兵的年轻人。有的读者正面临与女友岌岌可危的崩盘局面，我便以“哲学”思维给他们回信出谋划策，他们便没完没了地来信，我也只能偃旗息鼓不再回信，因为我没有这么多时间和精力。

毕业时我的论文指导是社会学教授崔清田，我和他没有私下的交往。论文的成绩是“优”，评语：“文字朴实有力，逻辑性强”。那时的南开大学哲学系给予了我们什么？一是教授们把渊博的知识积累倾倒给了我们，二是他们平易近人的扎实作风浸染渗透到我们心底里，三是把哲学的一般原理与马克思主义哲学的精髓传导到我们大脑中。这一点最重要。哲学是什么？是时代精神的精华，是涉及世界观、方法论的学问。是南开大学哲学系帮助我们这些原先只有朴素爱国主义、集体主义，对马克思主义只知道简单的甲乙丙丁的宣传干部们，系统把握了马克思主义，总体把握了哲学这门无比玄妙的学问。当然，说把握，也仍然是概略的，只是自己跟自己比，是大踏步前进了。这样的学习又如同对一个人的再造和重塑，解决了一个人最基本的立场、观点、方法问题；也等于对我们打开了一扇真理的窗，让我们窥到屋里的光辉灿烂与富丽堂皇。这些学生如果在后来能够有所成就，南开大学哲学系功莫大焉。怀念那一时期的南开！《天涯论坛》

109，在党校读研，研究什么

先看看我们班毕业后的阵容：前排右二天津市侨办主任哈文龙（正局），前排右一天津工会管理干部学院院长刘永强（副局），后排左一天津电视台总编室主任翟振江（副局），后排右三河西区副区长刘永刚，后排右四国资委副巡视员苗绪法（副局），左三天津水产集团董事长邢云河，其他都是正处，此外，没来参加聚会的，天津市台办主任周克丽（正局），天津市编制办主任高中启（正局），天津市发改委主任薛新立（正局），天津音乐学院党委书记徐建栋（正局），天津工会管理干部学院副教授马建军，等等，全班三十个人，都是正处级以上。在此提职务不是媚俗和热衷"官本位"，而是说明学习与研究对促进工作的正面作用。我们的班长是哈文龙，副班长是邢云河和宋金英。

1995 年天津社科院和市委党校都向全市企事业单位发了要举办研究生学历班的通知，而市委党校要求的条件是处级以上干部，拥有大专以上学历。我们见到通知以后，分析了师资力量，感觉市委党校这边似乎更强一些；资料室、图书室、宿舍、食堂也更强一些，便到市委党校报了名。经初步考试后，进入预科班，听课、学习两个月后参加正式考试，合格后进入正式哲学研究生班。正式上课是从 1996 年至 1999 年，考试答辩毕业。市委党校还有其他专业，如经济学、法学、党史等专业，因为我的基础就是哲学专业，所以，报考市委党校也选的是哲学专业。这个专业和过去南开大学哲学系的课程安排差不多，只是内容更深一些，且带有研究性质，会接触到比较前沿的问题。包括：中国哲学史，西方哲学史，哲学原理（实践哲学），政治哲学，人生哲学，文化哲学，中国现代哲学，中国现代唯物史观，等，共三十多门课程。而我选的主攻方向是“中国现代哲学”。接触到的主要授课者是重点讲中国现代哲学的吕希晨教授（哲学系主任），重点讲中国哲学史的刘润忠教授（副校长），重点讲哲学原理（实践哲学）的漆玲博士（哲学系副主任），重点讲人生哲学的王晓霞教授，重点讲文化哲学的杨岚副教授，等等。

不能排除有人来读研究生是为“镀金”，为提职做铺垫。因为提职要求具备一定的学历。不过，话说回来，这也不算错误。不能要求每个人都一心一意做学问，搞研究。尤其对做实际工作的人，这么要求是强人所难的。但我认为，我们这个班在班长哈文龙带领下，风气正，学习空气浓厚，同学之间互相帮助，与教师之间经常讨论和互动，有效促进了学习，而不是简单地走一个过场，考试及格了事。班里的马建军已经是天津工会管理干部学院的副教授，基础知识扎实，像辅导员一样，经常为大家提供辅导一类的帮助。我则经常参与与老师的互动。如漆玲老师讲“实践哲学”讲到中国改革开放初期，曾经经历了一次“实践是检验真理的标准”的大讨论，我便找来了这次大讨论的肇始者、南京大学政治系胡福明教授的文章《实践是检验真理的唯一标准》原文，复印以后交给漆玲老师，供她使用。而我之所以有这篇文章，是因为多年来我一直在坚持学习，加之我的本职工作使然。对老师讲的不太明了的问题，我在课下多次与老师交换意见。在学期间，我有两篇论文获奖，一篇获得学校二等奖，一篇获得全国优秀奖。推荐校级优秀研究生时，班长哈文龙便把我推荐了上去，使我获得了这个班唯一的一个荣誉。

这个班每周上四次课，基本是四天，因为有时上下午都有课。应该说课程很紧，排得很满。中午吃完午饭，大家有时间在宿舍歇息。我和苗绪法分在同一间宿舍里（一间宿舍两个人）。我一见他就说：“你是不是曾经写诗？”他回答：“是，过去写，现在也还在写。”我便说起远在 1970 年的事情，那时我上初中二年级，在天津《文艺革命》报上发表了一篇小小说《小修理工》，在我的这篇作品旁边，有一首诗歌，作者是“苗绪法”。苗绪法哈哈大笑，说：“没错，那就是我写的。”我们俩紧紧握手。从1970年到1996年，中间间隔了26年，两个十四、五岁的青少年作者成长为胡子拉碴的半大老头，方才见了面，握了手。以后的中午休息时间就变成了我们俩的聊天时间，天南地北，酸甜苦辣，无所不谈。后来，天津成立诗社，他做了常务副社长。2014年天津作协召开第四届作家代表大会，我们俩一同参加，相谈甚欢。但时隔不久，他患上了癌症，继而撒手人寰。身后留下他无尽的期许。他曾经打算在有生之年再写一些更有分量的作品，有着十分远大的写作理想。

老师在课堂上讲课，经常会说到一个问题：怎样做一个合格的研究生？答案：不是看你背了多少本书，而是看你是不是提高了研究问题的能力。我在上研究生班的同时，恰好工作部门变动，我到了单位调研室，专门做研究问题、出文字方案的工作。我在学校的研究方向是中国现代哲学，在单位研究的是全市、全系统流通体制改革问题。我曾与指导老师吕希晨教授做过深入交流，他对我亦步亦趋学习前辈的研究方法，表示了充分的肯定和赞许。最后我在单位的工作缴上了让上级领导满意的答卷，而在学校的答辩也顺利过关，毕业论文也是“优”。因为班风正，学习空气浓厚，副班长宋金英曾经开车带我们到北京“风入松”图书市场选购参考书籍。我们一行几人，全都买了不少书。班里除了副教授马建军属于专业，他需要将知识转教给他的学生们，而我们这些做实际工作的人，眼下下功夫做学问，只是为了提高研究和思考的能力，以及让知识结构更丰富更合理。没有人想当真正的哲学家，用功自然是百分百用功，但没有功利色彩。而市委党校的图书馆（资料室）藏书相当丰富，一些冷门书籍和资料甚至强于天津市图书馆。

而我在研究生班，重点解决了两个问题，一，对清末以来的中国现代哲学有了了解，而这段历史是我最为关注的，因为我爱好文学，这段历史是我写作的着眼点；二，对什么是马克思主义，什么是社会主义有了比较深的了解。好几位老师都讲到马克思主义的前后两个阶段问题，既马恩后期对前期观点的修正问题，只有前后联系起来看，才能完整把握。譬如马克思的《【政治经济学批判】导言》，和恩格斯为马克思《法兰西内战》写的《序言》，是必读篇章。马克思主义揭示了人类社会发展的基本规律和大体走向，把马克思主义当做我们的理论基础和行动指南对不对？我通过学习和研究，感觉至少在现阶段是应该。但马克思主义是个开放的系统，在新形势下应该结合本国实际赋予新的思考。在这个问题上怀疑和动摇，都过于草率和肤浅。世界思想史发展至今，还没有出现能够取代马克思主义的思想家。这就是我学习以后的收获。一个国家如果名义上秉持马克思主义，而实际上干的是另一套，于是效果不好，接下来又把罪过推到马克思身上，说马克思是错的——凡是系统学习过马克思主义的人，都会对此一目了然。当然是不应该的。

上世纪八十年代，单位领导曾经对我说："你要注意啊，周围有反映，说你'不务正业'。"我点点头，接受了这个批评。因为我经常写文学类的东西，在单位落这个结论是很正常的。于是，我把文学撂下了二十年，只是在这期间写了很多类似素材的"毛坯"，没有成型的作品。直到1999年研究生班毕业，我思绪滚滚，再也控制不住，于是构思了长篇小说《饮食男女》，三年后正式出版，然后正式办了内退专职写作，以后一发而不可收，至今有了二十余部长篇作品，600多万字。而我所有的作品，基本都是一本书研究一个问题或一个领域，自问自答，以小说的语言提出问题，回答问题。在我的写作问题上，我想起上世纪八十年代初期关于潘晓问题讨论时的语言："主观为自己，客观为别人"。首先是实现了我爱好文学的愿望，至于是不是惠及社会，就要看作品的普及率和影响力了。比较典型的一本书是我写于2008年，两年后正式出版的30万字的《女市委书记的男秘书》（原名《女市委书记》），网上点击率第一次过亿，归零后重新开始，再次过亿，至今9年，仍然很多网站转载，读者众多，好评众多。而另一部完全独立思考，算是研究生毕业作品的50万字长篇小说《红星谱》刚刚杀青，并于2021年1月1日经市委宣传部一年审查通过，由百花出版社正式出版。这本书是市作协梁斌研究会的项目，为写这本书我和老伴跑了一年多河北省农村，做了大量采访。回答的是一系列当今农村的难题和敏感问题。这本书产生自我研究生毕业20年之际，既是对学校和教过我的老师们的汇报，也是对老同学老班长的汇报，更是向市作协交上的一份精心完成的答卷，最后能否得到各方面的满意回馈，我满怀信心地期待着！

（老班长哈文龙留言：这篇文章弥足珍贵，勾起了我对党校那段学习生活经历的回顾。说实话，我们那几年的学习没有虚度，几年时间，除了正常上课时间，大家把周末两天的休息时间也全用在党校学习里面了。风雨无阻，十分辛苦。但我们也从中体味到了学习的欢乐。同时，在党校的学习也让我们之间结下深厚的友谊，因为我们是同过窗的。收藏了，慢慢再读。纠正一下，高中启任职是市委编制办公室主任，正局级。没有担任过侨办主任。我是天津市人民政府侨务办公室主任。61 岁从现岗退下来，转任市政协港澳台侨外事专委会副主任，仍为正局级。63 岁正式退休。高中启原为编办主任。60 岁后转任市人大民族宗教侨务专委会办公室主任，还是正局级，也要 63 岁正式退休。文章写得非常好。也是我们人生难得的一段经历吧。至少我们文凭不是混来的。——已经按照哈班长的留言对该文做了纠正。）（新浪博客）

110，两位忘年交老同事

先说第一位，洪禹珊。“意识流”，想哪说哪。中国曾经有过好几个“中国第一村”，譬如“大寨”，“小靳庄”，“大邱庄”，“华西村”，以及“南街村”等等。洪禹珊恰恰曾经在大邱庄供职，而且一度进入领导班子内部，所以，这里会首先提到“第一村”。

洪禹珊是文革前大学毕业，早先也是德才兼备，于是运动后期曾经做到正局级的“革委会主任”，运动结束后被冠以“双突干部”而下野，成为某公司的经理，降为正处级。洪禹珊比较乐天知命，不怨天不怨地，该干什么干什么。适时我在局宣传部工作，经常在局党委安排下，跟随处长组织处级领导办各种学习班，学习中央和市委的各种文件。为此，与洪禹珊结识。他是我的长辈，因此我对他非常尊重，并不因为他下野而认为他资质不够。在学习班里，他的发言会偶尔带刺儿，也没人跟他计较。因为大多数处级干部都是工农出身，涉及理论与文化没法跟他比。

记得是八十年代初，局党委举办学习薛暮桥关于改革理论的学习班，讨论间隙大家说起“闲白儿”，一位公司经理提起了《新儿女英雄传》，说他和书中的“黑老蔡”是同乡，还认识牛大水、杨小梅。洪禹珊就对此别过头去。局里的处级干部中有不少来自冀中，那位经理也许真的所言不虚，但洪禹珊听到这些事就往往躲出去，或者和我这个专事记录的秘书说点其他闲事。我也经常就此向他请教。有一次，我问他：“洪经理，喝豆浆和喝牛奶，哪个吸收更好？”他笑了一下：“你说呢？”“我真说不好。”“当然是牛奶吸收好。”“为什么？”“人是不是动物？”“是。”“那么，人吸收动物蛋白是不是更容易？”哦，道理在这儿呢。

他就是这样解释问题的。让你产生联想，在联想中悟出结论。这样的事还有很多。

随着国家改革开放的不断深入，大邱庄冷不丁冒了出来，气势如虹，名噪一时，倏忽间成为“第一村”，而且在招兵买马，洪禹珊便去应聘了。他去应聘的原因，肯定是看到报纸上招聘广告说得非常好，让他感到了有用武之地，否则不会染那一水。那个广告我也看到过，确实十分诱人。洪禹珊在原单位辞了职，去了大邱庄以后，真的被安排进领导班子了，那是一次报纸上的报道披露的，我和很多人都看到了。此前我和一群中青年干部曾经前往大邱庄参观过，主要领导没时间见我们，是一位中层接待我们，从那位中层的“自信”和墙上诸多“领导合影”让我们感到自己渺小和自卑，大气不敢出。得知洪禹珊竟然进入了“领导班子”，我曾经给他打过一次电话，诉说我的感受，问他何以至此？他说一言难尽，见面细聊。

此处插一句：适时大邱庄某领导盛邀著名作家蒋子龙前往采访，此时的蒋老师已经得过一系列全国大奖，正如日中天，声望颇高，这位领导的本意一定是希望蒋老师继续为他“美言”。哪知蒋老师目光如炬，写出了中篇小说《燕赵悲歌》，虽再次获得全国大奖，却让那位领导十分不满，显然，那个“悲”字让他不舒服了。

时隔不久，洪禹珊就“出事”了，大邱庄因某种原因死了人，某领导怕洪禹珊等人逃跑，把他们关起来，门窗都钉死了。按洪禹珊的说法，如果不想办法逃出去，很有可能饿死、渴死在屋里。于是，他们想尽办法撬开门窗逃走了。前面猛跑，后面还有人追，真是惊险！就有与他不对付的人得知后说：“该！让你臭能！”但时隔不久，那位无法无天的领导也“出事”了，他出事不是被某个人关起来，而是被公安局抓起来了。洪禹珊对一些事看不透，而蒋老师却早已看透了，只是洪禹珊与蒋老师无缘见面沟通。一直蒙在鼓里。

后来我离开单位专心写作去了，洪禹珊夜晚给我来电话：“小李，你怎么搞的？为什么辞职？为什么走我的路？我现在退休金寥寥无几，就因为是在单位辞职造成的！”我说我不是辞职，是办了内退，在职的一个月800 元，内退的 1300，您看是不是挺合适？他一听这话不言语了，但最后叮嘱我，“你再有什么重大决定，多跟我们这些老同志言一声！”我回答一定的！后来他骑电动车出车祸，在不该走的年龄走了，让我好一阵唏嘘，想起来就心痛。

再说第二位。这是一位离休老干部王人杰。职务是处级，后来待遇是正局级。老家是河北南宫人，早年是武工队队员，打过游击，钻沟渠，睡庄稼地，是家常便饭。每到青纱帐蓬蓬勃勃之时，都是他们最活跃之时。汉奸最怕他们，不可一世的小鬼子也对他们畏惧三分。解放后进城在局机关工作，直到离休。他年长我 30 岁整，所以说是忘年交。

王人杰爱好文学，看似武将出身，却对文学情有独钟。爱好文学的人都喜欢读书看报，他就经常拿着一本感兴趣的书或一张感兴趣的报纸，来到局宣传部和我们聊天，谈感受。我们就鼓励他写写过去的“战斗生活”，于是，他就真的动笔写一篇一万来字的叙事散文，把当年武工队员的生活描写得真实而生动，除了个别字句我们帮他纠正外，几乎用不着改动，已经达到在我们看来“可以发表”的水平。我们屋里一位同志正好有亲戚在《散文》海外版工作，就推荐了这篇散文，于是，不久就真发表了。如此一来王人杰到我们屋里来得更勤了。后来他年龄到了，离休回家了，也仍然经常来机关找到我们聊天，说他又读了什么新书。他对天津乃至全国文学界的很多事都非常熟悉，尤其注意天津的几位大家：孙犁、蒋子龙、冯骥才、航鹰等人都有什么新作。

有一次夜晚，我正准备睡觉，他突然给我打电话，说你不能不现在过来一下？我们都住在家属院，是相邻的两座楼，来往十分方便。我知道有事，就赶紧穿好衣服过去了。见了面以后，他表情非常难看，给我倒水的手也在发抖，问我：“你知道了吗？”我和纳闷，反问：“什么事？”他说他一个儿子因为经济问题进去了，现在感觉在大院住着都没脸见人了。儿子来信向老爸忏悔，他恨得要命，不愿意搭理。已经犹豫了好几天，要不要给儿子回信？我说，甭犹豫，要回，马上就回，要鼓励儿子看清问题所在，洗心革面，真心改造，从头再来。老人家眼泪汪汪，嘴唇颤抖，半天说不出话。我斩钉截铁告知：不就这么点事吗，您就这么办。我没耽搁，很快就走了。

几天后，我再去看望老人家，问他回信了吗，他回答，回信了，把儿子好好教训了一顿，但同时鼓励儿子洗心革面，好好改造，家里会等待他尽快回来。我说这就对了。家里再不给他希望，还让他怎么活？从此老人家更把我看作知音。当他得知我内退，提前回家了，也是很晚了给我来电话，叫我过去一趟。见了面和洪禹珊一样质问："你为什么辞职？"我也像对洪禹珊解释一样做了回答，他一声叹息，说："你如果写不出作品怎么办？我写完那篇叙事散文以后，就再也写不出东西，高不成低不就，自己都看不过眼。"我说，我已经积累了很多，况且第一本书已经出版了。此时，不仅老人家的儿子出了问题，身边贪污腐败，携款外逃，锒铛入狱（包括家属自杀等等）的层出不穷，但某些主管领导的位子却越坐越稳。内里的情况自然是复杂的，而社会越复杂，对于写作者而言越有思考和落笔的空间。此后，我的长篇小说一本接一本面世。终于让老人家放了心。他成为我的忠实读者，每本书必读。

我曾经到北京某央企体验生活一年，到云南民企体验生活一年，到毛乌素沙区体验生活两个月，到天津西郊体验生活一年，到天津北郊体验生活一年，有的是自发的，有的是受到中国作协或天津作协支持的，每去一处，都有作品问世，都得到老人家的首肯。后来，我接下市作协的项目，跑冀中农村，写冀中农村，和他约好，待作品问世，一定请他点评，他应该是很有发言权的。他也答应届时我们一起喝一杯。这个阶段，他一直在研读张中行其人其作，研读方苞其人其作。他每研读一位作家，都写下很多笔记。他家的书橱里，有很多厚厚的用牛皮纸做皮装订的大册子，那基本都是他的笔记或剪报。但我的新书还没出版，却得到老人家去世的消息，此时他 93 岁。"喝一杯"的愿望自然就泡汤了。晚年他的退休金是很高的，但他生活极其简朴，如同老农民。屋里的家具简陋到不能再简陋，而且全是五十年前的。他老伴去世后，每天的生活除了买菜做饭、吃饭，遛弯，就是读书，做笔记。现在国内外都有"灵魂不死"之说，愿两位曾经关心我的前辈老同事在天堂快乐平安！

（读者反馈）

和平区老年大学校长孟昭增：往事值得记忆，那个年代的人纯朴，花花肠子不多，现在想起来仍是留恋。作家卞显光：一口气读完，颇有感慨！洪禹珊在饲料公司任经理时，曾经见过一面，当时对基层班子进行考察。只是一面之交，没有深聊。王人杰，听说过此人，因到局组织部时黄处已经离休。那几年，总有一些老干部到局里来，或办事，或串门，总跟局领导们打招呼、聊天，我是新来的不敢多言多语，心里明白这都是局里的元老。您在局机关多年，又有参与《史志》编辑的经历，对这些年的脉络和走向都装在心里，那些人，那些事，都清清楚楚。写出来，很有意义，也会引起社会关注，我期盼着，等待着！祝在异乡安好！中学老师石应芳：语言平实接地气，活龙活现的两位老人呈现在读者面前。读了以后，也很喜欢这两位老前辈。真是”灵魂不死”！中学老师王家丽：文章很感人…正因如此所以你的文章人物写得真实，细腻，生动，形象，感人。教委处长解书明：都是幸福的回忆！难得你记得如此清楚！重要的是你是有情有意有心之人！是的，人际关系后来的远不如前了，同感！侨办主任哈文龙：人生得一知己足矣！重远兄有这么多知己，足见您为人忠厚，大家愿意交您这个朋友！人还是傻点好。曹雪芹在《红楼梦》里早说了，聪明反被聪明误，到头来害了卿卿性命。看今天官场，那些贪官们不都是聪明过头了吗。结果落个身陷囹圄，身败名裂下场。蹲监狱的没有一个傻子。著名作家蒋子龙：洪禹珊此人我有所闻。《凯迪网》

111，不同党派的朋友

血浓于水，这句话是没错的。尤其在异国他乡，这种表现更加充分。我来加拿大刚刚四个多月，已经结识了好几位有身份的台湾同胞，和事业有成的台湾优秀人士。前几天，经一位热心的台湾朋友（晨练教练）黄素惠老师介绍，认识了在加拿大定居的前台湾驻米国波士顿文教中心主任简许邦先生。大家在一起吃早茶的时候，亲热地敞开胸怀，各抒己见，畅叙友谊和所思所想。

我问简许邦先生，您是蓝营还是绿营？因为，我做为大陆作家，需要把握这最基本的一点：蓝营与绿营对两岸问题以及“九二共识”的态度是不一样的。简先生爽快地告诉我，他是台湾国民党一方，也就是说，是蓝营。我为此非常高兴。2005 年，台湾国民党荣誉主席连战曾经访问大陆，在人民大会堂与胡锦涛总书记亲切握手，那历史性的一幕，永远铭刻在我们心中。

因为我前几天刚刚赠送黄素惠老师一本长篇小说《古玩圈》，黄老师也转给简先生看过，于是，话题从这里展开。简先生得知我在南开大学读过书，谈起对这所大学的良好印象。还说，他也到过天津，游览过“天津古文化街”和旁边的金汤桥，他对金汤桥耳熟能详，知道这座桥是解放天津时解放军会师之处。他说，天津的景致非常漂亮。由此，说到国共两党，说到抗战和三年解放战争，说到“四大家族”，说到蒋介石赴台带走的那批黄金。他说，在我那本书的作者简介里得知我曾经写过长篇小说《1943，黄金大争战》，问与蒋介石的黄金是否有关系。我说，这本书写的是抗战期间发生在全国最大金矿产出地山东招远的故事。他说看了我《古玩圈》的一部分内容，感觉文笔不输“莫言”。我知道这是对我的认可和鼓励，其实是不敢当的。我们交流了对两个获得诺贝尔奖的华人作家莫言和高行健的作品的看法。

简先生比我年长十岁，早年大学毕业后做过新闻工作，后来任职于政府，曾经得到过蒋经国先生的当面指教。是名副其实的一介文人，谈起文学便十分在行。他在米国任职期间，做了大量文化建设工作，受到方方面面的好评。他在海外华人圈，享有很高声望，人缘自然十分火爆。现在他早已卸任，与夫人在加拿大安度晚年，每天早晨参加老年中心的体育锻炼，偶尔参加华人圈组织的社会活动，生活充实而怡然。祝福简先生和夫人，祝福黄老师，祝福两岸三地所有的华人！（新浪博客）

112，不同党派的朋友继续交流

周日，宝岛台湾的好朋友黄素惠老师邀请我们夫妇到她家作客，曾经面晤一次的台湾简许邦夫妇已经先来一步，热情与我们握手寒暄。上午，我们一起做了一阵“拉火车”的智力游戏，便 AA 制就餐（自带食品，交流食用）。饭后小憩，我们再次聊起共同关心和感兴趣的话题。

当今世界是信息社会，全球信息共享，难以有什么可以藏着掖着的事情。即使一时“捂住”了，时隔不久仍然会被披露出来。简先生祖上在广东省顺德县，父亲是广东中山大学毕业，一家人不仅对祖国文化了如指掌，而且感情深厚。简先生也不愧做文化工作出身，讲起中华民族传统文化和近现代历史，井井有条，丝丝入扣。在谈到孙中山和梁启超的时候，因为我是大陆天津人，便说起河北区中山路的来历，孙中山曾经来过天津多少次，中山路和中山公园的名字是怎么来的；以及梁启超在距离中山路不远处的“饮冰室”。继而说起梁启超的历史贡献，我说：“假如‘康梁变法’成功了，历史对于梁启超的评价肯定不是今天的样子。”简先生对此深以为然。当然，中国人还是比较理智的，现在对梁启超也仍然十分敬仰，天津市政府和老百姓对梁宅和“饮冰室”（纪念馆）的重视，已经能够说明问题。如果做个进一步的假设，“康梁变法”成功的话，整部中国近现代历史都要改写，很难说不是一件了不起的伟大幸事。

简先生对当今大陆政治经济状况既了解又赞同。尤其对主要领导人十分赞赏。我想这不是虚与委蛇的客套，而是发自内心。简先生看到大陆这些年改革开放和经济发展十分成功，非常高兴和赞赏，感觉朝着这个方向一直前行的话，两岸问题根本不是问题。简先生对台湾“绿营”的所作所为，是既明白用意又不予赞赏的。我曾经对简先生说起过我的写作，多年来我写过好几部抗战题材的小说，但从来不写三年解放战争的小说。我是怎么想的？我和刘伯承元帅的想法是一致的：有记者采访刘伯承，问他看不看描写解放战争的电影片，他回答不看，因为战场上死的都是平民百姓（农民）的子弟，他们生活太穷太苦，当兵主要为了“吃粮”。那时有句话叫“吃粮当兵”或“当兵吃粮”，只为果腹，彼此并无深仇大恨。这样看问题是一种境界。我就因此没写过这方面的作品

简先生因为来过天津，知道很多天津的典故，知道有个“五大道”，知道有个袁世凯“小站练兵”的小站和咸水沽；对天津的“泥人张”赞赏有加，对天津的“十八街麻花”也耳熟能详。简先生欢迎我到台湾参观游

览，我也期待简先生到天津来走走中山路，看看梁启超的“饮冰室”，看看李鸿章的“李公祠”，弘一大师李叔同的纪念馆。民间的国共两党的基层党员再次握手。（新浪博客）

113，到陈黄老师家作客

在多伦多住处，结识了一层楼的邻居李玉山、徐美丽夫妇。李玉山原本在大学教书，后来到省公安厅工作，退休后投奔儿子到了加拿大。他有两个儿子，大儿子原本是部队文工团的舞蹈演员，后辞职到米国哈佛大学读书，获得博士学位，后到加拿大定居，最近到澳门大学任职；二儿子仍然在部队军乐团任职。老李夫妇又带着我们夫妇俩晨练，结识了来自宝岛台湾的朋友陈黄素惠（以下简称黄老师）女士。

黄老师为人热情无私，做事周到执着。每天早晨我们六点钟起床，洗漱后步行二十分钟到社区老年活动中心参加晨练。黄老师每天早晨都带着录音机，开车一刻钟到这里，一方面放录音——很多套晨练体操的伴奏音乐，同时，把各套晨练动作教给大家。我们从早晨七点练到八点。人员到齐时，差不多有六七十人。一个小时下来，浑身舒服，精神抖擞。我在这方面比较笨，但几个月过来，也已经学会了好几套体操。时间长了，就形成了晨练的习惯，一天不晨练，就会浑身不舒服。晨练的人员都在六十岁上下。还有八十以上的老者。还有一位女士也经常在队列前面为大家做示范，这位女士前些年因为丈夫出车祸，情绪十分低落。黄老师便让她通过晨练调整心情，专心把多套体操全部教给了她，让她通过坚持每天的晨练，慢慢将情绪调整了过来。

为了感谢黄老师，我赠送了黄老师一本书《古玩圈》。这本书有一定的专业性。天津电台曾经全文播出，反响非常好。这本书在宝岛台湾和东南亚，以及澳大利亚和米国都有销售。山东泰安作家许胜勤、山东济南作家王寿龙分别写过评论。所以，我对这本书也很重视，于是，为表心意，赠送给了黄老师。黄老师读了以后非常兴奋，便在家里请了一些朋友聚

会，于是，我们便有了机会与黄老师共进午餐。（新浪博客）

114，台胞田之欣夫妇

蓝天白云，秋高气爽。经闫老师精心安排，今天上午在多伦多“皇家御宴”餐厅与来自宝岛台湾的知名工程师田之欣夫妇（夫人闫老师）晤面，喝早茶，畅叙友情与家国情怀，似有说不完的话，无奈时间苦短。

田老师的祖父是台湾省政要田永谦，早年跟随上海市长吴国桢来台，吴国桢任台湾省长后田永谦便在吴手下任职。田之欣老师祖上是大陆湖北省黄陂区人，夫人闫老师祖上是大陆河南人，他们对大陆心心念念，情有独钟，对海峡两岸的林林总总耳熟能详。他们虽然旅加已有四十年，对两岸关系以及大陆改革开放后的发展十分关注，身边来自大陆的朋友不少，所以，对大陆经济政治情况亦耳熟能详，能讲出连我们也懵懵懂懂的很多细节。说起老家湖北、武汉和黄陂，田老师便打开了话匣子，从“黄鹤楼”到“汉正街”，从“九省枢纽”到“长江新城”，从人际交往说到“酒文化”，说到大陆的几个直辖市，特别是北京和天津，交通工具高铁、大巴之方便，说到以前大陆的经济状况至少比台湾落后二十年，现在看，至少平起平坐，甚至大陆远超台湾了。他们为此而高兴。田老师说，不论走到哪里，我们都是中国人，不论你自己怎么看这件事，因为在外国人眼里，你是黄皮肤黑头发黑眼睛，就是中国人，即使你加入了别国的国籍，人家仍然认为你就是中国人。而祖国正一天天强大起来，海外的中国人怎会不高兴？

田家正在续家谱，说到家谱，就说到了田之欣老师的叔叔田长霖——这位名闻遐迩的优秀旅美华人科学家、教育家，享有诸多荣誉的中科院院士，美国加州大学校长。多次受到我们国家主要领导的接见。我们夫妇之所以能与田之欣夫妇走到一起，是因为我们帮儿子买房，而闫夫人为我们帮了不少忙，她为人处事谦虚诚恳，周到热情。是可以信赖的朋友。（新浪博客）

115，旅加华人名家戴国奋

晨练教练黄素惠老师近日将回台探亲，我们打算为她饯行，而她却先声夺人为我们赴加接风了。最让人感动的是她安排了加拿大华人促进中国统一联盟主席戴国奋先生前来陪同。真是恭敬不如从命，我们夫妇二人便由此与戴先生结识。

戴先生今年七十有五，知识渊博，沉着干练，诚恳谦逊，虽承担着重要民间组织的主席职务，多年来却一直在商海徜徉，米国，加拿大，中国大陆与台湾等地，都有他的产业和项目。我们聊天就从中国的传统文化的核心部分儒家学说讲起，戴先生每每有精彩语言和精到论点迸出。是一位名副其实的“儒商”。而且，他因为在中国大陆有自己的产业，所以，对中国大陆的很多地区与城市及其经济状况耳熟能详。各阶层的朋友也很多。

长期以来，戴先生所供职的加拿大华人促进中国统一联盟与其他华人社团，以及在加拿大的广大华侨华人，发扬中华民族吃苦耐劳、积极进取的传统美德，为加拿大的经济社会发展做出了积极贡献。同时大家心系祖籍国，旗帜鲜明地反对“台湾独立”、“两个中国”、“一中一台”等分裂活动，为两岸关系和平发展做出了不懈努力。特别是戴先生长期往来于中米中加之间，多方奔走，为推动两岸统一竭尽全力。

戴先生说，早先孙中山先生讲“革命尚未成功，同志仍需努力”，而今是“两岸统一尚未成功，世界华人仍需努力”，今后将以如临深渊如履薄冰之情怀，为两岸和平统一而努力。加拿大华人促进中国统一联盟是由温哥华、埃德蒙顿、多伦多、渥太华和蒙特利尔等地区的促统会联合产生的。成立于 2001 年 4 月。全加华人促进中国统一委员会(大多伦多区)正式成立于 2000 年 4 月，由多伦多附近地区爱国华人自发组成。

因为我的职业就是文学创作，戴先生询问了我的有关作品，表现出极大兴趣。特别问到我的写作宗旨和目标。我回答，我是个理想主义者，虽然以往的作品不少，但都微不足道，所以希冀自己能写出对得住历史，经得住时间检验的作品。他点头表示赞许。戴先生身材伟岸，气宇轩昂，仪表堂堂；在接人待物上亲切平易，轻松自然，既不故意拿捏也不冒失唐突，极有分寸感，一派大家风范。（新浪博客）

116，问世间情为何物

十几年前，甚至二十几年前，就有很多次拿起笔来打算写这个题目，都因为倍感沉重而放下了；及至最近几年，又有好几次打开电脑，打算“敲”出这个题目，还是没有“敲”，因为接下来我将面对和描述的是一笔几乎没法表达的“重”情。重到什么程度？不夸张地说，我根本承受不了。因为她涉及到一个人的生命！

这个人就是我命悬一线的四弟岩庆。1984 年上半年，我和爱人旅行结婚到北京——说起来很寒酸，主客观条件都不允许我们走得更远，只是在北京转了几个地方，四弟始终跟随我们，用照相机记录了我们的行踪和身影。回到天津后他就感觉心脏不爽了。他是先天性心脏病（四联症），到医院检查，医生说，这种病小时候四岁以前做手术最好，长大了再做就没有保证了。而且，21 岁以后随时都有殒命危险，而四弟当时已经 20 岁了，按医生的说法，是在地狱门口转悠呢。于是全家召开会议研究：做不做手术？做的话只有一半希望，不做的话毫无希望，等待的结果是随时可能“殒命”。于是，我力主做。全家都服从了我的意见。于是，事情就到了和平区睦南道，这个可能发生与“情”相关的地方——天津市第一中心医院那时候在睦南道 122 号（现在天和医院的位置）。我和爱人带着四弟来此挂号、门诊，医生当即就留四弟在胸外科住院了。

住院部护士长齐冬秀，被称为“大护士长”，管着各科住院部的小护士长。她是个五十岁左右的老大姐，身材瘦削，瓜子脸，大眼睛。可能常年操劳的原因，微微有些驼背。她像个自家的亲姨，亲姑，把四弟的一切安排得妥妥帖帖。她说话就像对自家人一样亲切和絮叨，生怕你记不住、记不全，有些话反复说，来回说；说话时和你面对面，站得很近，往往用右手揪着你的胳膊衣袖，生怕你没认真听。后来我才意识到：这样的手术事关生命，或成功——活，或失败——死，一切全在那几小时之内决定。如此严重的时刻，你怎么能不认真倾听院方的一切要求？

四弟为人随和，勤快，时隔不久就与住院部的医生、护士以及住院的病人都混熟了。他经常帮助护士给即将手术的病人“备皮”（刮体毛），给住院病人理发，帮护士给住院病人打饭、分饭、刷碗，等，凡是能干的活全抢着干。于是，很快住院部的墙壁上就有病人和护士分别贴出的“小字报”（表扬信）了。胸外科住院部有三四个非常年轻的小护士，小王，小刘，小李，等，虽有胖有瘦，有高有矮，但全都青春靓丽，正是护校刚毕业不久的年华，轻盈矫捷的身影在楼道里“飘”来“飘”去，象征着生命的旺盛与可贵。殊不知，危险就潜伏在身边，悲情随时可能发生，只是不知道会发生在谁的身上。

和四弟住一屋对过的一个九岁的男孩叫徐克，苏州人，和四弟一样的病症，为此，他父亲得到当地政府允许已经生了二胎，现在把徐克送到天津一中心医院胸外科做手术。小徐克长得眉清目秀，白净爽利，非常聪明，下象棋、下围棋四弟都不是他的对手。本来四弟的象棋、围棋是下得不错的，同学们很少下得过他的，但在小徐克面前，几乎不堪一击。小徐克嘴也很甜，见了我就喊叔叔，见了我爱人就喊阿姨。对护士们也非常尊敬、友好。完全是个懂事的小大人。将要手术以前，他爸爸妈妈来医院看他，我清楚地记得，他妈妈害怕天有不测，搂着他抽泣不止，他笑呵呵地劝妈妈不要担心，说手术一定会成功的。我爱人听说小徐克上午九点就要做手术了，提前花一块多钱买了一板儿巧克力，来住院部送给小徐克，让他手术以前吃掉，以增加体力。在我眼里，那时候一块钱可不算少，一板儿巧克力也不是任何人都随便就吃的……但是，但是，我不能不说这两个可憎可怕的字眼儿，下午我和爱人下班后来到医院住院部，看到小徐克的妈妈坐着凳子趴在小徐克病床边的床头柜上，举着那板儿巧克力长久地无声地抽泣着！她的心情一定坏到了极点，即使她早有思想准备！因为聪明可爱的小徐克是她的亲骨肉！小徐克没有下得了手术台，事先那板儿巧克力他也没吃！我事后猜想，小徐克有可能估计到自己的手术凶多吉少，留下巧克力给旁人吃才是最佳选择，他一定是这么想的！那天，我和爱人看到小徐克的爸爸端着骨灰盒来给小徐克办相关手续，我们两口子怎么也抑制不住自己的泪眼婆娑！

身材伟岸的胸外科住院部主任、主刀佟霖大夫，四十岁左右，文质彬彬，学者气质。他半个月没来上班，精神几乎垮了。本来他胸有成竹，但事情完全不像他想象的那样。他非常喜欢小徐克，小徐克住院期间他经常搂着小徐克，抚摸他的脑袋，像对自己孩子一样亲密无间。偶尔看到四弟与小徐克对弈，佟霖主任还会在一旁兴致勃勃地支招。他自己总结说，不能和病人把关系搞成这样，一旦手术失败，自己是没法承受的！而这种手术，成功率只是一半，一半啊，咱们国家那时候还没有真正攻克这项技术，包括设备、医药、护理等诸方面，都还很落后。

胸外科主治医生申恭会也是个高个子，三十七八岁，身材单薄，耐心细致。他找到我说："你做好思想准备，佟主任打算放弃你四弟的手术了，他现在一想小徐克的事就心有余悸，都想改行不干胸外科了！"因为，有人曾经贬低佟主任是"杀人犯"、"刽子手"，把一个活蹦乱跳的小家伙或其他看上去身强力壮的人送进了坟墓。我让申大夫向佟主任转达我本人和家人的意见：相信佟主任会做好下一例手术，既然成功率只有一半，我们宁可相信那成功的一半，因为，四弟的情况不允许拖延。申大夫为难地摇了摇头。

我回家就和爱人商量，和父母商量，结论是继续进行，因为等待或犹豫没有前景可言。我就违规买了现在看起来根本不像样子的"礼品"，辗转找到申大夫家去游说。磨了一晚上，已经很晚了我也不走，申大夫的爱人是铁路医院的大夫，感到我太执着了，就劝申大夫"还是一起做做佟主任工作吧"，申大夫最后只得答应一起做做佟主任工作，还把佟主任住址给了我。那时候医院里要求严格，大夫们也非常自觉，根本就不给你家庭住址，就防止你有事往家里跑。我拿到佟主任家庭住址以后，又照方吃药打上门去。佟主任非常纳闷："谁给你的地址？"我说："你甭管了，我不是来干别的，是动员你鼓起勇气继续手术，千万别想'撂挑子'改行的事！"佟主任非常无奈，和我聊了一晚上，说到小徐克，他也是眼泪汪

汪的，说："一想到他，我这手还有些抖。"但最终，佟主任答应继续手术，只是还要继续恢复心理和精神，要调整到"临战状态"。

我姐夫一家都在部队医院工作，于是有一天我姐夫的父亲在报纸上看到了北京阜外医院著名胸外科专家郭家强的先进事迹，便把我叫去了，让我好好看看，而且建议我也让申大夫看看。于是，我就把报纸拿到了医院住院部。申大夫一看报纸便一拍大腿："我读研的时候郭家强是我的导师！"于是，申大夫拿着报纸去和佟主任商量：能不能把郭家强请来，在咱一中心医院胸外科做一次"教学示范手术"？当然，这需要与郭家强沟通协商，需要向院方及上级领导打报告，需要相关的费用。经过申大夫和佟主任的努力，院方首先同意了，于是，申大夫就赶紧往北京跑了一趟去协商和邀请。郭家强不愧是大牌的医生，越是这种"大牌"，越是没有拿人的架子，见是自己的学生来邀请，当即就同意了，并把日程做了安排：他正在准备应邀去印度讲学，告知对方，时间往后推一下，手术后再去。申大夫后来告诉我，他听到郭家强做了这样的决定，简直高兴得要跳起来了！

当时一中心医院的血库存量不足，需要外援，于是，我们全都开动机器，调动方方面面的关系，最后从相邻不远的儿童医院调来了血浆。一切准备停当以后，我们在与一中心医院相邻不远的"二招"（和平宾馆）请郭家强吃饭。郭家强五十出头，一米七左右的标准身材，不胖不瘦，满面红光，走起路来脚步咚咚的很有力。他在饭桌前笑着说，我若不来，你们肯定心里敲小鼓。说着话就主动把菜单拿过来亲自点菜，啪啪啪，就敲定了几个菜，我们一看全是最低价的家常菜，我们要求加菜，被他严肃制止了。想上酒，更被他制止。那天大家就吃了一顿如此简单的午饭。

郭家强连同佟主任和申大夫以及一干研究生，开会详细研究了手术方案。一切拍板定案以后，佟主任把我叫到院子里，讲述了刚才的会议和决定。此时正是初春，寒风凛冽，佟主任却找我要烟抽。他显然很担心，即使是大牌胸外科手术专家，成功率也不是百分之百，这一点他非常清楚。尤其他也非常喜欢四弟，所以，他依然有着心神不定、坐卧不宁的感觉。我说，你从来不抽烟，今天就甭抽了。他有些不高兴，说："若是平时，你给我烟，我肯定扔垃圾桶里！"于是，我们俩开始对着抽烟。抽完一根，他又要。我说你原本不会抽烟，这样抽会抽醉的。他说，不行，只有抽烟能转移一下注意力。于是，他因为不适应而被呛得猫下腰连连咳嗽，浑身抽搐着……

护士长齐冬秀此时进进出出，忙忙碌碌做着各种准备，神情十分紧张，见了我和佟主任，只是对一下眼神，绷紧嘴唇，连话都不说；其他护士，小王买了一把鲜花存在申大夫屋里，说如手术成功，就把鲜花献给四弟，如不成功，就把鲜花放在四弟的遗体上，然后她就泪眼婆娑地请假回家了，说是承受不了那一刻；护士小刘刚刚结婚怀孕，更担心情绪上大起大落会影响胎儿，便提前两天就请假了，临走流着泪撂话说，请转告岩庆弟，姐没办法；护士小李则买了一兜水果放在申大夫屋里，说手术若成功，请给岩庆弟，若什么的话，你们看着办吧，她连话都没说完，哭着跑了……

手术这天，申大夫和佟主任都给郭家强打下手，身边一干研究生在做观摩。这一天是我爱人生下儿子坐月子的第十二天。自打四弟住院，我爱人就怀上了孩子。后期我爱人是腆着大肚子跟着我跑前跑后帮四弟做事，四弟手术时她没法前来，但也没告知她准确时间，怕影响她情绪断奶；四弟临进手术室时对我说："我添了个大侄子，这似乎预示着'冲喜'。"我说："一定的！"手术这天我父母在家里静候，插上门，不让旁人进屋，他们似乎害怕听到"那个"消息；手术室外面的楼道里气氛静谧得有些肃杀；住院部所有的病人都搬了凳子在门口坐着静候，人人都不说话，没有以往的嘻嘻哈哈和交头接耳……

（一中心改名后）

郭家强不负众望，成功拿下了这个难攻的山头。手术从上午九点一直做到门下午四点，中间没吃饭没喝水，3 月 19 日，还是初春的日子，郭家强汗水淋漓地走出手术室。外面的人们问他：“怎样？”他摘下口罩，微微点头，大家刚要欢呼，他急忙把食指压在嘴唇上。大家便立即噤了声。四弟躺在手术床上被推进了监护室。北京阜外医院跟过来的护士徐燕需要 48 小时不离监视仪。监视仪就在四弟身边病床旁摆放着，徐燕一袭白衣白帽白口罩，一丝不苟地正襟危坐，目不转睛地紧紧盯视着监视仪的荧屏，一坐就是两天，两天里只喝很少的水，吃一点点东西，几乎没去过洗手间……

时光荏苒，三十多年过去了，那发生在和平区睦南道一中心医院的一桩桩一件件，仿佛就在昨天。我作为一个职业写手，经常在想，佟主任，申大夫，齐冬秀，郭家强，小王，小刘，小李……还有很多与之相关的人们，我该怎么记述你们？不记述，我心不安；记述的话，我的笔力只怕难以承担。因为我的描述根本不能复原三十多年前的情景。我粗枝大叶地回忆着，叙写着，猛地在心中涌上一个最精彩的字，叫做“情”。那是同志间、朋友间、亲人间乃至供求间的关系当中最应该存在，也最容易被忽视的东西。我之所以非写她不可，因为我时时都在怀念！但仅此一字显然不够，我由此联想到另外三个字，加起来是“清、情、倾、庆”，您琢磨去吧（原天津第一中心医院已搬走，现在改名“天和医院”。四弟岩庆现为一家国企公司的行政主管，工作有声有色，同事关系和谐友善，深受上级领导信任）！（微信公众号）

117，“7047”，一个闪光的名字

今年是中华人民共和国建国 70 周年，在这 70 年的历程中，有过多少风风雨雨和艰难曲折，但终于走出了一条属于共和国自己的发展道路。在回眸这一伟大历程的时候，我想起了我们天津的“7047”工程——“激情燃烧的岁月”铸就的不凡成就。那个工程起自 1970 年，我正上初中二年级。而早在 1967 年 4 月，党中央就基于当时紧张的国际形势的需要，发出了“备战、备荒、为人民”的号召，加上 1969 年 3 月在中苏边界发生震惊中外的“珍宝岛事件”（军事冲突），中国国内进入了真刀真枪的战备状

态。而作为中学校内的反映，就是挖、垒防空洞，名为“人防工程”。而各区和各企事业单位凡是有条件的也都上马了“人防工程”。

我们学校在教学楼的前面深挖了三米以下，十几丈长的筒型防空洞。初期外观看上去就是一条深深的大沟。接下来需要垒砖，发旋（拱形的砖顶，比横木顶子牢固）。因为各处都在挖、垒防空洞，砖瓦厂烧的砖供不应求，学校一时间弄不来这么多砖，于是，在操场垒砌砖窑自己烧砖。师生群策群力淘换来很多煤、柴，又在操场一侧挖了很大的坑取土。由于经验不足，烧出的砖大多有“瘤”，成了废品。正着急时，砖瓦厂那边我们排队到“个”了。于是，全校师生都去运砖，所谓“运”，就是搬，人人上阵，十块不嫌多，五块不嫌少，各尽所能，男男女女，老老少少，形成长长的搬砖的队伍，半天下来，人人汗流浃背，精疲力竭。最后，学校的防空洞总算垒成了。表层填好土以后，漫上砖，做成甬道。两侧栽上了树。

家里也是如此，每家都挖了防空洞。我家的结构是里间是大间，外间是半间，就在外间的半间地上深挖下去，上面支上木楞，做成顶棚，覆上土，上下口是活动盖子。深度差些，能坐四五个人，却站不起来，因为再往深挖就出水了，那就不好办了。于是，家庭里的防空洞更像是菜窖，冬季储存大白菜正合适。市里曾经做过演习，空中响起悠长刺耳的防空警报，各家各户便快速钻进自家挖的防空洞，“隐藏”起来。挖防空洞的初衷是防原子辐射，因为挖得都不够深，能否达到目的，只有天知道。好在一度造成紧张空气的“核大战”终究没有打起来，家家户户的防空洞是否管用也就无从检验。

就在这个时候，即 1970 年的 4 月 7 日，作为“人防工程”和“战备通道”，天津市政府修建天津市第一条地铁的决策形成了，最初命名为“墙子河改造工程”，简称“7047”。此时全国仅有北京修建了一条地铁，各地还没听说哪个省市在修地铁。天津修这条地铁，意在打造一条地下战备堡垒，所以要求保障性强，防御性高，既能做掩蔽洞体又能做疏散通道，与各区人防工程相连，战争来了要能够疏散人员，而平时就用作轨道交通。还要保障市领导（指挥中枢）的安全及便于转移，所以要联接国铁干线。而市政府在烟台道，选择临近的墙子河就成为上策。墙子河是天津市内一条有名的脏臭排污河道，把污水排干净，再挖少量的土方，就可形成地铁通道，上面再盖上盖，覆上泥土砖瓦，便成“人防工程”。这无疑是减少土方采挖量，加快修建进度的上选。决策一经形成，“7047”即开动起来，这个称呼也在一夜之间叫响了。

那个年代没有当今的先进挖掘设备，属于敞开式“挖明渠”和“挖河道”的办法。而且基本依靠“人海战术”——大量的参与劳动的人员，使用铁锹和两轮手推车，夹杂着扁担与挑筐、抬筐，“蚂蚁搬家”一般，熙熙攘攘，人来人往，将抽干了污水的墙子河河道中的污泥挖起运走，集中到马路上，由大卡车运走。原本光滑平整的马路干线，经常散落着被大卡车洒落的“胶泥瓣儿”，再被汽车轮子压实，使马路路面疙瘩罗嗦，一时又不能铲平，坐公交车便十分颠簸。资料说，当时市内各区均成立了“7047”分指挥部，除由市政公司和“六建”公司抽调人员组成专业队伍，挖土方的工作主要靠群众义务劳动。各系统职工、大专院校学生和机关干部积极响应、主动参战。我们一般中学，只有学生干部和平时表现好的学生才有资格参加。墙子河的河道淤泥脏臭异常，时值夏季和伏天，火炽的太阳晒得河床热浪蒸腾，而那热浪，洋溢的是腐臭的黑色“胶泥瓣儿”散发的刺鼻气息。

我们这些选来的中学生劳动了两个月，在9月干到11月，其间经历了一个中秋节。在河底把淤泥用两轮手推车推上来，一般是前面一个人“驾辕”，后面两三个学生使劲往推车，脚下是（竹片合成的）脚手板，车轮要走在脚手板上，否则在黏性很大的淤泥河底，是没法推上来的。此时，天已凉爽，而我们仍然人人汗流浃背。因为沉重和用力，脚底下的脚手板免不了会散架，一次，我们的手推车的一个轮子陷进散了架的脚手板的缝隙，于是，再也不能前行，要扒出来，因为一车淤泥十分沉重，谈何容易！只能卸掉半车，扒出轮子以后再重新装满车继续前行。没有人抱怨。没有人偷懒。凡是前来参加义务劳动的人，都有一种荣誉感和使命感。中午的太阳依然很热，让人冒汗。而早上和傍晚，头顶的太阳便不再炽热，偶有凉风吹在湿漉漉的身上，舒爽中也会打个寒战。

晚上，我和年级里的另一个班干部谢善根值夜班，睡在临时“窝棚”里。窝棚是用草席和帆布做顶棚，用拳头粗的长竹蒿做架子支起的。“床”就是木板搭的地铺，下面垫着两行砖，很矮。光光的木板上铺着一张薄薄的草席，我们都从家里背来了被褥，即使如此，因为窝棚四处漏风，夜里睡觉还感觉冷飕飕的。谢善根父母亲是南方人，他在天津长大，他说的是天津话，而父母亲还是南方江浙一带口音，他的生活习惯也随着父母，他带来的中秋节必吃的粽子就是黏米加肥猪肉的“咸”粽子，请我品尝时便很不习惯。他还有甜咸两味的粽子，更让我难以下咽。但他吃起来狼吞虎咽十分爽快，开心。夜间。我们要巡视工地，扛着上“军体课”使用的带黑色胶皮圆头的黄色木质步枪。其实，这种枪很不实用，只是上“军体课”练刺杀好使，巡逻的话远不如来根铁棍。夜间巡视的时候，不断碰上其他单位、学校的巡逻人员，大家警惕性都非常高，若有“阶级敌人”破坏，便会“严惩不怠”。我们夜巡的时候没碰到“阶级敌人”，却遇到一匹壮硕的脱缰的大马，呱嗒呱嗒地从工地跑过，把我们惊出一头冷汗，却无计可施。大马跑过几个来回，跑到我们跟前，还要躲着它，否则说不定就被它尥蹶子来一蹄子。最后它离开了工地，我们才放下心来。

这时，我被河北区指挥分部的宣传中心调去做宣传工作——采写、编辑和刻印一份宣传中学生在工地义务劳动的油印小报。这个宣传中心也设在工地边缘，是个稍稍讲究一点、面积更大一点的帐篷。我和两位师傅打交道——那时候不兴叫老师，对尊重的长者流行喊“师傅”。一位是区里来的干部叫“阚师傅”，负责成年人参加义务劳动者的先进事迹的宣传，经常给新闻单位写稿；另一位是河北区白庙工业区的天津制铣厂的“段师傅”，他是“美工”，整天在画一幅幅大型宣传画，水粉画，因为我也学过水粉画，便知道他的画法非常正规，大型的人物宣传画在他手里像“玩儿”一样，边起稿、作画，边说说笑笑，画作的水平不亚于任何一家电影院门前的大幅人物宣传画。他们两人还不断逗咳嗽，我在一边干自己的事，总被他们的说笑所干扰。于是，有时阚师傅就对我表示歉意，说：“小同学，干扰你了，你也正好歇会儿。”我那会儿为凑版面什么都写都编，师生的文章与事迹，包括带“文艺色彩”的短文，还有为填补小窟窿的几句一段的短诗，反正我是记者、兼主编，一切由我决定。刻印前请阚师傅把一下关，他往往简单看看，就说："干吧干吧，挺好的。"

在"7047"开工的前几年里，平均每天都有四、五千人参加义务劳动，最高峰时多达上万人。臭气熏天的墙子河河道里，人来车往，挤挤插插，热火朝天，这样的劳动情景，以后多年没有再见，而且恐怕再也难以见到！作为参加过此次义务劳动的普通一员，每每想起便充满自豪也充满惆怅，体味丰富而又复杂！

没有参加过地铁工程的人们往往不了解其工程的复杂性，有人还会说，不就是把有轨电车搬到河底，再加个盖儿吗？事实哪有这么简单。专家讲，地铁里车体运行速度很快，对轨道、洞体及弯道的冲击以及所形成的风阻，都要进行严格审慎的测量和计算，必须有相应的规范和安全系数。此外，还有通风、高压电缆敷设、通讯系统、信号设备等等诸多问题……都不是简简单单粗针大麻线就能解决的。建设者们在市政府的统一领导下，依靠自信和顽强，一方面收集和学习世界当时最先进的地铁技术资料，另方面挖掘天津市这方面的所有潜力，竭尽最大努力，发挥最好水平，在有限的物质条件下用了五年多，至 1976 年 1 月，终于完成新华路至海光寺段 3·6 公里的地铁线路，投入运营。在全国成为继北京之后的第二条地铁线路。核大战没有打起来，但一条"人防工程"兼地下通道的地铁线宣告诞生。为以后的线路延长起了好头。而党中央"备战备荒为人民"的指示精神，也永远留在所有过来人的记忆中。《西岸风》

118，正大气象的追求者

津门漆书大家张长勇近年来声誉鹊起，伴随着越来越多的人了解了什么是"漆书"，张长勇的名字也越加响亮。最近，《天津文学艺术网》走访了张长勇，就书法艺术的"正大气象"话题展开了研讨。

津门大儒，著名书法家龚望先生有诸多弟子，而最贴近的弟子之一就包括张长勇。早年张家与龚家是世交，在动荡年代张家把张长勇和姐姐交给龚望先生，跟随先生学书法，学文化，既学本事又陶冶情操。张长勇中学毕业后曾经响应国家号召上山下乡，在农村的艰苦条件下，他不忘先生教诲，仍然坚持研习书法，村里很多大事小情都请他书写，是远近闻名的小秀才和“知青书法家”。及至后来选调进城走进工厂，他仍然坚持研习书法，在单位施展才华，是能写各种书体的“多面手书法家”。并与更多津门书画家接触，眼界更加开阔，功力长进更快。上世纪八十年代初他与另外六位书画家联合举办的“七人书画展”大获成功，引起津门文化界的高度重视。此后他再接再励，对各种书体、风格广泛涉略，潜心研习，博采众长。而让他最下苦功的，当然还是清代“扬州八怪”之首金农的漆书。尽管漆书的写作难度很大，张长勇已经得其精髓，做到了形神兼具，且更有今人的灵动蕴含其中。遍览当今中国北方研习漆书的书法家作品，难有出其右者。但张长勇具有本人风格的真草隶篆功力亦十分深厚，尤其是颜楷和汉隶，更为行家所称道。

半个多世纪的临池不辍，使“坐六望七”的张长勇在思想和艺术上已经到达日臻成熟的程度，对中国书法这门博大精深的传统文化艺术有着自己的独到见解。他认为第一要做好人，其次具备渊博的学识，第三才是写好书法，没有前二者，书法难以呈现“正大气象。”前不久《天津文学艺术网》转发了《人民日报》的有关文章，强调书法艺术要有“正大气象”，不媚俗，不取巧。引起张长勇的强烈共鸣。这些年来，他在自己的书法实践中追求正大气象，从不写俗媚、丑怪字，他的书法被名家赞为“馆阁体”；而且，对他的弟子们也如此要求。尤其让弟子们了解从古至今都以正大气象为主流的中国书法史。告诫弟子要想写出“正大”，人首先要正，有博大胸襟，宽宏度量，从品德、做人上，是谦谦君子，这是写好书法的基础和前提。

张长勇在为学生授课时经常讲到颜体创始人颜真卿，颜真卿是怎样的一个人？怎么会创造出正大气象的“颜体”？那绝不是凭空而来。颜真卿在唐代曾登进士第，任监察御史和殿中侍御史。后因得罪权臣杨国忠，被贬为平原太守，世称“颜平原”。搅乱唐朝的安史之乱发生时，颜真卿率义军对抗叛军。唐代宗时官至吏部尚书、太子太师，封鲁郡公，人称“颜鲁公”。后被派遣晓谕叛将时因凛然拒贼而被缢杀。他遇害后，三军将士皆为之痛哭。朝廷追赠他谥号“文忠”。他的凛然正派的性格融进了书法，其正楷端庄雄伟，行书气势遒劲，创“颜体”楷书，对后世影响很大。唐代的另一位书法宗师柳公权名气也很大，也是学习了颜真卿的正气精髓。唐朝文宗皇上曾问柳公权：如何写好字？柳公权回答：心正才能笔正。与颜真卿一脉相承。张长勇告诉学生，人若不正，没有大气，就写不出颜体的气象。张长勇在教学中非常重视临帖，他的弟子学颜学欧的都有，他不仅让他们临习颜体、欧体的碑帖，自己也不放弃都临。他认为临帖就是和古人对话，就是学习。既学古人的气度，也学古人的艺术，这样的学习是没有止境的。

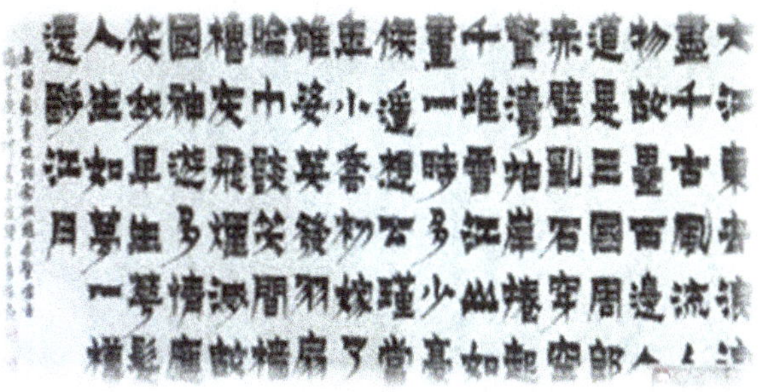

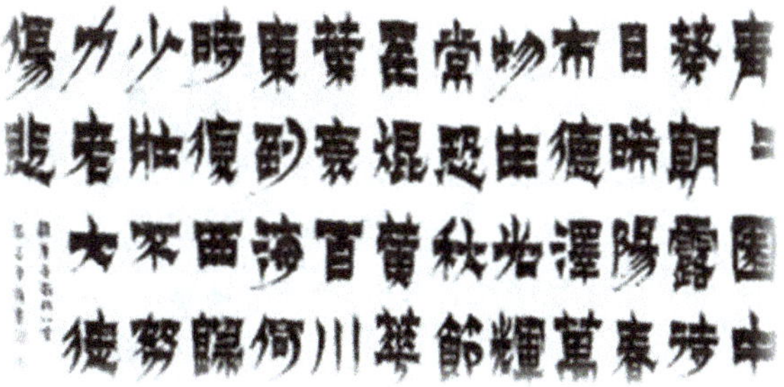

张长勇虽然对漆书情有独钟，却并没有放弃其他各种书体，做到了精通一体，兼顾各体。这样的修炼既源自古往今来的书法大家，更得益于先师龚望老，龚望老平时以隶书示人，其实临过 70 多种碑帖，真草隶篆都行。学识也非常渊博。张长勇明白，书法是文化的载体，文化有多深，书法就有多深。在 2015 年他曾经举办“漆墨今韵”个人书法展，以漆书为主，其他各体兼具，对自己进行一次小结，对社会进行一次汇报。社会反响很大，津门文化界名流对其评价很高。他现在仍然每天都在写，时写时临，追求更高的境界，现在他看自己去年、前年的作品，就总有不满意之处，说明在不断进步。当年龚望老对他说，在临帖上，“取法乎上仅得乎中，取法乎中仅得其下，学近人书如无源之水”，让他牢记在心。津门著名文化学者姜维群先生的《不让古人让今人》一文也让他颇受启发，他感觉以自己的字和古人、先贤比，总有不足。从先贤处得到的启示是好的书法首先讲的就是要求做好人，不狂不怪不小气不做作不附媚，望之威严，即之也温，正大气象，犹如“如来垂目”，仔细看文质彬彬，赏心悦目，耐人寻味。

而之所以张长勇对漆书情有独钟，就因为漆书的字体恰巧端庄严正，器宇轩昂，筋骨丰满，不苟且不猥琐。“学无止境，艺无止境”，张长勇仍在孜孜以求地修炼自己。祝愿他在举起漆书这面旗帜的同时，写出更加鲜明的“自己”。（天津《文学艺术网》）

119，紫砂文化的传播者：解书明

中国的紫砂文化源远流长，博大精深。是中华民族优秀传统文化的一个组成部分。热爱紫砂文化，从事紫砂文化研究，以及制造五彩缤纷的紫砂工艺品的各层级人员，不计其数，各领风骚，洋洋大观，是中国独有的一种文化现象。为国内外使用者、观赏者、爱好者、收藏者带来无尽的精神和物质享受。

品无疑具有极大商业价值，但研究紫砂文化，需要静下心来，以虔诚的非功利的心态来面对。急功近利，唯利是图，则难以深入其间，更难得其主旨与精髓。天津有一位研究和传播紫砂文化的知名使者，收藏和养护紫砂制品的高手，痴迷者，退休机关处长解书明。

解书明是一位资深教育工作者。具有做事耐心持久，明确方向便一以贯之的良好风格。这样的禀赋，是他研究、传播紫砂文化的天然有利条件。他早年师范学校毕业后回到母校做教师，当了多年团委书记，发现和培养了历届的多名学生干部和品学兼优的好学生，这些学生后来有的成为优秀局处科级干部，知名企业家、大学教授、中学教师及编辑记者作家，乃至世界级制作大师。而这些学生走上社会以后，也仍然不忘解老师的举荐提携培养之恩，像亲密朋友一样与他热络交往。最值得纪念的是上世纪八十年代初，作为学校团委书记的解老师，组织了为期七天的夏令营活动，带领几十名学生骨干，骑自行车从天津赴北京参观学习。120 公里的骑行，让同学们经历了种种考验和磨砺。这样的举动在天津市是有史以来的第一次，前无古人后无来者。北京教育界的朋友也对解老师的这一举动高度赞许。他是把这种活动作为培养学生意志力与集体主义精神的一种尝试。学生能够成才并做出成绩，是他最大的愿望。

他早年的业余爱好是长跑，每天早上都穿着运动服和球鞋跑着去上班，下班也如此。无冬历夏，从不间断。直到后来调离学校，到教育局机关工作。这样的意志力，凡是认识他的人，无不竖起大拇指。他从一般干部做到处长，因工作深入扎实，走遍各个单位和部门，对所辖工作范围和自身业务十分熟稔，说起来如数家珍。在他指导下获得各种奖项的单位非常之多，大家也都记着他。平

易近人的风格与良好的人际关系又让他朋友众多。但他的朋友更多的是文教界的君子之交。有成全别人，塑造人才的无私高尚的愿望，加之耐久的意志力，是他能够做成事情的有利条件。多年来，他在工作过的学校和机关，获得多项方方面面的奖励。但他做人做事低调，从不张扬，只把自己作为一个普普通通的教育工作者。在他从事紫砂壶的收藏，养护，研究以后，仍然坚持以往的风格，像对待学生一样对待每一把优秀的紫砂壶作品，遂使得这些作品尽显紫砂文化的丰厚内涵与无穷魅力，得到诸多业内从事紫砂壶创作的艺术大师的高度赞许。退休以前，解书明已经开始收藏紫砂壶，并有了一定数量。他不是随意收藏，而是按照“不是精品不动心”的原则好中选优。不知不觉间，家里收藏的紫砂壶就有了几百把。

退休后，继续加码，紫砂壶在不断增加。而他对紫砂文化的研究，也进入了新的境界。作为紫砂文化的历史，曾经有过很多说法和记载，但解书明了解到，近年的考古发掘证明，1976 年宜兴红旗陶瓷厂在施工中发现的紫砂古窑遗址，才是迄今最有说服力的，也是最久远的记载。这个遗址证实宜兴陶瓷的生产始于一万年前的新石器时代。宜兴是个古老的县，始设县于两千年前的秦，而远在一万年前的新石器时代，勤劳智慧的劳动人民就在这里开创了原始陶瓷的生产制作活动。为此，解书明对古代、近代、现代、当代的紫砂作品制作大师及代表人物，都有了了深入的了解。尤其是当代的任淦庭、吴云根、朱可心、裴石民、王寅春、顾景舟、蒋蓉，这七老艺人；对当代实力派紫砂代表人物徐秀棠、徐汉棠、鲍志强、高海庚、何道洪、汪寅仙、吕尧臣、周桂珍、李昌鸿、顾绍培、姚丹萍、曹安祥、倪顺生等身怀绝技的设计制作才俊，均有相当的了解。对他们以及他们的子弟的作品，都有收藏。而且，对紫砂的分类，紫砂的成分，紫砂作品的制作过程，以及什么叫“浴火变色”，什么叫“富贵土”，“紫砂泥的种类”，紫砂的各种“窑区”，紫砂的各种“制作工具”，哪些作品属于“传世紫砂名壶”，等等，无一没有涉猎。

解书明收藏的紫砂壶作品，若按类型分，包括“大师作品专题”，“中国航天专题”，“北京奥运专题”，“中国古城专题”等多个专题。注意体现紫砂作品中的“书、画、刻、印、诗”五大特性，彰显“泥、型、功、款、工”五大体系。解书明在多年的收藏，研究，养护中体会到，通过对紫砂壶的养、用、藏、观赏，特别是亲自动手，可以很好地取得养眼，养心，养生，修身养性的功能和作用。而紫砂壶的材质和工艺制作的独特性，决定了紫砂壶的价值，正因为如此，紫砂壶被确定为中国非物质文化遗产项目。而在日常使用基础上生发的紫砂文化所派生的种种功能和作用，十分可贵。但目前还远远没有被人们意识到。　正是在这个基础上，解书明郑重其事地进行了多年的紫砂壶养护。对于什么是养壶？怎样养壶？解书明都有自己的理解：每个人都有自己的雅好，而养壶就是自己的雅好，是茶事过程中的雅趣之举，其对象虽在于“壶”，但真正的主角仍然是“人”。“养壶即养性”，壶之为物，虽无情无感，但透过泡养摩娑的过程，改变紫砂壶原始的璞玉面貌，而以其器面的日渐温润和柔美的亚光回报主人对它的恩泽，这其实是一种人与紫砂壶的情感互动！“养壶”之所以称“养”，不称“灌壶”、“喂壶”、“浇壶”，而是每日里“洗刷刷，擦擦擦”，才正是其“怡情养性”的基本特质！茶之道旨在怡情养性，养壶之道莫不如此。解书明退休后的几年里，每天工作 7—8 个小时，循序渐进，不急不躁，乐此不疲，乐在其中，心无旁骛，专事养壶，修身怡情，于是，乐趣无穷。他给壶投入，壶对他回报。养出包浆的紫砂壶给他带来无尽的欢喜和快乐，一定程度上预防了可能发生的身心疾病。

很多人在退休的当口六神无主，心绪紊乱，影响到健康。而解书明完全没有这种感觉，因为，他早已进入一个新的领域，上升到一个文化层面的新的境界。文化是一个民族的根，也是一个人的根。沉浸在文化的研究与继承、弘扬之中，人就不会轻飘飘，就不会患得患失。根扎得越深，脚下站得就越稳。　解书明在养壶方面体会多多。一般来讲，一壶不泡二茶，这是养壶的其中一项内容。是为“内修”。其目的在于做到“一壶一味”，“一壶一色”，使不同的紫砂壶焕发出不同的自身独有的光泽。新壶显现的光泽往往有些暗沉，然而紫砂天生具有吸水性，倘若任其吮吸壶内的茶水，时间久了，便能使壶色光泽古润。如果养壶的方式得当，就能养出其晶莹剔透、珠圆玉润的效果。而不间断的“洗刷刷，擦擦擦”属于外养。“内修”结合“外养”，方能养出玉润天泽的好壶。外养的要点就是一个“勤”字。要勤擦拭，勤摩挲。用于擦拭和摩挲的纸巾、毛巾、纱巾也很讲究，不能过于随意，要精挑细选合适的材料。泡茶时，壶的温度较高，壶壁上的细孔会略微扩张，此时要用细纱布擦拭氤氲的水汽，让茶锈顺热吸附于壶壁之中，久而久之，壶壁便见润滑。内养与外养紧密结合，紫砂壶便可经久使用，且因壶壁积聚茶锈，即使白水注入空壶，也会茶香氤氲，也能由此看出紫砂壶的品质，尤其能够看出外养与内养的质量来。

解书明主张，养壶要有五心，即：爱心，耐心，信心，恒心和细心，养壶不容易，一份耕耘一分收获。紫砂壶是有“灵性”的。一把好的紫砂壶凝聚着制作人的心血和汗水，同时凝聚着养壶人的心血与汗水。使用紫砂壶，是喜欢紫砂文化的初级阶段；收藏紫砂壶，是喜欢紫砂文化的中级阶段；养好紫砂壶，才是喜欢紫砂文化的高级阶段。他认为，人固有一死，作为真正喜欢紫砂文化的人，为弘扬和传播紫砂文化而死，就是死得其所。而且，事关紫砂壶的故事还可以传播下去。他的最终目标，是“四个一”，即：正式出版一本研究和展示紫砂壶精品的画册，办一次精品紫砂壶展览，挑选一批精品紫砂壶捐献给国家，拍卖或出售一批具有商业价值的精品紫砂壶。对于养出包浆的精品紫砂壶，还是要进行收藏，以备日后之需。多年来，为传承紫砂文化，解书明多次到各大中学校和社区群团讲课，将此作为自己义不容辞的责任，并在讲解紫砂文化的同时，讲解养壶与养生的密切关系。他现在是宜兴紫砂壶制作大师们的知音和好朋友，制作大师们每有展示或展销，都请他光临，并与他交流体会。而他养护过的紫砂壶，往往会被大师们摆在展区最显眼的地方。因为，养护过的紫砂壶更能显现紫砂文化的诱人魅力。

在以往的日子里，他看到被他提携培养的学生不断进步，长成国家有用之才，他非常高兴；现在，看到自己养护过的紫砂壶得到原作大师的喜欢和珍爱，他非常欣慰。多年养成的风格特点，将引导解书明沿着深入研究、弘扬紫砂文化的道路，高歌猛进，一路向前！《西岸风》

120，紫砂艺术走进著名学府

初冬的南开大学新校园沐浴着灿烂的阳光，拂面的清风让师生们精神抖擞。2019 年 11 月 17 日，南开大学社会思想研究全国会议结束之时，特邀了津门紫砂文化传播者解书明老师前往进行专题讲座，北京，上海，安徽，河南，湖北等多所大学的专家学者和部分博士、硕士生与会聆听，并参与研讨，气氛十分热烈。

著名学者，中国社会学会社会思想专业委员会副会长兼秘书长，南开大学社会思想专业博士生导师王处辉教授多年来关注中国紫砂文化的兴起与发展，与津门紫砂文化传播者解书明老师多有交流，早先曾经多次邀请解书明为本校师生讲课，值此全国社会思想研究会议在南开大学召开之际，以解书明的专题讲座为平台，把紫砂文化引入社会思想和优秀传统文化研究领域，在传播弘扬中梳理和升华，别开生面，独树一帜。王教授说，紫砂文化是我国非物质文化遗产，解书明老师作为市教委的一位处长，退休前就收藏和养护紫砂壶，传播紫砂文化，一生就做一件事，做到别人不可及，难能可贵。

解书明老师以漫谈的形式，从紫砂文化的一般概念起始，由浅入深，多方面讲解了紫砂文化在中国的传播与现状，讲解了自己多年来收藏和养护紫砂壶的体会，讲解了自己与多位紫砂壶正宗产地宜兴的制作大师的交往与情谊，以及紫砂壶市场和行业的概况。他此次携带了 30 把最有代表性的紫砂壶，就辨别、收藏、养护、欣赏、购置等问题，逐一进行实物讲解。他说，虽然很早以前就收藏紫砂壶，但真正与之结缘还是在北京奥运召开前夕的 2005 年，当时迎奥运的紫砂壶要做 108 种，但据说只做 50 套，亲戚转给他一套，让他视若珍宝。在中国民间，壶与福近音（有的地区同音），送壶就是“送福”，百壶百福，过年不送礼钱而送壶，祝福全在壶中。此后解书明一发不可收，陆续买下几百把。他过去做教育工作，爱学生，现在传播紫砂文化，像爱学生一样爱紫砂壶。他在研究中得知，宜兴陶瓷生产始于新石器时代，宜兴始设县于秦，历经汉、魏、六朝、隋、唐、五代，北宋达到高峰，明清以后方兴未艾，发展至今。起初都是个体作坊，1954 年起成立了集体化的厂子，培养了大批学员。正宗紫砂泥料集中地江西宜兴丁蜀镇，因开采过度现在已经封闭起来。当下这个行业因从业人员较多，形成了产业链，而又因原料少了，所以真品紫砂壶的价格就一度抬得很高，目前正在回归理性。

解书明说，正宗的紫砂包括三种泥料，紫泥，朱泥和段泥。而其命名民间传说源自早先的皇帝。矿石开采出来后需要分检和风化，风化、陈化时间越长越好。现实中只有宜兴丁蜀镇出的泥料叫紫砂，别处的属于替代品。正宗的紫砂是透气的，而替代品的不同之处，在于它“不漏气”；紫砂壶沏茶隔夜不馊，替代品就做不到。紫砂壶把多种艺术集于一身，诗、书、画、印都可在壶上体现，“字随壶传，壶随字贵”，一些书画名家，包括范曾先生都曾与紫砂壶大师合作过。紫砂工艺一旦以中国传统的金石书画为主题，赋于嵌、绘、彩、釉、塑、漆、雕、镂等等，特别是紫砂艺术和文人的结合，便大大丰富了紫砂艺术美的深蕴内涵。而紫砂壶之所以成为“非遗”，一是原料的唯一性，二是手工制作。紫砂艺术以工艺美术为根，以传统文化为源，以茶文化为媒，在中国乃至世界上都独一无二，独具特色，独树一帜。宜兴独有的资源，加之工匠的智慧创造，形成独有的工艺成型程序和技法，产生了独有的魅力。有的成批制作的替代品，不仅大大降低了价值，还掺杂化工原料，以这种壶沏茶往往有害人体。解书明归纳紫砂壶的功能，以往包括把玩，赏趣和使用，现在已经上升到“国礼”，国家领导出访经常携带紫砂壶精品，如曾经向俄罗斯总统普京赠送紫砂壶。

解书明向与会者展示面前的 30 把壶，属于不同的器型和泥料，养护过的和没养护过的，都不一样，而且一目了然，养护过的珠圆玉润，没养护过的干涩晦暗。养护过的人们看了自然就喜欢，就有购买欲。而收藏和养护紫砂壶，也让解书明有了生活乐趣，尤其在退休后生活充实，不感觉无所事事。每天“动静结合”，“脑体结合”，“洗刷刷，擦擦擦”，焚着香，听着音乐，进行养护操作，既活动手脚，锻炼身体，又修身养性。他觉得名家的紫砂壶经过养护可以传辈，人的生命就在壶中得以延长。他打算搞一次收藏展，出一本画册，然后“以壶养壶”，既购置也出让。中国传媒大学的一位教授对紫砂行业的现状和发展提出相关问题，解书明做了解　答。武汉大学著名学者、博导桂胜教授指出：紫砂文化包含社会思想，包含审美意识，壶有壶道。把老年人引入收藏和养护紫砂壶之道非常好，既怡情又陶冶情操，还老有所为，让大家都受益。但现在商业上存在不诚信现象，人们对紫砂壶轻易不敢买，怕上当。包括玉、瓷器、红木等行业莫不如此。需加大整治力度。他还指出，紫砂文化属于“非遗”，但往往一般百姓买不起，而买得起的又不叫艺术了，“非遗”如何与一般百姓生活结合起来，是个问题，因为，“非遗”离开百姓生活就没有意义了。南开大学一位博士提问，面前的两把紫砂壶，为什么一把看起来养护得好，另一把差一些呢？解书明解答，是泥料不同；紫砂壶的泥、型、工、款、功五大方面，泥是第一位的。上海大学一位教授提问，应该怎么

养壶？解书明解答：首先要“开壶”，即把新壶放在器皿中用开水煮，你会发现，煮前和煮后壶的形态是不一样的，煮后把壶壁上的一些矿物质析出来了，灰蒙蒙的，这是打开了壶壁上的气孔，再经过擦拭，就与以前大不相同了；其次是日清日洁，每天把泡过茶的壶用清水洗刷干净。应该两三把壶倒着用，不能把壶用“饱和”了，要给它“休息”的时间。喝的茶与养壶用的茶不一样，喝的当然要好一些，而养壶的茶可以差一些。

王处辉教授在总结时指出，紫砂文化属于器物文化，包括社会思想，不仅可通过其视觉语意信息直接左右人的行为，而且还可以以有意味的存在，间接地影响人的情感反映；解书明老师的养壶是个“过程”，是享受和感受一种美；对紫砂文化的研究和传播，也是难能可贵的，今后这样的讲座和研讨还会继续。（天津《文学艺术网》）

121，北京奥运的文化遗存

2008 年的北京奥运，使中国向全世界进一步打开了窗口，蓬勃发展的中国经济、文化、政治、外交等方面的工作更加为世人所了解。而伴随北京奥运的紫砂文化，也在其中得到充分展示与发挥。津门紫砂文化的爱好者、传播者解书明，便在这一领域抓住时机，乘北京奥运之东风，收藏和养护了一大批以“北京奥运”为主题的精品紫砂壶作品。

北京奥运召开前夕，中国的紫砂作品制作界，围绕迎接和庆祝这一举世瞩目的盛会进行了精心的构思和准备，光是针对如何做好迎奥运紫砂精品的专题会议就举行了多次。但当时的情况是：国家为了保护紫砂泥料资源，已经禁止开采宜兴地区的紫砂泥矿，使紫砂泥料市场基本没货，市面流行的颜色不错的紫砂泥料，显然是添加了工业原料和颜色剂的“假宜兴泥料”。以这种泥料制作紫砂作品，便缺乏了纪念北京奥运的权威性，价值也大打折扣。于是，制作方想出了向宜兴当地的民营紫砂工艺厂、工美大师和紫砂艺术品收藏家手中征集优质紫砂泥的办法。在很短的时间内，制作出系列“奥运北京 2008 紫砂壶”，实现了向“北京奥运”献礼的愿望，从而将这一不同凡响的壮举载入紫砂文化发展的史册。而捐献优质紫砂泥料的收藏者，为 2008 那一伟大时刻写下光辉的一笔，并伴随“北京奥运”的圆满收官，永远留在人们的记忆中。

津门紫砂爱好者、收藏者、传播者解书明，正是看到了北京奥运主题的紫砂作品不同凡响，必将写入中国紫砂文化发展的历史，于是，倾尽心力收藏了一系列该主题的紫砂作品。有亲朋好友来到他家，看到他收藏、养护的系列作品，曾经开玩笑：“你可太痴迷了，不就是紫砂壶吗，用得着天天拿出大块时间‘洗刷刷、擦擦擦’吗？”解书明笑了笑回答：“你们啊对紫砂文化了解太少。收藏，收的藏的都是文化，养壶养的是自己一颗排除浮躁专注做事的心。以紫砂壶为代表的陶瓷文化，承载了多少咱中华民族的古老文明和习俗，同时又体现了多少当前时代的发展和具有当代最高水平的创造？在北京奥运召开的当口，中国紫砂界拿出的作品，代表了这一时期紫砂制作的最高水平，收藏和养护都很有意义。这些优化和彰显了紫砂壶艺领域带有纪念意义的各式作品，将永远成为人们心中的‘纪念’，你们瞧，这些壶是不是融入了鲜明的民风民俗，又不局限于传统的风格？是不是已经将文化修养、社会活动、人生阅历等诸多元素融入、填充到壶艺创作中？是不是对世人展现了中国人开放的心境、豁达的胸怀、丰富的情感、深厚的文化？”

解书明的讲解，使前来观赏紫砂壶的亲朋好友渐渐明白，为迎接和庆祝“北京奥运”，紫砂界的设计、制作人员创制了诸多款式的“奥运壶”，确实以紫砂的特质与造型为载体，铭记了这一重大节日带来的喜庆和遐想。并同时明白，紫砂壶的创作，确实在一个方面承担着“吉者福善之事，祥者嘉庆之征”的中华民族约定俗成的民间风尚。瞧这些紫砂壶所用的精品泥料，与丰富多彩的出色造型，确实融进了设计、制作者的鲜活灵魂，那么灵动地对世人讲述着“北京奥运”的永久意义。尤其看到经过解书明养护以后的紫砂壶，格外润泽，格外温馨，格外让人喜欢，便进一步体会到解书明收藏、养护的重要意义：咱们中国是礼仪之邦，讲究“有朋自远方来，不亦乐乎”。紫砂壶便传达了这一情感。并把厚重的民间工艺元素，古老的民族文化精髓，东方的文化色彩和气息，以高雅的艺术神韵非常精彩地演绎了出来。做为馈赠新朋好友的上佳礼品，甚至作为国礼，都毫不掉价。2022 年，又将在中国召开冬奥会，又是一次引人瞩目的盛会，抓住时机购置和收藏相关主题的紫砂壶艺术作品，也在情理之中。在百年奥运的历史长河中，在一个城市先后举办“夏奥会”和“冬奥会”的，全世界只有中国北京，这是足以让中国人引为自豪的，也为紫砂文化的介入进一步提供了可喜的空间。

解书明还告诉大家，目前，“北京奥运”题材艺术性较强的紫砂壶作品，经过十年沉淀，其价格因设计、制作者的职称不同而出现不同的价格区间，而这个价格是因为其丰富的内涵而完全体现其价值的。收藏紫砂壶只是一种形式，关键是为了体会中国文化的浸润和滋养，“字随壶传，壶随字贵”。收藏奥运专题紫砂壶的目的，是在传播紫砂文化的同时，宣传“更高、更强、更快”的奥林匹克精神。“奥运紫砂壶”属于品牌“纪念物”，即使是大师的作品，也没署底款。目的就是为了突出宣传奥运而不是宣传作者。愿所有的紫砂文化爱好者，都藏有所得！（天津《文学艺术网》）

122，解老师苹果园里道格言

解老师原名解书明，是我们高中时的老师，是校团委负责人，他发现和培养了我们一众学生干部。多年来，我们一直保持密切联系和良好的互动。

几年前，知名企业家校友春芳同学安排大家到她的苹果园去参观，摘苹果，小住，体验乡间生活。那是一次难得的小聚：苹果园的风是清的，苹果树是绿的，苹果是红的，咬一口是甜甜的。大家走在春芳的苹果园里，倍感温馨和充实。为春芳的业绩骄傲。

其间，安排解老师给大家讲一次课，内容是“茶道”。于是，在一个静谧的夜晚，在一间格调古色古香，宽敞、灯火通明的大会客室，解老师坐在正座的红木长椅上，面前红木大茶几上摆放着沏茶的一切用具，身旁和两侧簇拥着我们这一干校友——我们这些人年龄不一，上下能差出去十几岁，大家全都聚精会神地看着解老师为大家筛茶，继而讲起他自己悟出

的“茶道”和“茶经”。

解老师指着眼前的茶碗和碗里的茶叶，说：“你们看，泡茶过程中可以看到茶叶在水和器皿中沉浮，上上下下。我们品茶就是品人生，茶叶如此，人生何尝不是如此呢！我们喝茶的动作有两个——拿起、放下，我们更应该这样对待周边的人和事。不要计较，更没有必要纠结。你们说对吗？”大家齐声说“对！”在座的同学有市政府的处长，有工艺大师世界琴头王，有企业白领和策划人，有医生，有职业作家，更多的是和解老师一样从事大、中学教育工作的可爱园丁。大家无不感觉解老师的话充满人生哲理，十分珍贵。应该做为名言谨记

解老师因为常年“养壶”，对紫砂壶情有独钟，而且养壶有道，颇得业内好评。退休后更把主要精力放在养壶和品茶上。他对此也有自己的见解和“名言”：“有所为，有不为；争朝夕，保韶华；洗刷刷，擦擦擦；养好壶，养好心，好壶好心传后人。”解老师对紫砂壶大师耳熟能详，早年的顾景舟、汪寅仙等，他十分了解，对现在倪顺生等人不仅了解，还多有交集。目前很多紫砂壶大师和高手都是解老师的好朋友。

大家还在春芳的苹果园里体验了住“房车”的奇特感觉。房车里生活设施俱全，有会客处，有盥洗室和卧室等，夜里睡觉解老师非要睡上铺，照顾我睡下铺，我们互相谦让半天，解老师终归爬了上铺。他就是这样一个人，要么威信高，大家喜欢他呢。（新浪博客）

123，作曲家刘宝林的幸福生活

我认识刘宝林老师是在 2006 年，我来到天津市和平区老年大学，跟随优秀音乐教师、男高音歌唱家朱棣学习声乐，其间参加了老年大学的合唱团，认识了合唱团男高音声部的刘宝林老师。刘宝林是一位退休处级机关干部，音乐造诣很深，此前他来到和平区老年大学声乐班学习并参加合唱团以后，不久就成为骨干和音乐指导，以及朱棣老师的参谋和助手。朱棣老师除了日常教课，每周还要组织合唱团训练，并隔三差五参加全市或全国合唱汇演和大赛，自然是灵魂与核心人物，教学工作经常受表彰，合唱团经常在全市和全国获奖，刘宝林做为朱棣老师的参谋、助手，也功不可没。但刘宝林的更大潜力，在于音乐创作。

和平区老年大学有个声乐作品创作组，组员包括作曲家刘宝林、范胜利，词作家张金明、李元根和我，刘宝林是组长。多年来，由刘宝林谱曲的作品近百首，其中由张金明作词的《天津市和平区老年大学校歌》经刘宝林谱曲后，成为学校经典保留曲目；由张金明作词的《廉政建设之歌》经刘宝林谱曲后在全市大赛中获得银奖。由我作词的《延安情》、《握住母亲的手》经刘宝林谱曲后，双双获得全国大赛银奖。我和李元根作词的《五洲朋友请到天津来》由刘宝林谱曲后，获得全市大赛优秀奖。此外，刘宝林还有很多我不了解的获奖作品。和平区青少年宫（老年大学上属单位）曾经两次举办刘宝林作品专题演唱会，市里有关领导、专业人士和知名演员以及众多热心观众莅临火爆的演出现场。

刘宝林老师的作品，贴近百姓生活，讴歌新的时代，生活气息浓厚，旋律优美，风格多样，达到了一定的专业水平和创作高度，天津市音乐家协会秘书长许沙、天津音乐学院教授合唱协会主任赵金彦以及其他音乐界专家学者，聆听了他的专题音乐会后都给予充分的肯定和赞许。在 2020 年世界性疫情爆发的当口，我和刘宝林老师合作的歌颂白衣天使的《骑行姑娘甘如意》，由女高音歌唱演员佟娟演唱的视频制作成功以后好评如潮，在网络上和各微信群得以广泛传播，甚至传到海外的众多微信群。天津音乐文学学会会长王玉宁，中国作家协会荣誉副主席著名作家蒋子龙等观看和聆听了该视频以后，都给予热情点赞和充分肯定。刘宝林现在是天津市音乐家协会会员，和平区老年大学词曲创作组组长。

退休生活无疑是多种多样，多姿多彩的。而刘宝林老师的退休生活，则是遨游在音乐艺术创作的广阔蓝天和浩瀚海洋。虽然，在创作中，他往往吃不香，睡不着，经常为一个旋律，一个乐句，一个音符，而辗转反侧，来回推敲，在家里的钢琴前没完没了的试唱，这对于一位退休老人何其艰苦。但在看似艰苦的对艺术的孜孜以求当中，他获得了一般人所没有的幸福。

（后排左二为刘宝林老师）（新浪博客）

124，过了黄洋界，险处不须看

伟人毛泽东有一著名诗篇：《水调歌头·重上井冈山》。全诗为：久有凌云志，重上井冈山。千里来寻故地，旧貌变新颜。到处莺歌燕舞，更有潺潺流水，高路入云端。过了黄洋界，险处不须看。风雷动，旌旗奋，是人寰。三十八年过去，弹指一挥间。可上九天揽月，可下五洋捉鳖，谈笑凯歌还。世上无难事，只要肯登攀。

里面有两句不太显眼却气吞万里如虎的诗句："过了黄洋界，险处不须看。"前面还有万里征程，区区黄洋界，险是够险，既然过了，不再回望和纠缠。这是一种伟人的气度与胸怀。但黄洋界的险，是怎样的险？

据后人考证，1928 年 8 月底，湘赣两省国民党军乘红四军主力不在，对井冈山根据地发动了第二次"会剿"。当时，留守在井冈山的只有二十八团的两个连和一部分地方武装。敌人以迫击炮猛烈轰击红军工事，红军阵地遭到破坏，多人伤亡。团长急得眼红，说道："老子要是也能有炮弹，一定给这些家伙一点颜色瞧瞧！　"谁知这句话刚好被正在指挥人员做后勤支援的杨至成听到，忙说："团长，有炮弹！　"原来，二十八团在湘南暴动时，曾缴获许克祥部的一门迫击炮还放在军械修理处，炮弹也只有三发。大家火速将炮拉来架好，对着敌人阵地陆续发炮，可前两炮都瞎了火，于是引来敌人嘲笑，若第三炮再瞎火，我军命运实可堪忧。但第三炮却没瞎火，而且这一炮过去在敌指挥所上开了花。敌人一下子炸了窝，我军趁势发起进攻，红旗招展，杀声震天。敌人以为朱毛红军主力已回山上，便弃阵溃逃。其实这打响的一发炮弹是硕果仅存。其情其景，是不是很险？

一位参加过自卫反击战的部队大校说："看历史要看大效果，细节无须看（没法看）。"涵义是多方面的。因为，那细节有可能很惨烈或很血腥，战争的场面是完全可以想象的。电影《战上海》里面的我军连长说："一发炮弹过去，就是一堆废砖乱瓦和一汪血啊！"经常回望和纠缠这些，会让人难以迈步向前，会忘记奋斗的目标。

但企业管理者这么说：“细节决定企业胜败。”这话也没错。无数过硬的细节才组成完整过硬的产品。假冒伪劣能欺骗一时，不能欺骗长久。写作者也说：“细节的真实决定作品的生命。”说得也对。文学作品中的故事情节可以虚构，而里面的生活细节来不得半点虚假，譬如，写到一个人吃饭，就是用嘴吃，不能写成用眼睛和耳朵吃。如果是外星人，有可能会这样，但你要标明：他是外星人。

话题回到开头，领袖自有把握全局的宏观视野，对过往的宵小细部和险处心中明白而不纠缠；但并非数典忘祖盲人瞎马心中无数。让不同层次的人负责不同层次的事，该企业家干的，让企业家去干；该作家干的，让作家去干。是为“社会分工”，也是领导者的思想方法。 （新浪博客）

125，金环蚀

老邻居、发小郝金环大前天病逝，她儿子昨天也心脏病发作病逝，刚刚 36 岁！

而她们娘俩的死，家人悲伤，老邻居叹息，却有人咬牙切齿：“该！”怎么会这样？金环蚀三个字，来自 1975 年的日本著名电影《金环蚀》，上世纪 70 年代末这部电影在刚刚打开国门的中华大地风靡一时。按照现在眼光看来，这部电影属于揭露型，基本全是负面信息。之所以我要以这个名字为这篇小文起名，正是这个意思——我要讲一个负面信息的故事。

十年前，金环的儿子陷入一起私募基金房屋开发的圈套，他本人不自知，当作真事向街坊邻居集资，说“回报率”如何大。街坊邻居真有人信，便借给他很多钱。当然，是签了合同的。但若干时日以后，回报没有兑现，街坊邻居就催账，而且要按合同加上利息，金环却说人家诈骗，扬言要起诉人家，谁知人家先下手为强，率先把她们举报到派出所。于是，金环的儿子被拘留，内部还传出至少要判 6 年的信息。金环着急了，找我们这些发小、老邻居借钱“捞人”。费尽九牛二虎之力才把儿子保出来，然后卖了房子还账，一下子债台高筑。临时借姐姐的房子住下。而儿子出来后的这些年，一直告诉金环两口子说他确实有房。而且好几套。因为某某原因一时拿不到。金环两口子便信以为真。

两口子的退休金银行卡全在儿子手里。儿子今天说在为公安局工作，明天说为安全局工作，人家给了报酬，于是，全家下馆子海吃。两口子从来不想儿子花的钱会是他们的退休金。而欠着亲朋好友的很多钱却迟迟不还。有人催账，金环就反感，还说：“我虽然借你们的钱，但一点不比你们低下！”甚至私下还说“你们有钱才借的。”似乎不还账还有理。不光如此，金环还把她们下馆子海吃的照片发到微信朋友圈，今天大螃蟹，明天皮皮虾。身后惹来骂声也全不在意。应该申请“廉租房”，也不去申请，还说“我们是有房的，很多套，人家一查就能查出来”。但是，却并不去印证。我见了他们就督促说：“既然你们这么相信真有房，为什么不去印证？”她们不理睬我。

金环完全被儿子的欺骗所腐蚀。之所以这么好骗，是因为有着深入骨髓的“发财梦”。灵魂被金钱所腐蚀。儿子原本也不是这样，是因为跟了一个干广告的做业务，空口白牙地一顿忽悠就套来了钱，尝到甜头，感觉钱是可以忽悠来的，便开始“巧鼓舌簧”了。我曾经把这个事例写进长篇小说《古玩圈》。当然，这是大家这么分析，她儿子之所以成为现在的样子，还可能另有原因。金环年轻的时候可不是这样的，她曾经上山下乡，在农村做过妇女主任，我当兵回家探亲的时候遇到她，兴致勃勃地给我讲她在农村的工作，朝气蓬勃，一心向上。回城后在父亲的厂子里工作，也是笑口常开，非常阳光的精神面貌。后来下岗，提前退休，做些小生意，也还不错。但最终，在儿子的左右下，走到这一步。以致后来金环生病无钱看病，再借钱已经没有人愿意借了。金环病逝三天后，儿子过于“悲伤”心脏病发作，也病逝了。中国人讲“死者为大”，人既然死了，就不该再指责了。但她们的教训不能不讲，不能不引以为戒。尤其应该明白“金环蚀”三个字的厉害！（新浪博客）

126，在顺义滨河小区

2003 年，北京的老姨安排我到北京某建筑装饰公司体验生活，该公司此时正跟中建二局三公司合作，在北京顺义的城郊结合部建一片纯木质别墅。建筑材料以从加拿大进口的白松为主。我的岗位是库管员。负责各种材料的管理和部分采买。库管员需要记账，也比较复杂，事先我住在老姨家学了一个星期。公司总经理刘海南对我非常器重，对我面授机宜，还把他不用的手机送给我使用。我们租住的房子，就是工地对面隔着马路的滨河小区。有关故事我曾经在 2006 年的 17 万字的网络小说《京漂一年》和纸媒长篇小说《职场眩爱》中多有记述，该书 2010 年 12 月由中国华侨出版社正式出版面世。

此文略去工作情况——工作情况是蛮正常的，有故事也有幺蛾子，现在单说租住在滨河小区的日子里，是怎么过的。我们七八个管理人员和技术人员合住在一个三室一厅的单元房里。我住在厨房，闹了一把“独居”，而其他人都是两三个人一室。起初公司没找厨师以前，我负责做一顿午饭，没有人强求，是我自己自愿的，所以并没有额外收入。午饭一般是焖米饭，炒土豆辣子加猪肉片，或买面条再炒个菜，或买馒头再炒个菜，等等，很简单，因为我是义务劳动，所以没有人挑理，还都说我做的饭好吃。早点和晚饭都是各自解决。因为有的人在市里有自己的家，可以回去吃。

在这段时间里，和我交集最多的是承德的张恒坤，他也是复原军人，比我小 10 岁，过去干纪检，懂财务，当时在公司里承担出纳一职。我们俩在周日经常坐公交到处溜达，北京的东西南北基本都跑遍了。晚上，月上中天，我们俩就到小区里的商铺旁边的烤串店去吃烤串。羊肉串、羊腰子、板筋、大蒜、青椒等，都是烤着吃的食材，外加一瓶啤酒，不谈工作——白天已经谈得足够多了，不谈家庭——在外打工的男人，尤其复原军人，羞于谈起家长里短，就谈天文地理，谈伟大的北京。

同屋住的小 Z，是纯粹的“北漂”，学建筑专业出身，在公司的身份是技术员。因为在小区里的理发店理发，结识了一位理发师姑娘，于是，周末会带过来同居，他因为睡在二层铺上，拉上布帘，也有点“私密性”，但他这种做法大家虽然没人干涉，却也嗤之以鼻。因为他们并不是当真搞对象，而只是“野鸳鸯”。小 Z 在老家是有对象的，早已准备婚礼了。对象的照片就在他钱包里，还掏出来给我们看过。两个人在床上叽叽嘎嘎，一点不避人。我不明白女方是什么心理，推而论之，可能是：你若要我结婚，我正巴不得；你若只是玩玩，本人陪你，各得所需。

做保卫工作的小 L，按天津话讲，过去是个“耍儿”，右胳膊上有 7 个烟头烫的圆疤，那是一次打赌的代价。我曾经问他：当时疼吗？他说：事情赶在那了，已经不知道疼了。平日晚上，有几个人经常打扑克，以小

L为主，桌子拍得山响。旁边电视还开着，正在演一出电视剧，里面有做广告出身的女明星倪虹洁，正当倪虹洁出场时，小Z急忙跑回来，道："我只要能和她睡一宿，死也值了！"大家仍旧打扑克，没人理他。但打扑克的人不知从谁开始，烟头没熄就随地扔，把木板地烫出很多黑窝儿。

小B也是技术员，学建筑专业的，四川人，周末请大家的客，花12元买了一瓶二锅头，不知真假就分给大家喝了，结果参加喝酒的四个人全撂倒了。都从晚上一直睡到转天下午，其实均开的话每人不过二两。第一个醒来的人仍然觉得头昏脑涨，肠胃翻倒，跑到小区卫生站去买药。其他人慢慢苏醒，一致大喊："小B，你为什么买假酒？是不是成心的？"小B有口难言，说："我不是也撂倒了吗？"大家不饶他，逼着他重新请客，于是，小B洗了把脸，拿上两件稍新一点的衣服，尥了。跳槽了。他连招呼都没跟公司打。被褥、洗漱用品、书籍等等杂物全不要了。不光是他，还有一位小S，哈尔滨人，天天找我"借""红方"（腐乳），从来没还过。走的时候把父母给做的里外三新的被褥全扔了，让我看在眼里疼在心上！

工长老谭偶尔和我们睡在一起，一般情况下他会回市里自己的家。他经常在半夜接到总经理指令，譬如一批新材料到货，是半夜拉来的，这时，他就会叫上我同去验收，因为我是管材料的。老谭号称老谭，其实至少比我小七八岁。但他秃顶而我没秃顶，站在一起真分不出谁年龄更大。老谭没有嗜好，烟酒不沾。只是偶尔在宿舍里和大家打打扑克，但也往往只打了一会儿，就被几杆烟枪呛得不能忍受，急忙告退："我快呛死了，受不了！"后来我们离开这出租房时，房东把外面铁栅栏锁死了，在门缝掖个纸条，上面写着"孙子们，水电费不结，地板不换，甭打算走！"最后当然是多给人家钱，否则这事了不了。

徐工是三公司派到我们中间的工程师，戴眼镜，腼腆，温文尔雅，像个学者，他侧重技术上的把关。所有的施工图纸，都需他来过目和斟酌。有时为了一个技术难点，几天几夜难以入眠。每到这时，小Z和小B都会在他身边，做为帮衬。他和老谭一样，一般不再租房处睡觉，而是回市里的家。时隔不久，他和张恒坤都在燕郊买了房子，我虽然也跟着看房子了，但思前想后没买。他们买了的，现在都赚了，房价涨了好几倍。后来，我体验生活结束回到天津，而时隔不久徐工也到天津临时工作，天津大沽桥头的一座玻璃外墙的高层建筑是他们施工，他在做前期工作，给我打电话晤面。于是，我带了一本新出版的长篇小说《眼力》前往了。

我们在中国大戏院斜对过的一家小店坐定，畅叙分别以来的各自情况。他关切地问我是不是还回北京，若去，工作的机会随时都有。我摇摇头，说暂时没想。我在离开北京一年时间后，公司主管还给我打电话，希望我回去，说公司需要我这样的员工。其实库管员工作并不是我的专长，只是我做事比较认真，加之身后有老姨把关——真正做到了对公司负责任。（新浪博客）

127，书法名家蔡连海

蔡连海离开我们已经 27 年了，但他的名字时常出现在我们的话题里，他的作品还挂在我们的房间里，他的音容笑貌始终活跃在我们的脑海里！

蔡连海是津门名宿、大儒龚望和宁书伦先生的真传弟子，多年来的耳提面命和耳濡目染，使他受益无穷，真草隶篆全都十分出色。此外，硬笔书法更为人称道，曾正式出版《钢笔楷书技法》一书发行面世。他是我们系统几万名职工中的书法艺术翘楚，这一点几乎无人不知，无人不晓。但他首先是工作岗位上的能工巧匠。诸如技术含量很高的白铁工、电气焊、保全等这些“拿人”的技术活，他都是“够级”的行家里手。书法虽是他的业余爱好和第二职业，他却将书法看作生命，热爱的程度远远超越了他的第一职业。因为书法写得好，名气大，他被局机关和各单位邀请去写书法的时候很多，占用时间很长，人们几乎只知道他是书法家，而忘记了他看家吃饭的技术是什么。这对他是个有趣的小遗憾，可又不能不说是一份大荣耀。

早年间，他与马魏华、张长勇、贾建茂、张俊强、高蕴辉、刘长生等人在天津艺术展览馆成功举办艺术展，市领导和文化界名家悉数到场，他们被称为“书画艺术七君子”，声名远播。而后我们系统举办建国以来成就展，蔡连海担纲组成艺术加工小组，我负责文字，蔡连海、张俊强、高蕴辉、小田等人负责展牌艺术设计、布置，以及书法、绘画、图片的制作。合作愉快，展出顺利，得到市领导和局领导以及前来参观的全系统干部职工的高度赞扬。随着形势的发展，这样的展览此后又举办了很多次，于是，我们和蔡连海相聚的机会就又增加了很多次，友谊也随之加深。蔡连海等艺术家们的名气更是不胫而走。很多同事和朋友都让孩子投到蔡连海门下，跟着他学书法。他也确实是真教真讲，并手把手做示范，不负众望。

蔡连海为人热情，性格活泼，说话幽默，做事不拘一格。因为爱逗笑，显得嘴有点碎，但全都“碎”在点子上，要素的有素的，要荤的也可以，往往让人忍俊不禁或开怀大笑。蔡连海推崇儒家的“师道尊严”，并身体力行。在热爱书法艺术的同时，尊师爱师。津门大儒龚望、冯谦谦，书法名家宁书伦、诗书画文俱佳的文坛宿将吴云心等等，都是他的恩师。这些老艺术家生前都对蔡连海非常喜欢，对他教授做人和艺术，而在他们临终前病卧在床的时候，蔡连海经常守在旁边，尽到自己做为晚辈应该尽的义务。

文坛宿将吴云心早在上世纪三、四十年代即驰骋文坛，名闻遐迩，中间虽历经磨难，但赤心不改，晚年继续以犀利笔锋撰写杂文抨击时弊，为文坛瞩目，著名诗人邵燕祥读过《今晚报》上吴云心（笔名甲乙木）的杂文后，立即撰文《又见甲乙木》发表在今晚报，追忆几十年前所向披靡的“甲乙木”。冯谦谦、吴云心等老艺术家病逝前，蔡连海都曾拿出很多时间前去照料。我也曾有幸和蔡连海一起，在吴云心病榻前聆听教诲。吴云心病逝后，蔡连海带我前去吊唁，并送挽联，我拟词，他执笔，奔放洒脱的行草，得到当时前来吊唁的艺术研究所所长贺照、津门著名老作家王昌定等人的一致赞许和称道。

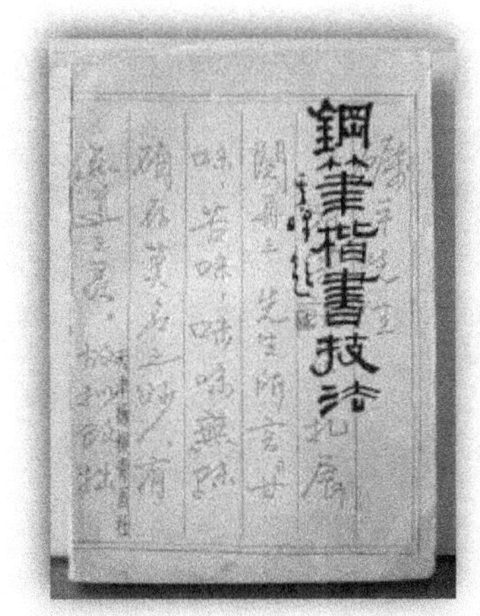

蔡连海生前曾经问我，喜欢龚望老、宁书伦老的作品吗？我说喜欢。他便想办法求来了他们的作品，而且，难得的是龚望老听说我本名叫“重远”，便慷慨赐号“弘毅”，说，《论语》曰：士不可不弘毅，任重而道远。亲笔隶书大字“弘毅”赠我。多年后，龚望老的亲传弟子、津门漆书名宿张长勇赐我“任重道远”四个大字，缀语将龚望老的话全文抄录。提起蔡连海，我们会有说不完的话。愿他的精神和艺术永远储存和流传在我们的话题里！（新浪博客）

128，《鸽王》诞生记

2012 年的一天，出版社李编辑给我留言，说她手里有个素材或叫选题，问我是不是感兴趣。就是关于鸽子的。她说了当下鸽市的火爆，养鸽子居然能够一夜暴富；当然也可能倾家荡产；继而说起信鸽，一百年前信鸽就在战争中发挥作用，二战时更是大显神威；说到现在最好的鸽子在欧洲，一只能够卖到多少钱；由信鸽说到诚信、信仰、信念、信誉，说到市场经济对这些老生常谈的东西的仰赖以及当下的缺失。话题可以由小到大，大到无限，任你发挥。她说，你以前写过类似的特殊行业的作品，如《开锁》、《古玩圈》之类，对写鸽子应该不难。

我接下了这个选题。起初，我有一半信心。因为，早年间我曾经养过鸽子，对鸽子的脾性比较熟悉。雄鸽在求偶时点头哈腰地对着雌鸽鼓起嗉子“咕嘟嘟，咕嘟嘟”的叫声，那么熟悉那么让人心乱甚至讨厌。而它们飞过蓝天，长时间遨游以后准确归巢，回到你的身边，你又是那么欣喜和自足。似乎也是你养鸽子的“价值实现”。而另一半信心，来自我的大量采访。

我的一个朋友马洪军在吃饭时说起过他有几个朋友养鸽子、贩鸽子，鸽棚硕大，养了将近千只鸽子，各品种都有，举凡国内知名的，还有国外的一部分。我说，你领我采访一下他们呗！于是，我们几个人坐在了一起，三杯酒下肚，话匣子都打开了。林林总总，千姿百态，你想得到的，想不到的。他们的鸽子曾经拿过全国千公里大赛冠亚军。一只鸽子最高卖到 10 万块钱。牛叉吧。王蒙在《青春万岁》开篇说：“让所有的日子都来吧，我用青春的璎珞编织你们！”这句话非常适合我。鸽界的所有故事都来吧，我用小说的笔触编织你们！你不要指望养鸽者是道德模范。他们费尽心机，吃尽辛苦，就为赚更多的钱，还为“多睡几个女人”。既不高尚，也不奇怪。我又跟着他们去看了位于市郊的那座硕大鸽棚。完全专业化的成规模的鸽棚，前期投资了几十万。二十年前的几十万可不是现在的几十万，价值多少你懂的。我还看到了他们雇的干杂活的漂亮小妞。

我正在构思小说期间，高中的老同学聚会，五六十人，校长和老师都请到了。欢聚一堂。但我的一个老同学也是战友郭志峰没来。后来别人告诉我，他现在区物价局工作，特忙，没工夫来参加聚会，但据说他的鸽子养得好。我立即打上门去。我们俩坐定了海聊。他知道我在写小说，但不知道我写过什么，于是，我把早期作品《那年那些兵》送给他看。他看了以后非常喜欢，还推荐给其他老同学看。他知道我不是随便忽悠，是个认真的写手，便约我继续谈。我故伎重演，把他带到小酒馆，边喝边聊。他的鸽子拿过全国 500 公里大赛的亚军和第三名。他说，在气死人不偿命的暗箱操作盛行的信鸽界，这已经算不错了，该烧高香了。都有哪些方面的“暗箱操作”？你别急，听我慢慢说。

《鸽王》的小说框架蓦然间清晰地展现在我面前。主题也那么鲜明地凸现了出来。全书洋溢着“负能量”吗？错。利益和欲望驱动着负能量大行其道，但所有对这些负能量反感、抵制、反其道而行之的人们全是正能量。而这些人才是社会中的大多数！利益与欲望推动着一个行业的产生，初期必然鱼龙混杂泥沙俱下，是有识之士站出来指点迷津指引方向，并与之较量、博弈，从而推动了社会的发展。这个矛盾、博弈的过程，精彩无比，是任何小说也难以完全表现的，但却是所有小说家所热衷追寻的。

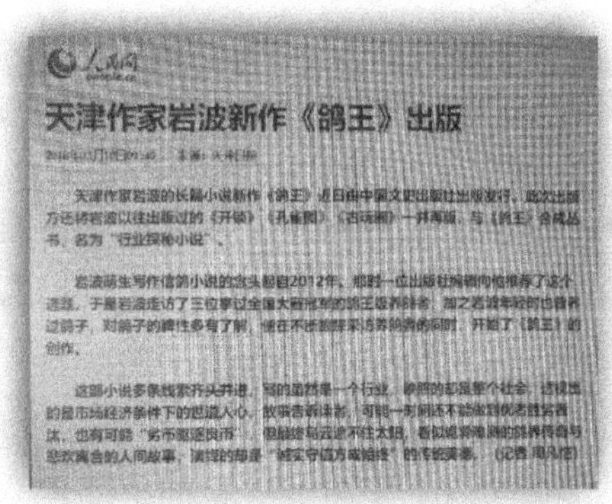
人民网

天津作家岩波新作《鸽王》出版

天津作家岩波的长篇小说新作《鸽王》近日由中国文史出版社出版发行。此次出版方还将岩波以往出版过的《开锁》《孔雀图》《古玩街》一并再版，与《鸽王》合成丛书，名为“行业探秘小说”。

岩波萌生写作信鸽小说的念头起自2012年，那时一位出版社编辑向他推荐了这个选题。于是岩波走访了三位拿过全国大赛[illegible]的鸽王级养鸽者，加之岩波年轻时也曾养过鸽子，对鸽子的脾性多有了解，便在不断[illegible]的同时，开始了《鸽王》的创作。

这部小说多条线索齐头并进，写的虽然是一个行业，[illegible]的却是整个社会。[illegible]的是市场经济条件下的世道人心。[illegible]“劣币驱逐良币”，[illegible]“诚实守信方成赢家”的传统美德。（记者 周凡恺）

小说出版以后，我通过马洪军又请了先前那三位养鸽者喝酒，席间我将新书送给他们，他们一看封面，立即说：“这是杨阿腾！”其实，画面上只露出一个小小的鸽头。可见这是真的行家。三杯酒下肚，其中一个叫“小宝”的又说到他最近“睡”了一个什么样的女孩。不能“剧透”太多。朋友们看书吧。现在该书已经卖到了香港、台湾、马来西亚、日本、澳大利亚和加拿大等地。国内各地书店、图书馆、资料室都有。山东作家许胜勤、河南作家马海庆、南京作家陆冈、天津作家章玺、刘炜等人都对《鸽王》写了专题评论文章。天津日报两次报道该书出版，并以《多彩社会，别样人生》为题，向社会做了广泛推荐。毛泽东有诗一首，十分精彩，道曰：“一从大地起风雷，便有精生白骨堆；僧是愚氓犹可训，妖为鬼蜮必成灾；金猴奋起千钧棒，玉宇澄清万里埃；今日欢呼孙大圣，只缘妖雾又重来。”放在这里不一定完全合适，只反映一种心情。《凯迪网》

129，人过六十需惜时

“要赶快做”这四个字来自鲁迅，它的实际价值，只有过来人才明白。1936 年 9 月 5 日，鲁迅病后写了名作《死》一文，里面有这样的句子：“这‘要赶快做’的想头，是为先前所没有的，就因为在不知不觉中，记得了自己的年龄。”时隔不久，鲁迅在忙碌中病逝。我有一位八十大几的舅舅，是文革前毕业的老大学生，沈阳的小有名气的企业家，他对我说过这样的话：“人的身体状况和精力，六十以后一年不如一年，七十以后一月不如一月，八十以后一天不如一天。”他晚年毫不懈怠，把儿子培养成企业家，把孙女培养成清华的博士。应该是他珍惜时间、会使用时间的结果。

六十以前，没有退休，需要听从单位安排；六十以后时间属于自己了，让我加深理解了老舅的话，也更加体会了鲁迅为什么讲“要赶快做”的话。因为时间真如白驹过隙，稍纵即逝。而时间属于自己，唯有自己能够把握。六十以后的时间，是数着天过日子，属于“过一天少一天”，需要极其俭省甚至吝啬，以求尽可能多地做自己应该做的事。而又因为六十以后积累了足够的阅历，做事往往更加成熟，时间就更加珍贵。那么，六十以后怎样使用时间？我做了粗浅思考，感觉下面几条应该做到：

一，要清醒地意识到自己已经夕阳西下，到了“暮年”，已经不是小伙子小姑娘，来日无多，要把自己以后的时间做个大致规划，每年的目标是什么，有可能做不彻底，但不能没有规划；二，活到老学到老是没错的，暮年还应该继续读书，但读什么书，要选对自己有用的，是非读不可的，再好的书不如自己的生命值钱；三，人是社会动物，不能与世隔绝，暮年还需要参加社会活动和与朋友交往，但也必须是对自己实现目标有用的，需要掂量一下分量，否则，婉谢；不要顾及面子，这种“面子”与自己的生命相比，逊色得多；四，当今社会风云变幻频繁，暮年不盲目追随肤浅的社会潮流和一时一变的社会舆论，自己对社会有大体独立的合情合理合法的认识，不乱发议论，不给自己找麻烦，不做让自己下不来台的事。在自己离世以前，清清爽爽地尽可能多地做好自己的事，心地安然地闭眼，完成人生。子孙后代在怀念我们的时候，会为我们竖起大拇指。（新浪博客）

130，人生是个选择的过程

人生苦短，只有几十年，但现代养生和医疗知识越来越先进和得法，活到百岁，也已不算新鲜。过去“七十三、八十四，阎王不叫自己去”的旧有说辞，越来越变得落伍和奥特了。但若活得好，活得长久，需要做好自己的选择。

人生一世，基本只有两项最大的选择：事业（工作）和婚姻（家庭）。前一项决定了一个人的生存问题，后一项决定了一个人的繁衍问题。在市场经济情况下，一个人若要生存得有质量，可能会经历多次选择和跳槽，直至找到最适合的位置；也可能囿于条件所限终生找不到理想位置，将就一生的事也常见。建立婚姻与家庭也莫不如此，有可能一蹴而就，相守一生，不离不弃；也可能遇人不淑，后悔不迭；或性格相异，口角频仍，于是再做新的打算。在合情合理合法的前提下趋利避害，实在不值得揣度和指摘。

国外没有人关心别人的工作、收入、家庭、婚姻、情人等问题，因为那属于个人隐私，受到法律保护。而中国人相反，看到某个人跳槽，会骂这个人不安份，“这山望着那山高”，甚至上升到品质问题来指摘。对于别人的婚姻问题、红颜知己（蓝颜知己）也信口评点，好像自己有责任有能力管着别人的幸福和生活。人的一生转瞬即逝，工作不顺心就换个岗位，这里不能实现自己的愿望，就到那里试试。婚姻、家庭与朋友、知己也如此，行就相处下去，不行就各走各的。若彼此有财务纠纷就先把账算清，然后分手。没有必要看着旁人脸色生活。“我的青春我做主”，我的人生同样也是“我做主”。解放前有个年轻电影明星阮玲玉，因为“人言可畏”而自杀。她死了，这个世界就再也没有光彩照人的她了。而那些造谣传谣无事生非的人，依旧活得好好的。后人应该明白这个结果。

选择对于一个人的成长，还有另一层意思，就是“硬性淘汰”。敢于、勇于淘汰与己无关或干扰自己成长的一切因素，选择对自己成长有用的因素。一个人从生到死，无时不在成长中，直到临死那一刻，也会吸取别人的有益经验和教训，让自己死得干净和明白。恰如周总理所言：一个人要努力为生，还要努力为死。譬如，有的人临死告知家里：不搞一切仪式，不买墓地（不与活人争土地）；这就是吸取了别人的有益经验，临死也在成长。当然，也有人临死叮嘱家里：一定要给自己买一块像样的墓地，要“风风光光”入土为安。这就谈不上“成长”。炼钢工人有一句行话叫“扒渣”，就是在炼钢过程中要把溶化的铁水中的渣滓扒出来扔掉，这样才能炼成纯钢。“扒渣”的过程就是选择和淘汰的过程。（新浪博客）

131，忆起我们的广告公司

我曾经干过五年实体公司。那是在“南巡讲话”之后，各企事业单位纷纷建立经济实体的年月。机关里组建了好几个实体公司，都是局党委研究确定的。而我这个公司是自己申办的。因为需要注册资金不多，又能为机关人员分流，局党委就同意了。而我还同时兼着宣传部的副部长之职，其实基本不再管宣传部的事了。

因为人手少，我身边的人员都是“骨干”，想不当骨干都没门儿。从党办室过来的何姐，原来是主任科员，正科级，在我这没有职务，但主管公司所有杂事，是名副其实的内当家；小张是小伙子，原来是宣传部的人，现在跟着我过来跑业务了；会计小毛原来是财务处干部，现在给我当会计。他们陪伴我和工商、税务、城管、监查、占道等很多部门打交道，一起长见识，一起成长。而我们和这些部门的人最终都变成了“有好事互相想着”的好朋友，建工口的朱建和我爱人是同事，他在干广告，被请来帮助我们“起步”，但我们一分钱没给过他。我们大概是 10 月份撮摊儿，还没有正式业务，马上就面临冬天，跑业务难度很大。朱建非常热心，天天东跑西颠，骑着一辆摩托“重庆 80”，棉衣、棉帽里面贴上塑料布，否则寒风就打透衣服了。从穿戴上，可以看出当时的寒酸。我们的办公室就是原来职工宿舍腾空了的屋子。

朱建给我们揽来的第一笔业务，是为市交管局画交通护栏上的宣传画，是一百块还是二百块，我已经记不清了。铝合金的，两米长，一米高。总之很多。我们在机关下班后，用车拉来，一块块搬到五楼的库房里，因为很沉，寒冬里人人累得汗流浃背。那时，市交管局也有广告公司，但他们属于纯经营性的业务公司，没有美工。朱建帮我们找来建工口的画家王海冰帮忙，讲好利润分成，就开干了。第一天就干到深更半夜。王海冰是主打，我因为幼时也学过绘画，这样的构图简单的广告画也可以跟着画。何姐和小张、小毛都跟着打下手。连续忙了好几天，突击完了这笔业务，因为交管局要得急，要赶在两节前挂出来。挂广告牌的时候，必须在夜间十二点以后，否则影响交通。寒冬腊月，西北风呼呼地刮，小雪花打在脸上像小刀子，手脚都冻得麻木了。但我们坚持全部完成了任务。当时人人的衣服、帽子、眉毛上全是雪花，嘴里哈着白汽，何姐跟我说："你以后一定要把这个场面写下来！"我说："不论写不写，我们大家都永远不要忘记这个夜晚！"

屈尊给我们帮忙的王海冰，现在是全国知名书画家，举办过多次书画展，他的作品标价很高。后来他在津门书画界的很多部门任职，兼着曹禺纪念馆的馆长，有一次我在曹禺纪念馆参加活动遇到了他，忆起当年的"艰苦奋斗"，他也非常感慨，不觉长吁短叹。说："好汉不提当年勇，不过，那真是一段刻骨铭心的日子！"

此时，塘沽方面的朋友林经理请我们帮忙，要请市领导给他们写个单位的牌匾。我们就找到了当时的市人大副主任路达老前辈，路达老前辈是天津知名的书法家，楷书功力很深。我们找上门以后，老前辈二话不说，展开宣纸，欣然命笔。他家里客厅摆着很大的条案，纸笔砚俱全，他每天都在家里练笔。我们把林经理的巨大牌匾制作安装好以后，为表感谢，林经理支持我们一辆红色大发车，供我们运东西使用。里面的座位撂倒了可以运货，不撂倒则可以坐人。接下来，我们和专门制作霓虹灯的公司建立了业务关系，开始为企业制作霓虹灯广告。收入也大幅度增加。此时，机关继续分流人员，教育处的张延基、张金海两员大将加盟我们公司，他们都是正科级主任科员，工作能力很强，教育处为此"陪送"了一辆八成新的日本原装三厢夏利。此时我们就有了两辆汽车，跑业务就如虎添翼了。后来又买了一辆北京吉普，此为后话。张延基身后有着一帮做装饰工程的朋友，而我们的公司是广告装饰公司，正好有用武之地，就单独撮起一个装饰工程部来，由延基负责。张金海原先是区局宣传科长出身，能写会画，还会摄影录像，于是我们为他置办了一套器具供他使用。接着，局机关又给我们三个人，包括跑过业务的大哥级的陈明。

延基接连不断揽来建设银行的业务，小到制作牌匾印制名片，达到整个银行来来往往的装修。业务量十分可观。张金海的照相、录像业务也细水长流。而我们原来的广告业务则披荆斩棘，顶风冒雪一路前行。很多企业的霓虹灯牌匾都是我们做的，发布权也在我们手里。最大的霓虹灯广告是良园饭店 16 层楼顶上的“中国一汽”和“中国外贸酒业”的广告。相信早年经常从赤峰桥路过的人们，会记起那几个巨大广告牌。期间，我们这些人要与多少人打交道？遇上故意刁难者，是当朋友走，还是当敌人看？我们当然是取前者。我们曾经遇到过客户刁难我们，返工五次以上的事情。怎么办？硬着头皮往前走，以最大限度满足客户为宗旨。没有退路。此时，有的公司领导为了控制下属，在单位搞“背对背”互相揭发，搞得人人自危，算是都“控制住”了。还做为经验上报。我们自然是嗤之以鼻的。

我是宣传干部出身，有两句话很重要：“我们不是要找出人的短处把他制住，而是发扬他的优点把他变成英雄。”我们的奖励办法就是谁创的效益，公司分一半给他。至于你怎么创效益，只要不违法乱纪，听便您呐。而我做为经理，创效益是应尽义务，一分钱提成也不拿。我在五年经理岗位上唯一的特权，是读完了市委党校的三年哲学专业研究生（每周两个整天，四个半天），我拿出很多精力去读书，已经感觉有些对不住公司了。其间，我被评为校级优秀研究生，三篇论文获得二等奖，其中一篇获得全国奖。有的领导也上研究生，却是让别人替他听课，替他写论文。而我全是亲力亲为，别人写的我还未必认可。

与社会上各层次各行业的人打交道，可以说“阅人无数”；林林总总，五光十色，借题发挥一下的话，即使三五本长篇小说也写不完。我已经正式出版、发表 600 余万字，二十多本书，但还没正式写我们的广告公司。但终有一天我会写的。现在，我们公司的原班人马在 20 年前就已经各奔东西，多年来，大家在各自岗位上拼搏：何姐是一家民营大学的招生办主任，工作有声有色；小张是集团工会负责人，兢兢业业；小毛是集团财务负责人，为领导做着参谋助手；延基在红星美凯龙当办公室主任，是全国先进，获得天津市总工会颁发的“五一”劳动奖章，多次被安排出国考察；金海则在老年大学当了讲师，一直在为老学员们授课，同时继续兼着他的照相、摄影业务；陈明则成为一家古玩行的老板……大家不约而同地在原来基础上前进、成长着。广告公司的艰苦五年，难道不是太上老君的炼丹炉，把大家都历练成一个个的孙大圣吗？那时在广告界有一句美国总统罗斯福的话非常时髦：“不当总统就当广告人。”而我更喜欢《红灯记》里李玉和对李奶奶说的话：“有您这碗酒垫底，什么样的酒我都能对付！”“您”是谁？自然是我们的上级。《凯迪网》

132，“上海图书节”的签售

十一年前，即 2010 年的夏天，时值三伏，出版商老 N 给我来电话，说今夏的“上海图书节”非常热闹，全国出版行业在上海书城举办系列活动，很多出版社在组织作家写手的签售活动，我们特别安排你做新书签售，能参加吗？我说，现在我手里还有写作任务，如果参加就要耽误我好几天。老 N 说，届时将带作者参观游览上海市容，现在上海市容整修一新，尤其外滩，非常值得一看，说不定还会激发你新的创作灵感。于是我就答应了。我买了火车票，就直奔上海了。报到以后，老 N 把我安排在一家三星级旅馆，说还有一位东北的年轻作者明天到，比我晚一天。我明天上午签售，他明天下午签售，我们俩住一屋。住了一宿以后，转天一早，老 N 打车带我来到上海图书节举办地：上海书城。虽说对天气炎热早有思想准备，可还是没想到会如此之热，上午 9 时室外气温已经达到了 42 度，下了出租车的短暂空档，便顿感热浪打脸，好似一下子进了蒸笼。

进得书城，气温立即降了下来，而室内气氛依旧可以用一个“热”字形容。书城里处处书山，层峦叠嶂；满目书海，学人尽享。更让人想不到的是如此炎热，书城里却已人头攒动，摩肩接踵，而外面还仍然有读者熙熙攘攘陆续赶来，其情其景让人感动。上海人如此喜欢购书读书，至少是对书市以及对文化对知识的追求和看重，值得外地人盛赞和学习。在我签售的书桌旁边，是上海著名学者钱文忠教授签售新作。做为一名文学作品的作者，当你的面前排起长队买了你的书，并等待你给他们签名，你是什么感觉？自豪当然是有的，更重要的是，我感觉上帝来了，我必须毕恭毕敬！不论是老人还是孩子，我都要毕恭毕敬！

因为天热，其他事都干不了，我也没法外出，待东北小老弟来了以后，也做完签售，傍晚，老 N 和销售方在上海外滩请我和东北小老弟吃饭，然后坐车游览外滩夜景。我注意到，华灯之下，外滩处处呈现现代与堂皇，上海外滩的大的建筑当然是全国知名的响当当的，而细枝末节，包括便道牙子，也整修得十分精致到位。黄浦江边围栏处，不少成双成对的年轻情侣或游人倚栏而立，沐浴江风。很快，我们完成了签售就要返程了。而上海人对图书节的重视，对购书读书的热情，让人永远难忘，上海的科技文化在全国领先，也是顺理成章了。《凯迪网》

133，心之托

上世纪八十年代，我曾经跟随一帮朋友练过一段气功。教授气功的老师叫孙村野，地点在天津和平中学的教室。现在和平中学已经拆除了，变成了市一中的操场。当初我们除了在教室上课，也在操场上过课。我清楚地记得，孙村野为了说明他功法的真实，在教室里，他站在前面发功，我们在座位上都感受到一股股热浪迎面扑来。他问我们有没有感觉，我们说有。这确实是真的。但这股热浪属于什么现象，至今不得而知。据说他曾经是下乡知青，在乡下劳动时无意中遇到高手，向他传授了功法。我们一干人对他十分信服而且敬佩。

有一天上课，我去得早，就请他为我题几个字。因为据朋友说，他的字带有他的生命信息，也是“起作用”的——可见朋友对他的笃信已经到了膜拜的程度。孙村野没有拒绝，而是先问：“你是做什么工作的？”我说，宣传干部，天天写材料。他便在我的笔记本上唰唰唰写了八个字：“歌颂文笔，导以渡人。”当我把这八个字拿给朋友看时，朋友长吁短叹：“大师啊，说到家了。”后来可能孙村野“犯”了什么事或是得罪了什么人，蓦然间销声匿迹，再也听不到他的信息。但那八个字却牢牢记在我的心里。

宣传工作不同于文学创作，来不得半点负面东西。我做了 13 年宣传干部，写得全是正面典型和好人好事。待到我开始文学创作，作品里就必然出现负面形象了——这种形象是要为正面形象做衬托的。我的第一部作品在著名评论家夏康达教授和著名编辑、作家李子干老师指点下，特别是李子干老师多次教诲下，几经删改、重写而最终完成和出版。我爱人的一个闺蜜在医院工作，最先拿到了这本书，看完又传给了她的主任。主任看完以后就收藏了，说留作纪念，还说请我喝酒，因为这本书完全把他打动了，他是个阅人无数的医生，二巴巴的作品怎么会打动他？而我爱人这个闺蜜，则明确地告诉我，看完你这本书，我笃定要皈依佛门了。并且说到做到，周日就去大悲院办了“居士”证，成为在家修持佛法的佛教徒。

如此说来，我这本书无意中“渡”了一个人？后来其他朋友告诉我：是的。这位“居士”信佛以后，一心想把女儿托付给我们，她说，一旦你们一家认可，我就出家再也不回来了。便特意安排时间和我儿子见了面，她女儿一米七的身高，窈窕漂亮，是杭州外院毕业，此时做着某名企的英语翻译。从外观上看，两个年轻人是很般配的。我十分赞成，爱人却模棱两可，关键是儿子不同意，他正在爬坡阶段，担心自己承担不了。于是，事情搁浅了。后来，她女儿找了一个外地部队干部结婚，夫婿结婚后转业留在了天津，一家人也算圆满。但“居士”却和老公办了离婚。这些年来，老公因在外面有人，经常不回家过夜，她早已忍无可忍。离婚后，她把房子和所有的存款都给了老公，那位老公也确实做事无度，在存折上只给她留了两块钱，其余几十万全部取走。他也是事业单位之人，并不缺钱——他还声称，死后还与前妻埋在一起。世间竟有如此二皮脸之人，也是让人醉了。而“居士”女士能够如此大度和开通，完全是学佛的结果，她已把世间事看得很透，全都无所谓了。（近期闻讯，“居士”两口子已经复婚，大家都很高兴。）

不久我这本书遭到某些人的痛恨和批判。我冷眼旁观。并以孙村野的标准衡量之：是能够放下，还是继续妄自尊大、小肚鸡肠和“贪嗔痴”？再后来，“居士”把她上中学时的日记交给了我，说，你写作或许能用上。那是包得很认真的一个纸包。我打开看时，见里面的有些褪色的钢笔字工工整整，字里行间有的地方因泪水的浸润而模糊成一片。我已经想象得到，那十有八九记录了她的初恋，因缘分不到，而找了后来的老公。如果是和刻骨铭心的初恋结婚，即使吵架也难以走到非离婚不可的地步，会是老百姓的谚语说的：臭嘴不臭心，是吧？她把这辈子的隐痛，通过一包日记，托付给了我。让我时时记取，一位“居士”的善的陪衬是无情无耻的索取和贪婪！世界本身就是两面的，宣传工作可以一味写善，若文学创作也这么干，就太糊弄读者了，是吧。

近期闻讯，“居士”两口子已经复婚，大家都很高兴。情节是这样的：小吴和离婚的老同学再婚后，老同学的儿子提出：你死后不能和我妈埋一起，因为我妈百年后要和我爸埋一起。小吴遂感觉自己没有着落了，便和自己的女儿商量：我死后还和你妈埋一起行吗？女儿回答：这你现在就要和我妈商量。他找到小韩询问，被驳。心里很难受。一晃几年过去，他终于鼓起勇气，向前妻提出复婚。而小韩早已是信佛之人，从善如流，既然你愿意复婚，那就复吧，只要你往人上走。于是，出现了“浪子回头”。（新浪博客）

135，卫旗贤弟

3月2日21点12分，亲属传来令人震惊的消息：我们多年的老街旧邻、好朋友，吾妻的老同学，亲属的恩兄——卫旗因感染新冠而病逝，手机荧屏一片痛惜之泪！

卫旗弟小我一岁，60年前我们就住在一个宿舍大院里，从小到大，天天打头碰面，低头不见抬头见。只是在我们成长到20多岁，各自组建家庭离开大院，方才不再常见。卫旗弟一辈子忠厚笃诚，尊老爱幼，邻里口碑非常好。记得小时候一起“扇元宝”，“弹球儿”，“得（dei）木头”，“撞拐”……举凡儿时的游戏，他从来一丝不苟，还主持公道，会对敢于“玩儿赖”的孩子厉声指责并给予纠正。那时我母亲在大院是街道代表，冬季见到公用水管下面结了厚厚的冰坨，会召集半大小子们拿上斧子、榔头来刨冰，卫旗弟见到大家在做这件事，会不等招呼就主动加入进来，而且，干得很猛。

邻里一起住着，没有什么惊天动地的大事，往往这些琐碎事更见精神。卫旗弟不善言谈，平时我们见面，只是远远互相招一下手，就算打招呼了，彼此都不用说什么。大院里有需要帮忙的事，叫一声就行了。据吾妻回忆，过去卫旗弟在上学时也如此，经常会在班里为受欺负的同学打抱不平，他不怕得罪人，敢于主持公道。他因为身板结实，也没人敢把他怎么样。学校组织拉练，一走十几公里，卫旗弟便主动帮助体弱的同学，把背包加在自己背上。学农劳动时，他也是一员猛将，从来不会躲避脏活、累活，用大竹筐抬粪，哪一筐也得过百斤，一个十几岁的孩子，肩膀压得红肿了也从不抱怨。一个普通中学生，看他的品性看什么，还不就是这些琐碎事！

彼此结婚离开大院后，已经多年不见。五年前，吾妻在河北一个公园跟着老师学太极，我在周围快步长走，意外发现了卫旗弟也来此锻炼，两个人十分高兴，攀谈起来。他说他这些年在美务工，每年回来三个月。问起彼此身体，他说因为嗜烟患了肺癌，幸亏在美，花钱不多，把癌症控制住了，没有发展，现在身体已经恢复正常。我说，那你以后就千万不要再吸烟了。他说是的，应该是不吸了，可是，有时还是想吸。他自己不知道，这个隐患埋得不小。此后我家亲属也想赴美务工，吾妻便把卫旗弟和亲属叫到家里商谈。席间卫旗弟没说什么大话，只是说，我试试看。不久，他就帮我亲属将一切办妥，亲属顺利赴美务工了。那边的工作和住宿卫旗弟全都安排得妥妥的。此后，卫旗弟担心我亲属不熟悉或不适应，逢年过节便邀请我的亲属到他家晤面，回答问题，顺便上一顿丰盛“大餐”。两口子会为准备“大餐”而出去采买，回来再精心烹饪。几年如一日，从未疏远，绝不是“师傅领进门，修行在个人”，而是“帮人帮到底”。我亲属工作干得很顺手，生活也安定，心情便很好。给我们反馈说：“旗哥真是百里挑一、千里挑一的大好人，现如今世界上还有这么实诚、重情重义的人吗！”

我们两口子很想找机会请卫旗弟两口子好好搓一顿，畅饮几杯；但去年因为疫情严重，他们回国而我们没回国，没得见面机会。谁知竟成永别，再不可见！后来亲属告知：卫旗弟染病后没有及时吃药和休息，仍旧坚守岗位——加之以往肺上有病灶，于是铸成大错！接到噩耗的时刻，多伦多正天低云黯，大雪飘飞。可见，好人离世，天地同悲！举凡这样的世间好人，天堂都有星座，会永世不灭。亲爱的卫旗弟，你这颗星永远亮在我们心中！（新浪博客）

136，曾经的老同学隋克明、齐阳、王沛

文革开始时，我们正上小学三年级，学校因为运动而放假了，孩子们都放了羊了。干什么的都有。此时，我结识了同年级的隋克明同学，他比我高半头，皮肤白净，五官端庄，大眼双眼皮，为人热情，爱说爱笑。他家住在与国印正对着的华新大街上的“同和里”。那时同和里对面是轧钢

三场的 X 车间，经常敞着大门，路人可以看到门里是一座巨大的炼钢火炉，炉火通红，炼钢工人拿着硕大的长柄铁钩子往里捅，或往外扒，或用硕大的铁锨往里续煤。

我认识了隋克明以后，他经常引领我来他们家，就是这座炼钢车间对面的同和里的这座小楼。这座楼可能三层，也可能两层，在当时属于稀罕物。方圆左近没有楼房。我们上楼以后，进了他家，他经常会打开电视机给我们看。模糊记得他家的电视机很小，黑白的，屏幕是七寸或九寸的吧，也许还要小，外壳是暗红色。因为那时我做为小学生都感觉他家电视机屏幕很小了——那时我已经对电视机有过体验了，学校里就有，屏幕比隋克明家的大一些或大很多，也是黑白的。不过，还是感觉很新鲜，很喜欢看。

有一次，隋克明给我们打开电视机，里面正在打一场世乒赛，是著名播音员宋世雄解说的，我记得很清楚的是宋世雄不停地叫着两个名字：山中教子和深津尚子，都是日本拿过世乒赛冠亚军的著名运动员。后来我在网上查了一下，那一届世乒赛应该是第 29 届。那一年是 1967 年 4 月，在瑞典的斯德哥尔摩举办。那一届的日本名家还有长谷川信彦、森则幸子、广田佐枝子以及瑞典的约翰森等等。后面的几位是我后来查的，前面两位才是真实记住的。与隋克明住在同一座楼里的还有一个同学小名叫老奎的，大名好像叫王树奎。他们各自都有自己的朋友圈子。后来随着学校复课，学习紧张，与隋克明和老奎也不怎么来往了。中学大家也都在八十四中，但也几乎没有往来了。小孩子的友谊真是不堪岁月一击啊。现在只剩下美好回忆了。

1976 年 1 月 9 日清晨 6 时，电台播出周总理逝世的消息。站在我国驻日本使馆吊唁队伍最前面的正是松崎君代，还有木村兴治、三木圭一、高桥浩、关正子、山中教子、深津尚子等多名日本乒乓球老国手。这一切，是我那时在部队的电视机里看到的，加之后来网上查阅核实的。

齐阳

1973 年下半年，我们进入天津市第十四中学上高中。其间我们在校领导鼓动和安排下，投入了“运动”。我做为学生干部，自然也卷入其中，与语文老师李兆琪还曾“对阵”。其实我对李老师是非常崇敬的，写批判文章只是说事，没有个人攻击。李老师不光在十四中任语文老师，还兼着河北夜大的讲师，在河北区教育局也是挂号的“名师”。这一点我非常清楚。

李老师看到我的大字报以后邀请我到他家去一趟。我不知道该不该去，就请示校领导孙恩鸿，他力主我去，于是我就去了。李老师那时住在中山路旁边的铁一小附近，一座老楼，当时李老师的儿子在一旁作陪，李老师介绍说他儿子叫李伦，在天津日报工作。我们谈得很融洽，就是交换对全国形势的看法，根本没涉及大批判的事。但回过头来，李老师也写了回答我的“公开信兼自我批判”，共 15 页（我是 13 页），贴在校园里，想必是迫于形势。此后，学校办起油印小报，我又在小报上发表了一系列的短文，有批判孔老二的，也有教学改革方面的。这时，齐阳就进入了我的视野。

齐阳好像是高中二班的。个头比我猛一点，一口带着河北口音的普通话。四方脸，脸颊带有红晕，高平头，眼睛不大但炯炯有神，身板紧紧绷绷非常健康，篮球打得不错。他见我比较活跃，就主动邀请我下课别走聊聊，于是，我们就熟悉了。这时，报纸上发表了北京知识青年高红十等人写的抒情长诗《理想之歌》，我们放学以后不走，坐在教室里朗读：红日，白雪，蓝天，乘东风飞来报春的群雁，从太阳升起的北京启程，飞翔到宝塔山头，落脚在延河两岸……；不久报纸上又发表了军旅作家张永枚的抒情长诗《西沙之战》，我们也是在业余时间坐在一起朗读：涌浪里，风云中，海燕直上冲九霄——我要用热血写一张大字报，挂在太平洋的上空……当时已知现代京剧《平原作战》也是张永枚执笔，心中充满敬佩。尽管那些诗句十分空泛，也仍然当作圭臬和样板。

有一次齐阳邀请我和另一位同学到他家去玩。他家住在金钟河大街上，河北省水利厅的家属院里，也是一座在天津属于“专家”和少数人才可能住的楼房。那时，我们谈的很多的话题是高中毕业以后要不要下乡。因为齐阳在家里行大，按照以往的政策，差不多是必须下乡的，我起初是打算下乡的，所以，齐阳希望我们能够一起下乡，分到一个生产队才好。校领导问我的时候，我也是这么表态的：“高中要上，该下乡也照样下”，所以校领导让我填了“大表”（入党志愿书），那时没有“预备期”，只要党总支开会通过，我就是正式党员了。做为一个高中生能够入党，对于我这样涉世不深的毛头小子，吸引力是非常大的。当然，正式入党的前提是我必须下乡。

但时隔不久学校李湘军老师找我，说想不想当兵？我说当然想啊。他说我看你素质不错，我带你体检去试试。结果一查体，就通过了。这时，恰好二炮文工团来招文艺兵，据说是招一个在话剧里打旗的，要求身高一米七五。我在各方面条件（朗诵和歌唱）都没问题，就差身高不合格，于是，失之交臂。但接下来就是陆军 38 军招兵，我就顺利入伍了。学校党总支书记韩英杰曾经和我谈过加入党组织的问题，并让我填了“大表”。现在我悄悄当兵走了，有些对不住韩书记。但我想当兵的愿望太迫切了，一切都顾不得了。走的时候我也没跟韩书记道别。当我和齐阳道别的时候，他神色黯然，一副非常无奈的表情，因为他也想当兵，但可能体检没过关，所以没走成。我总觉得他身体比我要好，不明白他为什么没过关。这件事对他打击很大。再见面基本不说话了，只是眼睛直勾勾地看着我。齐阳可能想到我当兵走了后面，其实根本没有后门。当时我们班里还有好几个想当兵的都去体检了，但不知为什么，都没走成。

我到了部队以后，主动给齐阳写了信，继续畅叙“革命理想”，但他的回信已经热度消减了不少。时隔不久，我们这届高中毕业，齐阳果真下乡了。他下乡以后约摸两个多月，给我写来一封信，还保有一部分“革命激情”，对“广阔天地大有作为”还保有信念，但半年以后就完全不一样了，再给我来信，几乎全是负面信息，情绪低落到顶点。我便回信劝慰。不过我很清楚，我和他的处境不一样，我的信已经没有说服力了。其实，我们这些野战军的战士，也是非常艰苦的。只是名誉上比知青好一些，头上有个“光环”，仅此而已。我感觉我有责任和好朋友走过艰苦路程，便在我五年军旅生涯中，始终与他保持通信，直到我退伍、他回城。我安排工作后，他曾经到我家里去过一次。以后来往渐少，直到再无消息。他分到什么单位了，我也不知道。（后来老同学安凤魁告知：齐阳已于前些年病逝。令人扼腕啊。）

王沛，你在哪里？

王沛是我们初中的同学，是班里数学课代表。身高都比我们一般同学高，偏瘦，白净脸，性格随和，也比较活跃。哥哥叫王津，好像也是我们学校的，要高出两三届去。父母亲都在国印工作，据说是技术干部。

我们曾经去过王沛家里，他们住在国印后门旁边的家属宿舍里，印象中房子是横着并排的两间，还是通着的，屋里是木地板地，但有些老旧了，木地板早已没有了漆皮或保护层，变得粗糙、很涩了，颜色也很灰暗。因为我们一般家庭都没有木地板，所以见到王沛家的木地板，就格外留心。王沛在班里人缘很好，与我们几名班干部的关系也非常融洽。

王沛数学奇好，超出我们一般人一大截子。原因在于他有一个比较好的学习环境和条件，据说他哥哥王津就学习很棒，家长文化水平也高，王沛在家里经常干的事就是做习题，我看到过他家里有很多《趣味数学习题集》和《趣味物理习题集》，他没事就在家里演算。单这一条，我们都比不了。我们家里都没这么好的条件。

但初中毕业以后就再也没有见到他。我记得是在上世纪 80 年代前期，好像在王串场 14 路公交站见到了他，他抱着孩子在等车，我因为什么事急匆匆骑自行车而过，没有招呼他。谁知从此就渺无音讯了。后来听说他考上了天津大学，还听说他大学毕业后留在了天津大学的校办工厂，等等，全是晃信儿，不能确定。此后再也没有他的任何消息。

王沛啊，你现在哪里？（新浪博客）

136，我的忠实读者曹奶奶

围绕我的小说作品，有着一群锲而不舍的忠实读者，年龄较大的除了 93 岁仙逝的机关老同事、离休干部王人杰，还有机关曹局长的夫人、现今 88 岁的曹奶奶。这两位老人的特点都是头脑特别清楚，晚年一点不糊涂。

最初我在单位办了“内退”回家专职写作了，住在我楼下（三楼）的曹局长就协同夫人曹奶奶，上楼来看望我。我和曹局长的大儿子同岁，老两口是我的名副其实的长辈，竟然爬上两层楼来看我，让我十分感动。曹局长是战争年代过来的人，因为战争，与原配曾经十几年未见，解放后和曹奶奶结婚。那时似乎有个内部规定，8 年未见即可以另娶。早先曹奶奶是个花枝招展的中学生，打着腰鼓，舞着红绸庆祝解放军攻下天津，被部队一员曹局长看中，结下良缘。此后生育三个儿子。而曹局长的老家，好像还有一个闺女。我在《暗战》这本书里写到类似情节，曹奶奶读后对我说：“这些事写得太真实了，那时就是这样的。”

曹奶奶姓杜，也有人喊她杜姨，而我们习惯随着曹局长的姓氏叫她曹奶奶。她也是名门出身，是民国时期天津市长杜建时没出五服的本家侄女。从小受到良好教育。我在《眼力》一书中写到杜建时是天津人，老家是武清杨村，杜家做糕干非常出色。“杨村糕干”是名闻遐迩的津门小吃，杜家当有贡献。曹奶奶读了《眼力》后对我说，你写的这些都是存在的。她非常喜欢这本书。曹奶奶读书是带着感情的，很容易和自己的经历、所见所闻联系起来。读《风雨毛乌素》的时候，看到《后记》里写到我和高蕴辉初期住在沙农家里，每天吃一顿饭，老太太忍不住爬上楼来，惊讶地问我：“你们真的一天只吃一顿饭？受得了吗？”我说初期是这样，所以没过几天我们俩就搬到公司去住了。曹奶奶对治沙英雄石光银同样十分敬佩，赞不绝口。我一共写作出版 20 余部长篇小说，曹奶奶全都看过。

后来我写出《红星谱》初稿后，也请曹奶奶把关看看，因为这本书写的是河北农村，正是曹局长老家。而曹奶奶这些年来也多次跟随曹局长回老家，对河北农村的事知道很多。她读完以后说，书里的主人公抗战英雄沙棘花就像写的是曹局长本村的妇女主任，沙棘花经历了两任丈夫，都是抗战英雄；而曹局长村里的妇女主任也是经历两任丈夫，而且也都在抗战中做出了贡献。我说，可能是心灵感应，因为我从来没去过曹局长老家，也没听曹局长讲过老家的事，可能是早已作古的曹局长在冥冥之中托福给我了吧。民间话本小说的题头常有这句话：“本书完全虚构，如有雷同，纯属巧合”。这句话用在这里应该恰到好处。曹奶奶是个爱憎分明的人，对书中不喜欢的人物嗤之以鼻。还说：“这样的人让人讨厌，但在生活中是确实存在的。”是啊，社会本身就是五行八作，五光十色的，不能指望纯而又纯，不能指望单一颜色，赤橙黄绿青蓝紫，方为世界。

曹奶奶爱管闲事，对不合情理的事，只要见到了就要发声。曾经因为对某领导有意见而去踹过门。而言多语失是正常规律，免不了有时说得不准确或不到位，于是有人爱她，有人怵她，也有人恨她。但曹奶奶出于尊重知识人（曹局长一直认为我属于这类人），对我从没有指责或添麻烦。我曾经担任过一段时间的办公室主任工作，管着很多杂事，曹奶奶对我说，我对单位安排的一些事不赞成，因为是你在前面操持，我也就不说了，换个人试试！我儿子考上大学后，曹奶奶立即上楼来给我送来一个沉甸甸的信兜，说："我就喜欢这种孩子，一点心意。"我们两口子肯定会把信兜还给她，但对曹局长老两口的如此偏爱深受感动。及至以后我专职写作了，每隔一段时间，曹奶奶便上楼来问："出新书了吗？我已经等得着急了。"曹奶奶读书非常认真，一本书会看很长时间，一些情节会反复看，直到看明白为止。曹奶奶曾经当过多年基层商业部门负责人，加之身边老伴是战争年代过来的老革命，耳濡目染，见多识广，社会经验十分丰富，对我的作品总能讲出切身体会的一二三。

最近我又要出新书了，首先我就想到了曹奶奶。愿她老人家健康长寿，精气神常在！《天涯论坛》

137，埃德蒙顿有奖征文第五名《一个小姑娘的平凡一天》

把世人折腾得精疲力竭的 2020 年眼看就要收尾了，可是，凶如恶魔的疫情以"咬你没商量"的姿态再次反扑。一时间风声鹤唳，国内外全都进入紧急状态。

在大雪纷飞的一个上午，中国东北某市的一家医院，从楼道里面排出长长的队伍，排到了医院外面，排到了马路上，还甩出长长的尾巴——人们按照统一要求在等待检测。一位三十出头的年轻父亲领着一位 7 岁的小女孩站在队伍里，他一边用身体为孩子挡住风雪，一边给孩子把防寒服的帽子裹紧，搂住孩子的头。尽管如此，小女孩还是冷得瑟瑟发抖。这时，前面跑过来一个小伙子，来到这父女俩身边说："我爸就在前面，快排到了，他让我往后看看有没有儿童，和他换一下，天气太冷，让儿童先检测。"

这父女俩自然很感动，但他们不愿意让年岁大的人回过头来重新排队，便蜿蜒相谢，可是，那个小伙子不由分说，推着这父女俩就到前面去了，而且，小伙子的父亲也马上就站到这父女俩的位置。小姑娘排到了前面，很快就进了楼道，对父亲说：“楼道里真暖和，那位爷爷真好。”年轻父亲说：“等你长大了，也要帮助比你年岁小的孩子。”小女孩默默点头。轮到小女孩检测了，她感觉穿着防护服、戴着护目镜的女医生很像自己的母亲，便说：“阿姨，你真像我妈妈，她也是医生。”女医生回答：“有可能吧，乖乖，开始了。”女医生转过身，使劲忍住泪水，因为泪水会在护目镜上产生雾气，影响她的工作。回过头来为小女孩做了检测。女医生知道，等待检测的市民从医院的楼道排到了马路上，外面的气温达到零下十几度，长长的队伍在寒冷的风雪中等待，不容她在小女孩面前耽搁时间。

回到家，小女孩又对父亲说：“今天上午做检测的医生像我妈妈。”父亲说：“有可能吧。”“那她为什么不认我呢？”“她太忙，顾不上吧。”可能小女孩太想妈妈了，妈妈在医院里忙检测，已经好几天没回家了。这天夜里，妈妈终于得空，和小女孩用手机联了视频，小女孩喜出望外，急忙把憋在心里的话说了出来：“妈妈，今天给我检测的阿姨是你吗？”“是啊。”“我也感觉是你，可是，我没敢认。”“为什么呢？”“因为我怕给你耽误时间，影响工作。而且，外面还有那么多人在排队等待呢。我能够很快排到了前面，就是一位爷爷怕我冻着，把他的位置让给我了。”

这次妈妈再也控制不住了，在视频里泪水涟涟，语不成声，她有着太多的难以言表的感触了，急忙挂断说：“跟爸爸睡觉吧，听话啊，妈妈要

去忙工作了。”小女孩也眼泪哗哗的，但她忍住没哭，点点头，关了手机。她要按照妈妈的叮嘱，睡觉了。《天涯论坛》

138，两万步

除了运动员，谁经常一走就是两万步呢？医生给糖尿病人开出的药方有“管住嘴，迈开腿”之说。但我要讲的这位故事的主人公，既不是运动员，也不是病人，而是一位服务于 2017 年（天津）全运会的文化中心常务副主任。

她当然是女同志，正因此才更显得不简单。她身材窈窕，眉清目秀，英姿勃勃，一副永不疲倦的样子。她就是河西区政协委员、致公党河西区委会副主委、区文化局局长宋杨。她一方面落实上级领导的工作安排，另一方面秉持着“致力为公，助力全运”的信念全身心投入工作。

天津 2017 年全运会的成功举办，体现了“同一片蓝天下，我们追逐同一个梦想，同一片沃土上，我们播种光荣和希望，在共和国的旗帜下，沸腾全民健身的海洋，与海相邻的土地上，我们更快、更高、更强……”的精神。整个过程运作周密祥和精彩。国家最高领导和天津奥林匹克中心的 6 万名观众同时见证了这一伟大时刻。天津，这颗渤海之滨的明珠在这一刻发出动人心弦的灿烂光芒。

全运会举办得如此精彩和成功，人们自然会联想到幕后工作的同志们。因为全运村座落在河西区，奥体中心也与之相毗邻，于是河西区各部门的同志承担起各种任务，就顺理成章了。但能不能把工作做得主动和出彩，则全看承担者的智慧与能力了。宋杨接手全运村宣传文化中心工作的同时，正面临她所主管的区图书馆和区少儿图书馆要参加全国的评估定级工作，这些年来，这两家图书馆的工作十分出色也十分辛苦，大家要求评上一级的心情和愿望是显而易见的，但评估定级工作涉及的具体工作量也很大，需要做的事也很多。而全运会的工作分量当然更重，怎么分身呢？

她只得仔细地妥善地穿插安排，把每一天应该做的事都写在日历牌上，逐一落实，一丝不苟。

宋杨时刻牢记河西区作为天津市中心城区之一，是天津市的市级行政中心、商务办公中心、文化艺术中心和对外开放交流的窗口，筹备和办好全运会的意义非同寻常。应该带领自己的团队在全运会全运村宣传文化活动的整体策划和具体实施上、在全运村的氛围营造上下功夫，依托原有公共文化服务体系示范区的创建成果，秉持“温馨全运村，圆梦全运会”的办村目标，为“村民”们提供安全、舒适、温馨的生活环境。而区文化工作同仁们也不辱使命，殚精竭虑，开动脑筋，设计打造了“文化驿站”、“西岸书斋”、“休闲空间”这三村文化设施，设立了文化体验区，策划了摄影、非遗项目（杨柳青年画，十八街麻花，风筝魏，剪纸，面塑，捏泥人等）互动，图书阅览，主题讲座，搭建露天舞台进行文艺演出（十场），进行运动员手机摄影展等在内的文化项目，带“村民”了解好玩有趣的津味儿文化，领略海河西岸文化的风采，共结河西情缘。自开村以来，共接待万余名“村民”，受到了来自国内外各界的一致好评，香港特别行政区行政长官林郑月娥称赞“全运村文化的部分非常突出”，西藏、新疆等各地运动员十分兴奋地参与活动，前世界冠军李世鑫亲自体验文化活动项目，感慨“来文化体验区放松身心犹如回到温馨的家”。河南、山西的运动员喜欢剪纸，便把他们的即兴作品予以展出，临走再赠送给他们，让他们非常满意和开心。在运动员入住前后的 20 多天里，宋杨和项目重点负责团队天天如此精心服务，既万无一失，又皆大欢喜。

要做到这一切，宋杨和同仁们光设计文案就好几摞，并请专业文化创意公司当参谋搞方案多次，围绕为运动员缓解压力，为全运会锦上添花等宗旨，力求理念上领先，设计上出色。

“磨刀不误砍柴工”，精心的耕耘与栽培，必然结出丰硕的果实。在全运会开幕前后的 20 多天时间里，她们亮出了精心设计的各种方案和成果，譬如主题为“精彩全运，文化河西”的十场文艺演出（分别为国家级文化院团演出、本土特色的文艺院团演出、“艺动无界”国际友人助兴全运演出共三个版块）和两场电影，有近万人次观看；“魅力天津”、“四季情韵”、“国际歌声”、“乐动国风”、“流金岁月”、“津沽笑谈”、“一品百绝”、“华韵新风”等系列主题专场演出，深受运动员喜爱，纷纷赞叹村里的“文化大餐”，“因文艺演出爱上了全运村”。而各种活动和每次文艺演出，宋杨都身在其中，服务其间，从无疏漏和懈怠。文化广场的十场晚间演出，她每场必到，即使天气降温刮风，只穿着单薄的 T 恤，也与工作人员、演职人员和志愿者们一起坚持到演出结束。然后还要拖着疲惫的身体参加每晚 9 点在全运村村委会办公楼召开的当日“零点会议”，汇报、总结当天工作情况，再将会上领导的最新指示传达至工作人员，以便及时做出调整，进一步提高工作质量。而每晚睡觉都在深夜 12 点以后，是真的“零点”。

因为在全运会期间需要兼顾区里公共文化的日常工作，特别是两个图书馆的评估定级工作，宋杨只要稍稍有空，就立即赶往区里处理份内的事务，到两个图书馆听取汇报指导安排工作，然后再马上折回全运村。全运村分为运动员村、媒体村和领导村三部分，宋杨往往步行更方便，在筹建时和运行中，她都要穿梭一般步行来往于三村之间，不论烈日炎炎还是刮风下雨，从不间断。初期她需要监督建设筹备工作，时值三伏，2017 年的夏天又出奇的热，宋杨天天汗流浃背；开村各地运动员、媒体和领导入住以后，宋杨还要协调事关文化工作的林林总总，落实一个个方案，乃至闭村后的人员和设施撤离，她带领团队，以频繁地来来往往走“两万步”的辛苦融入“全运生活”。盛夏的酷暑里她的单薄的 T 恤总是湿了又湿，发梢被汗水紧抿在额头上。然而，她一脸笑容，阳光灿烂，因为，她感到十分充实。全运会正式开幕后虽只进行了短短的 13 天，但全运村的前期筹备历时一年多，正所谓台上一分钟，台下十年功。短短的全运会折射出来的是她们在筹备与运行期间的全部付出与努力。

宋杨全身心投入工作，好几天才能回一次家，孩子大人都顾不上，作为妻子和母亲，她感到某种歉疚。她的爱人也参与了全运会的安保工作，两个人也是好几天才能见一面。见了面她们会心地相视一笑，谈的仍然是全运村的工作，然后互相叮嘱，互相鼓劲。后来，两个图书馆的评估定级工作圆满落幕，双双评为国家一级；而全运会也以精彩安全、丰富多彩圆满收官。宋杨以及她的团队得到上级领导的高度肯定，全国三十多家媒体纷纷报道了全运村出色的文化工作。她的经常“两万步”的情景，也深深印在我的脑海中。《天涯论坛》

139，泪水为谁而洒？

初冬季节，2017 年在天津举办的全运会已经圆满落幕了两个月，全运村里只剩下了不多的做着收尾工作的一些同志。我和韩爽在这里如约相见。在小会议室落座以后，我刚开口说：“我真为你们服务于难得一遇的盛会而骄傲。”话音未落，她就立即热泪滚滚，掏出纸巾擦拭。因为此前我已经采访过好几位服务于全运会的河西区同仁，对韩爽情感上的难以自控，实在是太理解了！

不是曾经全身心的投入，不会提起全运会如此激动。韩爽，这位刚刚四十出头的女同志，身材瘦削，眉清目秀，思路清晰，机敏干练。她是河西区政协委员，致公党天津市委会青工委委员，致公党河西区委会委员，河西区信息中心主任，副高级工程师。自 2016 年 5 月起，她被上级领导抽调到第十三届全运会全运村村委会办公室和物业维保中心工作，从全运村筹备到正式开村运行再到闭村收尾，她始终如一坚守在最前沿，以高度的政治责任感和使命感，持续学习，团结协作，忠诚履职，担当奉献，圆满完成各级领导交办的任务，为保障全运村顺利运行做出积极贡献。

作为一名民主党派的党员，在政治思想上与共产党当然是保持一致的，所学习和掌握的政治标准，与共产党也是一致的，那就是时刻想到为国家为人民付出自己的努力，尽自己的所能。来到全运村后，面对全新的工作岗位，她注重学习，认真贯彻落实中共中央、国务院，市委、市政府及区委、区政府关于办好全运会的各项方针政策和举措，紧密结合自身的技术特长，履职尽责，确保全运村通讯的正常运行。她本来是个专职电脑软件、系统开发的技术干部，相对单纯；来到全运村以后，首先要解决运动员村、媒体村、技术官员村这三村的网络通信建设，在解决实际问题的同时，对人们提出的网络方面疑问进行答疑解惑，因为涉及方方面面的人员，工作就显得复杂起来。运动员未进入全运村以前，施工方还没交工，新的住宿小区市政基础不完善，需要刨地埋电缆，韩爽便出面协调有关人员，安排施工。

而在工作全面运行起来以后，她还要根据新情况、新问题进行分析研判，按照科学规律，脚踏实地，稳扎稳打。对不熟悉的业务，主动向领导、同事、专家学习请教，譬如根据需要学习了法律、体育、通信、档案、财税、城建、行政审批、地产项目建设及招投标程序等其他领域专业知识，提升了自身业务水平和组织协调能力，为圆满完成村委会领导交办的各项任务打下了坚实基础。她的善于学习在原单位是有目共睹的，曾经在 2014 年、2015 年、2016 年三年连续考核优秀。在全运村，她就充分发挥了原有的特长，担负起全运村网络通信、信息系统等信息化建设协调工作。在协调网络通信、有线电视信号覆盖建设方面，根据组委会要求，积极与组委会市场开发部、信息技术部沟通，协调三大通信运营商、广电集团公司、绿城全运村公司等有关单位，多次参加组委会、村委会组织召开的全运村区域（运动员村、技术官员村、媒体村及村委会）网络通信保障协调会，推进全运村信息化建设进度。想一想，协调这些关系，需要接触多少人，说多少话，这在以前是从来没经历过的。她还要认真梳理全运村区域内网络通信等信息化建设需求，以及工作职责共计 59 项，并逐一落实，最终完成了全运村三村 4241 户住宅、三村餐厅及各中心村内功能用房的网络通信、高清数字电视建设、调试、巡查、维护等各项保障工作，实现全运村有线、无线网络全覆盖，提升了全运村信息化服务水平。为完成这些工作，她和同仁们从这座楼到那座楼，从这个村到那个村，跑了多少路，早已记不清了。如果有一件事没落实，她这一宿是睡不着的。

在与后勤保障部、综合保障部、服务供应商对接方面，也很好地完成了村委会办公网络、工作用对讲机、电话、共享充电宝等设施设备的申请、领用、发放、培训、维护及回收业务工作，确保了办公正常运行。还与村委会安保中心、财审中心对接，完成了村委会总指挥室和总值班室视频监控系统采购、安装、调试等工作，为领导掌握全运村区域内应急和预防突发事件提供了及时准确数据信息。在全运村信息服务管理系统建设方面，根据村委会抵离中心、交通中心、志愿者中心的要求，与组委会信息技术部、接待服务部和软件公司对接沟通后，结合实际需求，形成了全运村信息管理系统需求，并制定完成《全运村信息管理系统建设方案》报送组委会信息技术部。在全运村官方网站建设方面，根据要求及时向领导请示汇报，配合村委会宣传文化活动中心做好官方网站协议签署和技术支持工作。在“天津全运村”官方微信平台建设方面，则根据村委会要求，完成全运村官方微信平台公众号的申请工作、建设合作协议签订工作，起草完成《官方微信平台需求》，多次与各相关中心和软件公司对接，做好了平台建设工作。如此繁杂琐碎的工作，既需要极大的耐心，又需要很强的综合协调能力。她有时也感觉大脑疲劳，浑身似乎透支无力，便坐在办公室沉思默想一会儿，或是到屋外巡游一会儿，缓解和松弛一下紧张的神经。

此次全运会，邀请了多次参与全运会技术工作的刘清早教授做首席技术专家。韩爽便根据要求与刘教授实现对接，为刘教授在全运村召开的200余次业务指导会、协调会、咨询会做好工作安排、记录、摄影、督办等工作。并按照刘教授要求，收集、梳理、编制完成《全运村重点专项工作责任人一览表》、《全运村村委会工作任务一览表》、《全运村重点专项工作方案》、《全运村重点专项工作流程》、《全运村风险防范工作预案》等宝贵材料。开村期间每天早上7点到岗，坚持参加每日早点名会议和晚9点的“零点会议”，晚上零点会议后与刘教授巡村，及时督办落实零点会议和现场发现的问题。开车回家的时候，往往已经深夜。她和同仁们通过制作《村长办公会督办单》、《全运村村委会每月督查事项工作完成情况表》、微信、当面催办等方式，督办催办村委会各中心完成14次村长办公会、63次村务专题会交办的各项工作，确保了村长办公会等决策部署及各项重点工作落到实处。刘教授对她说：“你现在结识了这么多好朋友和技术专家，对工作很有利。”还给她签字留念：“韩爽一级棒。”这是全国顶尖专家的点评，也是她实际表现的写照。

不能每天回家，孩子非常想她，总是问：“妈妈你几时能回来呀。”她便鼓励孩子听爸爸和老师的话，好好上学。从2017年6月1日进驻全运村村委会新办公地点后，到9月10日全运会结束，韩爽一天班也没歇。在收尾工作中，她是怎么和一家家衔接的，现在就怎么和一家家了结，曾经发生过争执的合作伙伴，现在已经变成难分难舍的好朋友。她在全运村每天晚睡早起，是看着全运村各大楼窗户的灯火怎样从少到多一个个亮起来的，眼下又看着那些灯火一个个熄灭。曾经那么火爆的人流也渐渐散去。全运村变冷寂了。这里的房子也将会恢复商品房出售。她有些伤感，送我离开的时候，又开始不停地擦拭眼泪。是啊，投入了太多的精力和情感，说走就走了，怎么不让人流泪啊。但她非常乐观地说：“我期待着未来还在咱们天津召开奥运会，届时我还会来从事这项工作！”多么美好的想往啊！《天涯论坛》

140，中国农家院经济第一村

在中国旅游经济的浩瀚天宇上，一颗以农家院为主要特点的璀璨之星，正冉冉升起。这颗新星就是天津蓟州。做为天津经济整体发展的大格局中富于生命力的一部分，蓟州的旅游经济自上世纪 80 年代开始独立潮头，而其旅游经济的显著特点是农家院经济。从 1993 年做始发轫，至今 22 年，单是从其银行存款，就能看出其在蓟州总的经济格局中的份量和比重：蓟州全县总的银行存款为 700 亿，以经营农家院为主的农户占了 70%，其他经济成分仅占 30%。这个对比，无疑意义重大。

农家院经济，就是以一家一户的农户为基本单位的“小旅馆经济”。眼下驱车来到蓟州山区，极目远望，透迤曲折的山路两侧漂亮的农家院小楼星罗棋布，待上得山去，进入农家院小楼，一股山区味道的旅馆滋味扑面而来。既清新，又熟悉。清新来自蓟州天然氧吧的惠赐，和农家院全新的设施以及主人的精神面貌。而熟悉，则是仍旧带着土腥味的农户乡音、一以贯之的热情笑脸与热气腾腾的乡间饭食。

扫描蓟州的农家院，绕不过最先发轫的常州村。1993 年，邓小平南巡讲话激活了时在乡保险所任副所长的王宝义的思维，他毅然辞去事业单位的职位，回老家常州村做了村书记，一门心思带领全村开始了新的跋涉。而他的“新”，与蓟州的自然环境有关，却谁都没干过，大方向对不对，操作方法对不对，心里一点底也没有。来蓟州山区旅游，享受天然氧吧的人们，自然要住上一两天，甚至更长时间。旅馆经济，应该是应运而生的事情。问题是多年来已经穷到底的山区人怎么盖得起旅馆？依靠现有的农家院招宿客人，最抄近，最实际，最好操作。常州村的党员干部带头，立即开了三家农家院。就是那种原始的一明两暗的平房，睡大炕。但前来旅游的都是城里人，对大炕不能完全适应，常州村人立即做出反映，拆掉大炕打木床。接下来，他们又发现城里人对旱厕也不能适应——有的游客为找不到像样的厕所而急得抓耳挠腮，于是，他们又改进厕所，可以冲水，但仍然气味熏人。随着资金的慢慢筹集和积累，他们开始盖小楼，厕所也改为抽水马桶。于是，情况一下子就大为改观。与常州村建立联系的旅行社越来越多，业务量也越来越大。

这时，有人在慕名前来观光游览的同时，发出了不同的声音："都搞农家院了，农田不是撂荒了？树上的红果该结果了都没人摘了！"还有人大声疾呼："完了完了，乡村风格再也找不到了，常州村我永远也不会再来了！"他们还把这样的言论发表在报纸上，造成很大舆论风潮。常州村的带头人王宝义还被一些人起了"王疯子"的外号。常州村人感到压力很大。

农家院经济是不是我们依靠高山景区扬长避短奔小康的正确路径？死抱住山上贫瘠的农田一条道走到黑难道就正确？……住宿设施与条件的改善，其动力来自顾客的要求。农家院经济说到底就是第三产业——服务经济。理应围绕消费者的需要思考问题。但是，没有上下水的平房、容易滋生跳蚤的大炕、臭气熏天的旱厕……这些元素，是不是代表乡村风格？如果消费者不接受，坚持这样的风格有没有意义？常州村的领导们不能不思索。

这时，周边村庄看不惯常州村的也大有人在。邻村的领导恰巧是王宝义的战友，他就被气得得了胃疼的病。王宝义为了方便旅行社要修路，他根本不配合。去常州村要经过他们这个村，王宝义要在路上树立广告牌，为旅行社指路，他就更加不能容忍。六平米的大牌子刚刚竖起来，他就叫人用钢锯把铁管立柱锯断，让大牌子倒地。王宝义再立，他就再锯。王宝义竖了五次，他就锯了五次。王宝义于无奈之中把细钢管立柱外面又套上粗的钢管立柱，中间灌注水泥，心说这次你们锯不了了吧？但他那位战友也自有办法，竟然夜里动用拖拉机拉倒了这个坚固的大牌子。王宝义也急了眼，干脆把大牌子和高压线杆固定在一起，总算是立住了。但这位战友又阻挠旅行社的车上山。一次，从北京开来两辆大轿子，上面坐了很多游客，邻村的战友便组织 30 多名大爷大娘把路堵了。导致最后游客打了 110 报警。王宝义在征地、征树修路过程中，还有人身穿大红袄腰插两把菜刀要跟他拼命。

常州村的领导和群众经过了这段时间的实践检验，感觉他们走的路没有错。虽然遇到各种困难，但他们经过反复思考和研究，决定坚持下去，困难再大也要坚持，绝不能半途而废。在他们发展农家院经济的整个过程中，始终得到县委县政府的支持和帮助。每当遇到解决不了的问题，县领导都会及时出面。不仅帮他们解决土地的规划使用问题，还帮他们外出考察、进行业务培训，协调各种复杂的人际关系。后来，在县领导协调下，常州村出让了500亩土地给邻村，还资助20万元给邻村搞绿化，融洽了双方关系，于是，一条通畅的柏油路终于修成。旅行社开来的一辆辆大轿车顺利到达常州村风景区九山顶。又由于常州村的经济状况越来越好，启发了周边邻村，他们也开始搞起农家院经济了。常州村的成功尝试，也使县领导看清楚农家院经济是非常适合蓟州山区发展生产保证民生的正确路径，于是在全县进行了推广。

随着常州村农家院经济的良性发展，10年前，在县、乡政府帮助下，他们成立了中国首家农村信用共同体，村民可以一次就向信用社贷款15万；而到去年，贷款额上升到280万，为村民翻盖楼房旅馆提供了极大方便，更为农家院经济的发展积蓄了力量。非常保守的说，现在全村60多户人家，总资产达到两个多亿，平均每户300多万元，各式各样的别墅楼鳞次栉比，用“藏富于民”这句话形容他们非常合适。常州村成为华北地区软硬件条件最好的旅游村，成为蓟州农家院经济标志性村，成为获得国家多种荣誉的示范村。说起蓟州的旅游经济，绕不开农家院经济；而说起农家院经济，就不能不说第一个吃螃蟹的常州村。（原载中国作协《文艺报》《天津日报》）

141，才子周凡恺

周凡恺首先是知名度很高的记者，其次是作家和画家。天津日报做为天津市委机关报和天津市的主流媒体，于2008年09月04日，发布了一条消息：“本报讯：据新华社消息，中国记协主办的全国优秀新闻作品年度最高奖——第十八届中国新闻奖评选3日揭晓。来自全国报社、通讯社、广播电台、电视台和新闻网站的261件作品获奖。《天津日报》评论——五星红旗永不落（作者：周凡恺，编辑：宋福棘）荣获第十八届中国新闻奖三等奖。”周凡恺就在报社文化部工作，是一名非常活跃的记者，同时又是发表和出版过几百万字散文集与长篇小说的知名作家，当同事拿着报纸告知他这一消息时，他只是淡然一笑，没有说话。

凡恺本名周繁恺，因为需经常写自己的名字，他感觉有点“繁琐”，就简化了中间一字。还有一个原因，是经常有人误以为他是位韵致女子，这好像是受了曹禺话剧《雷雨》中周老爷身边那个“繁漪”的影响。因为曹禺是天津人，这部话剧在天津家喻户晓。加之凡恺的散文文笔细腻柔美，更让人猜测他是个女人。其实他是个极具阳刚气的男子汉。他出生在东北的吉林蛟河，1983 年毕业于吉林大学中文系。毕业后从军，曾在北京军区政治部《战友报》任记者，后转业至《天津日报》，现为高级记者。凡恺身材虽不算高，但他年轻时百米短跑速度已接近 11 秒，后来又在北京军区政治部足球队踢过前锋位置，良好的身体素质，为他日后高强度的采访和写作打下了坚实的基础，他常说，新闻记者是个苦差，既要脑力又需体力，没有个好身体是绝对干不了的。

凡恺的悟性与艺术感觉也极好，上大学期间的 1981 年，他即开始发表作品，曾屡屡在吉林省获奖，并有两篇作品入选《全国大学生优秀散文选》。1997 年，凡恺加入中国作家协会，现为天津市作家协会全委会委员，天津市河西区作协副主席。其主要著作有散文集《洗过的风景》《走不出的忧郁》《春天的祈祷》《走进圣殿》，长篇散文《1968——一个少年眼中的世界》，随笔集《越侃越无聊》，以及长篇小说《四凤楼》（合作）等，迄今已发表文学作品 300 余万字。他的散文《林中四季》的最后一节“林之冬”，连续多年入选上海市中学八年级语文课本。他曾荣获天津市首届文学新人奖；天津市第二届青年作家创作奖提名奖；全国“韩愈杯”散文大赛二等奖。他撰写的新闻作品，通讯《铁证就是铁证，事实岂容抹杀》荣获中国新闻将二等奖；评论《请到“山楂县”一游》获中国新闻奖评论类三等奖。而他在全国党报好新闻以及天津市新闻奖的评选中，获奖的已有上百件，几乎成了同龄记者中的“获奖专业户”。

我和女作家刘晓珍老师拜会凡恺，是因为近年来他的好多报道都提到了我们俩，心存感激之情，便相约前往府上。晓珍是武警部队的一位上校，而我也曾在北京军区某部队服役，所以我们仨算是“战友”。中午我们在小区外面一家叫“屯老二”的东北家常风味的饭馆吃了便饭，是那种鱼、茄子、土豆和其他蔬菜放在一起的“大锅炖”。一瓶 1998 年酿的 52 度湖南“绿湘泉”喝个精光，又要了两小壶店里自酿的小烧，每壶也大三两左右。在座的除了凡恺、我和晓珍，还有一位天津日报的外表纤秀文静的女实习生。小姑娘滴酒不沾，晓珍也喝得很少。凡恺和我各有半斤酒下肚，精神亢奋，便忆起青葱岁月和过往年华，背诵起四十年前知青大学生集体创作、高红十执笔的《理想之歌》：“红日/白雪/蓝天/乘东风飞来报春的群雁/从太阳升起的北京起程/飞翔到宝塔山头/落脚在延河两岸……”

兴之所至，受幽默的凡恺感染，我们竟又背诵起“老三篇”（《为人民服务》：我们的共产党和共产党所领导的八路军新四军是革命的队伍，我们这个队伍完全是为着解放人民的，是彻底地为人民的利益工作的……和“老三段”：领导我们事业的核心力量是中国共产党，指导我们思想的理论基础是马克思列宁主义；我们应该相信群众，我们应该相信党，这是两条根本的原理，如果怀疑这两条原理，那就什么事情也做不成了；政策和策略是党的生命，各级领导同志务必充分注意，万万不可粗心大意……）这个年龄段的人啊，不论对以往是取是舍，让他们完全忘掉，几乎是不可能的！

“百善孝为先”。凡恺是个大孝子。他出生在医学世家，其曾祖、祖父都是吉林地区有名的中医，祖父还念过大学。他的父亲 1946 年参军，后被选送到航校，并参加过抗美援朝战争，退役后也进入医科大学深造，只可惜父亲在他还是个孩童时就去世了。少年时代，他凭借自己的吃苦耐劳，在精神和物质上，全力帮衬着母亲维持全家的生活。凡恺的哥哥因小时得过脑膜炎，虽没丢命，大脑反应却有些迟钝，从小便受尽了欺负和凌辱，这时，往往是比哥哥小四岁的凡恺提根铁棍与坏小子们混战，因而他总是鼻青脸肿。凡恺去长春念大学时，哥哥曾拉着他的衣袖，胆怯地说：“你别走，没有你，我真的害怕！”看着无助的哥哥，凡恺只能无奈叹气。后来哥哥找到了一份工作，在一家医院做清洁工，他干着最脏最累的活，拿着最少的薪酬。不过，全家人都为哥哥感到高兴，因为他毕竟能够自食其力了。后来，哥哥结了婚，妻子是山里的一个女孩儿。母亲感激这个女孩儿，拼了命也要为他们买一座房子。凡恺和妹妹商量，母亲操劳了多半辈子，怎么能再让她受苦呢！于是他和妹妹约定，共同出资为哥哥买房。

但时隔不久，妹妹便在一场车祸中罹难。妹妹毕业于东北师范大学，人品优秀，才貌俱佳，生前是吉林人民广播电台的优秀播音员，同时在吉林省电视台主持一档很火爆的节目，在省内外颇具影响，备受听众与观众喜爱，是全家的骄傲，是单位的骄傲，也是家乡父老的骄傲。事发前，妹妹曾经约周凡恺到长春晤面，因为忙他没有赴约。妹妹的意外去世让他痛不欲生，因为妹妹几乎是他带大的。他在妹妹面前，行使的一直是父亲的职责。早年因为家境拮据，妹妹曾经有过放弃上大学的念头，是凡恺鼓励她，并在课余时间写稿子，打零工，抬木头、挖水沟、拆房子，只要能挣一点钱，什么都干。在校其间，他以这种方式，让妹妹像别的女孩子一样，过得既体面又快乐，工作后，他又每月拿出工资的一半，直至妹妹完成学业。

妹妹的蓦然离去，对于凡恺来讲，生命仿佛也戛然而止了。但心痛归心痛，他知道自己此刻该做些什么，正如他在《无语的湖》中所写的那样：妹妹车祸罹难的消息，把所有熟悉她的人的心都搅碎了。但最最可怜的人只有两个，除了她尚且年幼的女儿小艺，再就是我已经年迈的母亲了。一个是女儿失去了母亲，一个是母亲失去了女儿。这之后，凡恺开始独自履行对母亲的承诺，为哥哥买了一套近百平米的双气楼房，并配好了电器和家俱，当时，他自己在天津也才住着一间几十平米没有煤气的房子，这一点，说说容易，做起来很难。与此同时，凡恺还肩起了对外甥女小艺的心理辅导师一职，常常通信，一有机会便回长春探望，让小艺顺利地度过了残缺的童年和青春叛逆期，最后念完大学法律本科和硕士研究生，圆了她母亲的一个梦想，成为一名称职的律师。

凡恺曾说过，有时候，在命运面前，人是没有还手之力的，只能默默地承受。凡恺的哥哥结婚两年后，便有了一个健康的儿子，一切都很美好。然而厄运再度降临。哥哥因心肌梗死，在46岁时突然离世，抛下了没有工作的妻子的年幼的儿子。他只能把嫂子和侄子的生活开销全部承担起来。母亲临终时，曾拉着凡恺的手说：老二（他在家行二）啊，看来我们真的要拖累你一辈子啦，只有妈知道你的心有多累！凡恺只以微笑作答。如今，凡恺的侄子也靠着他的支助，念到了大学三年级，他曾对侄子说过，如果你觉得将来出国留学会给你带来更多的发展机会，我也会为你提供相应的费用。凡恺还多次帮助东北老家的亲朋好友来天津治病，那种浓浓的情谊，在他的一些散文中偶有记述。他还有一篇散文《一条会飞的鱼》，写他老岳父患老年痴呆症后的生活，老岳父活了将近九十岁，生命中最后的几年，是在一片混沌中度过的，但他与他的妻子，还有妻子的兄弟姐妹，没有让老人失掉尊严，老人的晚年虽处病痛之中，却是幸福的。由此，我想到了儒家所讲的“孝悌”理念：爱自己的父母亲和兄弟姐妹以及家乡父老，是做人做文的根本，是人性的光辉，是中国文化的精髓，是“修齐治平”的基础。试想一个连自己的家人和亲朋好友都不爱的人，还能指望他做出什么有意义的大事吗？

凡恺是个逻辑思维与形象思维兼具的记者与作家。他的新闻通讯稿写得精粹流畅，准确翔实，富于逻辑性；而他的散文、小说则写得细腻柔美，感情饱满，兼具冷峻传神，跌宕起伏千回百转，富于形象性。毋庸讳言，他的散文极具“凝血性”。那是岁月、情感、心血的结晶，也是身边那些人对他的终极托付。到天津日报工作以后，正值盛年的他发稿率极高，佳作频出，获奖频频，令人艳羡，拥趸极多，在很多读者眼中，他的状态“如日中天”，达到了他的人生的一个高峰。天津的诸多文坛名家，如冯骥才、滕云，还有武歆、黄桂元、张永琛、高为、樊国安等，都写过他的评论以及印象记或专访，并发表在《文艺报》《文学报》《中华读书报》《新闻出版报》及《知音》等全国知名的报刊杂志上。天津电视台也播出过他的专题片，天津人民广播电台曾对他做过专题节目。凡恺与著名作家孙犁先生是天津日报的同事，虽然他进入报社时孙犁先生已不来上班，但他的一些作品，还是引起了孙犁先生的注意。有一天，孙犁委托一位同事邀凡恺来家一叙。孙犁是抗日战争时期走过来的老一代作家，成就卓著，德高望重，是写进中国文学史的大师级人物，上世纪五六十年代，曾在天津日报的文艺周刊扶持过刘绍棠、从维熙、韩映山、房树民等实力派作家，新时期又提携过优秀知青作家、后来的天津日报同仁宋安娜，还有河北省青年作家、后来的中国作协主席铁凝。但孙犁同时也是极有个性的作家，轻易不喜欢被打扰。能得到他的邀请，非同一般。

见面后，凡恺以他的诚恳真挚和谦逊，赢得了孙犁老先生的赞许，此后经常进行面晤和交谈，并题字相赠。天津日报另一位德高望重的老编辑邹明，曾经与孙犁共同编辑《文艺》双月刊，这份杂志名重一时，严文井、魏巍、刘心武、邓友梅、从维熙、刘绍棠、贾平凹、周汝昌等大家名家都曾在此刊发稿，还培养了很多文学圈的后来者（我也曾在此刊发过小说，得到过邹明老师的教诲）。邹明病重住院期间，孙犁便委托凡恺前去探望邹及邹的妻子李牧歌，可见老先生对凡恺十分信任。待孙犁也病重住院，凡恺便成为往他身边跑得最多的人之一，孙犁先生去世时，凡恺一直陪伴在他身边。孙犁的人品，文品，以及对中国文学界的贡献，世所公认；也为凡恺带来诸多感奋和激励，乃至成为他做人做文取之不尽的富矿。

在赞许声中，凡恺保持了足够的冷静。这或许是受益于孙犁老先生吧。他在《四十随想》一文中写道："我得承认，在很长的一段时间内，我虽尽可能地平静着，显得若无其事举重若轻，实则我的内心深处，并没能摆脱世俗的束缚，它们如影随形，一步一步地紧跟着我，与我默默地对视。只是后来我终于醒悟了，对很多人所热衷的事情再也不去留意，即使看上两眼，目光中所流露的，更多的也是冷漠和鄙夷。……不为世俗所惑，时常保持一份清醒，是需要一种境界的。"凡恺对物质生活要求一向不高，喜欢吃的饭菜都是最不上档次的，喜欢喝点小酒，也是最便宜的"二锅头"之类。至于穿戴，就更不讲究。而且，今年已经年近六十的他，从来没有过过生日。不是没有条件，而是没这愿望。当然，他也想生活得更好一些，但必须是自己劳动的所得或智慧的结晶，从未想过把公家的钱揣进自己的腰包，那会让他坐卧不宁。他说过，鲜花总要枯萎，流水也会干涸，世上没有恒久的东西，只有人，能让自己心中的绿地和蓝天永远青翠永远明朗。“我所放弃的或许正是一些人梦寐以求的，这也没什么不好。我也有至死不会放弃的东西，譬如探索，譬如友谊，譬如真诚，譬如正直……我将把它们楔在心中最牢固的位置上。让它们在良心的庇护下安歇。我将为此而得到慈爱和温存带给我的欣悦，同时我想它们也绝不会因为世人的藐视而变得一文不值。对我来讲，它们注定要成为一笔无价之宝。”

睿智的凡恺。深沉的凡恺。执著的凡恺。历经磨砺的凡恺。情深意重的凡恺。才华横溢的凡恺。他的文笔十分讲究。在浮躁的当今社会，能如此精到地写作，实为难能可贵。他在散文集《洗过的风景》里有这样的段落和句子：“那晚睡得朦朦胧胧，依稀听得春雨敲窗，于是便梦见自己蹲在老屋的檐下。远处的绿色被飘飘洒洒的小雨洗浅了，所有的声音都随着细细的雨丝遁逸。雨滴如炸弹一样从檐上沉落下来，在潮湿的地上砸出一排小坑儿。坑儿由浅到深，有大大小小的水泡儿冒出来，映着我变了形的脸以及各种各样的颜色。后来，有虹从林中一闪而过，那一小片林子便浴在阳光之中了。于是便醒了，于是便发现并没有雨……”文字间充溢着画家的构图与色彩感，而不经意间营造的意境已让人浮想联翩。他在长篇小说《四凤楼》中是这样开篇的：“民国十六年。秋天仿佛被人催着逼着，迈着趔趔趄趄的小碎步，晃了几晃，就溜到了天津。整个城市也宛如一个已经咽了气的病人，顷刻之间便从头凉到了脚。海河仍旧逶迤着蜿蜒着，状似巨蟒，却少了生气而多了肃杀。草丛里的鸣虫早已不知遁入何处，成片的蒲草和芦苇伤兵般地匍匐着，只余下几根蒲棒在风中摇曳，孤独地浴着最后的一场冷雨……”且不说故事的跌宕起伏千回百转以及民国天津的五光十色五味杂陈，单是远景到近景的描写，便优雅柔美兼冷峻传神，一丝不苟而又精彩隽永。难怪很多天津人曾误以为“周繁恺”是位娉娉婷婷的“大才女”。《战友论坛》

142，消失的“特供点”（发表于2018，12，3，《中老年时报》）

作为天津市和平区的一条不显山不露水的街道——建物大街，相信很多天津人都对它不太在意，外地人更可能不予理会。但这不能说明它无关紧要。它位于和平区西北部，北起南马路，南至治安大街，中间与官沟大街、闸口街、福安大街、益慎大街、清和大街等相交。清末1895年兴建时称“广兴大街”，1916年日本建物株式会社承建益慎大街以南路段，顺理成章起名“建物大街”，至今沿用。

这条街的两侧原先多为砖木结构平房，间或花插着二至五层的楼房。街道北段地处天津曾经的商业中心南市，门店鳞次栉比，商业繁盛。除此之外，引起我对这条街的重视和记忆犹新的，是我作为曾经在粮食部门工作过的人，经常来这条街，对它有着特殊感受。三十多年前的上世纪80年代，这条街路面狭窄，高低不平，偶见的树木东倒西歪，勉强能过一辆面包车，如果两辆车错车就十分困难；几乎没有一间新房、一座新楼，黑黢黢的老旧房屋参差不齐，墙面斑驳污脏。忽一日，各省市粮食部门来人在津开会，交流有关工作经验，时值盛夏，局长批了条子，让我去办一百斤绿豆送到旅馆，请旅馆方面熬制绿豆汤为开会客人解暑。而需要去的地方就是建物街粮管站。这是个“特供点”。

买点绿豆需要走“特供”，看起来可笑，其实一点不可笑，这是那个“统购统销”年代的“副产品”。有人还可能联想到“猫腻”，甚至联想到“故事”。我骑上自行车，一边问路一边前行，顺着建物街曲曲弯弯的街道，找到了房屋老旧阴暗潮湿的粮管站。交上条子和支票以后，粮管站业务人员给我开了发票，找到绳子，帮我把一小麻袋绿豆绑在自行车后座上，我小心翼翼地将有了沉重分量的自行车推出粮管站过道，骑上车，慢慢向旅馆驶去。一路上，不断躲避迎面骑来的自行车或三轮车（那时汽车还很少），中间好几次差点没摔倒，勉勉强强骑到旅馆时，已经大汗淋漓，前胸后背都湿透了。

这样的事以后又经历了好几次。于是，建物街那弯曲、狭窄的街道，“特供点”粮管站阴暗潮湿的房子，给我留下深刻印象。及至80年代末期，全市粮食零售系统改革，粮店不再单纯只卖粮食，也可以多种经营，卖早点、卖馒头、大饼和其他食品。看起来是小改小革，步子不大，可也是革命性的。要打破几十年来的既成套路和思想禁锢，谈何容易？因为粮食工作关系国计民生和社会稳定，政策性极强，稍不留意就会出政策性错误。局里的笔杆子老董、小宋等人在局领导组织下拟出了改革方案，不久就付诸实施。曾经为国家建国以来紧张平衡的粮食工作和统购统销政策立下汗马功劳的粮店，单纯得像一张白纸，曾经最为市民所信赖，连二商系统为市民发放副食补贴都要到粮店执行，倏忽间便五彩缤纷了起来。紧紧跟随改革的步伐，宣传工作应该有影像，有文字。

于是，我和小宋按照领导安排，撰写了45分钟长度的电视专题片的8000多字的脚本，租用有关单位的录像设备，对全市粮店有选择地进行录制，并精心编辑成专题片，在全系统对四万多职工播放。其间那个阴暗潮湿的建物街“特供点”粮管站已经热闹起来，批发销售的品种明显增多，人来人往车水马龙，只是因为建物街路窄，经常错不开车，以致闹起口角。此时，市体改委（后与市计委合并更名为发改委）建议我们对这个专题片进行缩减，然后拿到市电视台播放，再到央视播放。于是，由我操刀，改写脚本，缩编成一分钟长度的电视片，送到市电视台在黄金时间进行播出，又经电视台专题部主任引荐，我直接到央视找到新闻部。最后在《新闻联播》里播出了。里面“建物街粮管站”的影像十分突出，一派喜庆气氛。

消失的“特供点”

但我一直没有停止对“特供点”这个特殊年代的产物的关注，并对它的延伸词意感到嘲讽和无奈。一晃几年过去，天津紧跟国家步伐，改革逐步深入，我也陆续写出《天津粮食流通体制改革建议与对策》、《中外粮食政策比较与启示》等论文，在省市级和国家级刊物发表，并获得省市级和国家级奖项。不久全市粮食流通体制改革就开始了，我和局领导一起拟出了改革方案并予以实施。除粮库、面粉厂、油库、油厂等单位必须改革，所有的粮店都面临“彻底放开”局面，这不是重新洗牌，而是“放开”。“放开”意味着可以“变性”。粮票和粮本也就此寿终正寝，成为带有历史印记和收藏价值的“遗存”。和平区粮食局的领导前来座谈改革工作，我特意问到那个给我留下深刻印象的建物街“特供点”粮管站，问他们打算做什么使。他们说，有可能开旅馆，也有可能开饭店，还可能卖掉。因为，在没有“盈利”保证的情况下，要首先想到拆兑出一笔钱来安置职工。是啊，民生总是应该摆在第一位的。

周末，我骑着自行车在市里转悠，看到和平区有的粮店正在出租，有的改弦更张变成饭馆，有的变成早点铺、照相馆，有的卖起服装鞋帽……真真切切感受到了时代的发展和社会的前进，昨天的阴暗潮湿的建物街粮管站，也面临“变性”，搬得空空如也。而这些变化源于国家通过改革开放经济大踏步前进了，市民可以随处买到粮食，再也不用每月 25 日起大早到粮店排队买粮了。但眼前的建物街，依旧弯弯曲曲，依旧狭窄，而且高低不平。再一晃，又是几年过去，我已经退休，特意在一个早晨徜徉建物街，看到街道已经拓宽了很多，部分旧房还有，但都刷了砖红色的浆，一扫当年建物街的老旧之气；而干净整洁的新楼、新小区更是鳞次栉比。卖早点、卖水果的店铺和摊点，随处可见，亦显得一派生机。市民自由选购，心情舒畅。最关键的，是因为国家和全市经济的蓬勃发展，完全用不着那个“特供点”了！

143，图说在冀中农村调研

2018—2019 年，我和老伴用了一年多时间，跑冀中农村，走访和调研，上至县领导，镇领导，下至村干部，普通农民，进行了广泛深入的接

触。然后将关于“三农问题”的所思所想条分缕析以后变成故事，写进了长篇小说《红星谱》。

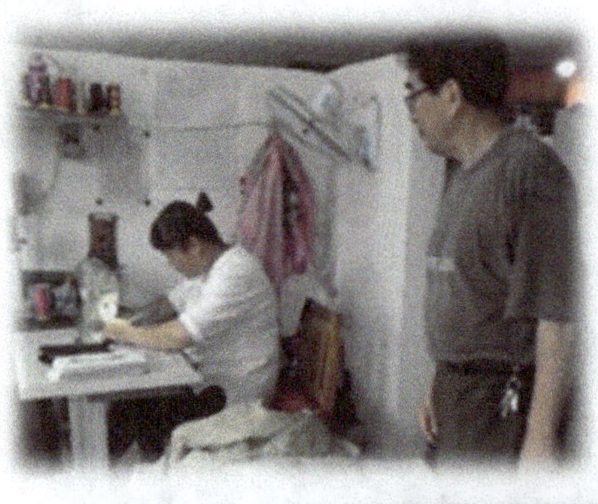

《红星谱》内容简介：郭家堡是冀中平原一个地少人多的村庄，抗战时期因贡献突出，被八路军军分区命名为“红星村”，远近闻名。但在解放后却因“地少人多”及土地贫瘠，村民生活十分困难。铁骨铮铮的老一辈村书记郭山河是战争年代走过来的人，为改变落后面貌付出了一切。后一辈接班人郭向前上任后为完成父辈遗志继续奋力拼搏。社会在发展，新情况不断涌现，农村状貌比以往复杂得多。郭向前从部队回村的时间节点正是“十年”的尾声，因为过去“割资本主义尾巴”，村里什么副业都没有，穷得叮当响。他冒着风险带领年轻人割五曲河滩的苇子编苇席搞副业，挨批时以村民们饿肚子的情况据理力争。而他的烈士子弟的特殊身份给他助力不少，让他得以施展。“十年”结束后，十一届三中全会尚未召开，他即从北京的一家氯纶厂淘换来氯纶绒，组织村民纺毛线，偷着出售，再次挨批。因考虑他是为集体，个人一分钱没得，方才得释。待十一届三中全会召开后，他一方面组织实施联产承包责任制，一方面继续发展副业增加村民收入，但领导层个别人思想观念没有转变，对他严厉打击；也有人为了争名夺利，对他百般压制。使他的工作举步维艰。随着农村改革开放不断深入，乡村工业和各种副业不再作为“资本主义尾巴”了，郭向前立即组织全村大力开展纺毛线业务，最后出现家家户户纺线线，带动起周边村民一起干，十万村妇大军“背起包袱走全国”卖毛线的壮观情景。专家学者和记者作家闻之无不由衷感叹！（市作协和某些人拿到这本书的初稿后，个别人看到里面思考农村问题较多，看到作者指出农村个体劳动不及集体劳动效率高，便骂作者“小爬虫”不该如此。作者百思不解，就教于著名作家蒋子龙，蒋老忿忿道：“骂你是因为妒忌，不被人妒忌还能成好作家吗？不要看那些下三滥的东西，目前天津有后劲有实力的作家排在前面的是秦岭和你。”让作者在憋屈之时获得宽慰。）《天涯论坛》

144，赵军帮我把《红星谱》送到母校

赵军是天津市第十四中学比我小十届的师妹和彼此非常熟知的校友。她在母校毕业后考入天津师大，毕业后返回母校任教，目前是母校英语专业年富力强的高级教师。我们一同团结在母校老师、天津教委处长解书明的周围，经常聚在一起聆听解老师对紫砂文化和茶文化的解读与弘扬。《红星谱》出版后，解老师因为住得离市作协比较近，在第一时间到市作协拿到了样书，然后按照我的意见，请赵军前来把需要交给母校的《红星谱》及时送达。

赵军拿到书以后，特意到母亲家里找到红丝带，把三本书漂漂亮亮地扎好，送往母校图书馆。我和我姐姐、弟弟都是天津十四中学毕业的学生，对母校感情深厚。这些年来，我已经把长篇纪实文学《风雨毛乌素》、长篇小说《地下交通站》、《1943，黄金大争战》、《开锁》、《古玩圈》、《鸽王》、《孔雀图》、《我把青春献给你》、《狼山》、《成色》等作品送到母校图书馆，做为早年毕业的老学生的成果汇报，也丰富母校的图书馆。

而《红星谱》与以往作品的最大不同，是走访、调研耗费的时间最长，写作中挖掘自己的生活积累和知识积累最多，里面“新”的人物和故事情节也最多，因而最难。现在赵军把样书送到母校，我期待各位老师和同学的品评，丑媳妇终归是要见公婆的。谢谢解老师，谢谢赵军！【赵军：师兄好！孟老师跟领导汇报了，中间这个是主管图书馆的教科研主任，上次参加活动的魏校长也要过来，但是在外面开会没在学校，她们都

让我向您转达感谢及祝贺。后期学校图书馆要搞推介活动，到时候我再告知您。】（新浪博客）

145，电视台记者前来采访

2018年夏天，一个阳光灿烂的日子，在我家旁边的李公楼桥边，接受了天津电视台记者牛玉等人的采访。主要讲了我赴河北省冀中农村采访、调研的情况。讲解了我正在构思中的《红星谱》这本书的大体情况。总而言之，作家深入生活、扎根人民非常重要。事后，天津电视台播出了这次采访我的实况录像。（新浪博客）

146，蕴辉：播出岩波小说的五位播音员

天津文学艺术网讯:（蕴辉报道）本市实力派中年作家岩波的长篇小说《成色》、《离婚男人》、《地下交通站》、《今夜辰星璀璨》、《古玩圈》等数部长篇小说近年来相继由天津人民广播电台播出，在社会各界引起热烈反响。

岩波的长篇小说《成色》，描写的是 1935 年这个时间节点上发生在天津的抵抗日本人在各领域侵略、渗透的故事。数年前，中国文史出版社慧眼识珠，力主出版了这本书。2016 年夏天，天津人民广播电台播出了这本书，然后岩波又受邀到电台谈了创作体会“直播”出去，引起很多亲朋好友关注，而且好评如潮。2017 年春节前夕，天津电台的编辑张悦老师又把这个播讲做成音频，每二十分钟一集，在微信群传播，一时间成为热门节目，亲朋好友纷纷向自己的朋友圈转发，不计其数的方方面面的好朋友都在用手机收听广播小说《成色》。而播出这部作品的播音员白羊，更赢来社会各界的广泛好评。山东的作家许胜勤和天津的作家王振策专门写了几千字的“听后感”；有的朋友还把《成色》音频转发到海外华人的诸多朋友圈，同样受到热烈欢迎。而岩波的一位部队院校的战友高卫红是军休合唱团的团员，恰巧白羊的父亲也在这个团，于是，岩波请战友把白羊的播音传到了国外这件事转达给白羊的父亲，岩波的战友立即照办了。白羊的父亲开玩笑说：“晚上吃饭我多给他夹菜”。以示祝贺。另一位作曲家朋友范胜利也非常喜欢《成色》的播讲音频，每天转发 16 个微信群。从该微信的公众号留言看，社会各界的反响非常热烈。

而编辑制作这本书的音频的张悦老师，则整个春节都没有休息，每天一集，在晚上 8 点稍过的时间发出。众人每天在这个时间都在殷切地等待。岩波的身在广东的母校老师石应芳在微信里留言说：“要感谢这些同志在春节期间给我们送来的这场精神盛宴，陪伴我们度过一个有意义的春节！”原中国小说学会副会长、天津师大中文系主任、著名评论家夏康达教授于 2017 年春节前后全部听完了播音，说：“这是一种非常好的大众文化娱乐形式！”并祝贺小说得到广泛传播并受到诸多好评。2017 年夏天，

天津电台的播音员木荣老师播出了岩波的《离婚男人》，这是一本描写一个有婚史的 80 后年轻人如何面对事业与爱情的故事，同样受到各界朋友的热捧。天津电台做成音频发出来以后，已经一年多了，一直在朋友圈和社会上广泛传播。播音员木荣的精彩演播连同她的名字，也同样受到高度关注。天津电台青年播音员柴巍播出的岩波《地下交通站》，则注重声情并茂地讲述上世纪三、四十年代天津地下党和八路军联手抗击日本侵略者的惊心动魄的曲折故事，尤其对书中青年地下党员的形象塑造，增色不少。而天津电台中年播音员乔烽演播岩波的长篇小说《今夜辰星璀璨》，更是迎来一片好评。岩波这本书写的是中国北方农村青年农民党员艰苦创业，带来大家共同致富奔向小康的过程，动人的叙事，精彩的人物，被乔烽老师演绎得活灵活现。面对大家的夸奖，乔峰谦虚地表示：是作品好，才使自己讲得好。2018 年的夏天，天津电台的播音员刘涛演绎了岩波关于古玩题材的长篇小说《古玩圈》。这本书讲述了古玩行扑朔迷离、悬念迭出、引人入胜的林林总总，“假作真时真亦假，无到有时有还无”，呼唤真诚，呼唤正义，总是时代主流。听众朋友的反响亦十分热烈。有的朋友反馈说：“一集不拉地听完了全书，完全被故事吸引了，还学了古玩知识，受益匪浅！我为听书经常耽误了做饭吃饭。”还有的朋友说，为听书熬稀饭熬糊了锅。

广播小说作为一种大众传播载体，无疑是思想文化普及和精神文明建设的重要形式，我市作家岩波能有这么多作品“登堂入室”，也是可喜可贺。祝福岩波和白羊、木荣、柴巍、乔烽、刘涛诸位艺术家，愿大家百尺竿头更进一步！天津人民广播电台的五位知名播音员老师：一，白羊：播出《成色》；二，柴巍：播出《地下交通站》；三，木荣：播出《离婚男人》；四。乔峰：播出《今夜辰星璀璨》；五，刘涛：播出《古玩圈》。他们绘声绘色极富表现力的演绎，为作品大为增色。他们的音频已在海内外流传，颇受好评。

147，受到国家最高领导亲切接见的发小于建

我这辈子最信赖的人并不是很多，但发小于建不可怀疑地算是一位。小学时我们同在中纺前街小学上学，但不在一个班。中学时才聚到一起，他在我们班担任语文课代表，我那时是班长，因为我也爱好文科，所以我们之间交流颇多。他的遍览群书常常让我惊讶和羡慕；他的毛笔书法也十分了得，也是让我望尘莫及的水平；而他和我一样又特别喜欢体育，打乒

乓球、踢足球以及大家都喜欢的单双杠、吊环等，更使我们须臾难以分开。

那时中学操场十分宽大，有着标准面积的足球场，曾经有厂矿企业的足球队来我校操场打比赛。于是，课后我们就能够踢个尽兴。而打乒乓球就受些局限，会议室有标准的乒乓球案子，但放学以后就锁门了，即使不锁门也是校队的同学在练球，有些爱好乒乓球的老师参与其中，但也轮不到我们这些纯粹是“玩儿”的同学。怎么办？就在自己的教室里，把椅子集中到墙边，在教室中间用课桌拼成乒乓球案子，支上球网子就挥拍打起来。球拍自备，大家在家里鼓捣得什么样子的都有，有人是“两面胶”（一般是一正胶粒一反胶粒，个中门道只有爱好者明白），也有人在球拍背面贴三层板，加重球拍分量。往往打到天黑方才尽兴回家。但我们也发现，桌面的绿漆被擦出很多白点，也没有了光亮，但还是不能罢手。多年后才想起来应该“忏悔”！（他搬到新家以后，小区里有乒乓球室，我每次去串门，都会换上他的球鞋和他打个满头大汗才算尽兴）。

于建中学毕业后上了技校，然后分到天津重型机械厂，与著名作家蒋子龙在一个单位，而后考上天津师专，分配到天津市总工会做了好几年机关干部，因工作出色，被上级领导选拔到天津市委党史研究室，直到退休。于建在这个岗位上兢兢业业，发挥了全部聪明才智，取得令人仰慕的成绩，成为全国党史界响当当的一位权威，和其他同行难以逾越的学术高峰。其间，他在天津市委党校读完了党史专业的硕士研究生，使本职工作在理论性、系统性和政策性等诸多方面更加专业和精到。他写作或编纂的各种文集多次获得国家专业类最高奖。《天津通志·中国共产党天津志》、《中国共产党先进性建设历史经验研究》、《中国共产党天津历史》、《中共中央北方局·综合卷》、《中流砥柱——中国共产党与全民族抗日战争》、《华北抗战实录》、《中国共产党天津历史大事记》、《日本帝国主义在天津的殖民统治》、《解放战争时期天津学运史料》（上、下）等等，在这些颇受好评的著作中，都有他倾注的心血。于是，他被评为全国最优秀的12位党史专家之一，受到国家最高领导的亲切接见。我们曾经在《新闻联播》中看到那个历史性画面，过后给他打电话说：“不要洗手，我们要和你握手！”

于建如此优秀，其实是在克服一系列困难的情况下完善自己的。他的妻子聂华是全国长穗剑亚军，是载入武术界史册的顶尖人才。但因多年苦练身体透支，后期常年患病，需要于建照顾；年迈的父母身体也不好，也有很多事需要他做。每天他忙完单位的事，还要回家担起全部家务，帮助妻子做理疗。而在夜晚忙完这一切后，还要审稿、改稿，处理从单位带回家的工作。他满腹经纶却从不随性张扬，性格坚韧却为人谦和低调，我们羡慕他修养如此之好，称他为“老夫子”。市委组织部长史连喜慧眼识珠，一经接触立即发出意外惊喜，及时将这位“被耽误了多年的后备干部”向市委推荐并提拔了起来。在参加他儿子的婚礼时，我对他儿子的岳父说：“你的亲家于建是天津市最好的领导干部！”这是我不由自主的真心话。

我在写作长篇小说《地下交通站》时，找到于建，请教抗日和解放战争时期天津的背景资料和典型事件，于建便滔滔不绝给我讲了一个上午（尤其讲到天津的“青红帮”和进步人士“姜般若”等人在当年发挥的作用，十分精彩而且重要。这些内容自然被我写进书里），然后送我一摞现成的书籍。使我的创作有了“底档”和“蓝本”，不至于离谱和出偏。小说出版后，颇得各方面好评，著名评论家夏康达教授说：“想不到你能写到这个（让人满意和意外的）程度！”天津电台闻听此书十分精彩，便由优秀青年播音员柴巍及时播出了这本书，一晃五年过去，现在这本书连同其他四本书已成为天津电台的重播和保留节目。我在写作反映冀中农村生活的《红星谱》过程中，多次向于建请教背景资料，成书后再请于建拨冗为全书把关，于建也真是作劲，看完全稿写出 30 余条具体修改意见，我基本一一落实。2021 年 1 月，经市委宣传部审定通过，该书由天津百花出版社正式出版。虽然这本书因某些原因只印出了样书，还没走向市场，但我相信，若不是原则问题而只是技术问题，那么，就终有“见天”的时候，我和于建的心血也算没有白费。

我们不论从事什么工作往往选择余地不大，这也是绝大多数人的“窘境”，而关键在于“干一行爱一行”和“出类拔萃”。这两点于建全做到了。退休后他也很忙，除了家务事，党史研究室还有工作需要他帮忙，市委党校还有课程需要他去讲，市里还有专业性会议需要他出席……我祝福

发小、老同学于建劳逸结合，在做好该做的事情同时不忘照顾自己身体。（新浪博客）

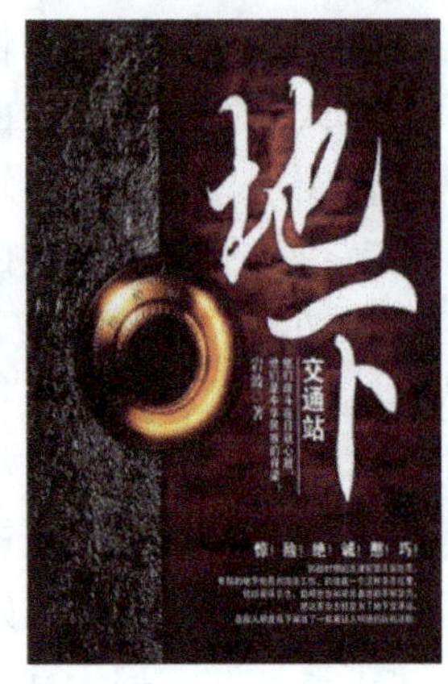

148，寄语母亲

当我即将步入老年之际，梦回最多的是和母亲相濡以沫的日子。早年父亲和哥哥响应国家号召，赴西北边疆支援三线建设，等于“有生力量”走了，家里剩下母亲带着 10 岁的我，15 岁的姐姐和两个小弟。母亲是邻居们推选、街道办事处认定的街道代表（居委会主任），没有工资，却管着大院的很多事。我们大院是建国初期盖的职工宿舍，有一百来户，整个大院的治安、卫生、邻里关系等，母亲都承担一定的责任。像个包袱皮“包”着老街旧邻，虽然不能尽如人意。

因为孩子多，家里的开支捉襟见肘，街道办事处便给“代表”们联系了为制药厂糊纸盒的业务。我清楚地记得，糊安痛定、青霉素的药盒最多。事先需要用板车把沉重的纸夹板和其他原材料从制药厂拉回来，开始工作时，需按照纸夹板上的刻痕，把纸夹板窝成盒状，然后在纸盒侧面粘一圈大条，继而在盒里粘“枕头”、盒芯（10 个小药瓶的间隔纸板）、“墙子”，最后粘盒盖的标签和白纸盒底。事先还要把领来的不太像样的原始浆糊精心调制到能用的程度。糊一个小纸盒，看似简单，严格要求的话，便很不简单，很有技术含量。当然，熟能生巧，我就是干得最出色，最让母亲得意的一员主将。

大院里有两三位街道代表，加上大院外的两三位街道代表，组成一个组，在我们家“工作”。母亲是组长，我就自然而然变成母亲使用最顺手的劳动力。每当糊好一定数量的纸盒，需要送往制药厂的时候，往往是我拉车，母亲在后面推车。母亲总是关切地问：“二啊，行吗？”遇到上坡的路，母亲会比我更用力。一次母亲因此摔倒，我发现后，停下车跑过去抱住母亲，见她的膝盖已经磕破流血，脸色也很不好。她却说：“没事，二啊，咱继续走。”每个月我都要给远在边疆的父亲写信，每到这时，母亲都坐在我旁边，一句句地说，我一句句地写，母亲此时眼里含着泪水，却不提家里的困难，不让远在边疆的父亲担心。我们的老家在河北农村，每隔半年，母亲都要代替父亲回老家看望爷爷奶奶，这时，我又是母亲的得力帮手了。模糊记得在 1970 年奶奶去世，父亲也从边疆赶回来了，村头搭了大棚，里面设了灵堂，按照礼数，母亲要在灵堂里始终跪陪来宾磕头，亲戚非常多，母亲既要哭丧，还要陪磕，我好几次发现母亲紧闭双眼，似要晕倒，我紧紧依傍在旁边，始终搀扶着母亲的胳膊。静场时，母亲就靠在我怀里小睡一会。为把丧事办圆满，爷爷的小院设置了“馒头房”专门做饭，结果来了很多不认识的人跟着抢吃抢喝，爷爷大怒：“你们是干嘛的？吃绝户产来了？滚！”就要动家伙。母亲急忙拉住爷爷，好生劝慰。爷爷是最听母亲话的人，那次险些闹出乱子。

随着国家形势的发展，大院里有很多家庭的孩子需要上山下乡，母亲承担着配合学校作动员的责任，就到人家家里去做说服工作——这是个让人尴尬的角色，工作不干不行，干就挨骂。平时那些人家对母亲非常尊重，此时，他们不能对着母亲骂，而是仰着脸骂屋顶。母亲明白他们的意思，可是，该说的话还是说到了。结果就是造成母亲和他们“面和心不和”的局面。这是在好几年以后才显露出来。那是有人为我介绍对象，对象的母亲认识大院里一个知青的家长，就去调查了解我们家的情况，结果，人家就说孩子不错，母亲不怎么样。这是多大的冤枉！母亲在这个问题上没有半点私心，连她自己的丈夫和大儿子都在她支持下去了边疆——距离天津三四千公里呢，一年才回来一次。那不全是为了国家吗？有她什么好处吗？半点没有。早先大院里只有一个自来水管，冬天会在水管子下面结成大冰坨子，接水的人不小心就会滑倒摔伤。此时，母亲就动员半大小子们出来，用斧子砸冰，我就再次扮演了冲锋陷阵的带头人，是母亲的“先锋官”，当然是干得最猛出汗最多的人。

大院里有两个下水池，规定不允许倒粪便，但仍然有人不自觉而偷着倒，每当出现这种情况，母亲要站在大院连喊带叫吆喝这件事，而最终，是由我动手用自家的铁锹把粪便铲走倒进厕所。为此，母亲也受累不讨好，一次一个老邻居被母亲抓了“现行”，撒起大泼，母亲不得不费尽口舌把对方劝走。为此，我也劝阻母亲：“以后您甭管了，再有这事，我悄悄铲走就得了。”母亲固执地说：“那不行，全大院的人都看着了，不说不管，就人人都倒粪便了，你铲得过来吗？”为此，母亲又得罪人了。当然，母亲也有因为做好事而结下的铁杆粉丝，一个叫孟庆璐的老邻居，因为夫妻干仗，非要离婚不可，闹得全大院沸沸扬扬，母亲给他们做调解工作，一谈就是一宿，直到夫妻俩握手言和，重归于好。事后孟庆璐因和母亲同姓而辈分小，按照孟氏大排行认母亲为“姑奶奶”，逢到家里做好吃的，就端一碗来。大院里谁家出了什么事，人们总是说：“找李娘去！”或“赶紧把李娘叫来！”看似母亲很累，其实这也说明大家已经离不开母亲了。全大院 100 户人家，母亲全都叫得上他们的名字，至少为一半左右人家做过大大小小的调解工作。于是，我家的孩子也被高看一眼，主动到我家给哥哥姐姐和我、弟弟介绍对象的，也是不绝如缕。

母亲非常支持我的写作，晚年以我经常发表作品为荣。2006 年我为纪念参加唐山抗震救灾 30 周年写了中篇小说《想回唐山看一看》，在天津工人报连载，我把报纸订阅到母亲的住处，于是，她每天以到报箱取报纸为乐趣，寄来稿费，以数汇款单上的数字为乐趣（虽然并不很多）。她平时最爱听收音机里讲小说，可是她在世时，我的作品不曾被电台播出，而在她去世后，天津电台连续播出了我五部长篇小说，当我收听着播音员绘声绘色的出色播讲时，多么希望母亲能够一起收听啊，但这成为没法弥补的永远的遗憾了。

母亲就是这样，干着东，管着西，顾着南，惦着北，使尽浑身解数，把她的黄金年龄献给了大院和家庭。在那些年，奖状是得过不少，可是老街旧邻说起她来，免不了牢骚多于赞扬。但是，但是，但是这两个字很有分量：随着岁月推演，老一代逐渐逝去，后一代也渐渐变老，偶尔相遇说起老街旧邻，经常出现这样的评语：“早先咱大院幸亏有李娘！”“李娘是大好人！”“现在找不到这样的人了！”我曾经在一个时间段里是母亲最得力的助手，对母亲的心思最为理解。听到这样的夸奖，心里为母亲而熨帖，替她记下了。遗憾的只是她自己没有亲耳听到，不过，母亲做事从来不计较别人的评价，只要她觉得应该干，就会矢志不渝。啊，身在天堂的母亲，您还好吧，还在管那些“闲事”吗？

永远的父亲

“父母在，人生尚有来处；父母去，人生只剩归途”。父亲躺在医院抢救的病床上，我眼看着他的生命迹象慢慢消失，我周身打了一个寒战，知道世界上再也没有了我的父亲；及至几年后母亲离世，又让我痛彻心扉地领悟了前面那句很多人都在说的话。

父亲是比较喜欢我的。刚落生的时候，我因为五官周正，关系很好而不能生育的邻居请求把我过继给她家，母亲不同意，尤其父亲更不同意。差点为此两家伤了和气。我小时因为上面有哥哥姐姐，很早就接触他们的课本，学龄前我已经会写很多字。那时家里十分简陋，地面就铺的一般红砖，而一块红砖正好可以写两个字。于是，父亲每晚吃完饭都要拿起哥哥或姐姐的课本给我默写，我就用白粉笔在地上的每块红砖上工工整整写两个字，每天都会默写几十个字。如果做加减法的算术题，两块砖正好写一道题。天天如此，慢慢就变成习惯和乐趣。所以，我小学上学几乎毫不吃力，成绩一直在班里名列前茅。

节粮度荒的年月，我家虽然父亲工资尚不算太低，日常开销没问题，可赶上这种特殊日月也不够吃不够花，父亲曾经和邻居结伴骑自行车到远郊去挖红薯（也是需要花钱，才能在人家收获以后捡拾一下人家不要的，或无意落下的红薯头子），但还是不够吃。我那时刚刚四五岁，控制不住地天天出出进进喊：“我饿！”父亲便在星期日用自行车驮着我，到离家不太远的国营印染厂对过的店铺买一块高价发面饼。享受一次哥哥姐姐享受不到的特殊待遇。当然这种情况也并不多，却给我深刻印象。后来年龄再稍大一点，父亲到公司医务室找大夫看病，都要带着我。他的温热的宽厚的大手，攥着我的发凉的小手。医务室大夫姓鲍，和蔼可亲，那时我耳朵里装满“鲍大夫”、“鲍大夫”的称呼，给我留下一生的好印象。一次春节父亲回老家带着我，火车到达县城车站时已经晚上 10 点，外面漆黑一团没法再走，只得在候车室忍一宿。此时天气寒冷，西北风呼啸，候车室里也没有炉火，想眯一会儿也冷得根本睡不着，父亲让我拿出随身携带的蒙葫芦（空竹）在候车室抖起来，“嗡嗡儿”的声音响彻整个候车室，睡不着的人们也全都跟着喝彩。

父亲一生笃诚，用现在的话讲，就是“滞”，不开窍。不会见机行事，不会曲意逢迎，更不会说好听话。早年他跟随我二爷从河北农村出来打工来到天津，解放前夕曾经帮助地下党送情报，属于地下党外围。1949年10月2日入党，当时在解放军被服厂工作，后来这个厂子转为民用。多年后很多他同样情况的人都办了“离休”，而他对此却并不看在眼里。不去找当年的证明人。他级别不高，只是公司普通技术干部，却思想左倾，要求自己很严，最常看的读物是《支部生活》，于是带动我们都跟着看，里面吴运铎的《把一切献给党》印象深刻，尤其支部生活社的专职画家阎茂如的插图，让人过目难忘。很多年以后，我在参加市里宣传工作会议时见到了老画家阎茂如，说起这件事，让他也十分感慨。1965年，国家决定父亲的公司支援国家三线建设，整个迁到新疆。那些日子，父亲和老邻居、老同事李宝营天天研究地图和出行路线，有着无限憧憬。似乎等待他们的是一场有趣的旅游，殊不知，此后的艰苦和流动性让他们疲惫不堪，不想回忆（他们从哈密到乌鲁木齐，到阿克苏、库尔勒、库车，建设完了就开拔）。父亲走时，为带个帮手，把正在上中学的17岁的哥哥带走了。

此后，父亲每年回来一次探家，每次都带来新疆的特产葡萄干和哈密瓜干，家里大人孩子和左邻右舍都跟着分享。他还经常背回“灯笼花”，连同小花盆，也不嫌沉。好几千公里，竟然背到天津。父亲一生爱养花，而且很会调理，经他手的花卉总是长得十分茂盛。在新疆，哥哥结婚后有了孩子，父亲和孙伙计的合影寄回来后，让我们看到父亲的憨厚笑脸与满足感，完全是一派适应了边疆生活的状态。1978年父亲退休回津，街办事处委托父亲办一个修建队，父亲立即码了一帮人，起了照，包括老伙计李宝营也加盟了。修建队干得红红火火，一干就是十来年，为街办事处积累不少资金，街办事处为此盖了房解决不少人的没房问题（那时房价很低，成本也低），还答应为父亲解决房子。父亲在新疆有房子，但在回津时交了，而不是卖了。多数人是变卖的。父亲说，还是交给组织好。现在故伎重演，老伙计李宝营提出修建队自己多分点，用不着等待街办事处解决房子，咱自己解决——钱是咱自己挣的，为什么把主动权交给别人？父亲不同意。李宝营见父亲如此死脑筋，便与父亲分道扬镳了。共事一辈子的老伙计就如此分手了。可见父亲脑筋的“滞”有多滞。

每个月我替父亲去留守处领退休金，经常听到一群退休的老职工闹嚷嚷的议论，而往往以牢骚为多，一次一位老职工说：“当年我们这些老帮K都是老脑筋，啥也没落着，现在小帮K们脑筋活络多了，让他们在新疆折腾吧。”话里话外不上算。但这种话父亲从来不说。去新疆肯定是一种响应国家号召的奉献，既然奉献了，就不说后悔的话了。这是父亲的性格。父亲爱看报纸，也支持我写作，但有一次却对我说：“你还是写点武侠小说吧。”我明白，父亲怕我因写作而惹事。写现实题材确实担着风险，你知哪句话写得让别人不爱听而招来麻烦？可见父亲的“滞”其实是一种带自保性质的智慧，只是有时让人难以接受。晚年我去父母家去得最勤，经常是姐姐包了饺子由我骑自行车送去，有时我买好蔬菜一起送去。所以父亲临终两个月前基本不认人了，不论谁去他都说：“老二来了？”只以为是我来了。父亲在哪里都是让人放心的，愿他在天堂也依然如此！（新浪博客）

149，文学之缘

环境培养爱好，爱好引领生活。1966至1968两年，是我应该上小学四、五年级的时间，但因为运动来了，学校停课了，天天待在家里。虽然，学校出于对我和家长的信任，在我家设置了一立方米大的“活动箱”，里面有皮球、羽毛球、球拍、跳绳、画报、小人书等物品，塞得满满当当，供大院小学生们每周一次活动使用。但这些东西显然太少太单调，我仍然闲得“五脊六兽”。这时，上中学的姐姐在学校当了红卫兵，负责看管图书室。于是，她隔三差五就拿回来一本书，她先看，然后给我看，最后收走换下一本。两年中，陆陆续续看了不少。此前，我家很像“学习中心”，我哥哥的同学、姐姐的同学都经常拿着书来我家交换着看，然后交流体会。1965年哥哥随父亲去了新疆支援“三线建设”，而他的同学依旧经常拿着书来我家，与我姐姐交换书看。那时她们见了面第一句话都是：“现在看嘛书了？”而不是“吃了吗？”姐姐的同班同学张爱萍，小名叫“和平”，因为有风湿性心脏病，运动中是“逍遥派”，什么组织也不参加，就天天在家看闲书。她爱穿偏带鞋还不喜欢系鞋带，踢里踏拉就来了，腋下一定夹着一本书。进了屋往桌子上一扔，便讲起这本书里故事和人物的来龙去脉。我因为“闲得难受”，便加入她们的读书、讨论行列。但我毕竟年少，很多事都懵懵懂懂。下面这个书单，都是那时看的，那时记忆力好，能够记住书名，后来看的书往往没这么深的印象了：

《中国民间故事》、《维吾尔民间故事》、《哈萨克民间故事》、《俄罗斯民间故事》、《乌兹别克民间故事》；鲁迅的《阿Q正传》、《狂人日记》；柔石的《二月》；萧红的《呼兰河传》；巴金的《家·春·秋》、《寒夜》；茅盾的《子夜》、《虹》、《蚀》；老舍的《骆驼祥子》；吴强的《红日》；梁斌的《红旗谱》；罗广斌、杨益言的《红岩》；知侠的《铁道游击队》；冯志的《敌后武工队》；李晓明韩安庆的《平原枪声》；刘流的《烈火金刚》；杜鹏程的《保卫延安》；曲波的《林海雪原》；周立波的《暴风骤雨》、《山乡巨变》；赵树理的《三里湾》；冯德英的《苦菜花》、《朝阳花》、《迎春花》；欧阳山的《三家巷》、《苦斗》；陈登科的《风雷》；袁静孔厥的《新儿女英雄传》；马烽的《吕梁英雄传》；李六如的《六十年的变迁》；朱道南的《在大革命的洪流中》；郭沫若的《洪波曲》；陈立德的《前驱》；李英儒的《野火春风斗古城》；杨沫的《青春之歌》；周而复的《上海的早晨》；柳青的《创业史》；浩然的《艳阳天》；王汶石的《黑凤》；慕湘的《晋阳秋》；高云览的《小城春秋》；乌兰巴干的《草原烽火》；邓普的《军队的女儿》；郑加真的《战斗在北大荒》；黄天明的《边疆晓歌》；金静迈的《欧阳海之歌》；雪克的《战斗的青春》；陆柱国的《踏平东海万顷浪》；杨朔的《三千里江山》；草明的《乘风破浪》；高玉宝的《高玉宝》；吴运铎的《把一切献给党》；峻青的《黎明的河边》等等。还有夏衍的短篇，田汉的剧作等。那时还没有“四大名著”之说，这些书她们也拿来过，但我往往看不太懂，于是就看相应的小人书。那时的小人书画得非常精致，真的堪称艺术品。连环画大家贺友直、戴敦邦、华三川、刘继卣、刘旦宅等让人难忘，我还曾临摹过他们的作品。包括外国的小人书《伊利亚特与奥德赛》、《古希腊民间故事》、《斯巴达克斯》等，印象深刻。

1969年，我上了中学，此时读到的各种书籍仍然很多，有老师推荐的，也有老邻居传阅的，主要有：尼·拉宾的《马克思的青年时代》；高尔基的《母亲》；浩然的《金光大道》；郑直的《激战无名川》；李云德的《沸腾的群山》；黎汝清的《海岛女民兵》；南哨的《牛田洋》；集体的《虹南作战史》；张抗抗的《分界线》；郭先红的《征途》；李心田的《闪闪的红星》；前涉的《桐柏英雄》；姜树茂的《渔岛怒潮》；刘品清邢凤藻的《草原新牧民》；克扬戈基的《连心锁》；童边的《新来的小石柱》，等。据说，文革中平均每年出版长篇小说 20 本左右，10 年间出了 200 来本。而我有兴趣和有可能读到的，就是这些。

这个阶段，我的接受能力大幅度提高，加入了另一个读书团体，后院大哥高庆海的读书群。主要有三五个人，一个叫胡撒的，一个叫季理的，还有，但我记不住了。文革后季理直接考上了社科专业的硕士研究生。我从他们手中拿过的书有：斯捷利马赫的《面包和盐》、《人血不是水》；屠格涅夫的《处女地》、《前夜》；果戈理的《死魂灵》，托尔斯泰的《复活》、奥斯特洛夫斯基的《钢铁是怎样炼成的》、富尔曼诺夫的《恰巴耶夫》、肖洛霍夫的《被开垦的处女地》、《一个人的遭遇》、法捷耶夫的《青年近卫军》、《毁灭》；绥拉菲莫维奇的《铁流》；波列伏伊的《真正的人》；爱伦堡的《暴风雨》、巴弗连柯的《幸福》、阿扎耶夫的《远离莫斯科的地方》、尼古拉耶娃的《拖拉机站站长和总农艺师》、柯切托夫的《日日夜夜》，巴巴耶夫斯基的《金星英雄》；科斯莫杰米扬斯卡娅的《卓娅和舒拉的故事》；茹尔巴的《普通一兵》；曾经拿到过托尔斯泰的《战争与和平》和肖洛霍夫的《静静的顿河》，因为里面名字太复杂，看不下去。其他苏俄的小说也往往因为书中人物名字冗长、复杂而兴趣减半记忆模糊。其间也读到别林斯基和车尔尼雪夫斯基的文艺批评文集。而读其他西方国家的作品极少，似乎只有带“革命性”的《牛虻》和日本工人作家小林多喜二的作品。很多书都是竖版繁体字，看的时候十分费劲。上述书名往往记得而作者不记得，都是现在查的。胡撒、季李他们不光传看文学书，也传社科书，比如《世界通史》、《世界简史》、《中国通史》、《中国简史》，马克思的《哥达纲领批判》、恩格斯的《自然辩证法》等等，讨论问题往往熬到深夜。当时的“内部书刊”《苏联是社会主义国家吗》一书也是大家热议的内容。

那时没有所谓“鲁郭茅巴老曹”的排名，以前读到的国内的一些作品，未必进得了中国文学史，也未必每一本都是精品，但在当时目力所及就是这些。书中的一些人物印象深刻，除本人眼界有限，缺乏更高一层次的比较外，作家本身写得好应该是主要原因。如：《家》中的觉新、觉民、觉慧；《子夜》中的吴荪甫、赵伯韬；《敌后武工队》中的魏强、苟润田；《烈火金刚》中的史更新、猪头小队长；《平原枪声》中的马英、杨大王八；《林海雪原》中的少剑波、小白鸽、许大马棒、蝴蝶迷；《暴风骤雨》中的赵光腚；《山乡巨变》中的驴快嘴；《三里湾》中的范登高；《新儿女英雄传》中的牛大水、牛小水；《草原烽火》中的李大年、乌云其其格；《乘风破浪》中的宋紫峰、邵云端；《金光大道》中的高二林、钱彩凤、邓三奶奶，等等；国外的，如《复活》中的聂赫留道夫；《安娜·卡列尼娜》中的沃伦斯基；《静静的顿河》中的格里高利；《毁灭》中的莱奋生；《处女地》中的涅日丹诺夫；《金星英雄》中的杜达林诺夫；等等。因人物性格鲜明而长久记忆。在读到王汶石的小说时曾经十分沉迷，其短篇《风雪之夜》、《新结识的伙伴》印象很深。后来见到王汶石的儿子王晓渭，情不自禁说起当年读王老书的情景，过后王晓渭特意给我寄来一套王汶石的作品。而舆论界一度对浩然的过度贬损，也让我感觉不公。我一直觉得他的作品的认识价值不容忽视。这里涉及对“十七年”作品的客观分析和估价。

上中学期间，我在同学罗永章家读到了全本的竖版线装书《金瓶梅》和《红楼梦》。继而，在老邻居高庆海处读到清代围绕曹雪芹的《红楼梦》产生的《红楼梦补》、《续红楼梦》、《后红楼梦》、《红楼复梦》、《青楼梦》等。从姐姐同学张爱萍手里拿到李希凡、蓝翎评论《红楼梦》的文集，知道有个大学者俞平伯，也知道上海有个桑伟川，还知道毛主席力挺了两个“小人物”李希凡和蓝翎。上初二时，我也尝试写过文学评论的文章，评长篇小说《激战无名川》，三千字左右，寄给了当时天津的《文艺革命》报纸，没有发表，但他们发表了我的一篇小小说《小修理工》。当时大家传来传去的过期杂志有《人民文学》、《诗刊》、《大众电影》、《收获》、《上海文学》和《剧本》等，杂志都十分破旧，卷了边了，但内容非常之好，我还记得《人民文学》（哪年哪期已经忘了）里面周立波的《山那边人家》，林斤澜的《一瓢水》，马烽的《我的第一个上级》，王愿坚的《党费》等，印象深刻。《诗刊》里面郭小川的作品很多，如名作《西出阳关》，还转载过马雅可夫斯基的"阶梯诗"。也有刘白羽、贺敬之谈创作的文章，非常解渴。《剧本》里面，谢晋的《鸦片战争》（现在百度上讲编剧是吕宕和叶元，当年我看剧本时，作者是谢晋），梁信的《红色娘子军》，沈西蒙的《霓虹灯下的哨兵》，季康的《摩雅傣》等，印象十分深刻。

这个阶段能够读到的报刊杂志有：两报一刊；《自然辩证法杂志》、《学习与批判》、《青年自学丛书》、《革命大批判文选》、《朝霞》、《理论学习与探索》等，地方报纸有《天津日报》、《文艺革命》、《中学红卫兵报》，那时我是中学红卫兵团部人员，也是河北区红代会常委（宣传委员），时而给几家报纸写点小稿。这个阶段流行著名诗人贺敬之的《放歌集》、上海工人作家胡万春和农民作家郭澄清的作品，都看了一些。这时，很多省市的文艺杂志复刊，《天津文艺》（《新港》、《天津文学》）也复刊了，我在上面读到了蒋子龙的《弧光灿烂》，而中学的语文课本里也出现了蒋子龙的作品《三个起重工》，引起我对他的注意与敬仰，大院书友的一个新话题是天津出了"蒋子龙"。天津梁斌、孙犁，大家也谈，但觉得他们是河北人，而蒋子龙是天津人，离大家更近。同时，课本里有浩然的《一担水》，又延伸读到他的短篇小说集《喜鹊登枝》，视为榜样。

到部队后，前两年无书可读，只是在农村驻训时，在老乡家里的《新观察》中挖掘文学元素，从中结识了著名文学家蒋锡金教授及建国初十分活跃的秦牧、杨朔、欧阳山等大家；家里寄来了刚刚复刊的《人民文学》，里面又有蒋子龙的作品《机电局长的一天》，十分欣喜，但不久因为部队训练紧张，没有时间再光顾文学。从第三年 1977 年开始，可以读书了，西方的一些名家如薄迦丘、塞万提斯、莎士比亚、伏尔泰、狄德罗、卢梭、席勒、歌德、拜伦、雪莱、果戈里、陀思妥耶夫斯基、惠特曼、左拉、莫泊桑、哈代、易卜生等等的长篇或短篇或剧作、诗歌；中国明清以来的一些名家，如：冯梦龙、李汝珍、蒲松龄、曾朴、刘鹗、吴敬梓、吴趼人等，他们的长篇或短篇作品，也得以浏览。对鲁迅的《中国小说史略》和有关文章也有时间反复研读。团里的两届宣传股长都和我是好朋友，经常私下交换书看，他们拿来手抄本《红都女皇》，还找我连夜帮着手抄，因为我写字比较工整而且速度也快。因部队驻扎在保定地区，全国唯一的可以拷贝电影胶片的“保定胶片厂”与我军是关系单位，于是，一俟“解禁”，一般人看不到的大量的国内外电影汹涌而来，一般每周看两到三部，多年来积压的说老不老说新不新的电影，让我们近水楼台了。一般人也许只是看个热闹，开开眼界而已，而对我这个文学爱好者，则如同上课。这时，在电台里陆续收听了刘心武的《班主任》、《爱情的位置》、《醒来吧弟弟》、《穿米黄色大衣的人》，让人耳目一新并引起思考，继而收听到蒋子龙的《乔厂长》，这是另一种风格，是让人振聋发聩的黄钟大吕之作，在沉闷压抑哭哭啼啼的伤痕文学背景下，撼天动地，收听后十分感奋。此时，我参加了军部举办的理论骨干学习班，了解了“中央理论务虚会”的情况，读了胡福明《实践是检验真理的唯一标准》和胡耀邦讲话等有关文件，让我看到文学的春天正在到来，促使我尽快返回家乡投入文学。

从部队回到地方后在某局机关宣传部工作，我先考到南开大学哲学系读了三年哲学。这是个专为全市宣传干部办的大班，有 300 人，应考者有几千人，都是宣传干部和党校教员，我以第三名的成绩名列前茅。入学后接触到哲学名家陈晏清（原理）、车铭洲（西哲）、冒从虎（西哲）、陶文楼（逻辑）、葛树先（原著；他曾是马恩原著翻译者之一）、孔令智（心理学）、崔清田（社会学）、童坦（美学）、杨瑞森（党史）、周德丰（中哲史）等教授。其间校方安排了著名指挥家卞从善前来讲音乐美学，安排了著名演员李默然、刘文治讲授表演美学。若干年后又到市委党校研究生班读了三年哲学，指导老师是系主任、知名学者吕希晨教授（原吉林大学哲学系主任）。对东西方哲学和现、当代新儒家学派都有了进一步了解。局机关和本部门资料室都有很多书，但很少有人读。于是，业余时间我就一本本读了起来。譬如《脂砚斋重评石头记》、《俞平伯【红楼梦研究】》、《第三帝国的兴亡》、《病夫治国》、《通往斋月战争之路》、《王珏【资本论】引读》、《史记·货殖列传》以及孙冶方、薛暮桥谈经济和改革等书籍。

宣传部订阅了全国二三十份报纸和杂志，除知名报纸外，还有《哲学研究》、《经济研究》、《历史研究》、《文史哲》、《中国社会科学战线》、《新华文摘》、《大参考》、《人民文学》等。我基本每期都要浏览。于是，蒋子龙的一系列获全国奖的佳作都得以拜读：《一个工厂秘书的日记》、《拜年》、《开拓者》、《赤橙黄绿青蓝紫》等，如同犀利的解剖刀，篇篇指向社会与人心。此时，老邻居、书友唐利洲以天津市文科高考第四名的良好成绩考入人民大学，此后他帮我订阅了人民大学的囊括文史哲多方面知识和资讯的《人大复印资料汇编》，坚持了很多年，是我的良师益友。其间接触到著名学者钱谷融教授的大学中文教材和施蛰存、蒋光慈、李健吾、许地山、马识途、李劼人、张天翼、陈荒煤及东北作家群萧红、萧军、端木蕻良、舒群、骆宾基等人的作品，和早年“西南联大”闻一多、朱自清、沈从文、钱钟书等作家的作品。如果说以前读书主要是读故事，这时应该是“学习”了。对于卡夫卡、马尔克斯等作家，我感觉他们只是在写法上创新，内容的深度追不上托尔斯泰、巴尔扎克等人。故而不做为我努力的方向。

此时我发表了算作正式文学作品的一万余字的短篇小说《天津兵》，在天津日报文艺双月刊上。由此结识了来自早年冀察热辽鲁迅文艺学院的著名编辑邹明，并多次参加他主持的座谈会。但领导找我谈话，说群众反映我“不务正业”。此时，单位对《乔厂长》也是褒贬不一，笔杆子们欣赏，而领导层不喜欢。言语中透出领导层对写小说的人的反感与戒心：你随时有可能揭露我、贬损我。我很担心领导这么看我。于是，立即答应了领导的要求，不再弄文学。其间我担任某国家级大报的特约记者和本市一些报刊的通讯员，撰写了一些通讯报道和内参，有的内参还得到高层领导重视。并一直在写各种公文、材料。不过，这都不是我的爱好和追求。在新时期以来的文学实践中，一大批名家如刘心武、蒋子龙、冯骥才、路遥、张洁、谌容、王蒙、张贤亮等星光闪耀，很多后来者接踵而至，阵容强大，异彩纷呈。我只是阅读者和旁观者，有二十来年基本没写文学作品，只私下写了一些素材，以待日后之用。其间读完了一年期的人民日报函授班和中国作协鲁迅文学院一年期函授班。而因工作接触的其他政治或业务书籍越来越多，在此不必记述。熬职务，熬房子，蹉跎岁月，党政工团各岗位都轮过，而自学始终没断。

进入新世纪后，上级领导又找我谈话，说因“年龄过线”进一步提职没有可能了。我便把主要精力转向文学创作，写出第一部长篇小说，然后思绪滔滔一路写了下去。同时，力争经常下基层体验生活。办理内退后在北京某央企建筑公司待过一年，在云南某民企瓷砖公司待过一年，在毛乌素沙区待过两个月，在天津西青区精武镇待过一年，在天津北辰区后丁庄待过一年，在河北农村冀中平原跑了一年多。个人坚持是一方面，天津作协和中国作协的大力支持也功不可没……出版了20部长篇小说、一部中短篇小说集，天津电台播出了五部长篇作品，国内各地书店、图书馆、资料室基本都有我的作品；香港、台湾、澳大利亚、马来西亚、日本等地已有我的作品出售，一些作品通过亚马逊卖到了北美；有的书出版方已经着手译成英文，也有望进军欧美。有的书在一些媒体举办的排行榜上十分靠前。这一切都不是个人运作的，我也没这个能力。我也写过一些歌词，其中两首在全国大赛中获银奖，一首获金奖。但奖励不证明作品能够流传和永恒，很多代代相传的世界名著都没得过什么奖。我的文学理念也是国家倡导的：民族的，科学的，大众的；马克思主义文艺观和中国优秀传统文化都是参照系。我的努力方向是争取下一部更好。

文学有什么用？值得追随一生吗？如果说，《阿Q正传》引领了中国人深入思考国民品性；《家》系列引领众多富家子弟离开封建大院走向社会；《白毛女》引领战士们冲锋陷阵英勇杀敌；《班主任》引领了全国对“十年”的反思，而《乔厂长》则引领了全国各行业的改革。其他的诸如传承文化、陶冶情操、监督与娱乐功能等难以尽述。那么读多少书为宜？冯骥才早年到南开大学讲课，一口气背出一百多部小说的书名，让人震撼。但他和赵玫都说过这种话：有条件时多读，没有条件少读，但需抱住感兴趣的经典反复读。蒋子龙则说：存书容易，能读为难；能读容易，记住为难；记住容易，能用为难。都是经验之谈。学无止境，三人行必有我师。上世纪八十年代初，我在南开大学哲学系读大专时，写作课请的是著名文学评论家、天津师大中文系主任夏康达教授主讲。此前我已经读过不少夏教授的文章，其广博的知识面和犀利严谨的文笔，让我十分崇敬。课上还得知夏教授曾经与金棍子姚对过阵，更加令人钦佩。在我写第一部长篇小说的时候，就找到夏教授请教，于是结缘至今，夏教授的每一篇文章几乎都发给我看，我便仔细收藏，慢慢阅读、学习、咀嚼，吸收营养。

2014年我参加了天津召开的第四届作代会，蒋子龙主席换届下来，我有缘由与他合影。五十年前他就是我们的偶像，对他的诚恳为人也早有耳闻，但一直不敢叨扰。第一部小说出版后，我寄给他一本，他立即回信邀我参加市作协的一个研讨会，我因为脱不开身而没去，但已感受了蒋主席扶掖后人的热忱。现在，我与蒋主席经常联络，互通信息，一些重要观点倾听他的意见。这两位前辈大家，都是我的终身教授。我的另一位指导老师则是发小、老同学于建。他是天津党史研究室领导，受到国家最高领导表彰和接见的全国十二位优秀党史专家之一，他指导编纂或亲自撰写的很多著作在全国得奖，并赠书给我。我的好几部作品都得益于他的指点。他平时很忙，但我每每找到他，他都会认真对待。我的描写冀中农村的长篇小说《红星谱》初稿发给他后，他在百忙之中仔细阅读，然后提出弥足珍贵的 30 多条修改意见。我希望他们都健康长寿，容我吸收更多的营养。在我学习成长的道路上，对我有着直接、间接帮助的老师还有很多，以后会慢慢记述。愿他们都青山不老，永远年轻！

150，作者自述

李重远，笔名岩波、孟夏，1955 年 11 月生于天津。中国作家协会会员，中国音乐文学学会会员，加拿大中国笔会会员，津门中生代实力派职业写作者，作品行销海内外。岩波为乳名，兄弟姐妹：岩增、岩萍、岩铭、岩庆；孟夏则取母亲之姓，表兄弟姐妹有孟冬、孟春、孟秋，故名夏。自幼爱好文学，阅读广泛，14 岁即在省市级报刊发表诗歌及小小说。小学，初中，高中皆为学校及区级学生组织负责人（宣传委员）。高中毕业后有过“万岁军”炮兵团三年计算兵两年炮班长生活和数次嘉奖的经历，有过在高等院校进修哲学专业 6 年，地方机关任宣传干部 13 年，兼职某国家级大报特约记者 5 年，广告公司总经理 5 年，机关调研处处长 4 年，企业集团中层 3 年的经历；有过受到市委宣传部表彰的先进个人和校级优秀研究生（多篇研究生论文获奖）的经历；有过全程参与研究、策划、实施某省商业流通体制改革的经历；有过多年来撰写各类文字材料可以若干麻袋论的经历；有过深入毛乌素沙漠地区与治沙英雄共同生活两个月，深入北京某知名央企挂职一年，深入云南某知名民企挂职一年，深入天津西郊武林大侠霍元甲家乡精武镇挂职一年，深入北郊最后进村庄丁家堡挂职一年，深入冀中平原县、乡、村走访调研近两年的经历。近年长驻多伦多。磨刀不误砍柴工，负笈携笔在征程；两岸猿声激斗志，轻舟劈开浪万重。师从大家，学而时习，扎根泥土，矢志不渝。曾出版以下作品：

环保治沙题材长篇纪实文学《风雨毛乌素》，由《中国文史出版社》出版。农村题材长篇小说《红星谱》，由《百花文艺出版社》出版。农村题材长篇小说《今夜辰星璀璨》，由《中国文史出版社》出版。部队题材长篇小说《那年那些兵》，由《时代文艺出版社》出版。部队题材长篇小说《我把青春献给你》，由《中国文史出版社》出版。行业探秘长篇小说《开锁》，由《重庆出版社》出版；《中国文史出版社》再版。行业探秘长篇小说《狼山》，由《中国文史出版社》出版。行业探秘长篇小说《鸽王》，由《中国文史出版社》出版。抗战题材长篇小说《地下交通站》，由《中国言实出版社》出版。抗战题材长篇小说《1943，黄金大争战》，由《安徽人民出版社》出版。抗战题材长篇小说《成色》，由《中国文史出版社》出版。城市题材中短篇小说集《翡翠扳指》，由《中国文史出版社》出版。城市题材长篇小说《饮食男女》，由《百花文艺出版社》出版。城市题材长篇小说《离婚男人》，由《北京联合出版公司》出版。城市题材网络长篇小说《男上司与女上司》，发表于湖北省网络。城市题材长篇小说《职场眩爱》，《中国华侨出版社》出版。城市题材长篇小说《暗战》，由《新世界出版社》出版。城市题材长篇小说《女市委书记的男秘书》（原名《搏击激流》），由《云南人民出版社》出版。城市题材长篇小说《副省长女秘书》（原名《高架桥》），由《珠海出版社》出版。古玩行长篇小说《眼力》（与张金明合作），由《天津人民出版社》出版。古玩行长篇小说《青花》（与张金明合作），由《重庆出版社》出版。古玩行长篇小说《孔雀图》，由《重庆出版社》出版；《中国文史出版社》再版。古玩行长篇小说《古玩圈》，由《重庆出版社》出版；《中国文史出版社》再版。中短篇小说集《多伦多华人》，由《美国南方出版社》出版。报告文学《走进毛乌素》系列七篇，由《今晚报》连载。报告文学《洒向人间都是绿》，由《中华英才》杂志刊登。报告文学《开路者》，由《文艺报》、《天津日报》刊登。中篇小说《想回唐山看一看》，由《天津工人报》连载。短篇小说《天津兵》，由《天津日报·文艺双月刊》刊登。短篇小说《换心》，由文艺双月刊《小说家》刊登。短篇小说《市长秘书的一天》，由《小说月报·原创版》刊登。短篇小说《鼓楼晨辉》，由《天津文学》刊登。

本人看重作品真实的而非水军制造的点击率和传播量，也非各类评奖，但偶有朋友帮忙上报评奖，便也偶有所得：歌词《延安情》获 2010 全国大赛银奖；《握住母亲的手》获 2011“世纪华人歌词大赛”银奖；《天津民谣》获 2017“唱响中国”全国大赛金奖，并在专业歌舞剧院和社区合唱团传唱。多首歌词入选各类《词曲汇编》。小小说《健忘症》入选 2011 年“中国首届闪小说大赛优秀作品选”，入选“当代世界华文闪小说精品文库”。长篇小说《男上司与女上司》获 2011“长江杯”现实文学季军奖。长篇小说《女市委书记的男秘书》于 2011、2012 年两次入选《新浪中国》官场商战好书榜前 5 名；在新浪网曾创造点击率过亿的记录，自 2010 年正式出版至今 12 年间，未经作者同意的各种电子版转载长盛不衰，非常之多；国家文化部的网站也在第一时间转载；未经作者同意的有声小说播讲同样方兴未艾。短篇小说《父与子》获贵州文学“2015 年作家 100 强”，阅之者皆曰震撼，置评者众。自 2017 年始，长篇小说《成色》、《地下交通站》、《离婚男人》、《今夜辰星璀璨》、《古玩圈》由天津人民广播电台连播，并不断重播，音频流传海内外。长篇纪实文学《风雨毛乌素》、长篇小说《今夜辰星璀璨》获中国作协重点作品定点生活扶持；《风雨毛乌素》、《今夜辰星璀璨》与长篇小说《红星谱》获天津作协重点作品签约扶持；扶持需斥资金，也算肯定和奖掖；长篇纪实文学《风雨毛乌素》入选中国新闻出版署《2022 中国农家书屋》重点推荐书目，在中国广大农村发行传播；有关论文获天津市理论征文二等奖（本次一等奖空缺）；获 21 世纪中国改革发展论坛优秀奖；获中国管理科学研究所人文科学研究所“全国人文科学优秀成果奖”；入选“新华文献”大型丛书《让历史告诉未来》。多部作品入驻国内各地图书馆、资料室、阅览室，并为各地书店常销书。中短篇小说集《多伦多华人》由美国南方出版社出版，在世界范围发行，是美国国会图书馆和各大城市图书馆藏书；其中短篇小说《风雪多伦多》入选美国南方出版社的《海外华人短篇小说选编·第二辑》，在世界范围发行，并书藏美国国会图书馆。

李重远（岩波）：

荣誉证书

岩波 先生/女士：

您因 小说 作品（ 父与子 ）获"贵州作家网2015年度100强作家"荣誉，并择优刊发于《贵州文学》（100强作家特辑）。

特发此证，以资鼓励！

贵州作家网

2015年度100强作家组委会

二〇一六年八月八日

荣誉证书

岩波 先生

恭贺您荣获天鹅杯"中秋"有奖征文

特别荣誉奖

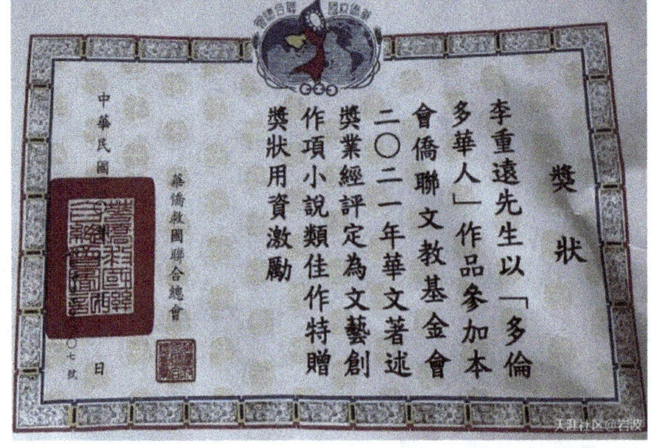

獎狀

李重遠先生以「多倫多華人」作品參加本會僑聯文教基金會二〇二一年華文著述獎業經評定為文藝創作項小說類佳作特贈獎狀用資激勵

華僑救國聯合總會

中華民國 … 七 … 日

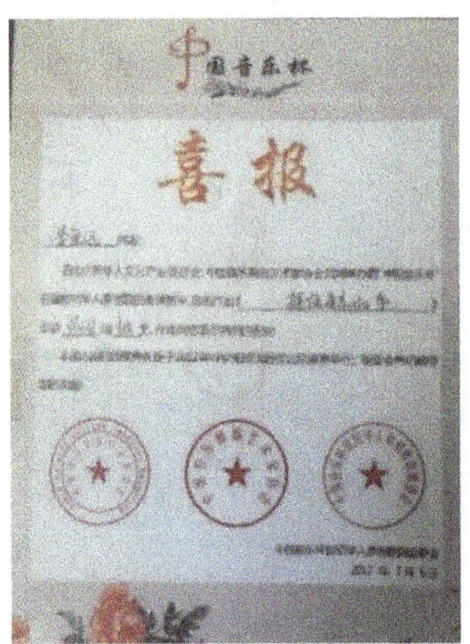

喜报

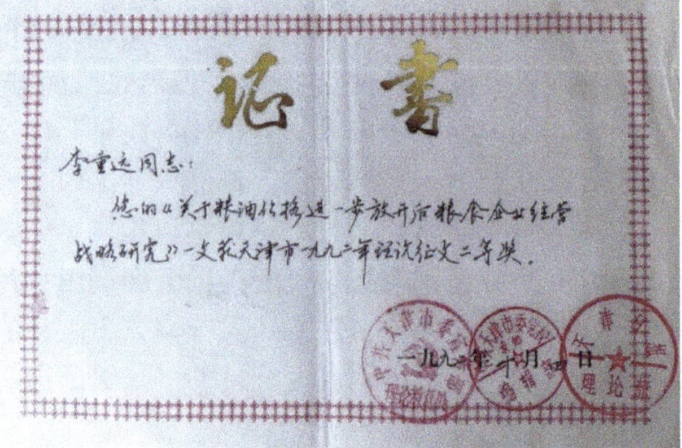

证书

李重远同志：

您的《关于粮油价格进一步放开后粮食企业经营战略研究》一文获天津市一九九二年经济征文二等奖。

一九九[illegible]年十月[illegible]日

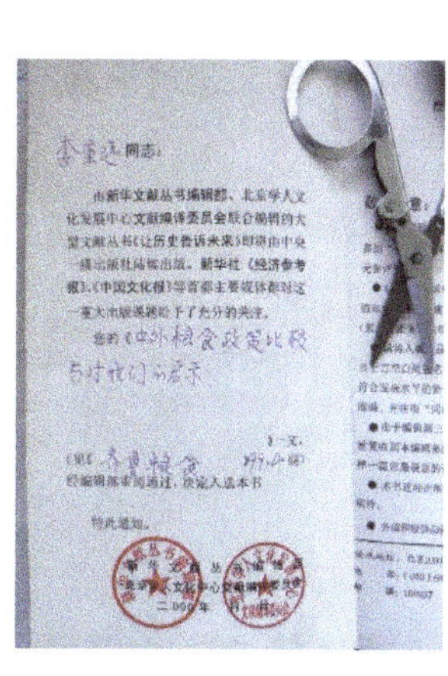

李重远同志：

由新华文献丛书编辑部、北京华人文化发展中心文献编译委员会联合编辑的大型文献丛书《让历史告诉未来》即将由中央一级出版社隆重出版。新华社《经济参考报》、《中国文化报》等首都主要媒体都对这一重大出版课题给予了充分的关注。

您的《中外粮食政策比较与对我们的启示》一文，（笔名 [illegible]）经编辑部审阅通过，决定入选本书

特此通知。

二〇〇[illegible]年 月

荣誉证书

HONORARY CREDENTIA

李重远 先生/女士

您的作品《十三碗酒写春秋》荣获 2021“华夏杯”征文优秀奖。特发此证，以资鼓励。

广东省侨联

2021 年 8 月

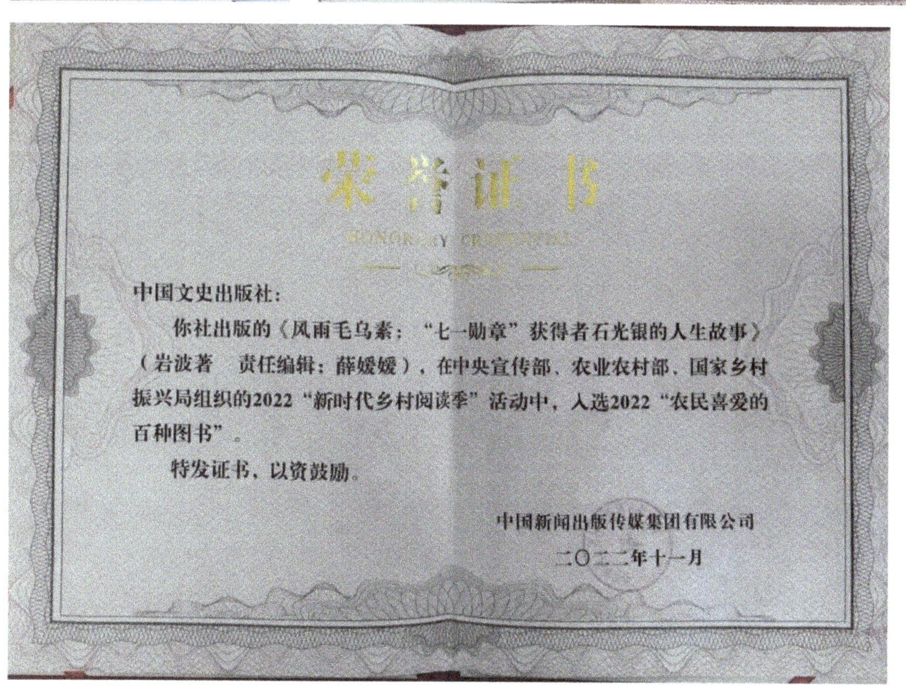

荣誉证书

HONORARY CREDENTIAL

中国文史出版社：

你社出版的《风雨毛乌素：“七一勋章”获得者石光银的人生故事》（岩波著　责任编辑：薛媛媛），在中央宣传部、农业农村部、国家乡村振兴局组织的2022“新时代乡村阅读季”活动中，入选2022“农民喜爱的百种图书”。

特发证书，以资鼓励。

中国新闻出版传媒集团有限公司

二〇二二年十一月

151，两则箴言

扉页“箴言”

爱在哪里？在你的发现和体悟里。

封底“箴言”

如果说，人的本质是一切社会关系的总和，那么，你的亲属，你喜欢和接近的师友，你所甘心报道和表彰的人物，加起来等于你。爱在哪里？就在其中。

152，封面封底设计摄影及排版:

岩庆，蕴辉，蕊青，燕玲，建花，瑜佳等。

p

www.ingramcontent.com/pod-product-compliance
Lightning Source LLC
Chambersburg PA
CBHW061051210726
48294CB00001B/100

* 9 7 8 1 7 7 7 6 6 1 7 0 0 *